삼국지 강의

品三國(上)
by 易中天

Copyright © 2006 by Yi Zhongtian
Originally published in China as 《品三國(上)》
All rights reserved.

Korean translation copyright © 2006 by Gimm-Young Publishers, Inc.
This Korean edition is published by arrangement with the author and Shanghai Literature
& Art Publishing House through Enterskorea Co., Ltd., Seoul.

易中天

삼국지 강의

品三國

김영사

삼국지 강의

저자_ 이중톈
역자_ 김성배·양휘웅

1판 1쇄 발행_ 2007. 5. 18.
1판 29쇄 발행_ 2024. 2. 1.

발행처_ 김영사
발행인_ 박강휘

등록번호_ 제406-2003-036호
등록일자_ 1979. 5. 17.
경기도 파주시 문발로 197(문발동) 우편번호 10881
마케팅부 031)955-3100, 편집부 031)955-3200, 팩스 031)955-3111

이 책의 한국어판 저작권은 (주)엔터스코리아를 통한 저작권자와의
독점 계약으로 김영사에 있습니다. 저작권법에 의해 한국 내에서 보호를 받는
저작물이므로 무단 전재와 무단 복제를 금합니다.

값은 뒤표지에 있습니다.
ISBN 978-89-349-2541-5 03900
　　　978-89-349-2542-2(세트)

홈페이지 www.gimmyoung.com   블로그 blog.naver.com/gybook
인스타그램 instagram.com/gimmyoung   이메일 bestbook@gimmyoung.com

좋은 독자가 좋은 책을 만듭니다.
김영사는 독자 여러분의 의견에 항상 귀 기울이고 있습니다.

天下大勢, 分久必合, 合久必分.

무릇 천하의 대세는 나뉘어진 지 오래면 반드시 합치고,
합친 지 오래면 나뉘어지는 법이다.

한국어판 서문

한국의 삼국지 독자들에게

  이 책은 제가 중국중앙방송국CCTV의 〈백가강단百家講壇〉이라는 프로그램에서 강연했던 '삼국지 강의'의 강연 원고를 새로 고치고 정리해서 완성한 것입니다. 삼국지는 중국에서 나온 작품이지만 오늘날에 와서는 한국, 중국, 일본을 비롯한 동아시아는 물론이고 세계 각국에서 읽히고 있습니다. 삼국지에는 우리가 세상을 살아가면서 필요로 하는 여러 가지 지혜가 담겨 있습니다. 그런데 이 지혜는 보는 사람마다 각기 다르게 느껴질 수 있습니다. 기업을 경영하는 CEO에게는 냉철한 현실 판단에 입각한 경영 노하우와 인재 활용술을, 역사를 연구하는 학자에게는 그 당시 시대상이나 민중의 풍속을, 이야기를 좋아하는 여성들에게는 손에 땀을 쥐게 하는 흥미진진한 드라마를, 공부하는 학생들에게는 세상을 바라보는 안목과 미래를 향한 웅지를 품게 해줍니다.

  13억 중국인이 가장 좋아하고 그들에게 가장 많은 영향을 끼친 고전은 《삼국지》와 《수호지》입니다. 저 또한 어려서부터 수없이 이야기로 듣고 책으로 읽고 영화와 드라마로 봐왔던 책들입니다. 따라서 평생 제가 이 강의를 준비해왔다고 해도 과언은 아닙니다. 의도적으로 강의를 하기 위해 준비한 것은 아니지만 《삼국지》는 평소 저의 삶 속에서 끊임없이 한 층 한 층 쌓여왔다고 할 수 있습니다.

  TV에서 넘치는 사랑을 받는 것도 모자라 책으로 출판이 되고 그 책이 또한 독자들의 애정과 관심을 받으니 몸 둘 바를 모르겠습니다. 또한 국경을 넘어 한국 독자들에게 선보이게 된다니 설레는 마음을 감출 수 없습니다. 한국어판이 이렇게 빨리 선보이게 될 줄은 미처 몰랐습니다. 이 점에 대해 번역자 두 분과 김영사 여러분께 깊은 감사를 드립니다. 저에게 한국은 멀고도 가까운 나라입니다. 멀다는 것은 제가 한국에 가본 적이 없기 때문에 드린 말씀이고, 가깝다는 것은 제가 한국의 독자들과 교류한 지가 이미 오래됐다는 뜻입니다. 《중국의 남자와 여자》《중국사람, 중국 도시》라는 저의 저서 두 권이 이미 한국어로 번역돼 있기 때문입니다.

《삼국지》는 그 탄생지인 중국보다 한국 독자들에게 더 큰 사랑과 관심을 받고 있다는 것을 알고 있습니다. 그러한 한국 독자들에게 이 책이 《삼국지》를 바라보는 새로운 시각을 제시해줄 것이라 생각합니다. 저는 중국의 역사가 한국 독자들에게 가깝게 느껴졌으면 좋겠습니다. 인성이란 보편적이고 영원한 것입니다. 이처럼 영원하고 보편적인 인성이 한중 양국의 작가들과 독자들의 마음을 하나로 묶을 것입니다.

이중텐
2007년 초여름

차례

한국어판 서문 _ 한국의 삼국지 독자들에게 | 6
서문 _ 장강은 동으로 흐른다 | 32

1부 _ 조조, 채찍을 휘두르다

1강 _ 조조의 진실과 거짓 | 55

2강 _ 간웅의 수수께끼 | 73

3강 _ 능신의 길 | 91

4강 _ 무엇을 버리고 무엇을 따르랴 | 108

5강 _ 거듭되는 실수 | 125

6강 _ 깊이 생각하고 멀리 내다보다 | 141

7강 _ 먼저 들어가는 사람이 임자다 | 158

8강 _ 신출귀몰 | 174

9강 _ 자웅을 겨루다 | 190

10강 _ 승패의 이유 | 207

11강 _ 모든 내는 바다로 흐른다 | 225

12강 _ 천하가 마음으로 따르다 | 242

2부 _ 손권과 유비, 두 손을 마주잡다

13강 _ 매실로 담근 술 | 263

14강 _ 하늘이 내린 기재 | 281

15강 _ 시대를 보는 혜안 | 297

16강 _ 삼고초려 | 315

17강 _ 융중대책 | 333

18강 _ 강동의 기업 | 349

19강 _ 반드시 얻어야 할 땅 | 365

20강 _ 성 앞까지 쳐들어오다 | 381

21강 _ 위기의 순간에 명을 받들어 | 398

22강 _ 거센 물결을 막아내다 | 414

23강 _ 세찬 물결 속에 우뚝 서서 | 430

24강 _ 적벽의 의심스런 구름 | 447

역자 후기 _ 삼국지는 영원하다 | 465

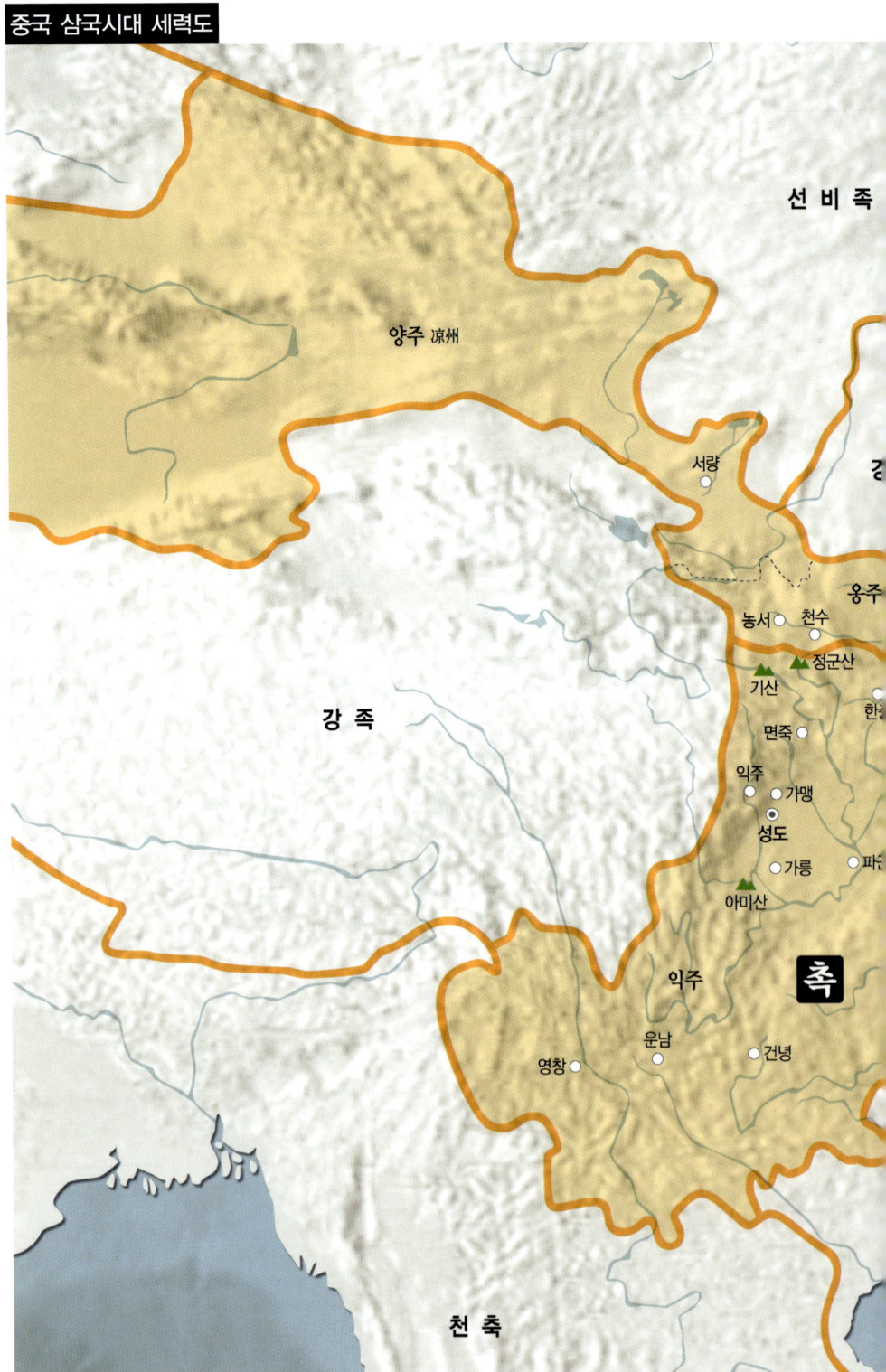

중국 삼국시대 세력도

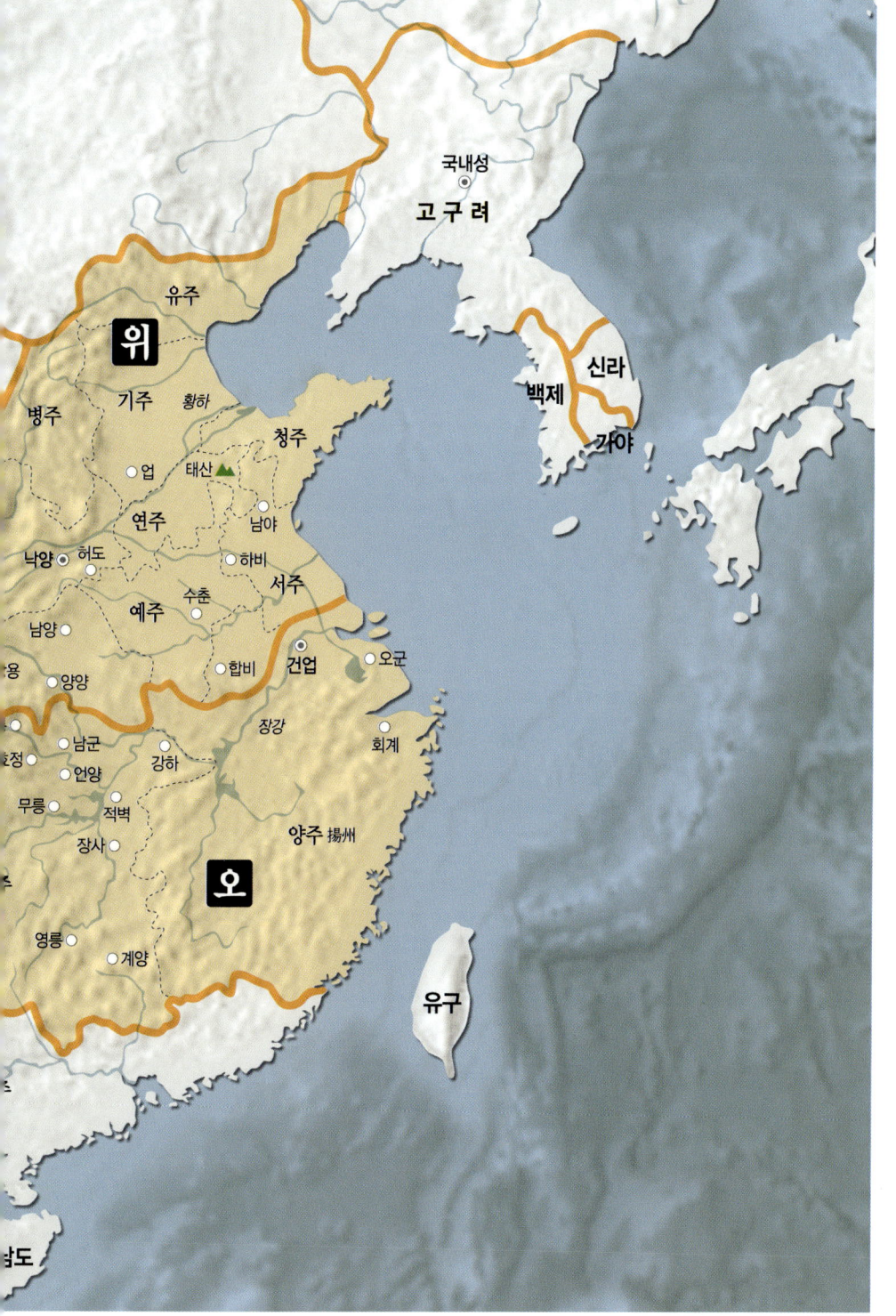

적벽 적벽대전에서 오·촉 연합군이 위의 백만 대군을 물리침으로써 '삼국정립'의 틀을 확실하게 다졌다. 소설에서 이 전투는 제갈량을 중심으로 대단히 드라마틱하게 묘사되어 후세 독자들을 사로잡았다. 사진은 후베이성湖北省 츠비시赤壁市에 위치한 적벽의 모습이다. ⓒ瑛

◀▼ **나관중과 그의 고향** 소설 《삼국연의》의 작가 나관중도 소설의 유명세를 타고 출신 및 고향을 둘러싸고 논쟁에 휩싸여 있다. 사진은 나관중의 고향으로 지목된 산시성山西省 타이위안시太原市 그의 고향에 조성된 나관중의 상과 정원의 모습이다. ⓒ瑛

▲**촉한 4걸** 유비, 관우, 장비, 제갈량의 모습.ⓒ瑛

▼**도원결의** 유비, 관우, 장비 세 영웅의 '도원결의' 스토리는 두고두고 숱한 남성들의 심금을 울렸다. 사진은 산시성山西省 윈청시運城市 관우 사당 앞에 조성된 결의원 안에 마련된 조상이다. ⓒ瑛

▲▶ **삼국연의성** 삼국의 역사는 팩트fact보다는 픽션fiction에 왜곡된 대표적인 경우다. 이에 따라 중국 곳곳에 삼국지와 관련된 조형물이 들어섰다. 사진은 《삼국연의》의 작가 나관중의 고향 산시성山西省 타이위안太原에 들어선 '삼국연의성'과 그 안에 조성된 관련 인물상이다. ⓒ瑛

▲**탁고당** 관우의 죽음으로 판단력을 잃은 유비는 무리하게 동오를 공격하다 참패하여 장강을 따라 백제성으로 도주했다가 그곳에서 죽는다. 사진은 백제성 내 탁고당의 유비가 어린 아들을 제갈량에게 부탁하는 모습이다. ⓒ瑛

장강 삼국의 쟁패 과정에서 큰 역할을 한 장강은 곳곳에 그 시대의 흔적을 남기고 있다. 사진은 유비가 죽은 백제성에서 내려다 본 장강 취탕샤瞿塘峽의 모습이다. ⓒ瑛

형주성 형주는 삼국이 모두 차지하려 한 '필쟁지지必爭之地'였다. 촉이 이곳을 차지함으로써 자립할 수 있었다. ⓒ瑛

오림烏林 조조의 백만 대군이 집결한 후베이성湖北省 훙후시洪湖市의 오림의 현재 모습이다. 조조가 적벽대전에서 패한 원인에 대해서는 설들이 많지만 최근 '풍토병' 때문이었다는 주장이 강력하게 제기되고 있다. ⓒ瑛

조조의 글씨 '곤설袞雪' 전설에 의하면, 건안 20년(215) 7월에 조조가 양평관陽平關에서 장로張魯 형제를 격퇴하고 나서 일찍이 한중에 5개월여 머물렀는데, 경치를 감상하며 즐기기 위해 포곡구의 절경을 유람했다. 조조는 시종 30여 명을 거느리고 경치를 유람하다가 포하의 물길이 세차게 흐르며 바위에 부딪치는 것을 보았는데, 물보라를 치는 것이 마치 눈보라가 휘날리는 것 같았다. 그래서 조조는 흥에 겨워 붓을 들어 '袞雪'이라고 썼다. 그러자 시종들이 그 글씨를 보고는 머뭇거렸고, 결국 한 시종이 앞으로 나와서 말하기를, '袞'자에 삼수변[水]이 빠진 것 같다고 말했다. 삼수변이 없는 곤袞자는 곤룡포라는 뜻이며, 삼수변이 있는 곤滾자를 써서 '곤설滾雪'이라고 써야 비로소 '세차게 소용돌이치는 눈'이라는 뜻이 된다. 그러자 조조는 눈앞의 강물을 가리키며, "물이 여기 있지 않은가?"라고 했다. 시종들은 그때야 깨닫고 조조의 재치에 감탄했다고 한다. 예서隸書로 씌어진 이 글씨는 한위漢魏시대의 서체를 연구하는 귀중한 자료이며, 현존하는 조조의 유일한 필적이다. 사진은 산시성陝西省 한중시漢中市 박물관에 전시되어 있는 조조의 글씨다. ⓒ瑛

▲**융중대** 제갈량이 웅지를 틀고 있었던 와룡강 융중은 천하기재의 대명사가 되었다.ⓒ瑛

◀**삼고초려** 나관중의 절묘한 각색과 후대의 미화가 보태어져 '삼고초려' 고사는 신화가 되었다. 사진은 융중대의 '삼고유적' 현판과 관련 문장들이다.ⓒ瑛

진령 촉한이 중원으로 진출하기 위해 반드시 거쳐야 할 곳이었다.ⓒ瑛

▲▲제갈량과 오장원의 사당 소설 《삼국연의》에서 제갈량은 실질적인 주인공이나 다름없다. 그는 모든 면에서 완벽한 인간을 대변한다. 그러나 역사학자들은 실제 그의 모습이 소설과는 달랐다고 평가한다. ⓒ瑛

◀ **'관우상'** 낙양 관제묘에 모셔져 있는 관우 ⓒ瑛

◀ **주유** 소설의 영향 때문에 삼국시대는 사실과 허구가 많이 뒤섞이고 심지어는 뒤바뀌기까지 했다. 동오의 명장 '멋쟁이 주랑' 주유에 대한 평가가 대표적인 사례의 하나다. 적벽에 세워진 그의 석상이다.

노숙묘 '천하삼분'의 대계는 제갈량의 전유물이 아니었다. 동오의 책사 노숙 역시 동오판 융중대의 주창자였다. 사진은 후난성湖南省 웨양岳陽에 있는 노숙의 무덤이다.ⓒ瑛

|백제성| 유비가 이곳에서 숨을 거두었다.ⓒ瑛

한중 석문 한중은 촉이 중원으로 진출하기 위해 반드시 차지해야 하는 요저였다. 진령秦嶺을 넘어 대산관大散關을 지나면 중원이다. 제갈량의 북벌 계획도 이곳을 염두에 둔 것이었다. 사진은 한중 석문으로 절벽에 복원된 잔도의 모습이 눈길을 끈다.

서문

장강은 동으로 흐른다

삼국三國시대는 영웅이 배출된 시대이며, 복잡하게 얽힌 역사이고, 생동감 넘치고 흥미진진한 이야기이다. 또한 정사正史의 기록이며 야사의 전설이요, 연극 대본이며 역사 소설이다. 시기마다 다른 평가가 있으며, 작품마다 다른 묘사가 존재한다. 시비와 진위에 대해 이설異說이 분분하며, 성공과 실패에 대한 의문이 꼬리를 물고 이어진다. 삼국시대는 도대체 어떤 모습이라야 맞는 것일까?

여러분 안녕하십니까! 오늘부터 삼국시대에 대해 강의하겠습니다.

'삼국'이란 통상적으로 한漢 헌제獻帝 초평初平 원년(190)에서 진晉 무제武帝 태강太康 원년(280)까지, 총 90년간의 역사를 가리킵니다. 이 기간의 역사를 '삼국'이라고 부르는 것은 약간의 문제가 있습니다. 조비曹丕는 220년에 황제를 칭했고, 유비劉備는 221년에, 손권孫權은 222년에 황제를 칭했기 때문입니다. 위魏·촉蜀·오吳 삼국은 이때 비로소 정식으로 건립되었습니다. 이치대로라면 삼국사三國史는 이때부터 삼국이 진晉으로 귀속될 때까지를 가리켜야 합니다. 하지만 고금을 통틀어 이렇게 말하는 경우는 거의 없습니다. 이렇게 되면 조조曹操·관우關羽·주유周瑜·노숙魯肅 등은 모두 등장할 수도 없어요. 청매자주青梅煮酒·삼고초려三顧草廬·적벽대전赤壁大戰·패주맥성敗走麥城 등의 이야기도 모두 말할 수 없게 됩니다.

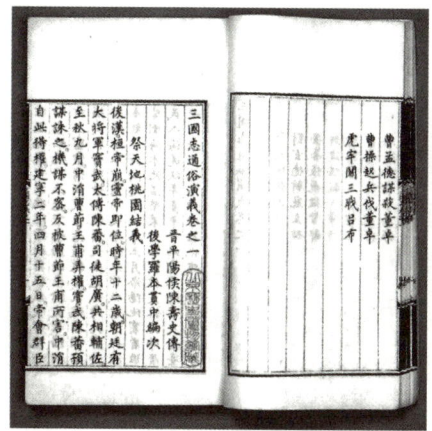

《삼국연의》 사실과 허구를 절묘하게 배합하여 90년 삼국의 역사를 영원불멸의 시대로 각인시키는 데 절대적인 역할을 한 소설 《삼국연의》. 사진은 소설 《삼국연의》의 다양한 판본들.

  실제로 《삼국지三國志》 같은 정사나 《삼국연의三國演義》 같은 소설 모두 거의 동탁董卓의 난, 심지어는 더 이른 시기부터 이야기를 시작하고 있습니다. 이것이 진정한 역사적 태도입니다. 조조·유비·손권이라는 3대 세력, 혹은 3대 집단은 동한東漢 말년에 군벌이 혼전을 벌이는 과정에서 발전하고 성장했습니다. 즉 위·촉·오가 정립鼎立한 상황은 그들이 건국하기 전부터 이미 기본이 형성되어 있었지요. 역사를 볼 때에는 반드시 역사적으로 보아야 합니다. 원인이 없으면 결과도 없는 법입니다. 겉만 보고 속은 보지 못하고, 자구字句에 얽매여서 내용의 핵심을 짚어내지 못한다면, 엄밀한 것이 아니라 연구할 가치도 해결할 수도 없는 문제에 매달리는 것이라 하겠습니다.

  그렇다면 이 90년간은 어떤 시대였을까요?

  바로 '난세亂世'라는 두 글자로 설명할 수 있습니다. 구체적으로 말한다면, 봉화가 하늘로 솟아오르고, 굶어 죽은 시체가 들판에 가득 찼으며, 전쟁이 빈번하여 백성들은 근근이 살아가기도 힘들었습니다. 어떤 이는 루쉰魯迅 선생의 시구를 빌려, "꿈속에서 아련히 어머니 눈물 흘리시더니,

성 위에는 주인 바뀐 깃발 또 내걸렸구나 夢裏依稀慈母淚, 城頭變幻大王旗"라고 상황을 묘사합니다. 그러나 난세는 영웅을 배출합니다. 검푸른 파도가 몰아칠수록 영웅은 더욱 그 본색을 드러냅니다. 그래서 이 시기는 영웅 배출의 시대이기도 하고, 남성의 강한 기운이 넘쳐 영웅의 기개를 가졌으면서도 낭만적 정서도 가진 시대였습니다. 얼마나 많은 풍류 인물들이 이 시기에 조국을 위해 자신의 격정을 토로했는지 모릅니다. 또 얼마나 많은 절세의 영웅들이 이 시기에 위풍당당하게 실력을 발휘했는지 모릅니다. 그야말로 '그림 같은 강산에 일시에 수많은 호걸들이 활약' 했다고 하겠습니다.

우리에게 익숙한 이름들만 열거하더라도 길고 긴 명단이 되겠지요. 뛰어난 재능과 지략을 지녔던 조조, 오직 나라를 위해 몸과 마음을 다 바쳤던 제갈량諸葛亮, 영민하고 용맹하며 시원스러웠던 주유, 누구도 따라올 수 없는 참을성의 소유자 유비. 이들은 모두 이 시대의 영웅들입니다. 그들은 분열을 통일로 바꾸고 난세를 치세로 만들고자 했으며, 사회의 화해와 천하의 태평을 추구했기 때문입니다. 물론 그들도 예외 없이, 이 역사적 사명을 자신이나 자신의 집단이 맡아야 한다고 생각했고, 결코 남에게 양보하려고 하지 않았습니다. 그래서 그들 사이에는 모순과 충돌, 마찰과 전쟁이 있었습니다. 심지어는 사생결단 식의 살기殺氣로 '한 장수가 공을 세우면 수만 명의 유골이 생겨나는' 상황에까지 이릅니다. 말하자니 탄식이 끊이지 않고 희비가 교차할 지경입니다.

당시 상황에서는 어쩔 수 없는 일이었을 것입니다. 역사는 비극적인 '이율배반' 속에서 전진합니다. 전쟁은 전쟁으로만 끝낼 수 있는 한편, 전쟁을 끝내려면 백성들이 먼저 전쟁의 고난을 받아야 하니까요. 우리들이 저 난세의 영웅들을 찬미하거나 좋아할 때, 그 당시 백성들이 받았던 고통을 잊어서는 안 됩니다.

중원에서 각축을 벌인 끝에 한 세력만이 강대해졌고, 용쟁호투龍爭虎鬪의 결과는 천하 통일이었습니다. 그것이 바로 서진西晉입니다. 서진의 상황은 더욱 복잡하기 때문에 여기에서는 우선 삼국에 대해 말하겠습니다. 삼국의 특징은 짧은 시간입니다. 위·촉·오 삼국의 존재는 반세기에 불과합니다. '전삼국前三國' 시기를 더해도 90년에 불과합니다. 이렇듯 짧은 시간은 중국 역사에서 '손가락을 한 번 튕길 정도의 시간'에 지나지 않습니다. 사람들이 진지하게 돌이켜보고 자세하게 음미하지 않으면, 눈 깜짝할 사이에 지나가 버립니다.

역사는 대개 승리자의 입장에서 쓰는 것이고, 민간의 역사서 편찬 역시 보는 각도에 따라 달라지거나 한쪽의 편견에 빠지기 쉽습니다. 위·촉·오 삼국이 멸망하고 나자, 역사서의 기록은 이설이 분분했고 학자들의 견해도 제각각이었습니다. 예를 들어 제갈량이 속세로 나온 것에 대해서는 '삼고초려'와 '제갈량의 자천自薦'이라는 두 가지 설명이 있습니다. 적벽에서의 화공火攻에 대해서도 황개黃蓋가 거짓으로 항복하여 불을 질렀다는 것과 조조가 전함을 불태우고 스스로 후퇴했다는 두 가지 기록이 존재합니다. 삼국은 찬란한 색채를 어지럽게 드러내어 사람들의 눈을 현혹시키는 역사입니다.

삼국의 역사는 그 드라마틱한 성격으로 문학가들의 애호 대상이 되었습니다. 민간에서도 사람들의 흥미진진한 화젯거리였지요. 유비를 알고 있는 사람이 유수(劉秀, 후한을 건국한 광무제를 말함―옮긴이)를 아는 사람보다 많을 것입니다. 또 틀림없이 조조를 아는 사람이 왕망(王莽, 전한을 멸망시키고 신新 왕조를 건국한 인물. 신 왕조는 얼마 후 유수에 의해 멸망당함―옮긴이)을 아는 사람보다 많을 것입니다. 그 공로는 문학 예술 작품, 특히 《삼국연의》에 돌리지 않을 수 없습니다. 문학 예술 작품의 영향력은 역사서를 뛰어넘습니다. 또 문학 예술 작품은 상상과 허구를 필요로 합니다. 상상과 허구가 충만한 문학 예술 작품은 역사를 바탕으로 실제와 허구를 적당히 섞어서, 원래부터 복잡하고 불분명한 역사에 애매한 사건들을 더욱 보탭니다.

멋쟁이 주랑, 주유

주유에 대해 말해보겠습니다.

이 강동江東의 명장을 언급하면, 사람들은 우선 제갈량이 주유를 세 번 화나게 했다는 이야기나 "하늘이 이미 나를 태어나게 하고서 제갈량은 왜 또 내었는가!"라며 탄식했던 일, "천하를 편하게 하겠다던 주랑周郞의 신묘한 계책, 결국에는 게도 구럭도 다 잃는 꼴이구나!"라고 놀림을 받던 이야기 등을 떠올립니다. 하지만 애석하게도 그 이야기들은 소설이지 역사가 아닙니다. 역사 속의 제갈량은 결코 주유를 화나게 한 적이 없습니다. 설령 화나게 했다 하더라도 화가 나 죽을 정도로 심하게 놀리지는 않았을 것입니다. 왜 그럴까요? 주유는 그릇이 매우 큰 사람이었기 때문입니다.

《삼국지》의 그에 대한 평가는 "성격이 쾌활하고 도량이 넓었다"라고 합니다. 동시대 사람들의 평가도 높습니다. 유비는 "기상과 도량이 자못 크다"라고 말했고, 장간蔣幹은 "아량이 넓고 고상한 취미를 갖췄다"고 말했

주유 소설의 영향 때문에 삼국시대는 사실과 허구가 많이 뒤섞이고 심지어는 뒤바뀌기까지 했다. 동오의 명장 '멋쟁이 주랑' 주유에 대한 평가가 대표적인 사례의 하나다. ⓒ瑛

습니다. 말 나온 김에 한마디 덧붙이자면 이 장간이라는 사람은 억울한 누명을 쓴 사람입니다. 그가 주유의 군영을 방문한 것은 적벽대전이 끝난 지 2년 뒤입니다. 따라서 당연히 가짜 편지를 가지고 온 일이 없습니다 (주유에게 역이용당한 장간이 가짜 편지를 가지고 오자, 채모蔡瑁와 장윤張允이 조조에게 처형된다는 《삼국연의》의 내용을 말한 것임—옮긴이). 장간은 교활한 사람이 아니라 오히려 신사였습니다. 《강표전江表傳》에서는 "장간이 늠름한 용모에 재주와 변설이 뛰어나서, 강수江水와 회수淮水 사이에서는 그와 대적할 사람이 아무도 없을 정도로 독보적인 존재였다"라고 말하고 있으므로, 재주와 용모를 겸비한 훌륭한 인물이었다고 볼 수 있겠습니다.

주유 또한 매우 훌륭한 영웅입니다. 그의 멋스러움은 당시에 삼척동자도 다 알 정도였습니다. 《삼국지》에서는 "장성하게 되자 당당한 풍채와 용모를 가졌고", "오吳에서는 모두들 주랑周郎이라고 불렀다"라고 말하고 있습니다. '랑郎'은 청년을 가리킵니다. '랑'이라는 말에는 찬미의 뜻이 있습니다. 따라서 '주랑'은 '멋쟁이 주선생'을 뜻합니다. 같은 때에 '손랑'이라고 불렸던 손책孫策은 곧 '멋쟁이 손선생'이 되는 것입니다. 물론 '멋쟁이'라면, 외모보다 내재된 품성이 더욱 중요하겠지요. 주유는 품성이 고귀하고 도량이 넓은 사람이었습니다. 그는 인품이 좋고 수양이 높았으며, 싸움을 할 줄 알고, 예술도 이해했는데, 특히 음악에 정통했습니다. 그는 설령 술이 세 순배쯤 돌고 나서 거나하게 취한 채로도 악대의 연주가 맞았는지 틀렸는지를 정확하게 감별해낼 수 있었습니다. 만약 틀리면 그가 곧바로 머리를 돌려 쳐다봤기 때문에, '연주를 잘못하니 주랑이 돌아보네'라는 말이 있을 정도였습니다. 그래서 저는 그가 군대를 지휘하는 것도 마치 악대를 지휘하듯 하여 전쟁을 예술로 바꿀 줄 알았고, 전투도 마치 예술품처럼 아름답게 하지 않았을까 생각합니다.

주유의 전투는 확실히 근사했습니다. 적벽대전에서 그는 손권과 유비 연합군의 선봉에 선 총지휘자였습니다. 소동파蘇東坡는 〈적벽회고赤壁懷古〉에서 "아득히 당시의 공근(公瑾, 주유의 자—옮긴이)을 그려본다네. 새색시 소교를 맞은 해, 영웅의 모습과 재주 지녔지. 우선羽扇 부치며 관건綸巾 쓰고서, 담소 나누는 사이에 적들의 전선은 연기 속에 재가 되어 사라졌네遙想公瑾當年, 小喬初嫁了, 雄姿英發. 羽扇綸巾, 談笑間强虜灰飛煙滅"라고 노래하고 있습니다. 우선은 깃털로 만든 부채이고, 관건은 푸른 실로 짠 두건으로 당시에 학문과 고상함의 상징이었습니다. 본래 귀족이나 관리는 관冠을 써야 합니다. 높은 관모를 쓰고 풍성한 옷에 넓은 허리띠를 매는 것이 '한漢 관리들의 위엄 있는 모습'이었습니다. 그러나 동한 말년에 이르면, 관모를 쓰지 않고 두건을 쓰는 것이 오히려 명사名士들의 유행이 됩니다. 장수의 신분이면서 우선을 손에 들고 관건을 썼다면 곧 유장儒將의 풍모를 띱니다. 여기에서 우리는 당시의 장면을 어렵지 않게 상상해볼 수 있습니다. 조조의 군대가 장강長江에 진을 쳐서 전선戰船이 끝없이 이어지고 수많은 깃발들이 펄럭이자, 강동 사람들은 혼비백산하여 간이 콩알만해집니다. 하지만 주유는 평소와 다름없이 침착합니다. 그는 관건을 쓰고 우선을 부치며, 장군의 막사에서 작전을 짜고는, 미리 정해진 것처럼 군대를 지휘해서 소수의 군사로 많은 적을 이기고 승리를 거둡니다. 이 얼마나 손에 땀을 쥐게 하는 이야기입니까! 이때의 주유는 정말로 의기양양하여 광채가 빛나는 청년 영웅이었다고 할 것입니다.

물론 전쟁은 예술이 아니므로, 그렇게 멋스럽거나 우아하거나 호방한 풍류일 수 없습니다. 더구나 '담소를 나누는 사이에 적들의 전선'을 '연기 속에서 재가 되어 사라지게 하는' 일은 불가능합니다. 당시는 주유가 소교에게 장가든 지 이미 십 년이 지났으니, 결코 '새색시 소교를 맞은 때'가 아닙니다. 소동파의 표현은 주유의 영웅적 이미지를 애써서 그려내려고 한 것에 지나지 않습니다. 문학 작품을 역사로 볼 수는 없으나 역사상의 주유가 뛰어난 장수이며 우아한 선비였음은 대체로 사실입니다. 주유는 스물네 살에 손책에 의해 건위중랑장建威中郎將에 임명되어, 전쟁터를 누비며 공을 세웁니다. 또한 이해에 손책과 주유는 각기 교공橋公의 딸인 대교大橋와 소교를 아내로 맞이하는데, 바로 소동파가 노래한 '새색시 소교를 맞은 때'입니다. 주유라는 인물은 관직, 전쟁터, 심지어 사랑에서도 모두 뜻을 얻었던 사람입니다. 남자의 입장에서 이보다 더 부러운 일이 있을까요? 이렇게 원하는 걸 모두 얻은 사람이 남을 질투하고, 그 질투 때문에 화병으로 죽을 수가 있을까요? 우리가 그를 질투하는 것이 겠지요.

물론 주유는 유비 집단과 드러내놓고 다퉜고 암투도 벌여서, 일찍이 손권에게 유비를 연금하고 관우와 장비를 떼어놓을 것을 건의하기도 했습니다. 이 일에 대해서는 나중에 말할 기회가 있을 것입니다. 다만 그것은 그 집단의 정치적 이해관계 때문이지, 그의 마음이나 도량과는 무관합니다. 뿐만 아니라 주유가 꺼렸던 인물은 유비·관우·장비이지 제갈량이 아니었습니다. 솔직히 그때 주유는 제갈량을 라이벌로 여기지도 않았는데, 어떻게 몰래 음모를 꾸밀 수가 있겠습니까? 오히려 원래 높은 인격과 굳은 절개를 가진 제갈량이 '세 차례 주유를 화나게 했다'는 조작된 이야기 때문에, '간사하고 교활한 소인배'(현대의 작가 후스胡適의 말)라는 혹평을 받게 되었으니, 이 얼마나 괴로운 일인지 한번 생각해보십시오.

역사 – 문학 – 민간의 이미지

역사와 우리의 거리는 가끔 이렇게도 멀어질 수 있습니다.
실제로 많은 역사적 사건과 역사 속 인물들은 세 가지의 이미지를 가지고 있습니다. 첫 번째는 정사正史에 기록된 얼굴로, 일반적으로 '역사상의 이미지'라고 부릅니다. 이것은 역사가들이 주장하는 모습입니다. 여기서 한번 짚고 넘어가야 할 점은 '역사상의 이미지'가 '역사의 진상眞相'과는 같지 않다는 것입니다. 역사에는 '진상'이 있을까요? 있습니다. 그렇다면 분명하게 알 수 있을까요? 어렵습니다.

적어도 삼국 역사의 진상을 분명하게 알기란 참으로 어렵습니다. 왜냐하면 우리가 당시의 원래 자료들을 찾아낼 수도 없고, 죽은 사람들을 땅속에서 깨워서 직접 물어볼 수도 없기 때문입니다. 설령 물어볼 수 있다 하더라도, 그들이 꼭 사실을 말한다는 보장도 없지요. 따라서 역사의 기록에 의지할 수밖에 없으며, 그중에서도 주로 정사正史에 의지하게 됩니다. 그러나 정사라도 믿을 수 없는 부분이 있고 믿을 수 없을 때가 있습니다. 역사학의 대가 뤼쓰몐呂思勉 선생은 《삼국사화三國史話》에서 《삼국지》나 《후한서後漢書》 등의 기록을 다 믿을 수는 없음을 여러 차례 언급하고 있습니다. 더구나 유비의 촉한蜀漢은 촉한 조정에서 공식적으로 편찬한 역사서가 없습니다. 《삼국지》 속의 관련 기록들은 '귀로 듣거나 눈으로 본 것'에다가 '길거리에서 주워들은 이야기'를 보탠 것입니다.

사정이 이러니, 역사학자들의 고증에 기대를 걸 수밖에 없지만 역사학자들의 견해도 일치하지는 않습니다. 예를 들면, 촉한 정권이 "나라에 사관을 두지 않았고, 천자의 언행을 기록하는 관리도 없었다"(《삼국지》〈후주전後主傳〉의 말—옮긴이)라는 기록에 대하여, 당唐나라의 역사학자 유지기劉知幾는 모욕적이고 터무니없는 말이라고 생각하여, "제갈량을 심하게 모함했다"고 말하고 있습니다(《사통史通》〈외편外篇〉의 말—옮긴이). 그야말로 갈수록 불명확해지지요. 그래서 우리들은 '역사상의 이미지'의 위치를 역사서에 기록된 것이나 역사학자들이 주장하는 이미지만으로 정할 뿐입니다. 그리고 분명하게 말할 수 있는 것이라도, 이러한 이미지는 한 가지가 아니라서 역시 논쟁거리가 됩니다.

두 번째는 소설과 희극戲劇을 포함한 문예 작품 속의 얼굴입니다. 우리들은 이것을 '문학상의 이미지'라고 부릅니다. '문학상의 이미지'는 문학가들이 주장하는 모습으로, 《삼국연의》와 여러 '삼국희(三國戲, 삼국시대를 배경으로 한 각종 연극. 주로 원대元代 잡극雜劇에서 유행함―옮긴이)'를 예로 들 수 있습니다.

세 번째는 일반 백성들이 주장하는 모습으로, 일반 민중들의 마음속에 있는 얼굴입니다. 이것은 '민간의 이미지'라고 불리는데, 이를 테면 각종 민간 전설과 민간 풍속, 민간 신앙, 또한 우리들 개개인의 마음속에 있는 이미지도 여기에 포함됩니다. 우리들은 각자 마음속에 어떤 역사 인물에 대한 이미지를 가지고 있습니다. 따라서 역사 드라마가 방영되면 시청자들은 '닮았다, 닮지 않았다'의 문제를 가지고 논쟁하기도 합니다. 이러한 역사 인물들을 누구도 본 적이 없는데 '닮았다, 닮지 않았다' 하며 따질 수 있는 것을 보면, 개개인의 마음속에 모두들 한 권의 '족보'를 가지고 있다는 것을 알 수가 있습니다.

문학상의 이미지와 민간의 이미지의 형성도 역사적인 과정을 거치고 있습니다. 대체로 후대로 올수록 계보에 의지하지 않고, 주관적 억측과 개인의 취향에 따른 요소가 점점 많아집니다. 물론 근대적인 역사관을 가진 이후는 따로 논해야만 합니다. 앞에서도 말했다시피, 문학 예술 작품의 영향력은 역사서를 능가합니다. 장터나 여염집에서 구전되는 것도 마찬가지로 그 영향력을 무시할 수가 없습니다. 민간의 인사들은 역사학자가 아니므로 엄밀하게 연구할 필요가 없으며 또 누구에게 책임을 질 일도 없기 때문에 자연히 말하고 싶은 대로 말하게 됩니다. 이런 건 원래 흔한 일이고, 크게 중요한 일은 아니죠. 하지만 루쉰 선생이 말한 것처럼 '땅 위에 원래 길이 없었는데, 다니는 사람들이 많아지다 보면 길이 되는 법'

입니다. 마찬가지로 하나의 이미지는 말하는 사람이 많아지다 보면 가짜 이미지에서 진짜로 바뀔 수가 있습니다.

역사의 제갈량과 소설의 제갈량

제갈량에 대해 말해보지요. 제갈량은 적어도 진대晉代부터 수많은 사람들이 따르고 떠받드는 대상이 되었고, 매력을 사방에 발산해서 구름처럼 팬들을 몰고 다녔습니다. 당시에 곽충郭冲이라는 사람이 있었는데, 그는 아마 제갈량의 열렬한 팬이었던 것 같습니다. 그는 사람들의 제갈량에 대한 숭배가 충분치 못하다고 느꼈는지 〈세상에 알려지지 않고 묻힌 제갈량의 다섯 가지 일〉이라는 문장을 지었는데, 그중 세 번째로 언급하고 있는 것이 공성계空城計입니다. 이 다섯 가지의 일에 대해서는 배송지裴松之

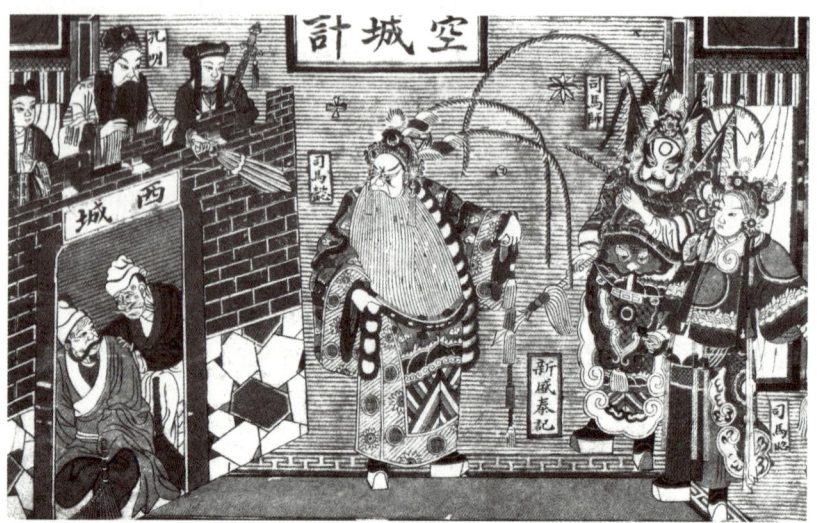

공성계 한 인물에 대한 민중의 애정이 넘치다보면 사실까지 왜곡하게 되는 경우가 적지 않다. '공성계'는 제갈량의 이미지를 지나치게 미화한 결과 탄생한 허구였다.

가 《삼국지》에 주注를 달면서 반박했지요. 공성계를 반박하는 증거는 다음과 같습니다. 즉 제갈량이 양평陽平에 병사들을 주둔시키고 있을 때, 사마의司馬懿는 형주도독荊州都督으로 있으면서 완성宛城에 주둔하고 있었기 때문에, 근본적으로 양평의 전쟁터에 출현할 수가 없었는데, 무슨 공성계냐는 말입니다.

그러나 이 이야기는 너무나 그럴듯하게 들리기 때문에, 《삼국연의》에서는 크게 떠벌려졌고, 삼국희에서도 요란스럽게 공연되었습니다. 이른바 '실공참失空斬'(가정街亭을 잃은 것, 공성계를 썼던 것, 마속馬謖을 참한 것)은 역대로 가장 오랫동안 없어지지 않고 공연되어왔습니다. 하지만 이 이야기는 사실이 아니며, 논리에도 맞지 않습니다. 첫째, 사마의가 감히 공격을 하지 못한 이유는 성안에 매복이 있을까 두려웠기 때문이었습니다. 그렇다면 정찰병을 파견해서 한번 가서 보게 하지 않았을까요? 둘째, 사마의가 "과연 공명이 성루에 앉아서, 만면에 웃음을 띠고 있는 것을 보았다"고 한다면 거리가 그다지 멀지는 않았을 텐데, 그렇다면 귀신같은 솜씨를 가진 궁수를 보내어 제갈량을 성루에서 쏘아 떨어뜨리면 어땠을까요? 셋째, 곽충의 주장대로라면, 당시 사마의의 군대는 20만 명이었고, 제갈량의 군대는 겨우 1만 명이었습니다. 《삼국연의》에 의하면, 그때 사마의의 군대는 15만 명, 제갈량은 겨우 2천5백 명의 군사를 거느리고 있었습니다. 요컨대, 중과부적이었습니다. 그렇다면 3일 동안을 포위했는데, 포위만 하고 치지 않았다는 것이 가능한가요? 어떻게 그냥 돌아갈 수가 있습니까? 그래서 배송지는 주를 달면서, 곽충의 말이 터무니없다고 단정한 것입니다. 배송지는 다음과 같이 말하고 있습니다.

만약 곽충의 말대로라면, 선제(宣帝, 사마의)는 20만의 군대를 거느리고 있었고, 제갈량의 군대가 수가 적어 힘이 약하다는 것을 이미 알고 있었으니, 설령 복병을 의심했다 하더라도, 바로 대비를 갖추고 신중하게 행동을 했을 것이다. 어찌 도착하자마자 곧 도주한단 말인가?

공성계는 믿을 수가 없습니다. 그 외에 신야新野에 불을 지른 이야기나 풀배로 화살을 구한 이야기도 모두 지어낸 것입니다. 박망博望에 불을 놓은 일은 있지만, 그 불은 유비가 놓았던 것으로, 제갈량과 관계있다는 말은 들어본 적이 없습니다. 적벽에 불을 놓은 일도 있지만, 그것은 주유의 부장인 황개의 생각과 공로이지, 제갈량과는 아무런 관계가 없습니다. 동풍을 빌린 일은 더욱 가소롭습니다. 제갈량이 "목욕재계하고, 도사의 옷을 입고 맨발에 머리를 풀어 헤치고", 제단에 올라 바람에 제사를 지낸 것은, 그야말로 농간입니다. 그래서 루쉰 선생은《삼국연의》가 "제갈량을 지혜가 많고 요妖에 가까운 인물로 그려내었다"라고 말하고 있습니다. 여기에서 말하는 '요妖'는 요정이나 요괴가 아니라 '요사스러운 사람', 즉 주술사나 박수무당 같은 존재입니다.

제갈량은 당연히 '요사스러운 사람'이 아닙니다. '요사스러운 사람'이 아닐 뿐 아니라, 멋쟁이였습니다. 진수陳壽는〈상제갈량집표上諸葛亮集表〉에서 "신장이 8척이고, 용모가 매우 훌륭했다"고 말하고 있습니다. 한대의 8척은 현재의 1미터 84센티미터에 해당합니다. 제갈량이 세상에 나올 때의 나이는 26세였습니다. 26세의 나이, 1미터 84센티미터의 키, 거기에다 '매우 뛰어난 용모'. 여러분은 어떤 이미지인지 상상해볼 수 있을 겁니다. 적어도 온몸에 도포를 두르고 얼굴 가득 긴 수염을 하고 있는 모습을 상상할 수는 없을 것입니다. 우선과 관건은 대체로 사실이겠지만, 당시의 유행이었기 때문이지 제갈량의 전매특허는 아니었습니다. 그리고 '우선 부치며 관건 쓰고서, 담소 나누는 사이에 적들의 전선은 연기 속에 재가 되어 사라졌다'라는 문장이 말하고 있는 대상은 주유이지 제갈량이 아닙니다. '동풍을 빌렸던' 일도 주유가 '빌렸다'고 해야 할 것입니다(민간 전설에서는 주유가 동풍을 빌렸다고 말하고 있습니다). 그렇지 않다면 당나라의 시인 두목杜牧이 어떻게 "동풍이 주랑의 편을 들어주지 않았다면, 대교와 소교는 화창한 봄날에도 동작대銅雀臺에 갇혀 지냈으리東風不與周郞便, 銅雀春深鎖二橋"라고 노래할 수가 있었겠습니까?

제갈량이 적벽대전 기간에 세운 주요 공적은 손권과 유비의 연맹을 재촉하여 성사시킨 것입니다. 그가 유비 집단에서 세운 주요 공헌은 오나라와 연맹하여 조조에 대항했던 일과 천하를 삼분하는 정치적 책략을 확립하고, 몸소 실천한 것입니다. 실제로 제갈량은 걸출한 정치가이자 외교가이지만, 걸출한 군사 전문가라고 하긴 어렵습니다. 그의 군사적 성과에 대해서는 논란이 있으며, 그의 군사적 재능 또한 후세의 전설처럼 그렇게 심오한 것 같지 않습니다. 역사학자 먀오웨繆鉞 선생은 일찍이 《삼국지선주三國志選注》의 〈머리말〉에서 다음과 같이 지적하였습니다.

제갈량이 남만을 정복한 일은 당시의 전설로서 과대 포장된 점이 있다. 예를 들면 맹획孟獲이 일곱 번 풀려났다가 일곱 번 사로잡혔다는 칠종칠금七縱七擒 고사는 사리에 맞지 않으며, '남만이 다시는 배반을 하지 않았다'는 것도 사실과 부합하지 않는다.

제갈량은 문학 작품과 민간 전설 속에서 말하는 것처럼 그렇게 여러 차례 기막힌 계책을 낸 것 같지도 않습니다. 기막힌 계책을 잘 냈던 사람은 곽가郭嘉입니다. 제갈량의 특징은—역사학자는 물론이고 그 자신의 평가도 모두—'삼가고 조심했다'는 것입니다. 진수는 그가 "군대를 다스리는 데에는 뛰어났지만 기묘한 전략을 세우는 점에서는 부족했으며, 백성을 다스리는 능력이 장수로서의 지략보다 뛰어났다"고 말하고 있는데, 진실에 접근한 평가라고 말할 수 있겠습니다. 다시 말하자면 제갈량은 소하 蕭何 같은 인물이었지, 장량張良이나 한신韓信 같은 인물은 아니었습니다.

그러나 《삼국연의》속에서 제갈량은 소하·장량·한신을 한 몸에 아우르고, 막사 안에서 계략을 짜 천 리 밖에서 승리를 결정지을 뿐 아니라, 신묘한 지략과 계책으로 닥쳐올 일까지 미리 알 정도입니다. 어떠한 사람도, 그의 '비단주머니 속에서 나오는 신묘한 계책' 대로만 하면, 싸워서 이기지 못하는 경우가 없고 공격하여 승리를 거두지 못하는 경우가 없습니다. 유비 집단의 관우·장비·조운趙雲과 같은 명장들도 그의 손에 조종되는 인형처럼, 명령을 이해하든 그렇지 못하든 그대로 따를 뿐입니다. 이것은 당연히 사실이 아닙니다. 하지만 원인은 있습니다. 무슨 원인일까요? 이에 대해서는 나중에 이야기하겠습니다. 사실, '비단주머니에서 신묘한 계책이 나오는' 이야기도 있었던 일입니다. 그러나 애석하게도 그 이야기는 조조에게서 나온 것입니다. 이 일은 《삼국지》〈장료전張遼傳〉에 실려 있는데, 시간적 배경은 건안建安 20년(215)입니다. 이것도 나중에 다시 말할 기회가 있습니다. '공성계' 이야기도 있었던 일 같습니다. 조조·문빙文聘·조운 정도가 공성계를 부렸을 수 있습니다. 하지만 이 일에 대해서는 논란이 있으므로, 나중에 다시 이야기하겠습니다. 설령 논란이 없다 해도, 모두들 이야기하려 하지 않을 것입니다. 민간에서는 조조를 좋아하지 않기 때문이죠.

일반인들의 삼국에 대한 관심과 열정은 결코 역사학자에 뒤지지 않습니다. 중국에서는 중국의 4대 고전 중에서 《홍루몽紅樓夢》이 문학사에서 지위가 가장 높습니다. 그래서 "한담을 나눌 때 《홍루몽》에 대해서 말하지 못하면 《시경詩經》과 《서경書經》을 다 읽어도 꿀릴 수밖에 없다"라는 말이 있을 정도입니다. 하지만 루쉰 선생이 말하는 것처럼 '보통 사람들의 기호는 역시 《삼국》과 《수호水滸》'입니다. 다시 말해서 일반 백성들이 좋아하는 작품은 《삼국지》와 《수호전水滸傳》이라는 겁니다. 사실 중국 사회에 가장 큰 영향을 미친 작품은 《홍루몽》이 아니라 《삼국지》와 《수호전》입니다. 예컨대, 도축업자는 장비張飛를 수호신으로 삼고, 방직업자는 유비를 수호신으로 떠받들며, 강도들은 송강宋江을, 좀도둑들은 시천時遷을 조사祖師로 삼습니다. 하지만 《홍루몽》의 가보옥賈寶玉이나 왕희봉王熙鳳과 같은 인물을 수호신으로 삼는 직업에 대해서는 들어본 적이 없습니다. 그래서 삼국 인물들의 민간 이미지는 연구할 가치가 높습니다.

관우의 이미지

관우에 대해 이야기해보겠습니다.

관우는 확실히 공경할 만한 점이 있는데, 그것은 초인적인 인정과 의리입니다. 그가 조조의 포로가 된 뒤, 조조는 그를 매우 후하게 예우하여, 관우 스스로도 "조공曹公이 나를 후하게 대접해주는 것을 나도 잘 알고 있다"고 말했지요. 하지만 그는 여전히 유비를 배반하려고 하지 않았고, 최후의 선택은 '공을 세워 조공에게 보답을 하고 떠나는 것'이었습니다. 결과적으로 조조는 그를 더욱 존경했고, 끝내 그가 다시 적의 진영으로 돌아가게 놔둡니다. 관우야 원래 의를 중시하는 사람으로 알려져 있지만, 여기에서 우리는 조조도 협객과 의인의 기개가 있다고 할 만하고, 최소한 조조가 의협의 기개가 있는 사람을 존중하는 사람이라는 점은 알 수 있습니다. 애석하게도 사람들은 관우의 '인정'만을 생각하고 조조의 '의'는 잊어버립니다. 불공평하지요.

민간의 관우 숭배에는 나름의 이유가 있지만, 어떤 신앙과 풍속은 매우 이상합니다. 예컨대, 이발사들은 관우를 수호신으로 받드는데, 이는 상식

정사 《삼국지》 역사, 문학, 민간의 이미지가 뒤섞여 있는 삼국의 역사를 제대로 보게 하는 기초 텍스트로서 의미를 갖는다.

적으로 생각할 수 있는 일이 아닙니다. 관우는 이발사를 했던 적이 결코 없습니다. 게다가 동한시대에는 머리를 깎지 않았습니다. 이리저리 생각해보면, 관우도 이발사도 모두 손에 칼을 들고 있습니다. 그러나 관우의 손에 있는 칼은 머리통을 베는 것이지, 머리칼을 깎는 것이 아닙니다. 청대淸代의 한 이발소 문 앞에는 다음과 같은 글이 걸려 있었다고 합니다. "천하 사람들의 머릿수가 얼마나 되는지 궁금하다면, 내가 지금껏 휘두른 칼 솜씨가 어떠했는지를 봐라問天下頭顱幾許, 看老夫手段如何." (일설에는 이 대련이 태평천국太平天國의 장수인 석달개石達開가 영웅호걸을 모집하기 위해 위장으로 이발소를 차려놓고, 이발소의 문에 써 붙였다는 설도 있음—옮긴이) 오히려 이 말이 관우의 말투를 닮은 것 같기도 합니다.

이상하게도 관우는 재신財神 역할도 했습니다. 관우는 백전노장인데, 전쟁의 신을 맡는 것이 이치에 맞지, 어떻게 재신일 수가 있을까요? 물론 이유가 있지만, 그 이유는 이후에 다시 말하겠습니다. 그런데 관우가 애정의 신이 되어 결혼중개소에서 그를 받드는 경우도 보입니다. 애정에 대한 그의 욕구가 매우 집요했기 때문입니다.《삼국지》〈관우전關羽傳〉의 배송지 주에서 인용한《촉기蜀記》와《화양국지華陽國志》에 따르면, 관우는 일찍이 한 여인을 사랑했는데 한두 차례 조조에게 그녀와 결혼하고 싶다는 뜻을 보였다고 합니다. 이 말이 퍼진 이후 조조는 여자가 대단한 미인일 것이라고 생각하여, 먼저 사람을 보내 맞이하여 만납니다. 만나봤더니 과연 경국지색인지라 그대로 자신이 붙들어놓게 되었고, 관우는 우울증에 걸립니다. 이 일이 만약 사실이라면, 조조가 너무 못된 것이지요.

삼국을 어떻게 이해할 것인가

이제 우리가 알고 있다시피, 삼국의 역사는 사실 세 가지의 이미지, 즉 역사, 문학, 민간의 이미지를 가지고 있습니다. 그렇다면 우리는 삼국을 어떻게 보아야만 할까요?

먼저 역사상의 이미지를 분명하게 보아야 합니다. 이를 위해서는 정사, 즉《삼국지》를 읽어야 합니다.《삼국지》의 작자는 진수입니다. 진수는 쓰촨四川 난충南充 출신으로 서진西晉이 삼국을 통일한 지 5년 뒤(285)에《삼국지》를 완성합니다. 삼국시대와의 시간적 거리가 멀지 않고 학문을 연구하는 태도도 엄밀하여 비교적 믿을 수 있습니다. 그러나 진수는 연구태도가 엄밀하여 당시의 수많은 자료를 모두 버리고 이용하지 않았기 때문에《삼국지》의 내용도 비교적 소략합니다.

여기에 또 배송지의 주가 있습니다. 배송지는 산시山西 원시현聞喜縣 사람으로, 남북조南北朝시대의 유송劉宋 시기에 생활했습니다. 그가 주를 지을 때와 진수가 《삼국지》를 완성한 시기와는 대략 130년의 시간차가 있습니다. 배송지 주의 특징은 대량의 자료를 보충한 데 있습니다. 그는 진수가 버린 것과 보지 못한 것을 포괄하고, 이에 대한 분석을 더했습니다. 고증과 분석을 할 수 없는 자료에 대해서는 수록만 하고 논평은 하지 않았습니다. 배송지의 연구 태도도 매우 엄밀하므로, 그 주도 비교적 믿을 수 있습니다. 이른바 '정설正說'은 이 두 가지, 즉 진수의 '지志'와 배송지의 '주'에 근거합니다. 그 외의 역사서도 참고할 수는 있지만, 만약 주장의 모순이 발생하면 먼저 쓰인 것을 위주로 해야 하므로, 진수의 삼국지와 배송지의 주를 근거로 삼는 편이 좋습니다.

그러나 문학상의 이미지와 민간의 이미지 역시 결코 의의가 없거나 타당성이 없는 것은 아닙니다. 사실상 많은 사람들이 삼국시대에 대해서, 특히 《삼국연의》를 교과서로 삼아서 봅니다. 바로 근대의 문장가인 쑨리孫犁 선생의 말처럼 '모사謀士는 《삼국연의》를 아이디어의 주머니로 삼고, 장수들은 그 책을 전쟁의 책략으로 봄'니다. 청대淸代 통치자들도 《삼국연의》를 내부 문건으로 여겨, 황실의 인척들에게 발급해주었습니다. 작가이자 문학 연구가인 첸중수錢鍾書 선생의 《관추편管錐編》에도 여러 차례 후대의 사람들이 공성계를 배웠다는 사실을 말하고 있습니다. 심지어 공성계를 속이지 않으면서 속이는 전략의 전형적인 사례로까지 여기고 있습니다.

첸선생은 이렇게 말합니다.

"군사적인 대비 없이 솔직하게 남들에게 보여주면서 대비를 하지 않으니, 속이는 것이 아니다. 남에게 실상을 보여주면서도 남들이 그것을 실상이라고 믿지 않게 하니, 속이는 것이다."

모종강毛宗崗 부자父子의 비어(批語, 《삼국연의》에 대하여 서두와 본문의 구절에 첨가한 비평을 말함. 이하, '모비毛批'로 간칭—옮긴이) 또한 매우 일리가 있습니다.

"오직 신중한 사람만이 대담한 일을 할 수 없다. 또한 오직 신중한 사람만이 대담한 일을 할 수 있다. …… 공명이 평소에 신중한 사람이 아니었다면, 일순간에 감히 대담한 일을 하지 못하였을 것이다. 중달(仲達, 사마의를 말함―옮긴이)이 공명의 일순간의 대담함을 의심하지 않은 이유는 바로 공명이 평소에 신중했다는 것을 믿었기 때문이다."

그러나 청대의 문인인 위희魏禧의 표현은 더욱 재미있습니다.

"만약 산적들과 부딪혔다면, 산적들은 곧바로 성문으로 들어가 공명을 붙잡아 갔을 것이다."(이 말은 산적들은 사마의처럼 병법을 아는 게 아니라서 단순하게 생각하기 때문이라는 뜻―옮긴이)

설령 문학상의 이미지와 민간의 이미지, 심지어 사실을 잘못 알고 있거나 교묘한 바꿔치기, 터무니없는 이야기라고 해도, 사람들에게 교훈과 이점을 줄 수가 있습니다. 하나의 이미지가 형성되고 전승된다는 것은 그 이미지에 나름의 도가 있기 때문입니다. 지금 하려는 작업은 바로 이런 이치를 설명해내는 것입니다.

이렇게 하기 위해 다음의 세 가지의 일을 하려고 합니다. 하나는 환원입니다. 바로 여러분에게 역사의 본래 얼굴이 어떤지 말하는 것입니다. 둘째는 비교인데, 이 세 가지의 이미지가 결국은 어떤 차이점이 있는지를 한번 보려 합니다. 세 번째는 분석입니다. 역사상의 이미지가 왜 문학상의 이미지와 민간의 이미지로 변했는지를 분명하게 알고자 합니다. 이 세 가지 작업을 통해서, 여러분이 삼국사를 품평하면서 읽게 되기를 바랍니다.

물론 쉬운 일은 아닙니다.

역사에 세 가지 이미지가 있는 것처럼, 역사에는 또 세 가지의 독법讀法이 있습니다. 하나는 옛사람의 입장에 서서 역사를 보는 것입니다. 역사학자 첸무錢穆 선생이 말하는 '역사적 견해'입니다. 또 하나는 오늘날의 입장에서 역사를 보는 것으로 첸선생은 '시대적 견해'라고 했습니다. 마지막 하나는 자신의 입장에서 역사를 보는 '개인적 견해'입니다. 누가 역사를 말하더라도 모두 이 세 가지 견해와 관련되지 않을 수 없습니다. 결국 '장강이 동쪽으로 흘러, 거친 물결에 천고의 풍류 인물들을 모두 쓸어내기'(소동파의 사詞〈적벽회고〉에서 인용한 구절—옮긴이) 마련입니다. 아무리 빛나는 사건과 인물들도 누가 평가를 하든 그저 모호한 인상을 남길 뿐입니다. 원나라 때의 사람 장승張升은 사詞에서 다음과 같이 노래하고 있습니다.

> 수많은 육조六朝의 흥망사, 모두 어부와 초동의 한담 속에 들어 있구나.
> 多少六朝興廢事, 盡入漁樵閑話.

사실 '어부와 초동의 한담 속에 들어간 이야기'가 어찌 육조의 흥망사뿐이겠습니까? 아마도 모든 역사를 포함할 것입니다.

앞으로 진행될 강의에서는 삼국의 분열에 대해 이야기하면서 삼국사를 품평하며 읽어갈 것입니다. 그렇다면 어디서부터 말을 시작해야 할까요? 저는 역사상의 이미지, 문학상의 이미지, 민간의 이미지가 가장 복잡하고 논란이 많은 사람부터 시작하려고 합니다. 그가 우리를 복잡하고 파란만장한 역사 속으로 이끌 것입니다.

조조, 채찍을 휘두르다

조조의 진실과 거짓

역사학자 판원란范文瀾 선생의 《중국통사中國通史》는 한 헌제 초평 원년(190)에서 진 무제武帝 태강 원년(280)까지의 역사를 동한 삼국사東漢三國史의 '분열 시기'라고 부르고 있다. 삼국사라고 말할 때는 사실 이 기간의 역사를 말하며, 그 선두에 선 인물을 꼽자면 역시 위魏의 실제 개창자인 조조이다. 조조는 수많은 세월 동안 그에 대한 평가가 한결같지 않아서, 죽고 나서도 평가를 내리기 어려운 인물이다. 그에 대한 견해와 평가는 그 수도 많고, 의견의 차이도 큰데, 이런 경우는 세상에서 보기 드물다. 특히 민간에서의 이미지는 썩 좋지 않다. 그렇다면 한 개인으로서 역사상의 진짜 조조는 과연 어떠했을까?

먼저 조조에 대해 말해보겠습니다.

조조의 역사상의 이미지는 그다지 좋지 않아서, 정중한 표현으로는 '간웅奸雄'이고, 무례하게 말하자면 '간신奸臣', 심지어 '간적奸賊'이라고도 합니다. 그러나 루쉰 선생은 그를 영웅이라고 말합니다. 선생은 〈위진시대의 풍격·문장과 약·술의 관계魏晉風度及文章與藥及酒之關系〉라는 글에서 다음과 같이 말하고 있습니다.

> 조조는 대단한 사람이며, 적어도 영웅이다. 내가 비록 조조와 한패는 아니지만, 이유 여하를 막론하고 그를 매우 존경한다.

여기에 영웅, 간웅, 간적이라는 세 가지의 평가와 세 가지의 이미지가 있습니다. 그렇다면 이 중에서 어떤 평가가 가장 정확할까요?

그러려면 먼저 역사상의 진짜 조조가 과연 어떤 사람이었는지를 분명하게 알아야 합니다. 쉬운 일은 아니지요. 루쉰 선생은 《삼국연의》와 삼국희를 보는 것이 조조를 관찰하는 바른 방법이 아니라고 말합니다. 믿을 수 있는 것은 당연히 역사서입니다. 그러나 선생은 또 이렇게 말합니다.

역사상의 기록과 논단은 때로는 전혀 근거할 수 없는 경우가 있으며, 믿을 수 없는 부분도 매우 많다. 통상적으로 우리는 어떤 왕조의 연대가 조금 길었으면 거기에는 반드시 좋은 사람이 많았으며, 어떤 왕조의 연대가 조금 짧았다면 거기에는 좋은 사람이 거의 없었을 것이라고 이해하기 때문이다.

조위曹魏는 마침 연대가 짧아서 조조는 "자연히 후대 사람들에게 욕을 먹는 통례를 피해갈 수 없었던 것"입니다.

비난이 많아지다 보면 고정관념이 생깁니다. 고정관념이 세대를 걸쳐 내려가면 더 이상 돌이킬 수 없는 상황이 됩니다. 구체적으로 조조의 경우는 사정이 더욱 복잡합니다. 영향력이 매우 큰 두 책인《자치통감資治通鑒》과《삼국연의》가 조조라는 사람에게 그다지 우호적이지 않았기 때문입니다.《삼국연의》는 조조를 '국적國賊'으로 봅니다.《자치통감》은 편찬 과정에서 조조에게 유리한 사료를 적지 않게 삭제해버렸습니다. 이 또한 일종의 '시대적 견해'입니다. 송대宋代 사람들은 대부분이 조조를 좋아하지 않았던 것 같습니다. 소동파는《지림志林》에서, 당시 저잣거리에서 책을 읽다가 청중들이 "유현덕이 패했다는 부분을 듣고 미간을 찌푸리고 눈물을 흘리는 자까지 있더니, 조조가 패했다는 소리를 듣고는 기뻐서 환호성을 질렀다"고 말하고 있습니다. 이것이 북송北宋의 분위기였습니다. 남송南宋에서는 거의 조조를 '적賊'으로 공인하고 있습니다. 이후 원·명明·청으로 오면, 조조의 몸에는 기본적으로 오명이 덧씌워져 있었습니다. 좋게 말하는 경우도 있지만, 많지 않습니다. 18세기에 이르러 청대 건륭제乾隆帝가 최종 평가를 내림으로써, 조조는 '찬역자(篡逆者, 나라를 찬탈한 역신—옮긴이)'로 낙인 찍혀 더 이상 뒤집을 수 없게 됩니다.

일찍이 진대晉代부터 조조에 대한 평가는 엇갈리기 시작합니다. 왕침王沈의《위서魏書》와 사마표司馬彪의《속한서續漢書》는 조조를 비교적 긍정하여, 곡필까지 해가며 변호합니다. 손성孫盛의《이동잡어異同雜語》와 오나라 사람이 쓴《조만전曹瞞傳》은 그다지 공손하지 않아서, 조조의 포학함과 간사함에 대하여 폭로한 곳이 많습니다. 동진東晉의 사학자 습착치習鑿齒는 더 나아가 처음으로 찬역설을 주장합니다. 이때부터 남북조와 수당隋唐에 이르기까지 역사가들의 포폄이 다른데, 장줘야오張作耀 선생은《조조평전曹操評傳》에서 이에 대해 상세하게 서술하고 있습니다. 조조에 대한 '시대적 견해' 뿐 아니라 '역사적 견해'도 크게 갈린다는 것을 알 수 있습니다. 게다가 각 개인의 '개인적 견해'까지 더해지면 조조의 '진짜 얼굴'을 분명하게 파악하기는 더욱 어렵습니다.

조조의 평가가 부정적인 이유

그러나 한 가지 인정할 수 있는 사실은 바로 조조가 욕을 먹는다는 점입니다.

이 세상에 이유 없는 사랑은 없으며, 이유 없는 원한도 없습니다. 조조가 사람들에게 욕을 먹는 데에도 이유가 있습니다. 무엇 때문일까요? 물론 이유는 많습니다. 그렇지만 가장 많이 거론되는 것이 그의 간교함입니다. 예를 들면 옛사람들에게 그의 한나라 찬탈은 간교함으로 보입니다. 그의 간사하고 음흉한 모습도 간교함으로 보입니다. 그러나 일반 민중들이 가장 통한痛恨하는 것은 조조가 "차라리 내가 천하 사람들을 배신할망

조조 간웅, 간신, 간적, 영웅이라는 다양한 평가를 한 몸에 받고 있는 조조의 진정한 이미지는 무엇인가? 시대의 잣대에 따라 카멜레온처럼 변신하지 않을까?

정, 천하 사람들이 나를 배신하게 하지는 않겠다"라고 말한 점입니다. 자기가 세상의 모든 사람들에게 미안한 짓을 할망정 천하의 사람들이 자신에게 미안할 일을 해서는 안 된다고 하다니, 이 얼마나 나쁜 사람입니까? 따라서 우리는 이 일을 분명하게 파악하고, 이 말이 사실인지 아닌지를 살펴봐야 합니다.

이 일은 《삼국지》에는 기록이 없고, 배송지 주에서 인용하고 있는 《위서》 《세어世語》와 손성의 《잡기雜記》에만 보입니다. 이야기는 대략 다음과 같습니다. 동탁이 궁으로 들어온 뒤, 조조를 효기교위驍騎校尉에 임명하려고 표를 올립니다. 조조는 동탁의 임명을 거절하고, 낙양을 도망쳐 나와 지름길을 택해 고향으로 돌아갑니다. 가는 길에 친구인 여백사呂伯奢의 집에 들렀는데, 그 일가족을 모두 죽입니다(《삼국연의》에서는 여백사가 조조의 부친인 조숭의 친구라고 되어 있음—옮긴이).

왜 죽여야만 했을까요? 세 책의 설명은 같지 않습니다. 《위서》의 주장은 이렇습니다. "여백사는 마침 집에 없었는데, 그 아들이 식객들과 함께 태조(太祖, 조조—옮긴이)를 위협하여 말과 물건을 빼앗자, 태조가 칼을 잡고 여럿을 죽였다." 《세어》의 주장은 이렇습니다. "태조가 스스로 동탁의 명령을 어겼으므로, 그들(여백사의 가족—옮긴이)이 자기를 해치려 할까 의심하여, 검을 들고서 밤에 8명을 죽이고 떠났다." 손성의 《잡기》에는 "태조가 식기食器의 소리를 듣고 자기를 해치려 한다고 생각하여, 마침내 밤에 그들을 죽였다"라고 되어 있습니다.

이렇게 보면, 조조가 여백사 일가를 죽인 사실에는 문제가 없습니다. 문제는 살인의 동기입니다. 《위서》의 내용에 따른다면 정당방위 내지는 과잉방위입니다. 《세어》와 《잡기》의 내용대로라면 의심이 너무 심하여 잘못 죽인 것입니다. 《위서》는 비교적 조조를 옹호하고 있습니다만, 이것은 잠시 접어두고 뒤의 두 가지 내용을 봅시다.

뒤의 두 가지 묘사 중에는 손성의 《잡기》의 묘사가 좀 더 구체적입니다. 첫째는 조조가 어떤 소리를 들었다는 것이고, 둘째는 조조가 살인을 하고 나서 "차라리 내가 남을 배신할망정, 남이 나를 배신하게 하지는 않겠다"라고 말한 것입니다. 여기에서 말하는 '식기의 소리'란 응당 솥이나 그릇을 씻는 소리가 아니라 칼을 가는 소리였겠지요. 조조는 그때 의심을 하고 사람들을 죽입니다. 죽이고 난 뒤에야 그 사람들이 돼지와 양을 잡아 자신을 대접하려고 했으며, 자신이 선량한 사람들을 죽였음을 깨닫게 됩니다. 그리고 "처창凄愴하게 말하기를, 차라리 내가 남을 배신할망정, 남이 나를 배신하게 하지 않겠다"라고 한 것입니다. '처창'은 처참하고 슬픈 것을 말합니다. 다시 말하자면, 조조가 자신이 무고한 사람들을 잘못 죽인 것을 깨닫고 나서, 마음속으로 매우 처참하고 슬펐지만, 할 수 없이 스스로를 위로하고 기분을 풀기 위해 억지로 자신의 잘못된 행위를 변호한 것입니다. 물론 이런 변호가 그의 죄과를 씻을 수는 없습니다. 다만

'처창'할 수 있었다는 점을 보면, 그가 일말의 양심마저 없었던 것은 아닌 셈입니다.

그런데《삼국연의》에서는 이 내용을 대폭 수정했습니다. '처창'한 심정은 사라지고, "차라리 내가 남을 배신할망정, 남이 나를 배신하게 하지는 않겠다"는 말이 "차라리 내가 천하 사람들을 배신할망정, 천하 사람들이 나를 배신하게 하지는 않겠다"로 바뀝니다. 여기에는 어떤 차이가 있을까요? 앞의 말을 풀이해보면, 차라리 자신이 남에게 미안한 일을 할망정 남이 자신에게 미안할 일을 해서는 안 된다는 의미입니다. 여기서 말하는 '남'은 여백사 일가라는 개별적인 사람을 가리킵니다. 뒤의 말은 온 천하의 사람, 곧 세상의 모든 사람입니다. 그 범위가 크게 다릅니다. 둘 다 나쁘지만, 나쁜 정도가 다르며 규모가 다릅니다. 이것이 첫째입니다.

둘째, 조조는 당장 눈앞에 벌어진 일을 두고 "차라리 내가 남을 배신할망정, 남들이 나를 배신하게 하지는 않겠다"라고 말했을 뿐입니다. 비록 내가 남들을 잘못 죽여서 그들에게 미안하지만, 지금으로서는 다른 방법이 없다는 뜻이지요. 자기가 현재 궁지에 몰린 처지라서 어쩔 수 없이 남들에게 미안한 일을 했지만, 남들이 자기에게 미안할 일을 하게 할 수는 없었다는 것이지요. 당연히 한 구석에는 선한 마음씨가 남아 있었다고 해야 할 것입니다. 그러나 "차라리 내가 천하 사람들을 배신할망정 천하 사

격고매조擊鼓罵曹 선입견으로 굳어진 이미지는 좀체 바꾸기 어렵다. 조조에 대한 민간의 평가가 그랬다. 경극에도 반영되었다. 그림은 웃통을 벗은 미형이 조조를 가리키며 욕을 하는 장면이다. 화가 난 조조의 표정이 예사롭지 않다.

람들이 나를 배신하게 하지는 않겠다"라는 말은 일관된 말이 되고, 떳떳하게 한 말로 바뀝니다. 그렇다면 그는 엄청난 '간적'이 됩니다. 그래서 이 사건만 가지고 조조를 간사하고 음험하며 악랄하다고 말하기에는 의심의 여지가 있습니다.

그러나 이런 상황인데도, 모비에서는 오히려 "이것이 바로 맹덕孟德이 남들보다 뛰어난 점이다", "소인이기는 하지만 그래도 마음속 생각과 말에 한결같은 태도를 잃지 않고 있다"라고 호평하고 있습니다. 왜 그럴까요? 만약 다른 사람이 말한다면, 틀림없이 이 말을 바꿔 "천하 사람들이 나에게 미안한 일을 할망정, 내가 천하 사람들에게 미안한 일을 할 수는 없다"라고 말할 것입니다. 그러나 사실은 어떻습니까? 실제로 모든 사람들은 조조처럼 행동하겠지만(천하 사람들 중에 누가 이러한 마음을 가지지 않았는지, 한번 물어보고 싶군요), 그 누가 또 이런 말을 입 밖에 낼 수 있겠습니까? 모두들 성인군자인 척하지만 조조만은 솔직하게 이 말을 했습니다. 적어도 조조는 간사한 말을 용감히 공개적으로 한 것입니다. 그는 '진정한 소인배'이지 '거짓 군자'는 아닙니다. 그래서 모비에서 이 부분이 조조가 남보다 뛰어난 점이라고 한 것입니다. 이 세상에는 거짓 군자가 너무나도 많기 때문입니다. 모종강 부자는 조조를 좋아한 사람들이 아닙니다. 그런 그들마저 이 부분이 조조가 남보다 뛰어난 점이라고 말했다면, 분명 남보다 뛰어난 점일 것입니다.

교활한 가운데 진심이 있어, 어떨 때는 교활하다가 어떨 때는 진실하기도 한 점이 바로 조조의 특징 가운데 하나입니다. 《삼국지》〈무제기武帝紀〉의 배송지 주에서 인용한 《조만전》에 의하면, 200년에 조조와 원소가 관도官渡에서 결전을 벌일 때, 허유許攸가 원소의 군영에서 그에게 투항해옵니다. 자리에 앉자마자 허유가 묻습니다.

"그대의 군에 식량이 얼마나 있습니까?"

조조는 갑작스런 질문에 방어를 못하고 얼떨결에 "최소한 1년은 버틸 수 있소"라고 대답합니다. 허유는 거침없이 말합니다.

"그럴 리가요! 다시 말해보십시오!"

조조가 다시 입을 열었습니다.

"반년은 버틸 수 있소."

허유는 냉소를 지으며 한마디합니다.

"그대는 원소를 이길 마음을 가지고 있지 않습니까? 어떻게 몇 번씩이나 사실을 제대로 말하지 않는 것입니까?"

총명한 조조는 허유가 확실한 정보를 가지고 있거나 자기의 마음을 꿰뚫어 보고 있어, 허유를 속이려고 해도 속일 수 없다는 것을 알고 있었습니다. 게다가 다시 진실을 말해주지 않으면 허유의 신뢰와 도움을 얻기 어렵다고 생각하고, 웃으며 말합니다. "방금 한 말들은 그저 농담일 뿐이오! 사실은 고작 한 달치밖에 없소." 허유는 조조가 진실을 말하자 곧 전쟁 상황에 대한 자신의 분석과 해결 방법을 내놓아, 원소가 더 이상 꼼짝달싹 못하게끔 만듭니다.

조조의 진솔한 점

조조는 이렇게 간사하기만 하고 진실한 면은 없었을까요? 있습니다. 220년, 전쟁터에서 일생을 보낸 조조는 병이 들어 일어나지 못합니다. 이때 그는 이미 66세로, '인생에서 칠십까지 산 사람은 예부터 드물다'라는 말로 본다면, 오래 산 셈이 됩니다. 조조는 활달한 사람이라 죽고 사는 문제도 열린 마음으로 보았고, 자신의 공적과 과실에 대해서도 마음에 두지 않았던 것 같습니다. 그가 찔끔찔끔 써 내려간 〈유령遺令〉《전삼국문全三國

文》〈위무제魏武帝〉 편에 실려 있습니다)은 최후의 당부라고 할 수 있습니다. 그런데 이 천재적이고 걸출한 정치가는 뜻밖에도 정치에 대해서는 말하지 않습니다. 자신의 공적과 과실에 대해서도 그저 한마디밖에 안합니다. "내가 군중에서 법을 집행한 것은 대체로 옳았는데, 화를 내거나 큰 잘못을 범한 점은 본받을 가치가 없다." 나머지는 모두 자잘한 일로 메워져 있습니다. 예를 들면, 비첩婢妾과 예기藝妓들은 모두 평소에 애쓰고 고생했으므로 자기가 죽은 뒤에도 동작대에서 살게 해주고, 그녀들을 홀대하지 말라고 말하고 있습니다. 또 남은 향은 나누어주고 제사에 쓰지 말아야 낭비를 줄일 수 있다, 여인네들은 한가할 때는 한가하게 지내더라도 새끼 꼬는 법을 배우면 짚신이라도 팔 수 있을 것이라는 등 꽤나 시시콜콜하게 이러쿵저러쿵 말을 많이 합니다.

이 점은 후세 사람들에게 경멸을 받습니다. 육기陸機는 진대晉代 사람이라 그래도 완곡하게 표현합니다. 그는 〈조위무제문弔魏武帝文〉에서 "괴로운 마음을 외물外物에 매달고, 자잘한 생각을 규방閨房에 남겨", "처자식에 미련을 둔 점은 애석한 일이요, 그래서 유언이 조금 세세했던 것은 유감"이라고 점잖게 말했습니다.

소동파는 그다지 정중하지 않았습니다. 그는 어떤 사람이든 간에 그저 "어려움에 임해서 두려워하지 않고, 담소를 나누며 죽음에 나아가야만" 영웅이라고 할 수 있는데, 조조 같은 사람이 죽기에 앞서 하염없이 훌쩍거리며 "아녀자들에게 미련을 남기어, 향을 나누어주고 짚신을 삼아 팔라"고 하니, 도대체 뭘 하자는 소리냐고 말합니다. 그래서 그는 경멸스럽다는 듯 혀를 쯧쯧 차며 말합니다.

평생을 간사함과 거짓으로 살더니, 죽을 때가 되어서야 진성眞性을 보였다.(《공북해찬孔北海贊》)

그 의미는 분명합니다. 조조가 평상시에는 짐승의 탈을 쓰고 영웅호걸의 위엄을 가장한 틀림없는 간웅이었는데, 죽음이 임박하자 그 정체가 드러났다는 것입니다.

소동파는 제가 가장 좋아하는 문학가이지만, 그분의 이 고상한 논리에는 동의할 수 없습니다. 조조는 병으로 죽었지 형장에서 목이 잘려 죽은 게 아닙니다. 그에게 어떻게 '어려움에 임해서 두려워하지 않기'를 바란단 말입니까? 조조가 하늘에 울부짖고 땅을 치고 대성통곡하면서 죽지 않으려고 한 것도 아닌데, 어째서 영웅답지 못합니까? 옛말에 '흥분한 마음을 토로하며 죽음에 이르기는 쉬우나, 정의를 위해 침착하고 의연하게 죽기는 어렵다'고 했습니다. 조조는 비록 정의를 위해 죽지는 않았지만, 비교적 침착하고 의연하게 죽었습니다. 시시콜콜하게 후사를 배려한 것이 바로 의연함의 표현입니다.

수많은 영웅들이 죽기 전에 강개한 심정을 토로하며 큰소리쳤던 것과 비교한다면, 틀림없이 조조의 유언은 조금도 영웅답지 않고, 대단하지도 않으며, 일반 백성들의 유언과도 차이가 없습니다. 그러나 저는 이것이야말로 진실한 조조라고 생각합니다. 그는 인간이지 신이 아닙니다. 일개 보통 사람이지, 초인적이고 탈속한(물론 그렇게 되려고 하지도 않았지만) 성인聖人이 아닙니다. 그리고 그는 그런 신분과 지위를 가졌으면서도 태연하게 범부凡夫와 속인俗人의 일면을 용기 있게 드러냈고, 결코 가리거나 덮어서 거드름을 피우지 않았습니다. 바로 이것이 조조가 남들보다 뛰어난 점이요, 영웅 본래의 모습입니다.

"나는 속인이다. 그렇다고 너희들이 어떻게 할 건데? 나는 생각하면 그대로 말하고, 뭔가 좋아하는 게 있으면 그대로 한다. 너희들이 또 어떻게 할 건데?" 그래서 저는 조조의 이 유서가 확실히 정치 구호와 공식적인 상투어로 가득 찬 유언장보다 더 진실하고 사랑스럽게 느껴집니다. 대단하다는 소동파가 오히려 용렬한 사람이란 티를 더 내고 있습니다.

물론 소동파가 "평생을 간사함과 거짓으로 살더니, 죽을 때가 되어서야 진성을 보였다"라는 말도 맞습니다. 다만 소동파의 그 '진성'에 대한 이해가 우리와 다르고, 평가도 다를 뿐입니다. 제가 볼 때 그것은 인성人性입니다. 조조는 살인 기계나 정치적인 상징이 아니라 인간, 즉 피와 살이 있고 생각과 감정을 가진 인간이었습니다. 평소에 정치 투쟁의 필요 때문에 어쩔 수 없이 내면세계를 가리고 덮었다고 하더라도, 죽음에 임해서는 어떠한 망설임도 없었을 것입니다. '새가 죽으려 할 때에는 그 울음소리가 구슬프고, 사람이 죽으려 할 때에는 하는 말이 착하다'는 말이 있습니다. 조조가 임종 전에 한 '착한 말'은 그의 생활에 대한 미련과 친한 사람들에 대한 감정을 잘 드러내고 있습니다.

조조는 확실히 남녀 간의 사랑이 깊었던 사람입니다. 조조는 남으로 북으로 전쟁터에서 일생을 보내어 천륜을 향수할 시간이 많지 않았기 때문에 집안사람들에 대한 감정이 특별했습니다. 《삼국지》〈후비전后妃傳〉배송지 주에서 인용한 《위략魏略》에 따르면, 조조는 임종 전에 이와 같은 말을 했다고 합니다.

"나는 일생 동안 한 모든 일 중에 후회할 만한 일이 있다고도, 누구에게 미안한 일을 했다고도 느끼지 않는다. 하지만 오직 한 가지, 저승에 간 다음에 자수子修가 제 어미를 찾으면 내가 어떻게 대답해야 할지 모르겠다."

자수는 조앙曹昻으로, 조조의 장자입니다. 조앙은 생모 유부인劉夫人이 일찍 세상을 떠났기 때문에 자식이 없었던 정실 정부인丁夫人의 손에서 자랐는데, 정부인도 조앙을 자기가 낳은 것처럼 여겼습니다. 후일 조앙이 전사하자 정부인은 목놓아 대성통곡했고, 또 늘 곡하고 욕하면서 조조를 이렇게 책망했습니다.

"우리 아들을 죽여놓고 당신은 나 몰라라 하는 거요!"

조조는 줄곧 괴로워하다가 결국은 그녀를 친정으로 돌려보냅니다. 그래서 조조가 세상을 떠나기 전에 이런 말을 하게 된 것이죠.

사실 조조는 끝까지 노력했습니다. 그는 몸소 정부인의 친정을 찾아가 그녀를 만납니다. 하지만 정부인은 꿈쩍도 않고 베틀 앞에 앉아 베를 짜면서 거들떠보지도 않습니다. 조조는 그녀의 등을 어루만지며, 따뜻하고 부드럽게 말합니다.

"우리 함께 수레를 타고 집으로 돌아가지 않겠소?"

정부인은 아랑곳하지 않습니다. 조조는 문밖까지 나갔다가 다시 돌아와 고개를 돌려 묻습니다.

"나와 함께 돌아갑시다. 어떻소?"

정부인은 이번에도 거들떠보지도 않습니다. 조조는 그저 그녀와 헤어질 도리밖에 없었습니다. 성격이 급하고 거칠며 인간성이 흉악하고 사나운 조조가 이렇게 하기란 쉬운 일이 아닙니다. 더구나 조조는 정부인을 개가시켜 수절하지 않게 했습니다. 다만 정부인이 달가워하지 않았고, 그의 부모도 감히 그러지 못했을 뿐입니다. 당연히 못했겠죠. 재가를 하려 해도, 용기 있게 장가들려는 사람이 없었을 테니까요.

조조의 이중적인 태도

하지만 조조도 한번 태도를 바꾸면 거들떠도 안 보는 사람이었습니다. 허유 같은 사람은 스스로 죽음을 초래한 측면이 있습니다. 그는 옛 우정과 공적을 믿고서, 늘 조조를 그다지 공경하거나 공손히 대하지 않았습니다. 항상 여러 사람 앞에서 조조와 농담을 했고, 심지어는 조조의 어릴 적

이름을 부르면서, "아만阿瞞, 내가 없었다면 그대는 기주冀州를 얻지도 못했을 것이오"라고 말하기도 했습니다. 조조는 겉으로는 웃으면서 "그래, 그래. 그대 말이 맞소"하면서도 속으로는 이를 갈았습니다. 후일 조조가 업성鄴城을 공격해서 함락시키자, 허유는 또다시 업성의 성문을 가리키며 조조 신변의 사람들에게, "이 녀석은 내가 아니었다면 이 문을 들어가 보지도 못했을 게야!"라고 말합니다. 조조도 더 이상은 참을 수가 없었습니다. 관도에 있던 그때에는 위험이 경각에 달려 있어서 허유의 시건방진 태도를 참고 또 참았지만, 이번에는 그럴 필요가 없었던 것이죠. 조조는 조금의 망설임도 없이 그의 목숨을 빼앗았습니다.

앞에서 말한 이 두 이야기는 모두 《삼국지》 본문에는 보이지 않고 배송지의 주에 있는 것입니다. 앞의 이야기는 배송지에 의해서 〈후비전〉에 주로써 달린 것이고, 뒤의 이야기는 〈최염전崔琰傳〉에 있는 주입니다. 하지만 인용하고 있는 이야기는 모두 위나라의 어환魚豢이 편찬한 《위략》에서 나온 것입니다. 동일한 책 속에서도 조조는 두 가지 이미지를 가지고 있었음을 알 수 있습니다.

더 불가사의한 일도 있습니다.

허유는 조조의 은인인데도 조조에게 피살되었고, 조조를 악랄하게 공격했던 사람들은 오히려 조조에 의해 풀려났습니다. 관도대전에서, 진림陳琳은 원소의 부하로 일하면서, 원소를 대신해 격문檄文을 기초하여 조조에게 심하게 욕을 퍼붓습니다. 이 격문은 〈원소전袁紹傳〉의 배송지 주에 있습니다. 한번 읽어보시면 알겠지만 정말로 참을 수 없을 정도입니다. 나중에 원소가 전쟁에서 패하자 진림은 포로가 됩니다. 조조는 단지 이렇게 말합니다.

"욕을 할 때 나를 욕하는 건 괜찮지만, 어떻게 나의 조상 삼대까지 욕을 하는가?"

진림은 사죄하면서 "시위에 화살을 얹으면 쏠 수밖에 없습니다"라고 말합니다. 조조는 더 이상 문제 삼지 않고 그대로 그를 사공군모좨주司空軍謀祭酒로 임명합니다. 이 일은 《삼국지》〈진림전陳琳傳〉 본문에 실려 있으며, 야사가 아니므로 믿을 수 있습니다.

또 조조는 자신을 배반한 사람도 놓아주었습니다. 위종魏種은 원래 조조가 가장 신임했던 사람입니다. 장막張邈이 반란을 일으켰을 때 많은 사람들이 무기를 버리고 장막을 따라갔지만 조조는 매우 자신 있게 말합니다.

"위종만은 나를 배반할 리가 없다."

하지만 위종마저 장막을 따라서 달아날 줄을 누가 알았겠습니까? 화가 난 조조는 이를 갑니다.

"좋아, 그래 너 위종! 하늘 끝까지 한번 도망가봐라, 내가 널 가만두지 않겠다!"

그러나 막상 위종이 포로가 되자, 조조는 의외로 크게 한숨을 쉬며 "위종은 인재로다!"라고 하고는, 그를 하내태수河內太守로 임명합니다.

필심畢諶의 모친과 동생·처자식이 장막에게 억류되자 조조는 그에게 말합니다.

"자당 어른이 장막에게 있으니 그대는 거기로 가는 편이 좋겠소."

필심이 무릎을 꿇고 머리를 조아리며 자신은 딴마음을 품고 있지 않다고 말하자, 감동한 조조는 눈물을 흘립니다. 하지만 생각지도 않게, 필심은 인사도 않은 채 몸을 돌려 조조를 배반하고 장막에게 몸을 맡깁니다. 후일 필심이 포로가 되자, 사람들은 모두 그가 이번에는 틀림없이 죽을 것이라고 생각합니다. 그런데 조조는 너무나 뜻밖에도, "효도를 다하는 사람이 어찌 충성을 다할 수 없겠는가? 이 사람이 바로 내가 찾아 헤매던 사람이다!"라고 말합니다. 그는 필심의 죄를 묻지 않았을 뿐 아니라, 공자孔子의 고향인 곡부曲阜로 가서 노국상魯國相을 맡게 합니다. 이 두 가지 일은 모두《삼국지》〈무제기〉의 본문에 실려 있으므로 믿을 수 있습니다.

심지어 자신을 배반한 친구에게마저 조조는 지난날의 우정을 중시했습니다. 진궁陳宮과 조조는 자주 내왕하던 사이였고, 조조가 연주목兗州牧이 되었던 것도 진궁의 공로였습니다. 진궁은 끝까지 여포呂布를 도와 조조를 치다가 포로가 된 다음에도 투항만은 하려 들지 않았습니다. 조조가 그의 자字를 부르면서, "공대公臺! 자네가 죽는 것은 괜찮지만 자네의 노모는 어떻게 하란 말인가!"라고 말하자, 진궁은 길게 탄식을 하고는 "내 듣기에 효로써 천하를 다스리는 자는 남의 부모를 해치지 않는다고 하니, 노모가 죽고 사는 것은 모두가 그대에게 달렸소"라고 합니다. 조조가 다시 묻습니다.

"자네의 처자식들은 또 어떻게 할 것인가?"

진궁이 다시 대답합니다.

"듣기에 인정仁政을 천하에 베푸는 자는 남의 후손을 끊지 않는다고 하니, 처자식이 죽고 사는 문제도 그대가 알아서 처리하시오."

진궁은 말을 마치자, 뒤도 돌아보지 않고서 고개를 들고 형장으로 향합니다. 조조는 눈물을 흘리며 그를 배웅합니다. 진궁이 죽고 나서 조조는 그의 노모를 봉양하고, 그의 딸이 시집가는 것을 도왔으며, 친구였을 때보다도 그의 집안에 더 잘해주었습니다.《삼국지》에 진궁의 전기는 없고, 이 일은 〈여포전呂布傳〉에 실려 있는데, 배송지 주에서는《전략典略》을 인용하여 더욱 상세하게 말하고 있습니다.

이렇게 보면, 조조는 도량이 넓고 큰 사람이었습니다.

그러나 도량이 한없이 넓은 이 사람은 또 마음이 좁아서 중요하지도 않은 일을 시시콜콜 따졌고, 원수를 갚을 때에는 수단과 방법을 가리지 않았습니다. 그는 마음만 먹으면 누구라도 죽일 수 있는 사람이었습니다.《삼국지》〈무제기〉의 배송지 주에서 인용하는《조만전》에 따르면, 연주兗州

에 있을 때, 그는 명성이 높던 변양邊讓을 죽입니다. 변양은 진류(陳留, 지금의 허난성河南省 카이펑시開封市의 동남쪽) 사람으로, 박학하고 언변이 출중했습니다. 그의 〈장화대부章華臺賦〉가 한때 널리 유행하자 대장군大將軍 하진何進이 특별히 그를 초빙하여 관직을 내린 적이 있었고, 채옹蔡邕·공융孔融·왕랑王郞 같은 명사들도 그를 추앙했습니다. 그 자신도 구강태수九江太守를 지냈으며, 후일 은퇴하여 집에 있었습니다. 변양 자신이 명사였으므로, 그는 자연히 조조와 같은 환관의 양자를 대단치 않게 보았습니다. 아마도 자신이 불손하고 모욕적인 말을 해도 조조가 감히 자기와 같은 유명인사를 어쩌지는 못할 것이라고 생각했을 것입니다. 그러나 당시의 조조는 아직 재상도 아니었고 넓은 아량을 지니지도 못했다는 사실을 누가 알았겠습니까? 조조는 서슴없이 그를 죽이고 아울러 그의 일가도 몰살시켰습니다. 패국상沛國相이던 원충袁忠과 패국 사람 환소桓邵도 조조를 경멸했는데, 변양이 피살된 후 두 사람은 교주交州로 도망갔지만 가족들이 희생양이 됩니다. 나중에 환소가 자수하여 조조 앞에 무릎을 꿇고

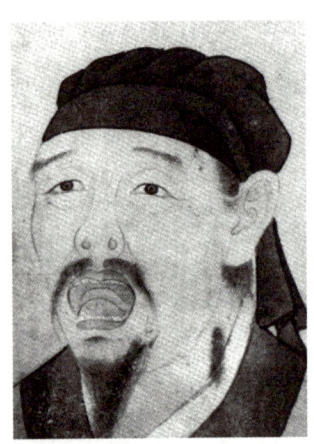 

채옹(좌)과 공융 명사 채옹과 공융 등의 죽음은 조조에 대한 부정적인 이미지를 더욱 고착화시켰다. 그러나 조조는 너그러운 아량도 적지 않게 보여준다. 조조의 이중성 내지 다양한 얼굴은 아주 자연스럽다.

용서를 구했는데도 조조는 모질게 말합니다.

"무릎을 꿇는다고 죽음을 면할 수 있겠는가? 당연히 그럴 수는 없다."

결국 환소도 끌려가 참수됩니다.

조조가 벌인 이 사건은 너무나 악영향을 미쳐서 당시에 한바탕 반란을 야기했고, 이후에도 줄곧 사람들에게 시빗거리가 되었습니다. 앞에서 언급했던 진궁도 변양이 죽은 것 때문에 조조를 떠나 여포에게 몸을 맡깁니다. 조조는 여기에서 교훈을 얻고, 관직도 높아지고 야심도 커지자, 차츰 '넓은 아량과 큰 도량'을 배우게 되어 보복을 하더라도 그렇게 단도직입적으로 하지 않았습니다. 하지만 보복은 또 다른 보복을, 질투는 또 다른 질투를 낳습니다. 오래된 친구도 예외는 없었습니다. 예를 들어 누규婁圭는 자가 자백子伯으로, 젊어서부터 큰 뜻을 지녔고 지혜와 용기를 모두 갖춘 인물이었습니다. 조조를 따라 세운 공이 많아서 조조는 늘 그를 따를 수 없다고 감탄하곤 했습니다. 하지만 조조는 그도 죽입니다. 그와 허유의 죽음, 공융의 죽음은 모두 《삼국지》〈최염전〉의 배송지 주에 기록되어 있으므로, 독자 여러분이 찾아보실 수 있을 것입니다.

이것이 바로 조조였습니다. 아마 그는 역사상 성격이 가장 복잡하고, 이미지가 가장 다양한 사람일 것입니다. 총명하기 이를 데 없으면서도 어리석기 짝이 없으며, 간사하고 교활하면서도 솔직하고 진실하며, 활달하고 큰 아량을 지녔으면서도 이런저런 의심이 너무나 많고, 도량이 넓고 크면서도 한없이 좁았습니다. 그야말로 대인의 풍모와 소인의 얼굴을 가졌으며, 영웅의 기개와 아녀자의 감정을 가졌고, 염라대왕의 성깔과 부처님의 마음씨를 가진 사람이었습니다.

이렇게 보면 조조는 마치 몇 개의 얼굴을 가진 사람인 듯합니다. 하지만 또 그 모든 것이 그의 몸에 붙어서 조금도 모순되지가 않으니 이것은 하나의 기적입니다.

실제로 조조는 진실했으며, 꾸밈이 없었습니다. 그의 간사·교활함·잔인·포악까지도 모두 침착하여 서두르지 않고, 도량이 넓고 대범하며, 진실하고 솔직한 그의 모습을 나타냅니다. 참으로 당당한 기백입니다. 큰 영웅만이 진실할 수가 있으며, 진정한 명사名士라야 풍류를 가질 수 있습니다. 이러한 각도에서 보면, 조조는 영웅, 그것도 큰 영웅입니다. 그러나 이 영웅은 매우 간사했으며, 이 때문에 간웅 즉, '간사한 영웅'이라고 할 수 있습니다. 조조에 대한 역사의 평가(영웅·간웅·간적)는 모두 '간奸'과 '웅雄', 이 두 글자를 벗어나지 않습니다. 간을 강조한 경우도 있었고, 웅을 강조한 경우도 있었으며, 간과 웅 모두라고 하는 경우도 있었습니다. 그래서 저는 조조를 '간웅'이라고 생각합니다. 그러나 앞에 '사랑스러운'이라는 말을 더하고자 합니다.

그렇다면 조조는 '사랑스러운 간웅'일까요?

간웅의 수수께끼

역사상 성격이 가장 복잡하고 이미지가 가장 다양한 사람으로서, 조조는 진실했으며 꾸밈이 없었다. 이 본래의 모습은 그를 영웅, 그것도 큰 영웅이 되게 했다. 그러나 이 영웅은 동시에 간웅으로도 평가받았다. 지난 강의에서는 조조가 '사랑스러운 간웅'이라는 견해를 제시했다. 그렇다면 조조는 '간웅'인가? '간웅'으로서 그는 '사랑스러운'가?

지난 시간에는 조조가 '사랑스러운 간웅'이라는 결론을 내렸습니다. 이제 이 결론을 분석해보기로 합시다.

먼저 '간웅'에 대하여 이야기하고, 그 다음에 '사랑스럽다'라는 것에 대해 말하겠습니다.

이른바 '간웅'이란 간교한 영웅입니다. 명나라의 유명한 간신인 엄숭嚴嵩처럼 남몰래 못된 짓을 꾸미고 좀도둑 같은 짓을 하여, 간사하지만 기백이 없는 경우는 단지 간적奸賊이라고 부릅니다. 동탁董卓처럼 포악무도하며 사리분별 없이 행동하여, 기백은 있지만 간사하지 않은 경우에는 효웅梟雄이라고 부를 수 있습니다. '효웅'이라는 단어는 '용맹하다', '재주가 뛰어나고 기백이 있다', '잘 길들여지지 않다'는 뜻으로도 파생되는데, 용맹한 기병이라는 의미의 효기梟騎나 용맹한 장수라는 뜻의 효장梟將 같은 단어가 그러한 예입니다. 노숙魯肅은 "유비는 천하의 효웅이다"(《삼국지》〈노숙전魯肅傳〉)라고 말했고, 황권黃權은 "유비에게는 효명梟名이 있다"(《후한서》〈유언전劉焉傳〉)라고 말했습니다. 모두가 유비를 지혜와 용기가 걸출한 인물이자 재주가 뛰어나고 기백이 있으며, 쉽게 길들일 수 없는 인물로 파악하고 있습니다. 동탁을 효웅으로 본다면 그를 '횡포하면서 야심이 있는 인물'이라고 지적하는 것이 됩니다. 효웅이 '횡포하면서 야심이 있다'면 간적은 '간교하면서 나쁜 마음을 품은 인물'이 되며, 간웅은 곧 '간교하면서 영웅의 마음을 품은 인물'이 됩니다. 간웅은 간사하면서 또 호걸인 셈입니다. 그렇다면 조조가 이런 인물일까요?

조조의 어린 시절

조조는 어릴 때부터 간사하고 교활했습니다. 그는 출신이 좋지 않았고 가정교육도 좋지 않았으며, 어렸을 때의 품행 또한 좋지 않았습니다. 조조의 자는 맹덕孟德이고 어릴 때의 이름은 아만阿瞞, 또 길리吉利라고도 했으며, 패국沛國 초현(譙縣, 지금의 안후이성安徽省 보저우시亳州市) 사람입니다. 진수의 《삼국지》에서는 그가 서한西漢의 상국相國 조참曹參의 후예라고 하는데, 터무니없는 소리입니다. 조조의 본래 성은 조씨일 수가 없습니다. 조라는 성은 그의 부친인 조숭曹嵩이 조등曹騰의 양자가 되면서 얻었기 때문입니다. 조숭과 조등은 전혀 혈연 관계가 없었습니다. 설령 조등이 조참의 후예라는 것을 고증해내더라도, 조조와 무슨 상관이 있겠습니까? 조숭의 친부모가 결국 누구인지는 당시에도 수수께끼였기 때문에, 진수도 그저 "그의 출생의 전말에 대해서는 자세히 알 수 있는 사람이 없다"라고 말할 수밖에 없었습니다. 조조 자신도 깊이 숨겼습니다. 그는 《가전家傳》을 지을 때 스스로 "조숙 진탁曹叔振鐸의 후예(주나라 무왕이 자신의 동생인 희진탁姬振鐸을 조읍曹邑에 봉해 조백曹伯으로 삼았는데 이로써 조숙 진탁은 조씨의 시조가 되었다—옮긴이)"라고 칭하여, 선대를 주周 문왕文王까지 거슬러 올라가고 있는데, 더욱 터무니없는 소리입니다. 그러나 동한 말년에는 사회에서나 관계官界에서나 출신 가문을 매우 중시하였으므로, 조조가 비록 이런 풍조를 증오했다고 해도 정치상의 필요에 의해 자화자찬을 할 수밖에 없었겠지요.

조조는 환관 가문에서 출생하고 성장했습니다. 그의 부친인 조숭은 조등의 양자였으며, 조등은 당시 꽤나 명성이 있던 환관으로 비정후費亭侯에 봉해지고 대장추大長秋에 임명되었습니다. 대장추는 환관 중의 고관으로서 2천 석의 녹봉을 받는 오늘날의 성부급(省部級, 중국 각 성의 우두머리인 성장省長 및 그 직속의 성부장省部長을 말함. 성장은 우리나라의 도지사 급에 해당—옮긴이)이라고 할 수 있습니다. 조등의 사람됨은 환관 중에서 매우 괜찮았고, 사인士人(동한의 사인은 학문 수준을 인정받았거나 품덕이 고상한 인재라는 추천을 받아 관료로 임용된 적이 있는 지식인을 가리킴—옮긴이)과의 관계도 비교적 좋았습니다. 그는 영예롭지 않은 일도 했지만, 수많은 좋은 일과 큰일을 하여 《후한서》에도 전기가 실려 있습니다. 하지만 어쨌든 조조는 환관 양자의 아들입니다. 당시로서는 출신이 좋지 않다고 할 수 있습니다. 그러나 가정 형편은 당연히 좋았을 것이며, 적어도 쓸 돈이 부족하지는 않았을 것입니다. 조조의 부친 조숭은 후일 태위太尉라는 관직(명목상의 전국 최고의 군사 장관)을 1억 전錢의 돈을 내고 삽니다. 조씨 가문에 이미 이만큼 돈이 있었다면, 조조는 어린 시절에 부잣집 아들로서 아주 호강스럽게 살았을 듯합니다.

조조가 받은 가정교육은 별로 좋지 않았던 것 같습니다. 조숭이 이 아들의 교육에 관여한 시간은 매우 적었을 것입니다. 조조는 자신의 시詩에서 "삼사三徙의 가르침도 없었고 과정過庭의 훈육도 듣지 못했노라"하고 읊고 있습니다. '삼사'란 맹자孟子의 모친이 아들에게 좋은 환경을 만들어주기 위해서, 나쁜 영향을 받지 말라고 세 번 이사한 것을 말합니다. '과정'은 공자의 아들이 마당을 지나갈 때 공자가 그를 불러 세워 두 차례 가르침을 준 일로, 한 번은 시詩를, 또 한 번은 예禮를 배우라고 말했습니다. 조조의 집안에서는 이런 일이 일어난 적이 없었습니다. 이렇게 보면, 조조가 어렸을 적에 그의 양친은 모두 그를 가르치는 일에 대해 그다지 신경을 쓰지 않은 듯합니다.

부모가 가정교육을 제대로 하지 않았는데, 가정 형편은 좋았으므로 조조는 곧 '문제아'가 됩니다. 《삼국지》의 배송지 주에서 인용한 《조만전》에서는, 조조가 어렸을 때에 "매를 날리거나 개를 풀어놓고 사냥하기를 좋아해서, 내키는 대로 마음껏 놀았다"라고 말하고 있습니다. 그의 숙부는 보다 못해서, 항상 조숭에게 이 아이를 제대로 가르쳐야 된다고 말했습니다. 조조가 이것을 알고는 영악한 계략을 생각해내어, 쓸데없이 남의 일에 참견하는 그의 숙부에게 맞섰습니다. 어느 날 조조는 숙부가 멀리서 오는 것을 보고는 곧 입을 일그러뜨려 주둥이가 돌아간 것처럼 했습니다. 숙부가 그 이유를 묻자, 갑자기 중풍에 걸렸다고 대답합니다. 숙부는 물론 곧바로 조숭에게 알렸습니다. 조숭이 조조를 불러서 봤더니, 아무 일도 없었습니다. 조조는 기회를 놓치지 않고 말합니다. "제가 무슨 풍을 맞았겠습니까? 숙부가 저를 좋아하지 않아서 저에 대한 험담을 아무렇게나 한 것입니다." '늑대가 나타났다'고 외치던 양치기 소년 이야기처럼 조조가 이렇게 선수를 치자, 이후에는 숙부가 조조에 대해서 어떤 말을 해도 조숭은 전혀 믿지 않았고, 조조는 더욱 멋대로 나쁜 짓을 하게 됩니다.

조조의 친구들인 원소나 장막 같은 사람들도 아마 비슷한 인물이었겠지요. 그들은 늘 함께 모여 법석을 떨었고, 사고를 쳐도 유별나게 쳤습니다. 남북조시대 유송의 임천왕臨川王 유의경劉義慶의 《세설신어世說新語》에 따르면, 한번은 어느 집안에 결혼식이 있어서 조조와 원소가 그 화려한 모습을 구경하러 갔다고 합니다. 두 사람은 갑자기 그 집안의 신부를 훔치려는 마음을 먹었습니다. 우선 그 집안의 정원 안에 몸을 숨기고 날이 어두워지기를 기다린 다음, 갑자기 목청껏 큰 소리로 "도둑이야!" 하고 외쳤습니다. 혼례에 참가했던 사람들이 정신없이 집에서 뛰어나오자, 조조는 어수선한 틈을 타서 신방으로 뚫고 들어가 신부를 강탈해서 도망갔습니다. 급한 와중에 도망갈 길이 막히자 원소는 덤불숲에 뛰어들었다가 가시에 걸려 꼼짝달싹 못하게 되었습니다. 다급해진 조조에게 좋은 생각이 떠올랐습니다. 조조는 다시 한 번 큰 소리로 외쳤습니다.

"도둑이 여기 있다!"

원소는 너무 급한 나머지 단번에 뛰쳐나왔습니다.

분명히 청소년기의 조조는 전형적인 응석받이 부잣집 도련님입니다. 하는 일 없이 빈둥거리며 해야 할 일은 하지 않고, 모략과 나쁜 생각만 끝없이 생각해냈습니다. 이 사실들은 무엇을 설명할까요? 조조가 장난이 심하고 소란을 잘 피우며 일상적 규범을 지키지 않는 사람, 또한 간사하고 교활하여 간계奸計가 많은 사람임을 말해주고 있습니다. 그래서《삼국지》에서는 그를 "젊어서부터 기지가 뛰어나고 상황 대처 능력이 매우 좋았다. 권모술수에 능했고, 자신의 힘으로 남을 잘 도왔으며, 자유분방한 성격이었지만, 품행과 학업에는 정진하지 않았다"고 말하고 있습니다. 그래서 많은 사람들이 그를 안중에 두지 않았고, 심지어는 경멸하기까지 합니다. 남양南陽의 명사이던 종세림宗世林 같은 경우는 자칭 '송백松柏의 지조'를 가졌다 하여, 단호하게 그와 교제하지 않았습니다(《세설신어》〈방정方正〉).

허소의 평가에 대한 진실 공방

그런데 조조를 매우 좋게 보았던 사람이 있었는데, 바로 당시의 태위였던 교현橋玄입니다. 교현은 조조를 얻기 힘든 인재로서, 조조가 아니면 장래에 천하를 평정할 사람이 없다고 여겨 마침내 처자식을 부탁하기에 이릅니다. 교현은 "천하가 장차 어지러워질 것이니, 당대의 걸출한 인재가 아니면 구제할 수 없을 것이오. 천하를 편안하게 할 수 있는 사람은 아마도 그대일 것이오"라고 말합니다. 이 이야기는 《삼국지》 본문에 기록되어 있어, 믿을 수 있으며 일리가 있습니다. 왜냐하면 조조는 일반적인 떠돌이 건달이나 귀족의 자제가 아니기 때문입니다. 손성의 《이동잡어》에서는 그를 "재주와 무예가 남보다 뛰어나 그를 해칠 수 있는 사람이 없었으며, 여러 책을 널리 보았는데 특히 병법을 좋아했다"고 기록하고 있습니다. 언젠가 환관인 장양張讓을 암살할 때, 조조는 손에 들고 있던 창을 자유자재로 휘둘러 몸을 보전할 수 있었습니다. 이 기록은 조조가 마음속에 큰 뜻을 품고 있었고 영웅심이 강렬했다는 점을 말해줍니다. 영웅심이 강렬한 데다 간사하고 교활하다면, 간웅의 정의에 충분히 부합합니다.

그렇다면 조조는 자신을 어떻게 보았을까요?

조조 자신은 간웅이라는 이 평가에 찬동했던 것 같습니다. 이 평가는 허소許劭가 내렸는데, 조조가 허소와 친교를 맺게 된 것은 교현의 제안 덕이었습니다. 허소의 자는 자장子將으로 여남汝南 평여(平輿, 지금의 후난성 湖南省 핑위平輿) 사람이며 당시에 가장 유명한 감상가이자 평론가였습니다. 그는 항상 매월 초하루에 당시의 인물들에 대한 품평을 발표하여, 월단평月旦評, 또는 여남월단평汝南月旦評이라고 불렸습니다. 누구를 막론하고 한번 논평을 거치면, 그 해당인의 몸값은 백 배가 되어 이때부터 상류사회로 진입하게 되었습니다. 조조도 자연히 허소에게 호평을 받기를 바랐습니다. 그러나 조조가 너무나 좋지 않은 평에 해당했는지 아니면 천기를 누설할 수 없어서인지 알 수는 없지만, 조조가 아무리 간청을 해도 허소는 도통 말을 꺼내려고 하지 않았습니다. 마지막으로 허소는 조조에게 다그침을 받자 어쩔 수가 없이 다음과 같은 한마디를 내뱉습니다.

"당신은 '치세治世의 능신能臣이요, 난세亂世의 간웅' 이오."

이 자료는 《삼국지》에는 없고, 배송지 주에서 인용한 손성의 《이동잡어》에만 보입니다. 사실 이 이야기는 《후한서》와 《세설신어》에 모두 기록되어 있는데 판본만 같지 않을 뿐입니다. 《후한서》의 표현은 "태평한 시대라면 간적, 혼란한 시대라면 영웅"이고, 《세설신어》의 표현은 "난세의 영웅, 치세의 간적"이며, 이 말을 한 사람은 교현으로 되어 있습니다. 이 두 표현의 의미는 서로 비슷하지만, 손성의 《이동잡어》의 표현과는 상반됩니다. 그렇다면 어느 쪽을 믿어야 할까요? 장줘야오 선생의 《조조평전》은 《후한서》의 말이 사실이며, 손성의 《이동잡어》의 주장은 '멋대로 개작' 한 것으로 봅니다. 역사학자인 장줘야오 선생에게도 물론 자신의 논리가 있지만, 문제는 《이동잡어》의 작자 손성은 진대 사람이며,《후한서》의 작자 범엽范曄은 남북조시대의 유송 왕조 사람이라는 것입니다. 먼저 지어진 책인 《이동잡어》가 어떻게 뒤에 쓰인 책인 《후한서》를 개작한단 말입니까? 또 배송지와 범엽은 동시대 사람입니다. 배송지가 삼국지 주를 완성한 것은 송 문제文帝 원가元嘉 6년(429)이며, 범엽의 《후한서》는 송 문제 원가 원년(424)부터 저술을 시작하고 있으니, 거의 동시나 다름없습니다. 배송지가 범엽이 들었던 견해를 채용하지 않고, 오히려 손성의 《이동잡어》의 견해를 채용했으니, 이 필전筆戰을 어떻게 풀어야 할지 모르겠습니다.

실제로 손성의 《이동잡어》든, 《후한서》나 《세설신어》든 모두가 떠도는 소문을 옮겼을 가능성이 큽니다. 역사 책의 이야기를 모두 믿어야 하는 것은 아닙니다. 어떤 경우에는 정사의 기록도 믿을 수 없습니다. 역사학의 대가 뤼쓰몐 선생의 《삼국사화》에서는 《삼국지》 속의 수많은 사서史書들을 인용할 때, 뒷부분에 종종 다음과 같은 구절을 병기하고 있습니다. "이 이야기는 믿을 수 없을 것 같다", "꼭 확실하지는 않은 듯하다" 혹은 "이 말은 사후에 견강부회한 말이다." 예를 들어 《삼국지》와 《후한서》는 모두 조조가 도겸陶謙을 공격한 것이 부친의 원수를 갚기 위해서였다고 하는데, 뤼쓰몐 선생은 이에 대해 "이 말은 확실하지 않다"라고 말하고 있습니다. 이와 같은 곳이 여러 군데서 발견됩니다. 뤼쓰몐 선생은 우리에게 "역사상의 사실에서 전해지는 모든 것은 하나의 외형에 지나지 않으며, 어떤 때에는 외형조차도 믿을 수 없을 때가 있으므로, 사리에 근거해서 추측하고 고증하고 해석해야 한다"고 말합니다. 《삼국지》와 《후한서》에서 이구동성으로 말하고 있는 일조차도 의심해봐야 하는데, 견해가 일치하지 않는 부분을 어떻게 가리지 않을 수 있겠습니까? 우리가 가리지 못할 뿐입니다.

물론 배송지의 의견에도 일리는 있을 것입니다. 먼저 배송지 주에서 인용하고 있는 손성의 《이동잡어》가 어떤지 보겠습니다. 손성은 조조의 개성과 모든 행동부터 말하여, "재주와 무예가 남보다 뛰어나 그를 해칠 수 있는 사람이 없었으며, 여러 책을 널리 보았는데 특히 병법을 좋아했다"고 표현했습니다. 그런 다음 뒤에는 다시 조조가 병법을 베껴 모으고 병서에 주석을 달았다고 언급하고 있습니다. 이런 말을 마치고 나서야, 비로소 "치세의 능신이요, 난세의 간웅"이라는 허소의 평가를 말합니다. 게다가 손성은 또 "태조가 크게 웃었다"라고, 조조가 보였던 당시의 반응을 기록하고 있습니다. 아시다시피 손성의 《이동잡어》는 결코 공덕을 찬양하는 작품이 아니라, 조조에 대한 좋지 않은 부분도 드러내는 책입니다. 그러므로 이 책에서 조조를 긍정하고 있는 부분은 상대적으로 믿을 수 있다고 해야 할 것입니다.

그러나 이 이야기가 《삼국연의》로 가게 되면, 앞부분의 그 복선은 사라집니다. "태조가 크게 웃었다"는 "조조는 그 말을 듣고 매우 기뻐하였다"로 바뀝니다. 이 변동은 너무나 천박합니다. 혹자는 《후한서》에도 "조조가 크게 즐거워하며 떠났다"라고 되어 있어, 별 차이가 없다고 말할 것입니다. '기뻐하다悅'와 '즐거워하다悅'는 큰 차이가 없으니, 전사사前四史(《사기史記》《한서漢書》《후한서》《삼국지》를 통칭하는 이름―옮긴이)의 하나인 《후한서》도 천박하다는 말입니까? 저의 대답은 다음과 같습니다. 《삼국연의》는 천박하지만, 《후한서》는 천박하지 않습니다. 왜 그럴까요? 왜냐하면 두 책이 싣고 있는 허소의 논조가 같지 않고 말할 때의 배경도 달라, 같은 수준으로 논할 수 없기 때문입니다.

《후한서》에서는 어떻게 말하고 있는지 보겠습니다. 《후한서》〈허소전〉에서는 "조조가 아직 벼슬을 하지 않았을 때, 늘 공손한 말과 많은 예물로써 자신을 평가해주기를 구하였다. 허소는 그를 하찮게 여겨서 상대하려고 하지 않았다. 이에 조조가 빈틈을 노려 허소를 협박하자, 허소는 어쩔 수 없어서 '그대는 태평한 시대에는 간적, 혼란한 시대에는 영웅이 될 것'이라고 말하였다. 조조는 매우 즐거워하며 떠났다"라고 기록되어 있습니다. 이것은 분명하기 이를 데 없습니다. 먼저 조조는 자신을 선전하기 위해 허소가 자기를 한번 평가해주기를 매우 희망하여 초대를 하고 선물을 보냈으며, 또 좋은 말을 하며 굽신거렸습니다. 안타깝게도 허소는 그를 깔보고 인정하지 않습니다. 조조는 방법이 없자 어쩔 수 없이 정당하지 않은 수단을 쓰고서, 허소의 말을 강제로 받아냅니다.

허소는 분명히 난처했을 것입니다. 이미 위협을 받고 있었기 때문에 말하지 않을 수는 없었습니다. 조조가 자신을 그냥 놔두지 않을 것이므로 듣기 안 좋은 말을 할 수도 없었습니다. 실제와 너무나 다른 말은 더욱 할 수가 없었습니다. 비평가로서의 자신의 학술적 명성도 생각하지 않을 수 없었을 테니까요. 그래서 '태평한 시대엔 간적, 혼란한 시대엔 영웅'이라고 표현하게 된 것입니다. '간적'이라는 두 글자가 있어서 조조를 싫어하는 사람은 만족할 수 있습니다. '영웅'이라는 두 글자가 있어서 조조 본인도 만족할 수 있습니다. 더군다나 태평 시대의 가능성은 이미 너무나 희박하였고, 반대로 '난세의 영웅'이 될 가능성은 컸으므로 조조로서도 당연히 '크게 즐거워하며 떠났던' 것입니다. 그래서 《후한서》는 결코 천박하지 않습니다. 우리가 이 점을 이해할 때에, 허소가 받은 위협 또는 협박의 장면과 상황을 잊을 수 없는 것입니다.

그런데 《삼국연의》는 이 배경을 삭제해버립니다. 표현은 또 "치세의 능신, 난세의 간웅"이라고 한 손성의 것을 가져옵니다. 또 "크게 웃었다"는 "크게 기뻐했다"로 바뀝니다. '크게 기뻐했다'에는 '즐겁다'는 한 가지 뜻밖에 없습니다. 신바람이 나서 간웅을 받아들인다면 마치 조조는 간웅이 되려고 뜻을 세운 사람 같아집니다. 이것은 진실이 아니므로 천박합니다. 왜냐하면 세상에 어릴 때부터 간웅이 되려고 뜻을 세우는 사람은 없기 때문입니다. 간웅은 어쩔 수 없는 상황에서 나오는 것이죠. 치세에 처하면 능신이 되고, 난세에 처하면 간웅이 됩니다. 물론 '치세의 능신, 난세의 영웅'이란 말을 '천하를 다스리는 능신, 천하를 어지럽게 만드는 간웅'으로도 이해할 수 있습니다. 이렇다면 간奸이냐 능能이냐의 여부는 조조의 주관적인 희망에 달린 것입니다. 분명히 허소도 조조가 인물이라는 사실은 간파했습니다. 능신이 될 것인지 아니면 간웅이 될 것인지는 그가 치세에 처해 있느냐 아니면 난세에 처해 있느냐를 보든가, 그가 천하를 다스리려 하는지 아니면 천하를 어지럽히려 하는지를 보아야 하는 것입니다.

이러한 분석에서 조조가 '크게 웃었다'라고 한 함의는 매우 복잡해집니다. 첫째, 자기가 어떻게 '치세의 능신, 난세의 간웅'이 될 수 있겠는가? 너무 가소롭다! 둘째, '치세의 능신'이 본래 원하던 바인데, 만약 할 수 없다면 '난세의 영웅'을 하는 것도 괜찮다. 셋째, 자기가 능신이 되려 하면 능신이 될 수 있고 간웅이 되려 하면 간웅이 될 수 있다니, 매우 좋다. 어쨌든 자기는 반드시 어떤 인물이 되려고 하니, '능신'이든 '간웅'이든 상관없다. 실제로 이 '상관없다'는 바로 일종의 대범함입니다. 생사와 성패, 진퇴와 영욕을 치지도외하는 활달하고 큰 도량이며, 누가 뭐라 하든지 자기 식대로 하겠다는 여유 만만한 영웅의 본모습입니다.

사랑스러운 간웅, 조조

조조는 확실히 매우 대범한 사람이었습니다. 그의 시와 문장을 읽으면 언제나 영웅다운 기개를 느낄 수가 있습니다. 설령 자유롭게 어휘를 선택하여 사소한 것에 대해 마음 가는 대로 쓴 짧은 작품조차도 대범함을 가지고 있어서 저속함이 드러나지 않습니다. 특히 그의 〈관창해觀滄海〉라는 작품은 기세가 당당합니다.

> 동쪽으로 갈석산碣石山에 올라 푸른 바다를 바라보니,
> 물결은 넘실거리고 섬들은 봉긋봉긋 솟아 있구나.
> 나무들은 울창하고 온갖 풀 무성하며,
> 가을바람 쓸쓸하고 거친 파도 일어난다.
> 떠가는 해와 달 그 속에서 나오는 듯.
> 반짝이는 은하수 그 안에서 나오는 듯.

東臨碣石, 以觀滄海.

허소의 《인물지》 '난세의 영웅, 치세의 간적'이라는 가장 유명한 조조평을 남긴 허소의 《인물지》 판본이다.

水何澹澹, 山島竦峙.

樹木叢生, 百草豊茂.

秋風蕭瑟, 洪波涌起.

日月之行, 若出其中.

星漢燦爛, 若出其裏.

이런 시는 확실히 대가가 아니면 지을 수 없습니다. 남북조시대의 문인 종영鍾嶸은 《시품詩品》에서 "조공曹公의 작품은 예스럽고 솔직하며, 심히 슬프고 처량한 시구가 있다"고 말하고 있습니다. 역시 남북조시대의 문인인 유협劉勰처럼 "내란이 오래 이어져 사람들이 이산의 슬픔을 겪게 되자, 온화한 기풍은 사라지고 불만이 쌓여 누구든 마음속에 깊은 생각을 감추고 그것을 끝없이 붓에 의탁했다. 그래서 이 시대의 작품은 격앙된 분위기가 많다"라고 평하는 경우를 뺀다면, 이 슬픔과 처량함은 우주와 인생에 대한 조조의 철학적 사고와 관계가 있습니다. 조조는 결국 난세의 영웅으로 생명의 파괴와 소멸을 누구보다도 많이 목격했고, 누구보다도 많이 생각했습니다. 그의 감개感慨는 어느 정도는 최후에 대한 관심이라는 의미를 띠고 있습니다.

어쩌면 바로 이런 우주와 인생에 대한 투철한 깨달음이, 조조로 하여금 시종일관 웃는 얼굴로 갖은 어려움과 괴로움, 그리고 우여곡절을 대할 수 있게 만들었을 것입니다. 가령 《삼국지》〈무제기〉를 읽다 보면 우리는 "웃었다", "웃으며 말했다", "태조가 큰 소리로 웃었다"와 같은 표현들을 발견하고, 또 이런 표현이 빈번하게 출현한다는 것도 알게 됩니다. 물론 조조의 웃음은 가지각색입니다. 소리 내어 큰 소리로 웃기도 하고, 마음을 열고 크게 웃기도 하며, 또한 스스로를 조롱하는 쓴웃음과 비웃음도 있습니다. 조소와 냉소도 있는데 그중에는 심지어 살기가 등등한 냉소도 있습니다. 조조는 시종일관 웃었습니다. 조조는 울기도 했습니다. 전우가 세상을 떠났을 때, 친구가 세상을 떠났을 때, 친척이 세상을 떠났을 때, 대성통곡을 할 줄 알았습니다. 그러나 일이 잘못되었을 때, 전쟁에서 패했을 때, 남에게 치욕을 받았을 때, 조조는 절대 울지 않았습니다. 그는 반드시 웃었습니다. 조조는 활달하고 명랑하며 기개가 드높았고, 성격이 좋았으며, 본래 영웅이었기 때문입니다.

이 본래의 모습은 '간웅' 조조에게 많은 사랑스러움을 보태주었습니다.

생활 속의 조조는 몹시 사랑스럽습니다. 그는 늘 볼품없는 비단으로 만든 옷을 입었으며, 허리에는 가죽으로 만든 주머니를 차고 다니면서 수건 같은 하찮은 물건을 넣고 다녔고, 비단으로 만든 막 쓰는 모자를 쓰고서 빈객을 만나는 일도 있었습니다. 남들과 이야기를 나눌 때 어떠한 거리낌도 없이, 무언가를 말하고 싶으면 바로 말했고, 어떤 식으로 말하고 싶으면 그런 식으로 말했습니다. 말을 하다가 즐거워지면 배꼽을 잡고 웃다가 머리를 탁자 위의 술잔이나 그릇 속에 박아서, 모자가 음식물로 범벅이 될 지경이었습니다. 이 자세한 사정은 조조에 대해서 그다지 우호적이지 않은 《조만전》이 알려주고 있습니다. 그 책의 본래 의도는 조조에게 "경망스럽고 가벼워서 위엄과 무게가 없다"는 꼬리표를 달려는 데 있습니다. 하지만 우리는 그 속에서 오히려 조조의 진솔함과 유머 감각, 소탈함과 상냥함을 읽게 됩니다.

조조는 확실히 유머가 있었습니다. 그는 농담을 좋아해서 늘 진지한 일마저도 농담으로 말하고는 했습니다. 《삼국지》〈모개전毛玠傳〉에 의하면, 건안 17년에 정부 기구를 개혁할 때, 문관과 무관의 인사를 담당했던 동조東曹를 없애서 합치기를 요구하는 사람이 있었습니다. 그 의도는 공평하게 일을 처리하여 사사로운 정에 얽매이지 않는 동조연東曹掾 모개를 배제시키려는 것이었습니다. 조조의 응답은 매우 익살스럽습니다. 그는 "해는 동쪽에서 뜨고 달도 동쪽에 있을 때 환하다. 동서東西라고 할 때도 사람들은 모두 동을 먼저 말하고 서를 나중에 말한다. 그런데 왜 동조를 없앤단 말인가?"라고 했습니다. 결국 통폐합된 것은 서조西曹였습니다. 이렇게 해서 기구를 개혁하고 모개도 보호하였습니다.

전쟁터에서의 조조도 매우 사랑스럽습니다. 《삼국지》〈무제기〉 배송지 주에서 인용한 《위서》에 따르면, 건안 16년 조조가 서쪽으로 마초馬超와 한수韓遂를 정벌할 때, 한수와 전쟁터에서 만나기로 약속을 합니다. 한수의 병사들은 조조가 직접 전장에 나온다는 소리를 듣고 모두들 앞 다투어 고개를 늘이고 그를 보려고 합니다. 조조는 곧 큰 소리로 말합니다.

"너희들은 조조를 보려는 것이냐? 너희들에게 알려주마. 나도 너희들과 똑같은 사람이지 눈알이 네 개에 입이 두 개 달린 사람이 아니다. 지혜가 좀 많을 뿐이다."

이 말은 대단히 솔직하며, 몹시 사랑스러우면서도 시원스럽습니다.

친구로서의 조조는 더욱 사랑스럽습니다. 조조는 농담하기를 좋아했고 또한 농담할 줄 아는 친구를 좋아했습니다. 태위 교현은 가장 일찍 조조를 알아보았던 사람으로서, 조조와 망년지교忘年之交를 맺은 사람입니다. 《삼국지》〈무제기〉의 배송지 주에 의하면, 조조는 교현을 제사 지내는 제문祭文 속에서도 우스갯소리를 합니다. 예전에 교현은 그와 다음과 같은 '격의 없는 서약'을 했다고 합니다.

"내가 죽고 나서 내 무덤 앞을 지나갈 일이 있을 때, 만약 술 한 말과 닭 한 마리를 가져와서 제사를 지내주지 않으면, 수레가 세 걸음을 가기도 전에 그대가 복통을 일으키더라도 나를 나무라지 말게나."

이것은 상투적인 문장의 애도사와 비교하면 너무나 사랑스럽고, 감정 또한 매우 진실합니다.

조조가 가장 사랑스럽게 느껴지는 동시에 사람들의 질시와 원망을 가장 많이 받는 부분은 그가 진실을 말하는 점입니다. 본래 정치 투쟁을 하고 관료 사회에서 섞여 지내다 보면, 거짓말을 피하기 어렵습니다. 적어도 관료 사회의 상투적인 말을 해야 하는데 심지어 조조는 '간웅'입니다. 하지만 그는 가능한 진실한 말을 하려 했으며, 혹은 진실에 닮은 말을 하려고 했지 상투적인 문장을 짓지는 않았습니다. 그의 〈양현자명본지령讓縣自明本志令〉(〈술지령述志令〉이라고도 함. 천자가 내린 현 세 곳을 사양하며 스스로 자신의 뜻을 밝힌 포고령—옮긴이)은 본래 매우 중요한 정치 문서입니다. 정치강령政治綱領이라는 말에 걸맞으면서도, 참으로 솔직하고 명백하며, 전체가 매우 쉬운 말로 이루어져 관료적인 어투가 전혀 없습니다.

조조는 자신이 본래 어떤 웅대한 이상이나 장대한 포부가 없었다는 말로 시작합니다.

나는 출신도 좋지 않고, 무슨 초야에 묻혀 살며 이름이 알려진 선비도 아니라서 남들이 나를 업신여길 것이라는 점을 잘 알고 있었다. 그래서 일군一郡의 태수가 되어 정사와 교화를 잘 베풀어 명예를 세운 뒤에, 세상의 선비들에게 나의 존재를 분명하게 알리고자 했다. 뒤에 국가가 난리를 만나게 되자, 나는 남자라면 국가를 위해 힘을 다 바쳐 공을 세워야 한다고 여겨서, 병사들을 이끌고 전쟁을 했다. 이때 나는 큰 것을 원하지 않았다. 그저 정서장군征西將軍의 임무를 맡아, 죽고 난 뒤에 묘비에 '한 정서장군 조후의 묘漢故征西將軍曹侯之墓'라는 한 줄이 쓰일 수 있다면 매우 만족하리라고 생각했다. 그러나 이때도 나는 병사를 많이 거느리고 싶다고는 생각하지 못했다. 나의 세력이 커질수록 적들도 많아질 것임을 알았기 때문이다. 그래서 나는 한 번 승리를 거둘 때마다, 한 번씩 군대를 줄였다. 이것은 무엇을 말하겠는가? 나의 포부가 유한하다는 사실이다. 나는 지금 이렇게 큰일을 하게 될 줄은 몰랐다.

이제 야심이 커진 나는 제齊 환공桓公과 진晉 문공文公이 했던 일을 하려고 한다. 현재는 천하가 크게 혼란하고 제후들이 할거하고 있는 상황이기 때문이다. 나는 그저 패자霸者를 칭할 뿐, 황제가 되고 싶지는 않다. 나는 이미 위대한 한나라 조정의 승상이다. 신하라는 신분으로 말하자면 이미 최고점에 도달했으므로, 매우 만족하고 있으며 더 이상의 지나친 욕심은 없다. 하지만 나는 반드시 여기 이 자리에 앉아 있어야만 한다. 만약에 나라에 내가 없어지면 몇 사람이 황제를 참칭할지, 몇 사람이 왕을 참칭할지 알 수 없기 때문이다. 조 아무개가 여기에 눌러앉아 있지 않으면, 온갖 사람들이 더욱 소란을 일으키지 않겠는가? 어떤 이들은 조조가 공을 이루었으니 은퇴해야 한다고 말한다. 그는 마땅히 자신이 봉지封地를 받은 제후국으로 가서 만년을 편안하게 보내야 하고, 또 당연히 자신의 직무와 권력을 넘겨주어야 한다고. 그런데 미안하지만 그렇게 할 수는 없다. 직무를 사양할 수도, 권력을 넘겨줄 수도 없다. 내가 병권兵權을 놓게 되면 남들에게 화를 입을까 진정으로 두렵기 때문이다.

내가 현재 병권을 손에 쥐고 있기 때문에 누구나 따르는 권위를 갖는 것은 누구나 아는 사실이다. 일단 넘겨주면 다른 사람들이 나를 해치지 않겠는가? 그러면 나의 처자식들은 생명을 보전하지 못할 것이고 폐하 또한 안전할 수가 없다. 자손들을 위해서 계책을 세워놓아야 하며, 게다가 내가 패할 경우는 나라가 위태로워진다. 그래서 나는 절대로 권력을 넘겨줄 수 없다. 폐하께서 나에게 내려주신 봉지는 나에게 꼭 필요한 것은 아니다. 내가 그렇게 많은 땅으로 무엇을 하겠는가? 나는 그래서 사양한다. 요컨대, 강호江湖 지역이 아직 평정되지 않았으니 승상의 자리를 사양할 수는 없고, 봉읍에 대해서는 사양할 수가 있는 것이다. 헛된 명성에 연연하다 현실의 재앙을 받을 수는 없기 때문이다.

이 글은 더할 나위 없이 솔직합니다. 상대가 할 말이 없을 정도로 솔직합니다. "당신은 내가 야심이 없다고 생각하는가? 나도 조금은 있다. 그리고 내 야심은 조금씩 커지고 있다. 당신은 내가 큰 야심을 가지고 있다고 생각하는가? 나는 황제가 될 마음은 없고, 그저 진 문공과 제 환공처럼 제후들을 규합하여 중국을 통일하고자 한다. 당신은 내가 고결하다고 생각하는가? 나는 고결하지 않으며, 사실 너무나 실속을 챙기고 있다. 나의 권력, 나의 실리에 대해 나는 조금도 양보하지 않고 있다. 당신은 내가 양보하지 않는다고 생각하는가? 나는 양보하고 있다. 나에게 봉해준 헛된 물건, 무슨 땅이니 칭호니 하는 것들 전부를 양보했다."

여기서 가장 사랑스러운 점은 어디에 있을까요? 조조가 "내가 왜 이 문장을 쓰려 하며, 왜 이런 이야기를 하는가? 너희 천하 사람들을 할 말 없게 만들고, 입을 다 막아버리기 위함이다!"라고 명명백백하게 말하는 데에 있습니다. 정말로 더할 나위 없이 진실합니다. 이런 이야기는 조조처럼 대범한 간웅이라야만 말할 수 있습니다.

조조는 정말 총명합니다. 사람들이 모두 거짓말을 하는 시대에 가장 좋은 무기는 바로 진실한 말입니다. 참된 말 자체가 웅변의 힘을 가지고 있을 뿐만 아니라, 상대에게 진실을 말하여 내막을 폭로하면 거짓말을 하던 사람은 도리 없이 그동안 하던 연극을 걷어치워야 하기 때문이죠. 당연히 조조의 이러한 말은 투쟁 전략이 아니라, 천성적으로 진실을 말하고 솔직히 말하는 것을 좋아하는 그의 성격 때문입니다. 설령 이 진실한 이야기 이면에 체면치레가 있고, 참말을 하는 이면에 거짓 마음이 있으며, 남에게 말할 수 없는 것이 있다 하더라도 그것을 매우 자연스럽게 숨겨놓았으며 그 정체를 드러내지도 않습니다. 심지어는 거짓말을 하거나 절반의 진실만을 말하거나 거짓말을 진실 뒤에 숨겨 놓았더라도, 거리낌 없이 말하고 유창하게 말하고 당당하게 말합니다. 조조라는 사람은 거짓말조차 기세당당하게 합니다.

이것이 조조였습니다. 그는 대범하고, 속이 깊었으며, 활달하고, 호탕했으며, 소탈했고, 유머러스했으며, 기민하면서도 상냥하고, 괴상했으며, 교활하고, 냉혹하며, 잔인했습니다. 참으로 풍부하고 다면적인 개성의 소유자였으며 드라마틱한 인물이었습니다. 그래서 조조는 간사한 면이 있는가 하면 솔직하고 성실한 면도 있습니다. 조조의 인성 중에는 나쁜 점이 있었으므로 우리는 그를 '영웅'이라고 부르지 않고 '간웅'이라고 부릅니다. 이 점에 대해서는 나중에 상세하게 설명하려고 합니다.

그러나 조조의 인생 행로에는 본래 두 가지 선택이 놓여 있었습니다. 그렇다면 그는 처음부터 간웅이 되려고 했을까요? 만약 그 자신도 일찍이 훌륭한 신하能臣가 될 생각을 했다면, 왜 뒤에 이루지를 못했을까요?

능신의 길

3강 能臣之路

조조는 젊었을 때 이미 '치세의 능신, 난세의 간웅'이 될 것이라는 예언을 들었다. 인생 행로에서 그가 한 선택은 '난세의 간웅'이었다는 평가가 거의 그의 사후 정론이 되었다. 조조는 원래 '치세의 능신'이 되려고 한 사람이었다. 그렇다면 무엇이 그를 '치세의 능신'이 되지 못하게 만들었을까? 능신이 되지 못했을 때 그는 어떻게 했을까?

삼국시대 당시에 가장 유명한 인물 감상자이자 평론가인 허소는 일찍이 조조를 "치세의 영웅이요, 난세의 간웅"이라고 평했습니다. 이 이야기는 사실 두 가지로 이해할 수 있습니다. 하나는 치세에 처하면 능신이고, 난세에 처하면 간웅이라는 것입니다. 또 하나는 천하를 다스리게 되면 능신, 천하를 어지럽히게 되면 간웅이라고 이해하는 것입니다. 그렇다면 조조는 능신이 되는 길을 선택했을까요, 간웅이 되는 길을 선택했을까요?

낙양북도위 조조

조조는 사실 능신이 되고자 했습니다.

한 영제靈帝 희평熹平 3년(174), 20세의 조조는 효렴孝廉으로 추천되어 낭관郞官을 맡게 됩니다. 한 사람이 효렴으로 추천을 받았다는 것은 그가 관리가 될 자격을 가졌다는 의미로, 지금으로 치면 일정한 학력을 갖춘 사람이 공무원 시험을 치를 수 있는 것과 같습니다. 그렇다면 낭관은 어떤 의미를 가질까요? 한대漢代의 관제官制에 따르면, 황제는 친척이나 측근의 자제 중에서 모든 사람이 보기에 도덕적 인품, 사상과 태도, 외부의 이미지가 비교적 좋은 젊은이를 뽑아 '낭郎'을 삼습니다. 궁중 안으로 들어가 낭이 되었다는 것은 바로 황제의 시위가 되었다는 의미이며, 시위의 책임자는 낭중령郎中令이라고 불립니다. 황제의 곁에서 낭이 되면 국가의 정치에 참여하게 되어 자연스럽게 관료 사회에 단련이 됩니다. 그래서 낭관이 되고 나서는 다른 관직을 빨리 맡을 수가 있습니다. 이는 한대의 간부 육성 방식의 하나였습니다.

하지만 후대에는 그다지 중시되지 않아서 낭관은 친척이나 측근의 자제의 전유물이 아니었고, 반드시 황제의 신변에서 호위를 하지도 않았습니다. 그저 벼슬길에 나아가기 위한 하나의 자격이나 경력에 지나지 않게 됩니다. 규정상 낭관은 임기가 차면, 현급縣級의 간부나 현령縣令, 혹은 현승縣丞이나 현위縣尉로 나갈 수가 있었습니다(현은 현재 중국의 중간 행정단위로서, 우리나라의 군에 해당한다—옮긴이). 그러나 동한 말년이 되면 모든 심사 과정은 대강 넘어가고 배경이 있나 없나만을 보게 됩니다. 조조는 조정 안에 사람이 있었습니다. 조부 조등은 비정후였고, 부친 조숭은 지위가 삼공三公에 이르러 있었습니다. 그래서 조조는 낭관을 한 지 오래지 않아서 곧 낙양북부위洛陽北部尉로 임명됩니다.

'위尉'는 군사나 형법을 담당하는 무관입니다. 《한서》〈백관공경표百官公卿表〉의 주에는 "윗사람이 아랫사람을 위로하는 것을 '위'라고 하는데, 무관은 모두 아랫사람을 위로해야 한다는 의미에서 '위'라는 명칭이 생겨났다"라고 했습니다. 그래서 현에는 현위가 있고 군에는 군위郡尉가 있으며, 조정에는 태위太尉·중위中尉·정위廷尉·위위衛尉가 있었습니다. 낙양북부위는 현위입니다. 한대의 관제에서 현령 아래에는 승丞과 위가 있는데, 승은 민사民事를 처리하고, 위는 치안을 맡습니다. 그러나 낙양은 동한의 수도이자 제국 최대의 현이라서, 현위도 한 사람이 아니라 동서남북에 네 사람이 있었으며, 봉록은 4백 석이었습니다. 따라서 조조가 담당하고 있던 이 낙양북부위는 수도권의 부현급副縣級의 경찰서장에 해당하는 것이었습니다.

낙양북부위를 맡도록 조조를 추천한 사람은 사마의司馬懿의 부친인 사마방司馬防이었는데, 당시 궁의 부비서장副秘書長에 해당하는 상서우승尙書右丞을 맡고 있었습니다. 동한 시기의 상서는 명목상 비서실이었지만 실제로는 재상부宰相府였습니다. 사마방이 한번 추천하자 조조는 곧 임명되었습니다. 조조는 결코 그 자리를 원하지 않았다고 하며, 그의 야심은 낙양령洛陽令이 되는 것이었다고 합니다. 하지만 임명을 주관하는 선부상서(選部尙書, 현재 중국의 인사 장관에 해당) 양곡梁鵠이 전혀 조조의 생각을 고려하지 않자, 조조는 할 수 없이 부임지로 갔다고 합니다.

낙양북부위는 조조가 맡았던 첫 관직으로 매우 깊은 기억을 남깁니다. 《삼국지》〈무제기〉의 배송지 주에서 인용한 《조만전》에 따르면, 후일 헌제가 조조를 위왕魏王으로 봉했을 때, 조조는 특별히 사마방을 업성으로 초청하여 성대하게 대접합니다. 술이 세 순배쯤 돌자 조조가 묻습니다.

"사마공, 공께서는 지금도 내가 일개 부현급의 경찰서장을 맡을 수 있다고 보시오?"

사마방이 말합니다.

"당시 이 노인네가 대왕을 추천할 때에는 대왕께서 낙양북부위를 맡기에 딱 맞았습니다!"

그러자 조조는 '크게 웃었'습니다.

조조의 질문과 웃음은 소인이 뜻을 이루어 만족해서가 아닙니다. 이 질문과 웃음에 득의양양한 부분이 있을까요? 있습니다. 조조라는 사람은 자신의 감정을 숨기거나 꾸며본 적이 없습니다. 일단 뜻을 이루면 하늘의 별이라도 딴 듯 우쭐해합니다. 다만 이번에는 위왕이 되었기 때문에 우쭐해졌던 것만은 아니며, 그때 양곡이 했던 일 처리를 늘 마음에 두고 있었기 때문도 아니었습니다. 아마도 추억할 만한 지난날의 일이 떠올랐기 때문일 것입니다.

이 지난날의 일과 조조가 맡았던 이 직무는 관계가 있습니다.

낙양북부위는 좋은 자리가 아니었습니다. 이 자리는 높은 자리도 아니었고, 권한이 크지도 않았으며, 책임만 무겁고 성가신 일도 적지 않았습니다. 천자가 사는 곳의 주변이라 권세가들이 매우 많았기 때문입니다. 이 권세가들은 국법도 안중에 없었고, 말썽을 일으키지 않는 자가 없었으며, 또 함부로 건드릴 수도 없었습니다. 그렇다고 수도 지역의 치안을 유지하지 않을 수는 없는 노릇입니다. 허튼 수작에 넘어가지 않는 영악하고 간교한 사람이 아니면 이 부현급의 경찰서장 자리는 맡을 수가 없었습니다. 조조가 바로 이 자리에 안성맞춤인, '간교하면서 뛰어난 자奸雄'였습니다. 따라서 사마방은 순전히 자기를 위해서 상황을 원만히 수습해보려고 그렇게 말한 것만이 아니라, 있는 그대로의 사실에 근거해서 말을 하고 있는 셈입니다.

조조의 관직 생활

사실 조조는 그 직무에 적합했습니다. 그는 일단 부임하자, 관서의 아문衙門을 완전히 새롭게 고칩니다. 또 오색五色의 큰 몽둥이를 만들어 대문의 문짝마다 10개씩 걸어놓고는 "금령을 어기는 자가 있으면 권세가 있는 자라도 가리지 말고 모두 몽둥이로 때려서 죽이라"고 명합니다. 몇 달 뒤에, 과연 스스로 죽음을 택한 자가 나옵니다. 영제가 총애하는 환관 건석蹇碩의 숙부가 무소불위한 조카의 권세를 믿고서, 조조의 금령은 안중에도 없이 버젓이 야간 통행의 금령을 어깁니다. 조조도 대충대충 넘어가지 않고, 즉시 이 사람을 오색 봉으로 때려서 죽입니다. 이 일벌백계가 있고 나서는 수도에 밤에 나다니는 발걸음이 끊겼고, 감히 금령을 어기는 자가 없어져서 치안 상황은 크게 좋아졌고, 조조는 이 때문에 조야朝野에 이름을 떨치게 됩니다.

조조가 먹인 이 한 방의 곤봉은 많은 사람들의 머리를 어질어질하게 만듭니다. 이 사람이 무슨 일을 저지를지 알 수가 없었으니까요. 나이도 어린 사람이 이제 막 관계에 발을 들여놓자마자 권세가에게 미움을 샀다면, 뒤끝이 좋을 수는 없을 것입니다. 이런 이치를 조조가 몰랐을 리 없습니다. 건석의 권세가 조야를 압도하여 안하무인이었음을, 조조도 몰랐던 것이 아닙니다. 게다가 조조의 조부도 태감太監이었습니다. 태감의 손자가 태감의 숙부를 죽였으니, 사람들은 이 사건을 납득할 수가 없었습니다. 그러나 이 일은 조조에 대해서 결코 우호적이지 않은 《조만전》 속에 기록되어 있으니, 사실일 것입니다.

여기에도 다음과 같은 몇 가지의 추측이 있습니다. 하나의 추측은 조조가 세상을 깜짝 놀라게 하려고 했다는 것입니다. 증거가 있을까요? 한 가지 방증旁證은 있습니다. 조조는 〈양현자명본지령〉 속에서 다음과 같은 이야기를 한 적이 있습니다.

내가 효렴으로 추천되었을 때에는 나이가 어렸고, 본래 초야에 묻혀 이름난 선비도 아니었기 때문에 아마도 세상 사람들은 나를 평범하거나 모자란 사람으로 보았을 것이다. 그래서 일군一郡의 태수가 되어 정사와 교화를 잘 베풀어 명예를 세운 뒤에, 세상의 선비들에게 나의 존재를 분명하게 알리고자 했다.

이 이야기가 무슨 의미일까요? 바로 조조는 '자신이 스무 살에 효렴으로 추천되었을 때, 나이가 너무 어리고 어떤 명성도 없어서, 사람들이 나를 쓸모없는 사람이라고 여길 것 같았고, 그래서 자기가 당시에 훌륭하게 관직을 수행해서 경천동지할 일을 함으로써, 모든 사람들로 하여금 자신이 유능한 사람이라는 것을 알게 하려고 생각했다'고 회상하는 것입니다.

확실히 이때의 조조는 나이가 어려 겨우 스무 살이었고, 출신이 좋지 않아 태감의 가정에서 성장했습니다. 품행도 좋지 않아 '임협任俠의 기개를 지녀 방탕하게 놀았다'고 알려졌고, 명성도 높지 않아 세상 사람들이 대단하다고 여기지 않았습니다. 외모조차도 그다지 좋지는 않았던 것 같습니다. 《삼국지》를 읽다 보면, 주유나 제갈량 등에 대해서는 모두 일반적으로 외모가 좋았다는 기록이 있습니다. 하지만 조조의 용모나 풍채에 대해서는 《삼국지》에 한 글자도 없습니다. 《삼국지》는 위나라를 정통으로 삼았기 때문에, 만약 조조의 체구가 크고 훤칠하며 준수하고 말쑥했다면, 틀림없이 대서특필했을 것입니다. 말하지 않은 이유는 아마도 너무나 별로였기 때문이겠지요.

다른 역사서에는 오히려 묘사된 기록이 있습니다. 《위씨춘추魏氏春秋》는 "무왕武王은 체격은 왜소하지만 밝은 지혜와 빛나는 재주를 가졌다"라고 말하고 있습니다. 《세설신어》에서 말하는 내용은 이렇습니다. 조조가 흉노匈奴에서 온 사절을 면회해야 하는데, "자신의 외모가 보잘것없으면 멀리 떨어져 있는 그 나라를 충분히 위압할 수 없으리라고 생각해서" 최염崔琰에게 자기를 대신하게 하고, 자신은 "칼을 쥐고서 침대 옆에 서 있었"습니다. 최염은 당연히 풍채가 당당한 사람으로, 역사서에서는 그를 "목소리가 우렁차고 체구가 크며, 이목구비가 수려하고 수염의 길이는 넉 자나 되어 매우 위엄과 무게가 있었다"고 말하고 있습니다. 그런데 흉노의 사절은 오히려 다음과 같이 평가합니다.

"위왕의 풍채는 보통이 아닙니다. 그런데 침대 옆에서 칼을 잡고 있던 사람, 이 사람이야말로 영웅입니다."

결국 조조는 사람을 보내 이 사절을 죽이려고 했습니다. 조조는 비록 용모는 평범했지만, 기개는 평범하지 않았고, 의심하고 꺼리는 것 또한 많은 사람이었다는 사실을 알 수 있습니다. 역시 사람은 겉모습만 보고 판단해서는 안 됩니다. 그러나 조조가 막 사회에 첫발을 내디뎠을 때는 무슨 '기개'라고 할 만한 것도 없었습니다. 요컨대, 이때의 조조는 확실하게 자리를 잡을 수 있는 밑천이 없었습니다. 세상에 이름을 날리기 위해서는 경천동지할 사고를 치지 않고는 불가능했죠. 건석의 숙부를 죽이자 바로 이 효과를 거둘 수 있었습니다.

두 번째 추측은 법제法制를 수립하려 했다는 것입니다. 이 추측도 일리가 있습니다. 루쉰 선생은 조조의 정치에 나타난 첫 번째 특색이 "형명刑名의 숭상"이라고 말합니다. 다시 말해서 법률과 기강을 엄격하고 공정하게 할 것을 주장하여 태산처럼 무겁게 법을 집행하고, 심한 경우는 엄한 형벌과 가혹한 법령을 사용했다는 것입니다. 조조는 법을 세우고 법을 집행하는 데 확실히 엄격했으며, 사람을 죽이는 일에도 전혀 인정사정 봐주는 법이 없었습니다. 물론 형세가 급박했기 때문도 있지만 성격이 그렇게 만들기도 했습니다.

조조는 일상에서는 비교적 자유로웠습니다. 그는 먹는 것이나 입는 것을 중시하지 않았습니다. 장기간 밖에서 행군을 하고 전쟁을 하면서 여자에 대해서도 대체로 그럭저럭 참고 살며 신경 쓰지 않았습니다. 이런 이유로 그를 경박하다고 여기는 사람도 있습니다. 사실 조조는 결코 경박하지 않았고, 경박한 사람을 좋아하지도 않았습니다. 그는 일찍이 공융에게 편지를 써서 "나는 비록 벼슬에 나아가서 백성들에게 교화를 베풀어 풍속을 바꾸지 못했고, 벼슬에서 물러나서는 인덕仁德을 세워 동료들을 단결시키지는 못했다. 하지만 전사들을 육성하고 나라를 위해 희생하였고, 경망스럽고 가식적이며 편당을 지어 사사로운 이익을 추구하는 소인배들을 쳤다. 방법은 아직도 매우 많다"고 말한 바 있습니다. 여기에서 우리는 조조가 경박함을 증오하고, 그 자신도 경박하지 않다는 사실을 알 수 있습니다. 그가 간편한 옷을 입고, 우스갯소리를 잘했으며, 사부辭賦를 지었고, 음악을 들었던 것은 일을 하고 난 뒤에 긴장을 푸는 방법이었을 뿐 아니라, 자신의 풍부한 내면세계의 표현이기도 했습니다. 또 적들을 마비시키는 연막탄이었는지도 모릅니다. 그는 문장을 짓거나 일을 하거나 사람을 등용할 때, 한 가지 틀에 얽매이지 않았고, 더욱이 경박하지 않고 대범했습니다. 대도무문大道無門이라고 할 수 있죠. 조조와 같은 대가에게는 원래 그렇게 많은 격식이 필요하지 않습니다. 오색의 큰 몽둥이를 만들어서 법을 어기는 무리들을 몽둥이로 마구 때려 죽인 것은 바로 이런 성격과 일처리의 첫 시험 가동인 셈입니다.

물론 조조가 건석의 숙부를 죽인 것은 우연하게 벌어진 사건일 수도 있습니다. 그때의 조조는 그저 관계에 막 발을 들여놓은 하룻강아지였고, 아직 채 여물지 않은 과일이었습니다. 자기 분수도 몰랐고 세상 물정에도 어두웠습니다. 그는 단지 관리로서 일을 한다면 훌륭한 관리가 되어야 된다는 생각밖에 없었으며, 훌륭한 관리가 되려면 법령을 엄정하게 적용하여 일벌백계해야 한다고 여겼습니다. 생각지도 않게 건석의 숙부라는 큰 승냥이가 그의 창끝에 찔린 것입니다. 이것은 어쩔 수가 없었습니다. 쏘아놓은 화살이요, 엎질러진 물이었습니다. 강아지가 호랑이를 물어 죽였다고 볼 수밖에 없었습니다. 하지만 그래도 간단하지는 않습니다. 조조가 사회에 내딛은 첫발은 먼저 큰 소리를 질러서 상대의 기세를 꺾어놓는 비범한 솜씨였다고 말할 수 있습니다.

조조의 이 행위는 후세에 상당히 호평을 받습니다. 몇몇 역사가들은 "권세가를 두려워하지 않았다", "법의 집행이 태산처럼 무거웠다"라고 칭찬했습니다. 아마 그가 죽인 인물이 환관 집안의 사람이고, 게다가 이 환관이 당시에 권력을 압도했기 때문일 것입니다. 그런데 저는 '만약 그의 창끝에 찔린 사람이 다른 사람이었다면 어땠을까?' 하는 생각을 해봅니다. 조조는 아마 말할 필요도 없이 때려 죽였을 것입니다. 그래서 이 몽둥이는 조조의 위풍, 그의 정의正義, 그의 살기殺氣, 그의 죽이기 좋아하는 성격을 상징합니다. 이 몽둥이 속에는 인정에 구애됨이 없는 공평무사함과 악랄한 짓을 자행하는 독한 마음이 병존하고 있습니다. 조조가 나중에 그렇게 많은 사람을 죽이면서도 조금의 망설임도 없었던 데에는 이 사건이 시작이라고 할 수 있습니다. 이 사건은 조조의 선(권력에 대항하는 것)을 나타내는 동시에 조조의 악(사람을 거리낌 없이 죽이는 것)을 나타내며, 하루아침에 권한을 손에 쥐자 법령을 실행하는 조조의 강경한 성격과 벼락 같은 일 처리를 보여줍니다. 결론적으로 저는 이 안에 '악'의 요소가 있다고 느낍니다. 그러나 조조가 처한 시기는 난세이자 그 전야前夜였습니다. 난세에는 엄격한 법을 쓰게 마련입니다. 조조는 악인이 되려고 하지 않았고, 아마 그렇게 되기도 어려웠을 것입니다.

어떻게 말하든, 우리들이 현재 당시 조조의 생각을 확실하게 알 방법은 없습니다. 알 수 있는 것은 그가 분명히 권세가에게 미움을 샀고, 환관 집단에게도 미움을 샀다는 정도입니다. 그러나 권세가들도 그를 어찌해볼 도리가 없었습니다. 첫째, 조조는 공정했습니다. 둘째 조조에게는 지지 세력이 있었습니다. 결국 조조는 겉으로는 승진한 것 같았지만, 실제로는 좌천당해 돈구(頓丘, 지금의 허난성河南省 칭펑현淸豊縣)로 가서 현령을 맡습니다. 《조만전》의 표현은 이렇습니다.

황제의 측근들과 총신들이 모두 그를 미워하였지만 위해를 가할 수는 없었다. 그래서 모두가 그를 칭찬하고 추천하여, 결국은 승진시켜 돈구령頓丘令으로 삼았다.

조조가 돈구령으로 부임할 때의 표현은 당연히 속되지 않습니다.《삼국지》〈조식전曹植傳〉에 따르면, 조조는 조식에게 이때의 경험을 회상했던 적이 있습니다. 조조는 말합니다. "내가 옛날 돈구령이 되었을 때 나이가 23세였는데, 그때 했던 일을 생각해보면 지금까지도 후회는 없다." 그러나 오래 지나지 않아서 사촌 매부 송기宋奇의 일에 연루되어 면직을 당합니다. 뒤에 조조는 다시 조정의 부름을 받아 의랑議郎을 맡습니다. 이후에 제남상(濟南相, 성터는 지금의 산둥성山東省 리청구歷城區 동쪽에 있음) 등의 직무를 맡은 적도 있었습니다. 그 사이 한 번의 면직과 두 번의 사직이 있었고, 세 번에 걸쳐 의랑의 관직이 주어졌습니다. 의랑이란 연구원을 말합니다. 조조는 '연구원을 시키면 연구원이 되어 연구나 하고, 지방관을 시키면 지방관이 되어 정책을 잘 집행해가면 된다'고 생각합니다.

그러나 그가 조정에 상서를 올려 당시의 폐단을 말해도, 이는 공허한 메아리일 뿐 반응이 없습니다. 태산처럼 무겁게 법을 집행하여 권세가를 공격하고, 관리들의 공무를 숙청하여 지방을 안정시키겠다는 그의 이상은 계란으로 바위를 치는 격이었습니다. 아직까지 자기 몸이 위태로워지는 사태를 초래하지 않았던 이유는 오직 조숭이라는 큰 뒷배가 있기 때문이었습니다. 조정에서는 그가 '고학古學에 밝다'라는 구실로, 여러 차례에 걸쳐 직무만 있고 권한은 없는 의랑이라는 한직을 맡겼으니, 어렵지 않게 그 속셈을 알 수 있습니다.

젊은 조조는 한 가지 이치를 몰랐을 수도 있습니다. 그 이치란 능신이 되려면 조건이 있어야 한다는 사실입니다. 첫째는 시세時世를 보아야 합니다. 만약 병사와 군마가 어지러이 날뛰고 봉화 연기가 사방에서 오를 때는 제갈량이 출사표에서 말한 것처럼 "난세에 그럭저럭 목숨을 부지하며, 제후들에게 명성이 알려져 등용되기를 바라지 않을" 수 있어야 합니다. 둘째로 정국政局을 보아야 합니다. 만약 "성 위에 주인 바뀐 깃발이 자주 걸리고" "무대의 주인공이 쉴 새 없이 바뀐다면" 일부러 미친 척하는 것이 적절합니다. 조심하지 않고 한번 줄을 잘못 서면 곧 목숨을 걱정해야 하기 때문입니다. 그래서 공자는 "나라에 도가 있으면 지혜로웠고, 나라에 도가 없으면 어리석었다"고 말한 것입니다(어리석은 척이 미친 척보다 함축적입니다). 셋째는 군주를 보아야 합니다. 만약 군주가 지혜가 부족하거나 우매하여 물건을 볼 줄 모른다면, 자기의 '품질'이 더할 나위 없이 좋더라도 쓸모가 없어져서, 부질없이 나라를 위해 충성을 다하겠다는 마음만 먹은 셈이 됩니다. 마지막으로 치세이고 명군일지라도 군주의 흥미와 마음을 보아야 합니다. 예를 들어 한 문제文帝는 바보라고 볼 수 없는 데다(문경지치文景之治가 있었습니다) 가의賈誼를 아주 마음에 들어했습니다(태중대부太中大夫라는 관직을 제수했습니다). 그런데 어땠습니까? "가련하게도 한밤중까지 부질없이 옥좌를 당겨 앉아, 백성들의 일은 묻지 않고 귀신의 일만 물었고"(당나라의 시인 이상은李商隱의 〈가생賈生〉에 나오는 시구—옮긴이) 나중에는 그를 장사長沙로 귀양 보내어, 그가 종일 눈물로 지내다가 병들어 죽게 만들었습니다.

후한 말의 어지러운 사회 상황

조조가 막 사회에 첫발을 내디뎠을 때는 아직 난세라고 할 수는 없지만, 이미 매우 혼란해져 있었습니다. 조조는 동한 환제 때에 태어나 영제 때에 성장했습니다. 환제 영수永壽 원년(155)에 출생하여 영제 희평 3년 (174)에 벼슬길에 나아가죠. 환제와 영제 두 황제의 시기는 한나라 왕조 4백 년 중 가장 암흑기이자 혼란기라고 할 수 있습니다. 이른바 '환령지시桓靈之時'는 모자란 군주에 간사한 신하, 부패한 정치의 대명사입니다. 예를 들어 말하자면, 영제 시기는 조정에서 관직을 팔았는데 실제 가격을 명시하여 공개적으로 입찰 공고를 하기까지 했습니다. 1만 전의 가격에 1석石의 녹봉이었습니다. 예를 들면, 녹봉이 4백 석인 자리는 4백만 전, 녹봉이 2천 석인 자리는 2천만 전인데, 만약 지위가 삼공三公의 반열이라면 다시 천 석을 더했고, 정식으로 임명되면 절반을 냈습니다. 돈을 내고 관직을 산 이 관리들이 스스로 그 비용을 부담할 리가 없습니다. 임관하고 난 뒤에 죽어라고 백성들을 수탈하였고, 조정에서도 못 본 체하고 일절 간섭하지 않았습니다.

사마직司馬直이라는 사람은 태수로 임명되어 위임장을 받자마자 돈을 요구받습니다. 자기 집안이 곤란한 것을 고려해달라고 하자 3백만 전을 감면해줍니다. 사마직은 탄식하면서 "백성의 부모가 되어서, 백성을 수탈하여 관직을 구하려고 하는 것이 차마 할 짓인가!" 하고는 곧 관직을 사퇴합니다. 조정에서는 부수입이 물거품이 되는 것을 보고 사직을 불허한다는 명령을 내립니다. 사마직은 결국 임지로 가는 도중에 자살하는 수밖에 없었습니다. 임종하기 전에 그는 유서를 남기는데, 이런 법은 망국의 징조라고 통렬하게 비난하여 일시에 조야를 들끓게 합니다.

지금 보면, 사마직은 그야말로 헛되이 죽었습니다. 영제 말년에는 매관매직이 더욱 심해졌기 때문입니다. 조조의 부친 조숭은 태위라는 관직에 있었는데, 1억 전을 주고 샀다고 합니다. 삼공의 반열에 들겠다(얼마 지나지 않아 면직을 당합니다)는 욕망을 채운 셈이었죠. 삼공의 지위는 숭고한 것이라서 이 욕망을 채우려는 사람들이 적지 않았습니다.

최열崔烈이라는 사람이 있었습니다. 기주冀州의 명사로 학자 집안 출신이었으며, 본래 청렴한 사람으로 알려졌고 자신의 노력에 의해서 군수를 역임하고 구경九卿에 이릅니다. 그런데 그는 모두가 관직을 사는 것을 보고, 외톨이가 된 느낌에 견딜 수가 없었습니다. 이때 황제의 보모인 정부인程夫人이 그에게 자신이 할인해줄 수 있다고 말합니다. 최열은 절반의 돈을 정부인에게 건네고, 황제도 바로 공경들을 모두 불러 모아서 최열에게 사도司徒를 배수합니다. 그러나 황제는 금방 후회하고, 여러 사람의 면전에서 이번엔 국가가 밑지는 장사를 했다고 말합니다. 정부인은 이 말을 듣자 다급하게 말했습니다.

"최열이 관직을 어떻게 산 것이오? 분명히 내가 그를 도와줘서 그렇게 된 것 아니오!"

이 말이 나오자 공경들은 "일개 여인네에게 의지해서 관직을 얻었다면 돈을 내고 산 것만도 못하지 않은가!"라고 떠들었습니다.

이 일로 최열은 체면을 잃었고, 그의 자식마저도 그렇게 생각했습니다. 최열의 아들인 최균崔鈞은 호분중랑장虎賁中郎將이라는 관직을 맡고 있었는데, 어느 날 갑옷을 입은 채 군영에서 집으로 돌아왔습니다. 최열이 그에게 "이 애비의 지위가 삼공의 반열에 들었는데 세간에서는 어떤 평가가 있느냐?"라고 묻습니다. 그러자 최균은 다음과 같이 말합니다.

"아버님께서는 젊어서 훌륭한 명성이 있으셨고 구경과 군수를 역임하셨으니, 모든 사람들이 아버님께서 삼공의 지위를 차지하시더라도 부끄러울 것이 없다고 말합니다. 그러나 이번에 아버님께서는 천하 사람들을 실망시켰습니다."

최열이 그 이유를 묻자 최균은 이렇게 대답합니다.

"아버님 몸에서 돈 냄새가 진동을 하기 때문입니다."

최열은 발끈 성을 내며 지팡이를 들어서 최균을 때립니다. 최균이 도망을 가자 몸에 걸친 갑옷이 쩔렁쩔렁 소리를 냅니다. 최열은 그를 욕하면서 말합니다.

"애비가 한 대 때린다고 도망을 치는 게 효도냐?"

최균이 말합니다.

"위대한 순舜 임금도 그 부친을 모실 때, 작은 매는 맞고 큰 매는 도망을 갔다고 하니, 불효가 아닙니다!"

최열은 대꾸할 말이 없었고, 자신도 이 일을 부끄럽게 생각했습니다.

이렇게 보면, 환제와 영제 때에는 참으로 부패가 극에 달했다고 말할 수 있습니다.

그러나 동한 멸망이라는 부채를 환제와 영제에게만 떠넘기는 것은 불공평합니다. 왕망이 정권을 찬탈하고 광무제가 중흥시킨 이후로, 한 왕조는 두 번 다시 활력을 되찾은 적이 없었습니다. 외척이 권력을 휘두르고 환관이 정사를 도맡았으며, 군웅이 할거하고 간신배들은 계속 정권을 잡고, 탐관오리들은 죽어라고 부정하게 돈을 긁어모았으니, 백성들은 그저 초근목피로 연명할 수밖에 없었습니다. 도덕은 땅에 떨어져서 더욱 엉망이 되었습니다. 당시의 민요에 이런 것이 있습니다.

"수재秀才로 뽑혔건만 글을 읽지 못하고, 효렴으로 발탁되었지만 아비와 따로 산다네." "활줄처럼 곧으면 길바닥에서 죽고, 갈고리처럼 굽으면 제후에 봉해진다."

염치도 없고 부끄러워할 줄도 몰라서 입으로는 옳다 하면서 마음속으로는 그르다고 여기는 풍조가 만연하여, 부패에 반대하고 청렴을 주장하며 기강을 바로잡는 일은 아무 소용이 없었습니다.

142년(한 순제順帝 한안漢安 원년)에 조정에서 여덟 사람의 어사御史를 전국 각지에 파견하여 순찰하도록 했는데, 그 목적은 지방 관리들의 부패 문제를 바로잡아보려는 것이었습니다. 특별히 파견된 관리들 중에 나이가 가장 어렸던 장강張綱은 낙양을 나오자마자, 큰 구덩이를 파라는 명령을 내려 수레바퀴를 떼어내서 던져 넣습니다. 부하가 그에게 무슨 의미인지를 묻자, 장강은 냉소를 지으며 말했습니다. "승냥이와 이리가 길을 막고 섰는데, 어찌 여우와 살쾡이를 따지고 있을 것인가!" 즉 대간대악大奸大惡의 무리들이 조정을 멋대로 주무르고 있는데, 몇 마리 가재나 피라미 같은 작은 탐관오리들을 잡아서 무슨 소용이 있겠냐는 뜻입니다.

조조의 시대는 승냥이와 이리가 길을 막아섰고 여우와 살쾡이가 창궐했습니다. 조조는 지방관이 되었을 때, 재빠르게 질서를 바로잡고 법률을 엄정하게 적용하며, 맹렬하고 신속하게 움직이겠다는 중대 결심을 했습니다. 그가 탐관오리를 파면시키고 불법을 엄단하자, 사악한 세력들은 조조라는 말만 꺼내도 무서워서 벌벌 떨었고 심지어 줄행랑을 놓는 사람마저 있었습니다. 그 결과 '정치와 교화가 크게 행해져서 군郡 전체가 태평'했습니다. 그런데 어떻게 됐습니까? 그가 못살게 굴고 있다는 꼬투리를 잡은 밀고장이 끊임없이 어전에 전달되었고, 조정에서는 여러 차례 임직을 변경하는 전근 명령을 냅니다. 그의 부친인 조숭이 음으로 양으로 보호해주지 않았다면, 그에게 좋은 결과는 없었을 것입니다.

이번에는 조조가 조정과 관리 사회를 꿰뚫어 보았습니다. 그는 동한 왕조는 이미 치료할 약이 없으며 천하의 대란大亂은 이미 역전시킬 수 없다는 것을 분명히 알았습니다. 설사 혼란해지지 않더라도 썩어 문드러진 조정과 관리 사회는 더 이상 '치세의 능신'을 필요로 하지 않았습니다. 나라를 위할 길이 없음을 깊이 느낀 조조는 더 이상 자신의 주장을 개진하거나 계책을 올리지 않았습니다. 아울러 또 한 번 조정의 임명을 사절하고(이번 임명은 봉록 2천 석의 동군태수東郡太守였습니다) 고향으로 돌아와 성 밖에 집을 짓고 문을 걸어 잠근 뒤 책을 읽었으며, 한가할 때에는 사냥을 하면서 지냈습니다. 물론 그는 단념한 것이 아니라, 여전히 국가의 운명에 관심을 가지고 있었습니다.

조조가 다시 세상에 나왔을 때, 시국은 이미 매우 요동치고 있었습니다. 189년, 영제는 붕어하면서 14세의 유변劉辯과 9세의 유협劉協 두 아들을 남기지만 정세를 전혀 제어할 수 없었습니다. 대장군 하진을 영수로 하는 사인 집단과 십상시十常侍를 대표로 하는 환관 집단은 궁정의 투쟁에서 서로 패배하고 모두 상처를 입습니다. 정권은 서북 지역의 군벌이었던 동탁의 손에 넘어갑니다. 동탁 일당은 당시 사대부들의 눈으로 볼 때, 그야말로 사람도 아니었습니다. 동탁은 호랑이였고 여포는 이리였으며, 그들의 부하들은 들개였습니다. 전해지는 바에 따르면, 동탁은 일 저지르기를 너무 좋아했다고 합니다. 그는 군신들과의 대연회 자리에서 후궁의 여인들을 데려다 쾌락과 향락을 즐겼으며, 연회에 참석한 관리 한 사람을 끌어내어 멋대로 때려 죽이기도 했고, 가장 잔혹한 형벌로 그에게 체포된 반대파를 학대했습니다. 결국 동탁은 황제를 폐위하고(유변을 폐위하여 홍농왕弘農王으로 삼은 뒤에 독살해 죽이고 유협을 황제로 세웠는데, 이 사람이 헌제입니다) 백관들을 도살했으며, 후궁들을 욕보여 더럽혔습니다. 그의 병사들은 낙양성 안에서 방화와 살인, 약탈을 자행하고 부녀자들을 강제로 욕보였습니다. 한나라의 수도는 전대미문의 참상을 겪은 아수라장으로 변했습니다.

동탁의 이런 행위는 민심은 물론이고 지방의 지지 또한 얻지 못했습니다. 오히려 동탁은 전국 각지의 공동 성토의 대상이 되었고, 그도 지방을 제어할 수가 없었습니다. 조정의 기강이 문란해지는 한편, 사방에서 전란이 일어났습니다. 따라서 189년 동탁이 도성으로 들어온 후, 한나라는 사실상 멸망했고, 이때부터 천하는 대란의 소용돌이에 휩싸였습니다.

난세의 영웅들이 사방에서 일어나니 무력을 가진 자는 누구나 왕입니다. 중앙 정권이 통제력을 상실한 뒤, 군대를 보유하고 자중하던 지방관들은 한 지역에 할거하는 후왕侯王으로 바뀌었습니다. 나라 안에서는 지방 자치와 군웅 할거, 제후 겸병이 시작되었습니다. 조조는 더 이상 '치세의 능신' 따위가 될 수 없었습니다. 그는 다시 새롭게 자신의 인생 행로의 선택을 고민해야만 했습니다. 난세에는 영웅, 효웅, 간웅의 세 가지의 선택이 있을 수 있습니다. 동탁, 원소, 원술袁術은 난세의 효웅이 되는 길을 선택했습니다. 그렇다면 조조의 선택은 무엇이었을까요?

4강
何去何從

무엇을 버리고 무엇을 따르랴

동한 왕조의 정치 부패로 조조는 '치세의 능신'이 될 수 없었다. 또한 이어지는 천하의 대란으로 그는 새로운 선택에 직면하게 되었다. 난세에 처하여 영웅이 될 것인가, 아니면 효웅이 될 것인가, 혹은 간웅이 될 것인가? 역사는 190년에서 200년까지의 10년간은 조조가 '난세의 영웅'에 걸맞다는 것을 증명한다. 어째서인가, 무슨 증거가 있는가?

조조는 본래 '치세의 능신'이 되려고 하였는데, 난세를 만났습니다. 난세에 처한 상황에서 지향과 포부, 능력을 가진 사람은 세 가지의 선택을 할 수 있습니다. 영웅이 되거나 효웅이 되거나 간웅이 되는 것입니다. 동탁·원소·원술의 선택은 난세의 효웅이었습니다. 그리고 조조가 가장 일찍 한 선택은 바로 난세의 영웅이었습니다.

영제 중평中平 6년(189)에 영제가 붕어하자 동탁은 도성으로 들어와 소제少帝 유변을 폐위시켜 홍농왕弘農王으로 삼고 유협을 황제로 세우는데, 이 사람이 바로 헌제입니다. 이리하여 수도는 대혼란에 빠집니다. 이때 조조는 이미 일찍부터 조정으로 돌아와 전군교위典軍校尉라는 직책을 맡고 있었는데, 이 직위는 서원팔교위西園八校尉 가운데 하나입니다. 서원군西園軍은 영제 중평 5년(188) 8월에 설립된 것으로, 근위병에 해당합니다. 팔교위가 설치되자 그 총책임자가 된 사람은 조조가 그 숙부를 때려죽였던 환관 건석으로서, 그는 상군교위上軍校尉가 됩니다. 그다음은 호분중랑장 원소로, 그는 중군교위中軍校尉가 됩니다. 조조가 맡은 전군교위는 서열이 네 번째로, 하군교위下軍校尉인 포홍鮑鴻의 다음가는 서열입니다. 확실히 이때의 조조는 저 부현급의 경찰서장인 낙양북부위를 맡았을 때하고는 이미 수준이 달랐습니다. 동탁도 그를 인재로 인정하여 곧 효기교위로 추천하는 표문을 올려서, 그와 함께 대사를 도모하려 합니다. 조조는 자신의 정치적 센스와 선견지명에 따라, 동탁을 따르면 국가에 화를 미치고 백성들에게 재앙을 끼치며, 자신에게는 멸망을 자초하는 결과를 낳게 될 것이라고 판단합니다. 이에 성과 이름을 바꾸고 밤새 수도를 빠져나와 고향으로 도피할 준비를 합니다. 여백사 일가를 죽이는 사건이 바로 그가 이렇게 도망치던 도중에 발생하는 것입니다.

그러나 조조의 발걸음도 빨랐지만 동탁의 추살령追殺令은 더욱 빨랐습니다. 조조가 낙양을 벗어나 호뢰관(虎牢關, 지금의 허난성 싱양시滎陽市)을 나와 중모현(中牟縣, 지금의 정저우시鄭州市에 해당)까지 도망했을 때, 한 하급의 정장(亭長, 등급은 향장鄕長과 촌장村長 사이)에게 탈주범으로 의심을 받아 체포되어, 재판을 받기 위해 현의 관아까지 호송됩니다. 이때 동탁의 추살령은 이미 하달되어 중모현 관아에서도 도성에서 발송된 문건을 받은 상태였습니다. 게다가 조조는 자신이 조조가 아니라고 한마디로 잘라 말했지만, 중모현 관아의 공조(功曹, 주州·군郡·현縣 관리들의 성적 고과를 매기는 부서―옮긴이)에서 그를 알아보았습니다. 그러나 중모현의 해당 부서의 간부는 지금과 같이 천하가 크게 혼란한 때에 영웅을 구금하여 죽이는 것은 적절하지 않다고 여겼기 때문에 현령을 설득해서 조조를 풀어줍니다. 《삼국연의》에서는 이 현령이 진궁이라고 말하지만, 그렇지 않습니다. 진궁은 중모현에서 직책을 맡았던 적이 없었기 때문입니다. 중모현의 현령과 공조의 그 간부가 누구인지는 결코 중요하지 않습니다. 중요한 것은 이 일이 동탁이 인심을 얻지 못하고 있었고, 조조가 이미 영웅으로 보이고 있었다는 사실을 설명하고 있다는 점입니다.

조조는 진류(陳留, 지금의 허난성 카이펑시開封市의 동남쪽)까지 도망가서 멈추었습니다. 진류에서 후원자를 얻었기 때문이었습니다. 진류의 위자衛玆라는 효렴이 조조에게 거액의 재산을 찬조했습니다. 이 일은 매우 중요합니다. 삼국시대의 수많은 영웅들은, 예컨대 유비 같은 경우도, 모두 시작 단계에 남의 도움을 받았습니다. 돈 있는 사람들이 영웅들을 도움으로써 정치에 참여하는 것은 중국 고대 사회의 전통이기도 했습니다. 자금을 가지게 되자 조조는 곧 그 일대의 병사를 불러 모으고 말을 사서 의거를 준비합니다. 기오(己吾, 지금의 허난성 닝링현寧陵縣)에서 공개적으로 군사를 일으키자 군사와 말이 5천을 넘었습니다. 이때가 바로 중평 6년(189) 12월입니다. 앞장서서 의병을 일으킨 이 일이 바로 조조가 난세의 영웅이 되어서 한 첫 번째 일입니다.

조조와 함께 의병을 처음으로 일으켰던 사람은 그의 오랜 친구인 장막張邈이었습니다. 조조 가족들도 조조를 지원하는 데에 힘을 쏟습니다. 하후돈·하후연夏侯淵·조인曹仁·조홍曹洪·조휴曹休·조진曹眞 등이 잇달아 조조의 주위에 모여들어 그의 곁에서 유능한 장수들이 됩니다.

조조의 의거는 천하 호걸들의 호응을 얻었고, 각지의 제후들은 계속하여 동탁을 토벌하고 한나라 왕실을 회복하자는 깃발을 내겁니다. 헌제 초평 원년(190), 후장군後將軍 원술, 기주목冀州牧 한복韓馥, 예주자사豫州刺史 공주孔伷, 연주자사兗州刺史 유대劉岱, 하내태수河內太守 왕광王匡, 발해태수渤海太守 원소, 진류태수陳留太守 장막, 동군태수東郡太守 교모橋瑁, 산양태수山陽太守 원유袁遺, 제북상濟北相 포신鮑信이 동시에 기병하여 연합군을 형성하고 공동으로 원소를 맹주로 추대했습니다. 이 사람들은 당시에 모두 함곡관函谷關 동쪽에 있었기 때문에 '관동의군關東義軍', 줄여서 '관동군'으로 불렸으며, 동탁의 부대는 '서북군西北軍'이라고 불렸습니다.

연합군이 성립된 이 일을 《삼국연의》에서는 조조가 발기한 것이라고 하면서 "위조한 조서詔書를 보내자 여러 제후들이 조공에게 호응하였다"라고 말하고 있는데, 아마도 조조를 추어올리려고 한 것 같습니다. 조조는 당시에 그렇게 크게 영향력을 가진 인물이 아니었을 테니까요. 그는 동탁(동시에 조정이기도 합니다)의 임명을 거절한 뒤에, 국가에서 체포 명령을 내린 범죄자의 신분이 되었습니다. 이미 관리로서의 직함도 없었고 지역적 기반도 없었으며 군사와 말의 수도 많지 않았는데, 무슨 호소력이 있었겠습니까? 조서를 위조해서 보냈던 일은 확실히 있습니다. 하지만 그 일은 동군태수 교모가 한 것으로 조조와는 무관합니다. 그래서 조조는 나중에 이 일을 회상하면서, 자신을 단지 참가자로만 평가합니다. 사실상 관동 연합군의 명단 속에 조조의 '지분'은 없었습니다. 그의 직함도 맹주인 원소가 임시로 봉해준 것으로 '행(行, 대리의 의미) 분무장군奮武將軍'이었습니다. 당연히 조조는 이 칭호를 받고 혼란을 평정하고 국가를 위해 진력하기로 마음먹고 몸을 돌보지 않고 분투합니다.

어리석은 맹주 원소

그러나 여기서 조조는 또 한 번 실망을 하게 됩니다.
먼저 맹주인 원소는 겉만 그럴싸했지 알맹이가 없었습니다. 관동군이 원소를 추대하여 맹주로 삼은 것은 합리적이었습니다. 원소는 출신이 고귀하였고 그의 가문은 '사세삼공四世三公'으로 불렸습니다. 다시 말해서 원소의 아버지뻘을 포함하여 4대의 조상들이 삼공의 직무를 맡았으니(고조부 원안袁安은 장제章帝 때의 사도司徒, 종증조부 원창袁敞은 사공司空, 조부 원탕袁湯은 사공·사도·태위를 역임, 부친 원봉袁逢은 사공, 숙부 원외袁隗는 태부

동탁 '난세의 효웅' 동탁의 발호는 조조가 '치세의 능신'에서 '난세의 영웅'으로 변모하는 데 자극이 되었다. 그림에서 초선을 희롱하는 여포를 째려보고 있는 동탁의 모습이 별스럽다.

太傅), 당시의 관리 사회에서는 위풍당당하던 명문 가문이었습니다. 동한은 태위·사도·사공을 삼공으로 삼았고 그 지위가 황제 바로 다음이었으니, '일인지하一人之下 만인지상萬人之上'이라고 할 수 있습니다. 원씨 가문은 사세삼공의 집안이라 지위는 높고 권세는 무거웠으며, 제자들과 이전의 부하 관리들이 천하에 두루 퍼져 있어서, 정치 활동을 하는 데에 가장 귀중한 인맥 관계를 갖추고 있었습니다. 원소 자신의 조건도 매우 좋았습니다. 그는 잘생겼으며, 대인 관계도 괜찮았고, 인기도 많았습니다.

더욱 중요한 것은 원소가 동탁을 반대했기 때문에 명성을 크게 떨쳤다는 사실입니다. 동탁은 소제(유변)를 폐위시키고 진류왕(유협)을 세우려고 할 때, 일찍이 원소를 찾아 의논하면서 "유씨의 종자 따위는 다시 남겨둘 것도 없다"라고 말합니다. 그는 철저하게 한 왕조를 전복시키려고 하였지만, 즉석에서 원소의 반대에 부딪쳤습니다.《삼국지》〈원소전〉의 표현은 다음과 같습니다.

원소는 대답도 하지 않고, 칼을 비껴 들고 절하고 떠났다.(칼을 비껴 들고 인사하는 것은 당시의 예절이었음—옮긴이)

《헌제춘추獻帝春秋》의 표현은 원소가 한바탕 엄중한 항의를 하는 것으로 되어 있습니다. 그러자 동탁이 벌컥 성을 내며 말합니다.

"이런 애송이 녀석이! 천하의 대사가 어찌 내가 생각하는 대로 되지 않겠느냐? 너는 내 칼이 잘 안 든다고 생각하는 게냐!"

원소도 칼을 뽑고 말합니다.

"이 세상에 어찌 당신의 칼만 잘 들겠소?"

《헌제춘추》의 표현을 배송지는 사실이 아니라고 생각했지만, 원소가 동탁을 반대한 것은 사실이며, 동탁을 반대하여 도성에서 도망한 것도 사실입니다. 따라서 원소는 명망이 높았습니다.

그러나 원소는 머리가 나빴습니다. 동탁의 난은 사실 그가 일으킨 화입니다. 영제가 세상을 떠나자 사인 계층과 환관들의 대립은 격해져서 쌍방은 모두 살생의 계율을 완전히 깨고 맙니다. 대장군 하진이 먼저 선수를 쳐서 유리한 고지를 점령합니다. 그는 환관의 우두머리 중의 한 사람인 상군교위 건석을 죽이고 상군을 접수합니다. 이때 원소는 그에게 일단 시작한 일을 마무리하여, 내친김에 환관을 모조리 죽여 화근을 제거하자고 권합니다. 그런데 하진은 생각지 않은 어려움에 부딪칩니다. 그의 누이동생인 하태후何太后가 찬성하지 않았기 때문입니다. 하태후는 유협의 생모인 왕미인王美人을 독살해 하마터면 영제에 의해 폐위될 뻔했는데, 환관들이 인정에 호소해준 덕분에 난관을 넘길 수 있었으니, 당연히 환관들에게 손을 대려고 하지 않았습니다. 그러자 원소는 또 하진에게 의견을 내놓습니다. 사방에 있는 용맹한 장수들, 특히 병주목并州牧 동탁을 도성으로 들어오게 하여 태후를 협박하자고 권합니다. 동탁은 이렇게 해서 도성으로

4강 무엇을 버리고 무엇을 따르랴 | 113

들어오게 되었던 것입니다.

이것은 정말로 잔꾀였습니다. 백성들조차도 '귀신을 불러오는 일은 쉬워도 보내기는 어렵다'는 것을 알고 있습니다. 게다가 동탁은 그야말로 흉악한 귀신 아닙니까? 이리를 집 안으로 끌고 들어온 격이었습니다. 더군다나 원래 필요도 없는 일 아니었습니까? 《삼국지》〈무제기〉의 배송지 주에서 인용한 《위서》에 따르면, 조조는 이 소식을 듣고 웃으면서(조조가 또 웃었다는 것에 주목하십시오), "환관 문제를 해결하려면 우두머리가 되는 원흉 몇 사람만 주살하면 된다. 그저 일개 옥리獄吏를 써서도 처리할 수 있는 일을 어찌 번거롭게 외지의 장수까지 불러들이는가?"라고 합니다. 결국 동탁이 도성으로 들어오기도 전에, 하진은 먼저 환관들의 칼 아래 불귀의 객이 됩니다. 동탁이 도성으로 들어오자, 황제도 폐위를 당하고 태후도 독살되었으며, 낙양은 불바다와 폐허로 바뀌었으니, 이것은 모두 원소가 일으킨 재앙입니다.

원소의 이 일은 확실히 어리석은 짓이었습니다. 그가 끌어들인 것이 자신이 전혀 제어하지 못할 흉악한 세력이었음은 말할 나위도 없었으려니와, 설령 그들이 진실로 정의로운 군대와 충성스런 근왕병들이었다고 하더라도 불러들일 필요는 없었습니다. 바로 조조가 말했듯, 환관이 득세할 수 있었던 이유는 황제가 그들을 가까이하고 신용했기 때문입니다. 황제가 총애하고 신임하지 않았다면 그들은 힘을 얻지 못했을 것입니다. 닭을 잡는 데 어찌 소 잡는 칼을 쓰겠습니까? 하물며 이 칼이 자기 손에 있는 것도 아니라면 두말할 필요도 없겠죠. 무기는 남을 해치는 물건이라고 했으니, 칼은 함부로 칼집에서 꺼내면 안 됩니다. 칼을 칼집에서 꺼내게 되면 피를 보아야만 합니다. 닭을 죽일 필요가 없다면 소라도 죽이게 됩니다. 하진과 원소 등은 죽음을 당할 수밖에 없었던 어리석고 고집불통인 소였습니다. 만약 원소가 환관을 모조리 쓸어 없앨 것을 주장하여, 장양

등을 도망갈 길도 터주지 않은 채 궁지에 몰지만 않았다면, 하진은 비명에 죽지 않았을 수도 있습니다.

궁중에서 정변을 일으키는 일은 마음을 독하게 먹고 잔인한 수단을 써야 되는 것이지만, 살인을 좋아해서 습관처럼 한다는 말이 아니며, 무고한 사람들을 함부로 죽인다는 의미는 더더욱 아닙니다. 가장 잔인한 공격은 가장 흉악한 정적에게나 가할 수 있는 것입니다. 실제로 정치 투쟁은 까놓고 말하면 인사 이동이며, 권력의 균형이며, 이익의 재분배이고 인간관계의 새로운 조정입니다. 지지를 많이 얻을수록 승리의 가능성은 더욱 커지기 때문에 다수를 단결시켜 소수를 공격해야 하고, 주모자는 반드시 처벌해야 하지만 추종자는 죄를 묻지 말아야 합니다. 어떻게 원소가 주장하는 것처럼 시비곡직을 묻지 않고, 모조리 죽일 수가 있겠습니까? 게다가 태감 중에는 좋은 사람도 있는데 어떻게 함부로 죽일 수가 있습니까? 그러나 원소는 이런 세상의 이치를 몰랐습니다.

하진이 환관들의 모의로 피살된 뒤, 원소는 도성에서 군대를 거느리고 태감들을 붙잡아 죽였습니다. 수염이 나지 않은 자들을 보면 무조건 한 칼에 베어버리자, 수많은 젊은이들은 바지를 벗어 '정상인'임을 증명해야만 했습니다. 《삼국지》〈원소전〉의 표현은 다음과 같습니다.

스스로 신체를 내보이고 나서야 죽음을 면할 수 있었다.

인심을 흉흉하게 만들었던 것이죠. 이것은 자신에게 적을 만드는 행동이었습니다. 그리고 많은 적을 만들어놓은 사람은 지금까지 좋은 결말이 없었습니다. 그래서 조조는 "나는 그가 실패할 것을 예상했다"라고 말합니다.

관동 연합군의 무능

맹주가 이런데, 다른 사람들은 어땠을까요? 그들도 마찬가지였습니다. 예를 들어 공주는 허풍이 심한 사람이었는데, 당시의 표현으로 '고목에 입김을 불어 살려내는 사람'으로 불렸습니다. 죽은 것도 말로 살려내고 살아 있는 것도 말로 죽인다는 뜻입니다. 그러나 말만 잘했지 일은 못했습니다. 한복은 자기주장이 없는 사람이었습니다. 《삼국지》〈무제기〉의 배송지 주에서 인용한 《영웅기英雄記》에 따르면, 각지의 제후들이 크게 의병을 일으켰을 때, 동군태수 교모가 도성 삼공三公의 명의를 빌려 한복에게 "의병을 일으켜 나라의 우환을 풀어주시기 바랍니다"라는 내용의 편지를 써 보내자, 그는 뜬금없이 부하에게 묻습니다.

"우리가 원소를 도와야 할까, 동탁을 도와야 할까?"

그의 모사인 유자혜劉子惠가 "우리가 나라를 위해 의병을 일으키는데, 무슨 원소니 동탁이니를 말하십니까?"라고 하자, 한복은 부끄러워 얼굴이 귀밑까지 빨개집니다.

그러나 유자혜라는 사람도 큰소리칠 수 없습니다. 그가 한복에게 내놓은 의견은 결국 군대를 움직이지 말고 관망하자는 것이었습니다. 유자혜는 말합니다.

"전쟁은 흉한 일이니, 앞장을 서서는 안 됩니다."

그는 우선 다른 사람들을 보고 움직이는 사람이 있으면, 그때 움직이자고 합니다. 한복은 이 말을 받아들입니다. 그는 다른 사람이 자신의 지역적 기반을 빼앗는 것을 가장 두려워했기 때문입니다.

원소가 동탁과 반목하고 나서 도성에서 도망을 치자, 동탁은 본래 그를 추격해서 붙잡으려고 했습니다. 마침 원소와 관계가 좋았고 동탁의 신임도 얻고 있던 명사名士 몇 사람이 동탁을 이렇게 만류합니다.

"원소는 전체 판세를 못 읽어 당황해서 도망을 간 것뿐이지, 사실 가슴에 큰 뜻을 품은 사람은 아닙니다. 만일 급하게 옥죄면 오히려 궁지에 몰린 쥐가 고양이를 무는 격이 될 것입니다. 차라리 그를 태수로 임명하십시오. 그는 반드시 감지덕지할 것입니다. 원씨 가문은 사대에 걸쳐 삼공을 배출한 집안이라, 제자들과 이전의 부하 관리들이 천하에 두루 퍼져 있으므로 만일 원소를 복종시키게 되면 태항산太行山 동쪽은 그대의 것이 되지 않겠습니까?"

동탁은 일리 있는 말이라는 생각에 곧 원소를 발해태수로 임명합니다. 원소가 기주冀州까지 도망갔다가 발해태수로 임명되자, 한복은 매우 두려워하여 군대를 파견해서 그를 감시하게 했고, 이에 원소는 꼼짝할 수가 없었습니다. 후일 한복이 관동 연합군에 참가하고 나서야 원소는 움직일 수가 있었습니다. 한복이 이런 형편없는 녀석인데, 싸움이나 한번 제대로 할 수 있었겠습니까?

나머지 사람들의 생각도 별 차이가 없었습니다. 그래서 연합군은 성립되었으나 그 이후, 누구도 움직이지 않았습니다. 《삼국지》〈무제기〉에서는 "원소 등은 어느 한 사람도 과감하게 먼저 진격하는 자가 없었다"라고 기록하고 있습니다. 조조는 더 이상 보고 있을 수가 없어서 그들에게 말합니다.

"의병을 일으켜 사납게 날뛰는 자를 주살하는 일에 여러 사람들이 이미 힘을 모았는데, 그대들은 무엇을 의심하시오?"

조조는 과거라면 동탁을 토벌하는 데 어려움이 있었겠지만 지금은 그야말로 가장 좋은 시기임을 지적합니다. 왜 그럴까요? 과거의 동탁은 황실의 무게에 기대고 이주二周라는 요충지를 차지하고 있어 설사 도리에 어긋난 것이라도 저지를 수가 있었지만, 지금은 상황이 달라졌기 때문입니다. 그가 도성을 불사르고 황제를 협박하여 온 나라를 놀라게 하였으니, 하늘은 이제 그를 멸망시키고자 한다는 것입니다. 그래서 조조는 말합니다.

"싸우기만 하면 천하가 평정될 테니 기회를 놓칠 수는 없소!"

그러나 누구도 그의 말을 듣지 않자 조조는 고군분투할 수밖에 없었고, 장막만이 소규모의 부대를 파견하여 그를 도왔습니다. 이때 부대장은 조조에게 재물을 주어서 도와줬던 위자였습니다. 이 전쟁은 결코 순조롭지 않아서 조조 자신도 하마터면 적진에서 죽을 뻔했는데, 요행히 사촌 동생인 조홍이 그에게 말을 주어서, 탈출할 수가 있었습니다. 산조酸棗의 대본영으로 돌아왔을 때, 10여만의 관동군은 기회를 보면서 꿈쩍도 하지 않았고, 제후들은 날마다 성대한 연회를 베풀며 공격은 모색하지도 않았습니다. 요즘 말로 하자면 하루 종일 파티를 열고 술집에 죽치고 앉아 술을 마시며 컴퓨터 게임이나 하고 있었던 것입니다. 조조는 비분강개해서 말합니다. "지금 정의를 명분으로 병사들을 동원하고도, 의심을 하면서 진격하지 않는다면 천하 사람들의 기대를 저버리는 것이니, 나는 제군들이 부끄럽다!" 하지만 여전히 그의 말을 듣는 사람은 없었습니다. 조조는 다시 한 번 나라를 위해 충성할 길이 없음을 느끼게 됩니다.

관동군 장수들은 원래 모두 인재였으며, 더 나아가서는 동한 제국의 엘리트였습니다. 왕광은 평소 의협심으로 이름이 났던 사람이고, 원유는 높은 경륜을 가진 사람이었습니다. 그러나 일단 사심을 품어 정의를 내팽겨치자, 개만도 못한 존재로 변합니다. 이에 조조는 그들의 실체를 파악하게 됩니다. 그들은 사리사욕이나 채우고, 비겁하게 죽음을 두려워했으며, 뜻만 크지 능력은 없었고, 겉은 강한 것 같지만 실제로는 나약한 인물들로, 도저히 함께 일을 도모할 수 없었습니다. 이른바 '관동의군關東義軍'은 각기 못된 생각을 품은 동상이몽의 오합지졸들에 불과하여 기댈 것이 없었습니다. 조조는 다시 새롭게 그의 인생 행로를 고민하지 않을 수 없었습니다.

조조의 성공적 전략

　조조의 선택은 자신이 해야겠다는 것이었습니다.
　실제로 앞에서 말했다시피, 조조의 인생 행로의 선택에 대해서는 역사상 이미 두 가지 견해가 있습니다. 하나는 손성이 《이동잡어》에서 말한 '치세의 능신, 난세의 간웅'이고, 다른 하나는 《후한서》에서 말한 '태평한 시대의 간적, 혼란한 시대의 영웅' 내지 《세설신어》에서 말한 '난세의 영웅, 치세의 간적'입니다. 지금에서 보면, 적어도 190년에서 200년까지의 이 10년간, 조조는 '난세의 영웅'이라고 칭할 만합니다. 거의 조조만이 국가와 민족이 위기에 몰린 이때에, 자신의 한 몸으로 천하의 흥망을 짊어질 결심을 했습니다. 이렇게 했던 사람을 또 한 명 꼽는다면, 손권의 부친인 손견孫堅입니다. 그러나 조조와 비교해볼 때, 손견은 조금 뒤떨어집니다. 왜냐하면 조조는 이 일을 맡았을 뿐 아니라 지략도 있었기 때문입니다. 그렇다면 조조가 이러한 일을 한 것이 그가 한 수 위라는 사실을 증명해줄까요?
　조조가 했던 일을 한번 살펴보겠습니다.
　191년(헌제 초평 2년)부터 196년(헌제 건안 원년)까지 조조는 약지略地·모병募兵·둔전屯田의 세 가지 중요한 일을 했습니다. 조조가 이 세 가지 일을 이룰 수 있었던 것은 황건적黃巾賊의 반란과 관계가 있습니다. 동한 말년, 정치는 부패하고 백성들은 편안하게 살 수 없게 되자, 도망갈 길이 없던 농민들은 누런 두건을 머리에 쓰고서 태평교단太平敎團 수령의 영도 아래, '창천蒼天은 이미 죽었으니, 황천黃天이 마땅히 서야 한다'는 구호를 내걸고 반란을 일으킵니다. 이는 영락없는 권력의 횡포에 대한 민중의 반항이었지만, 조조와 같은 사람들의 입장에서 볼 때는 대역무도한 죄로서, 반드시 토벌해야 하는 것이었습니다. 그러나 동한의 조정과 관리 사회는 너무나 부패했습니다. 그래서 황건적은 탐관오리들이 권력과 이익을 다투고 있을 때에 크게 확대되어 세력을 이룹니다.

192년(헌제 초평 3년)에, 본래 청주(靑州, 치소治所는 지금의 산둥성 린쯔시臨淄市에 있었음)(치소는 감영監營이 있는 곳—옮긴이)에 모여 있던 황건적 100만 군대가 연주(兗州, 옛 치소는 지금의 산둥성 진샹현金鄕縣에 있었음)로 들어가자, 연주태수 유대는 포신의 권고를 듣지 않았다가 황건적에게 피살당합니다. 포신은 곧 진궁과 함께 당시 이미 원소에 의해서 동군태수로 임명되어 있던 조조를 맞아들여 연주목을 대리하게 합니다. 《삼국지》〈무제기〉의 배송지 주에서 인용한 《세어》에 따르면, 진궁은 조조에게 "지금 연주는 주인이 없고 조정에서도 임명할 방법이 없으니, 태수께서 미리 가서 임시로 대행함으로써, 그곳을 밑천으로 삼아 천하를 거둔다면, 이는 패왕霸王의 업을 이루는 것입니다"라고 권합니다. 진궁은 또 연주의 관리들에게 말합니다. "조태수께서는 당대에 명망이 높은 재사이니, 그분을 연주목으로 맞아들인다면 반드시 백성들을 편안하게 하실 것이다." 이렇게 해서 포신 등이 모두 동의하게 되었고, 조조는 연주를 얻음으로써 중요한 근거지를 소유하게 되었습니다.

조조는 연주목을 대리하자, 병사를 거느리고 황건적과 싸웁니다. 《삼국지》〈무제기〉의 배송지 주에서 인용한 《위서》에 따르면, 이때 조조의 군사력은 황건적만 못했습니다. 황건적은 전사戰士 30만에 종군한 인원까지 더하면 모두 100만이었는데, 조조는 겨우 수천 명에 그나마 노련한 병사는 적고 신병이 많아서 전 군대가 모두 두려워하는 상황이었습니다. 이 전쟁에서 승리하기 위하여, 조조는 자신이 직접 갑옷을 입고 무기를 들고 몸소 장수들과 사병들을 돌아보며 상벌에 대한 규정을 선포했습니다. 그리고 황건적에게는 포로를 우대한다는 정책과 투항 이후의 살길에 대하여 선전했습니다. 그런 다음 교묘하게 적을 기습하여 전쟁에서 승리하자,

결국 황건적은 조조에게 투항했습니다. 황건적은 괴상한 군대로, 대오에 전사 이외에도 군대를 따르는 가속들과 농민들도 있었고, 심지어 밭을 가는 소와 농기구까지 있었습니다. 그래서 백만 군대로 불렀던 것입니다. 조조는 투항한 황건적 중에 비교적 전투력이 있는 자들을 대오로 편성하여 '청주병靑州兵'으로 부릅니다. 이렇게 해서 조조는 또 하나의 전투 부대를 갖게 됩니다.

조조는 연주목을 대리하면서 근거지를 얻었고, 청주병을 재편하여 전투 부대를 가지게 되었습니다. 이로써 조조는 관동 지역의 심장부에 거점을 마련한 셈이 되었습니다. 그러나 그가 직면했던 심각한 문제는 이 많은 사람들을 어떻게 먹여 살리며 어떻게 배치하느냐 하는 것이었습니다. 그래서 조조는 196년(헌제 건안 원년)에 모사들의 건의를 받아들여, 둔전제屯田制를 시행하기 시작합니다. 당시에는 해마다 전쟁이 계속되었기 때문에 많은 토지가 이미 주인 없는 논밭이었습니다. 조조는 그것을 지방정부로 몰수한 뒤 그 일부를 군사들과 항복한 황건적 병사들에게 나누어 주어 농사를 짓게 하고, 군둔軍屯이라고 이름을 붙였습니다. 또 일부는 땅을 잃은 농민들을 불러 모아 농사짓게 하고, 민둔民屯이라고 이름을 붙였습니다. 밭을 갈 소와 농기구는 정부에서 제공하고 동시에 5할 내지 6할의 세금을 거두었습니다. 이것을 '둔전屯田'이라고 부릅니다. '둔屯'은 거주 방식의 전시편제화戰時編制化이자 경작 방식의 집단화로, 조조의 군 정부는 농장주가 되었습니다.

둔전제는 매우 수지가 맞는 장사였습니다. 첫째, 토지는 주인이 버린 것이었고, 밭을 가는 소와 농기구는 황건적에게서 노획한 것이었으니, 조조는 돈 한 푼 안 들이고 장사를 했다고 하겠습니다. 둘째, 세금은 5할 내지 6할로 높았는데, 한나라 초기의 15분의 1에 비하면 얼마나 많은 것인지 모를 정도이니, 폭리를 취했다고 할 수 있습니다. 그러나 전사와 농민들은 이를 통해 먹고살 수 있어 모두가 이 세금을 내길 원했습니다. 셋째, 거주 방식의 전시편제화와 경작 방식의 집단화는 군민합일軍民合一의 새로운 사회 건립이자, 경작과 전투가 일체를 이룬 새로운 군대의 건설이었습니다. 이 군대는 평시에는 일을 하고 위급할 때에는 전쟁을 할 수 있었습니다. 그의 이 '부대'는 이미 양식 창고이자 병사의 공급원이었는데 어떤 일이 순조롭지 않겠습니까? 넷째, 둔전제는 군량 및 마초와 병사 공급의 문제를 해결함과 동시에, 골칫거리였던 유민 및 이로 말미암아 빚어지는 치안 문제를 해결했으니, 일거양득이 아니겠습니까?

그래서 조조가 했던 이 일은 그가 이 천하 대란의 시대에 깊이 생각하고 멀리 내다볼 줄 아는 정치가이며 당당한 기개를 가진 영웅이 되기에 부족함이 없다는 것을 증명합니다. 《삼국지》〈무제기〉의 배송지 주에서 인용한 《위서》에 따르면, 조조는 둔전제를 실행하기로 결정하면서 다음과 같이 말합니다.

나라를 안정시키는 방도는 군대를 강하게 하고 식량을 풍족하게 하는 데에 있다.

군대가 강하지 못하고 식량이 부족한데 어떻게 적을 물리쳐 승리를 거둘 수 있겠습니까? 애석하게도 제후들에게는 이런 전략과 식견이 없었습니다. 《위서》에는 다음과 같이 기록되어 있습니다. "여러 군대가 일제히 봉기했지만 일 년간의 식량 계획조차도 가지고 있지 않았다. 굶주리면 약탈을 자행하고 배가 부르면 남은 것들을 버렸다. 결국 와해되고 유랑하여, 싸운 적군이 없는데도 스스로 패배하는 자들이 수를 셀 수 없을 정도였다." 이 이야기는 무엇을 뜻할까요? 천하가 크게 혼란해져 제후들이 함께 일어났을 때, 조조를 제외하고는 이런 장구한 계획을 가진 부대가 없었다는 것입니다. '굶주리면 약탈을 자행했다'는 말은 배가 고프면 백성들에게서 약탈했다는 의미이고, '배가 부르면 남은 것을 버렸다'는 말은 배불리 먹고 나서는 남은 식량들을 모두 내던졌다는 뜻입니다. 결국에는 어떻게 됐습니까? 지리멸렬해지고 사분오열되어 공격하지도 않았는데 스스로 패배했습니다. 식량이 떨어지면, 곧 전투력을 상실하기 때문입니다. 실제로 조조의 군사들과 백성들의 의식이 풍족했을 때, 원소의 병사들은 하북河北에서 뽕나무 열매를 먹었고, 원술의 병사들은 강회江淮에서 조개를 먹었습니다. 뽕나무 열매와 조개조차도 먹을 수 없자 사람을 먹게 되었는데, 도처에서 차마 눈 뜨고는 볼 수 없는 처참한 광경이 벌어졌습니다. 이러한 사람들이 어떻게 조조와 자웅을 겨룰 수 있겠습니까? 그들과 비교한다면 조조가 어떻게 영웅이 되지 않을 수 있겠습니까?

앞장서서 의병을 일으킨 때부터 둔전을 시행하여 전쟁에 대비할 때까지, 조조는 이미 혈기왕성한 청년 장수에서 마음속에 미리 계획이 서 있는 정치 고수로 성장했으나, 그 외의 이른바 '당대의 호걸들' 중에는 진보와 발전이 있는 자가 거의 없었습니다. 그들은 손해를 입을까 두려워 이리저리 겁을 내기도 하고, 아무 의미도 없이 흐리멍덩하게 그날그날을 보내기도 하며, 나쁜 마음을 품고서 혼란한 틈을 타서 한몫 보기도 하고, 권세와 이익을 탐하여 자기편끼리 죽이기도 하였습니다. 저쪽의 서북군이 멋대로 잔학한 짓을 하고 있었다면 이쪽의 관동군은 이미 분열되어 서로 싸우고 있었습니다.

먼저 연주자사 유대가 동군태수 교모를 죽였고, 뒤에 발해태수 원소는 기주목 한복을 해치웠으며, 다시 원소와 원술 두 형제가 서로 기반을 무너뜨렸습니다. 원술의 방법은 북방의 공손찬公孫瓚과 손잡고 원소를 견제하는 것이었고, 원소의 방법은 남방의 유표劉表와 손을 잡아 원술에게 맞서는 것이었습니다. 쌍방은 모두 원교근공遠交近攻의 책략을 사용했으므로,《삼국지》에서는 "그들 형제는 사이가 틀어지자 가까운 것을 버리고 먼 것을 사귐이 이와 같았다!"라고 탄식했습니다.

    그러나 원소와 원술 두 형제의 가장 큰 문제는 내홍도 아니고, 전쟁에 대비하고 기근에 대비할 일에 생각이 미치지 못한 것도 아니었습니다. 원소와 원술(동탁도 포함하여)이 영원히 회복될 수 없는 사태를 초래한 원인은 그들이 중대한 정치 문제에서 심각한 실수를 저질렀다는 데 있습니다. 이 실수는 마침내 그들로 하여금 치명적인 재앙에 직면하게 합니다. 그렇다면 이 중대한 정치 문제는 무엇일까요? 이 문제에서 동탁과 원소와 원술은 어떠한 실수를 저질렀으며, 조조의 태도는 또 어떠했을까요?

거듭되는 실수

조조가 난세의 영웅으로서의 정치적 식견과 늠름한 기개를 드러내기 시작할 때, 다른 사람들은 오히려 자신의 난폭함과 무지를 드러내는 것 같았다. 바로 그들의 난폭함과 무지는 조조의 웅대한 재주와 지략을 돋보이게 해주었고, 조조가 뛰어난 업적을 성취하게 해주었다. 동탁·원소·원술, 이 야심만만한 세 사람의 효웅은 모두 황제를 어떻게 대우해야 하는가라는 이 중대한 정치 문제에서 심각한 잘못을 저질렀으며, 앞사람의 실패를 보고도 교훈으로 삼지 않았다. 그렇다면 그들은 어째서 실수를 반복하게 되었는가?

190년에서 200년까지의 이 10년간 진정한 난세의 영웅은 오직 조조뿐이었습니다. 나머지 거물들과 각지의 제후들은 기껏해야 정객政客에 지나지 않아서 연기처럼 사라질 수밖에 없는 운명이었습니다. 심지어 동탁·원소·원술과 같은 효웅들도 동일한 중요 정치 문제에서 모두 심각한 잘못을 범합니다. 이 중대한 정치 문제는 현 황제를 어떻게 대우하느냐는 것입니다. 이 문제는 소홀히 할 수 없습니다. 당시의 상황에서 황제는 국가 통일의 상징입니다. 황제에 대한 태도는 신하로서 충신인가 간신인가, 선한가 악한가를 검증하는 시금석이었습니다. 이 문제에서 잘못을 범하면, 한 번 실수로 천추의 한이 되어 영원히 돌이킬 수 없는 지경에 이를 수 있었습니다.

먼저 동탁을 이야기해보겠습니다.

동탁의 실수

현 황제에 대한 태도는 동탁이 가장 난폭했는데, 그는 황제를 폐위했습니다. 동탁은 도성에 들어온 지 얼마 지나지 않아서 황제를 바꾸어야 한다고 제기합니다. 이유는 그 자신의 말에 따르자면, 소제 유변이 우매하고 유약한 반면 진류왕 유협은 성주聖主의 자질(요 임금의 초상화와 닮은 외양)이 있다는 것입니다. 이 주장에 전혀 근거가 없는 것은 아닙니다. 《삼국지》〈동탁전〉 배송지 주에서 인용한 《전략》이나 《헌제기獻帝紀》 등에 따르면, 동탁이 도성에 들어왔을 때 낙양은 이미 크게 혼란한 상황이었습니다. 대장군 하진이 환관들에 의해 피살당하고, 14세의 소제 유변과 그 동생인 9세의 진류왕 유협은 민간에서 떠돌다가 천신만고 끝에 도성으로 돌아왔습니다. 동탁이 병사들을 거느리고 어가御駕를 영접할 때, 소제 유변은 하염없이 훌쩍거리며 한마디도 또박또박 말하지 못했습니다. 반면에 진류왕 유협은 아주 분명하고 거침없이 대답했습니다. 동탁은 이때 황제를 바꾸겠다는 생각을 하게 됩니다.

그러나 이것도 동탁이 황제를 바꾼 진짜 이유는 아닙니다. 동탁은 일찍부터 이전의 권신들처럼 황제를 꼭두각시로 만들어 자신이 섭정을 하며 정권을 잡고, 그다음에는 황제의 자리를 찬탈할 생각이었습니다. 꼭두각시로 만들 것이라면 굳이 바꿀 필요가 있었을까요? 우매하고 유약한 편이 더 좋지 않겠습니까? 물론 동탁 같은 효웅이 그저 자신의 개인적 기호와 일시적인 기분에 따라서 억지로 황제를 한번 바꾸어보려고 했을 가능성이 없는 것은 아닙니다. 그러나 그의 진짜 의도는 아마도 개인적인 위엄과 명망을 세워서 중앙 정권을 제어하는 데 있었을 것입니다. 동탁은 서북 출신의 군벌로서, 거칠고 난폭했으며 사람 죽이는 것이 몸에 배어 있어 인복도 없었고 위엄과 명망도 없었습니다. 그는 몇 번이나 사대부들을 구슬렸지만, 사대부들은 내심 그를 경멸했습니다. 무언가 방법을 찾아야 했습니다. 동탁은 난폭하기도 했지만, 교활하기도 했습니다. 《삼국지》〈동탁전〉의 배송지 주에서 인용한 《구주춘추九州春秋》에 따르면, 동탁이 처음 낙양에 들어왔을 때, 병마는 사실은 3천뿐이었습니다. 그는 무력으로 상대를 제압하지 못할까 봐, 이 3천의 군사들을 매일 밤 평복으로 성을 나가게 했다가 이튿날 다시 대대적으로 행진을 하면서 들어오게 했습니다. 4~5일을 계속해서 이렇게 하자, 사람들은 모두들 그가 천군만마千軍萬馬를 가졌다고 생각했습니다.

동탁은 속임수로 성공을 거두자 득의양양해합니다. 그는 조정의 문무백관들을 제압했을 뿐 아니라, 도성 안의 녀석들도 알고 보니 전혀 다루기 어렵지 않다는 의외의 발견도 하게 됩니다. 그래서 동탁은 더 큰 행동을 하기로 결정합니다. 한번에 큰일을 해치워서 자신을 흔들리지 않는 숭고한 위치에 세우기로 한 것입니다. 그 일이 바로 황제 폐위였습니다. 동탁의 생각은 매우 간단했습니다.

"너희들은 모두 황제를 두려워하고, 황제에게 복종하지 않는가? 만약 내가 황제마저도 바꾼다면, 그래도 너희들이 나에게 복종하지 않겠는가?"

게다가 소제 유변을 폐위시키면 하태후도 폐위시킬 수 있습니다. 진류왕 유협은 생모가 없었습니다. 그의 생모인 왕미인은 하태후가 독살했기 때문입니다. 그래서 유협을 황제로 세우면 하태후가 더 이상 수렴청정을 할 수 없었습니다. 이렇게 되면 장애물도 제거하고 위엄도 세우게 되니, 그야말로 일석이조였습니다.

그러나 동탁이 전혀 예상치 못한 일이 벌어졌습니다. 그가 벌인 이 소란은 자신을 '백성의 공적公敵'으로 만들었고, 그는 천하의 모든 이가 주살하고자 하는 대상이 되었습니다. 당시 정통 사대부들, 즉 이른바 '정인

군자正人君子'들이 보았을 때, 황제는 함부로 바꿀 수 없었고, 설령 바꾸더라도 유씨 집안의 사람이어야 했습니다. 황제는 일국의 군주요, 근본인데, 어떻게 흔들 수 있겠습니까? 아시다시피 그 시대에 백성들은 어떤 발언권도 없었고, 여론은 바로 이 사람들이 장악하고 있었습니다. 따라서 현존 질서를 수호하고 현 황제를 보위하는 것은 정의正義이자 민의民意였습니다.

그래서 황제를 바꾸는 것(당시의 표현으로는 '폐립廢立')은 굉장히 위험한 일이었고, 잘못하다가는 도끼로 제 발등을 찍을 수도 있었습니다. 일찍이 이런 일을 했던 사람들이 있습니다. 그러나 그들이 바꾸려 했던 황제는 헌제가 아니라 영제였습니다. 《삼국지》 〈무제기〉에 따르면, 영제 광화光和 7년(184)에, 기주자사冀州刺史 왕분王芬이 지방 호족들과 결탁하여 몰래 영제를 폐위시키고 합비후合肥侯를 황제로 세우려는 음모를 꾸몄습니다. 이 합비후가 어떤 사람인지는 알 수 없으나, 아마도 유씨 종실이었을 것입니다. 이 일에 끼어들었던 사람이 바로 후일 원소를 배반하고 조조에게 투항했다가 조조에게 피살된 허유입니다. 이 일을 벌일 때, 그들은 조조를 찾았는데, 조조와 허유가 오랜 친구라는 이유에서였습니다. 그러나 조조는 단호하게 거절합니다.

《삼국지》 〈무제기〉의 배송지 주에서 인용한 《위서》에는 조조의 말이 실려 있습니다.

"천자를 폐위시키는 일은 세상에서 가장 상서롭지 못한 일이다."

다시 말해서 황제를 바꾸는 것은 이 세상에서 가장 길하지 못하고 가장 운수 사나운 일이니, 반드시 신중하고 또 신중해야 한다는 말입니다. 이런 일을 이전에 했던 사람들이 있었습니다. 예를 들어 이윤伊尹은 태갑太甲을 내쳤고(이윤은 상商나라 탕왕湯王의 재상으로 탕왕이 죽고 난 뒤, 그 손자 태갑의 무도함을 보고 그를 동棟 땅으로 내쳤다가, 3년 뒤 태갑이 반성하자 다시 천자로 맞아들였다—옮긴이), 곽광霍光은 창읍왕昌邑王을 폐위시켰습니다(곽광은 전한의 소제昭帝가 죽은 뒤에, 창읍왕 유하劉賀를 천자로 세웠다가 음란하다는 이유로 몇 달 만에 폐위시키고, 선제宣帝를 맞아들였다—옮긴이). 그러나 그들은 모두 반복해서 성패를 저울질하고 경중을 헤아린 뒤에 결정을 내렸습니다. 만약 오초 칠국吳楚七國의 난(전한 경제景帝 때에, 유씨 일족 중에서 오吳·초楚를 중심으로 하는 일곱 나라가 반란을 일으켰다가 진압된 일을 가리킴—옮긴이) 때처럼 경거망동을 한다면, 의심의 여지없이 반드시 실패할 것이었습니다. 조조는 말합니다.

"지금 그대들 자신을 한번 생각해보시오. 그대들의 정치 세력과 군사력이 당시의 오초 칠국과 비교해서 더 낫소? 합비후의 신분과 지위, 인망과 위신이 오왕吳王 유비劉濞나 초왕楚王 유무劉戊와 비교해서 더 낫소? 더 낫지도 않으면서 그 전철을 밟으려 한다면, 그것은 스스로 죽음을 택하는 것이 아니오?"

조조는 진정 친구로서 해야 할 말을 한 것입니다. 그는 결코 어떤 큰 이치가 아니라 이해관계를 가지고 깨우칩니다. 그러나 허유 등은 귀담아듣지 않고 자신의 고집대로 밀고 나갑니다. 결국 음모가 발각되자, 허유는 줄행랑을 치고 왕분도 죄값을 두려워하여 자살합니다. 황제는 경솔하게 바꿀 수 없다는 것을 확실히 알 수 있습니다. 당연히 동탁은 왕분이 아니었고, 그가 처한 상황과 조건도 같지 않았습니다. 그가 황제를 바꾸어야 한다고 하자 황제는 바뀝니다. 그러나 최후에 그는 도리에 어긋난 짓을 저지른 대가를 치러야만 했습니다. 왕윤王允과 여포의 모의에 의해 비명 횡사한 것입니다. 물론 이것은 뒤에 나올 이야기입니다.

원소의 실수

그러나 왕분의 교훈을 받아들이는 사람은 없었고, 동탁의 일을 본받는 사람은 있었습니다. 이 사람이 바로 원소입니다.

원소도 황제를 바꾸려는 생각을 했던 사람입니다. 하지만 그의 방식은 동탁과는 또 달랐습니다. 동탁의 방법은 폐립(한 사람을 폐위시키고 다른 사람을 세우는 방식)이었고, 원소의 방법은 별립(別立, 한 사람을 폐위시키지 않은 채 또 한 사람을 세우는 것)이었습니다. 원소는 관동 연합군의 맹주를 맡고 난 뒤에, 야심은 커졌지만 용기는 야심만큼 크지 못했습니다. 그는 장안으로 돌진해 들어가 동탁을 몰아내고 한나라 황실을 회복할 용기가 없어서, 따로 또 한 명의 황제를 세우려고 했습니다. 옹립 대상자는 유주목幽州牧 유우劉虞였습니다. 《후한서》〈유우전〉에 의하면, 원소가 내건 이유는 다음과 같았습니다.

> 황제가 나이 어리고(당시 헌제는 겨우 열 살이었습니다) 동탁에게 핍박을 받고 있으며, 멀리 떨어진 변방에 있어 그 생사조차도 알 수가 없다.

설령 살아 있더라도 유명무실했습니다. 나라에는 하루도 임금이 없어서는 안 되는데, 유우는 종실 출신의 덕망 있는 사람이니, 그를 황제로 옹립해야 한다는 것이었습니다.

원소의 생각은 한눈에 보아도 분명합니다. 그는 낙양과 장안의 중앙 정부(당시 동탁은 낙양에 있었고, 천자는 장안에 있었습니다) 외에, 따로 '망명 정부'를 세우려고 한 것입니다. 이 망명 정부를 원소가 세운 이상, 정부의 수뇌(당시에는 대장군)는 자연히 그가 아니면 맡을 사람이 없었습니다. 장래에 이 망명 정부가 중앙 정부를 대신하게 된다면, 원소는 곧 나라를 재건한 명신으로서 아름다운 명성을 천고에 드날릴 수 있었습니다. 원소는 정확하게 주판알을 튕긴 것입니다.

안 될 일은 아니었습니다. 망명 정부를 세우는 것은 비상시기에 투쟁을 지속하는 수단 중 하나입니다. 하지만 하나의 전제 조건이 있는데, 원래의 정부가 멸망했거나 아니면 전복되었어야 한다는 것입니다. 그러나 상황은 전혀 그렇지 않았습니다. 적어도 유협은 명목상 아직 한나라의 천자였고, 동탁도 여전히 명목상으로는 한나라의 신하였으며, 한나라는 결코 멸망을 선포한 적이 없었습니다. 이때 어떤 망명 정부를 세우면 그것은 새로운 중앙 정부가 됩니다. 이것은 대역무도한 짓입니다. 따라서 첫째, 유우 자신이 단호하게 참여하지 않습니다. 유우는 매우 총명한 사람이었습니다. 그는 경솔하게 이 일을 승낙한다면 자신이 곧 과녁이 되어 빗발치는 화살을 맞지 않을 수 없다는 것을 알았습니다. 그래서 유우는 원소가 보낸 사절인 장기張岐 등을 접견할 때, 분명하고 엄중한 말로 일장 연설을 하며, 원소 등이 황실에 충성을 다할 생각은 하지 않고 오히려 역모를 꾸민다고 호되게 질책합니다. 원소는 창피를 자초한 셈입니다.

이 일에 찬성하는 사람도 있었는데, 바로 한복이었습니다. 원소는 한복과 조조와 이 일을 상의했습니다. 한복은 머리가 나쁜 사람이라, 곧바로 찬성하고는 거사의 선봉을 맡습니다. 그러나 한복은 이 일에서 얻을 이익이 없었습니다. 황제가 바뀌지 않으면, 그 자신의 처지가 뒤바뀔 상황이었습니다. 헌제 초평 2년(191) 7월, 원소는 안팎으로 결탁하고 으르고 달래서 한복의 수중에서 기주를 빼앗습니다. 한복은 기주를 넘겨준 뒤, 줄곧 두려움 속에 지내다가 결국은 변소에서 자살합니다.

조조는 그런 바보가 아니었습니다. 그는 원소가 큰일을 이루지 못하리라 여겼을 뿐 아니라, 분열을 일으키는 것에도 반대했습니다. 그의 뜻은 동탁을 없애고 천자를 맞아들여 국가를 회복하는 통일에 있었지, 따로 중앙 정부를 세우는 데에 있지 않았습니다. 다행히 원소도 아우 격인 조조에게 대사를 맡기지는 않았습니다. 원소의 눈에 조조는 여전히 자신과 함께 신부를 훔치던 애송이로 보였을지 모릅니다. 《삼국지》〈무제기〉의 본문과 배송지 주에서 인용한 《위서》에 따르면, 조조를 설득하기 위해 원소가 "무릎을 맞대고 흉금을 터놓고 말할" 때, 원소는 은밀하게 옥새(아마도 원소가 사적으로 새긴 것이겠죠)를 꺼내어 보입니다. 천명天命이 여기에 있으니 보라는 뜻이었을 것입니다. 조조는 그것을 보면서 오히려 속으로 비웃으며, '너는 나라를 훔치는 것도 신부 훔치는 것하고 똑같이 하는구나!' 라고 생각합니다. 물론 원소가 자신을 어릴 적 동무로 보는 이상, 그도 어릴 적 동무의 태도로 대해야 합니다. 그래서 조조는 크게 웃으면서 "나는 따를 수 없네, 없고말고!"라고 합니다. 그러나 몰래 마음속으로, 그것도 바로 이날로, 조조는 이미 원소를 국가를 배반할 간적, 나라를 훔칠 후안무치한 대도大盜로 확정하고, 반드시 없애야 할 대상으로 블랙리스트에 끼워놓습니다.

원소의 동생인 원술도 찬성하지 않습니다. 원술은 자기 형 원소를 멸시하고 질투하고 미워했기 때문입니다. 원소와 원술은 사촌 형제인 것도 같고, 또 둘 다 원봉의 아들이었던 것도 같습니다. 원소는 나이가 많아서 형이었지만, 서출庶出이었습니다. 반면 원술은 나이가 어려서 동생이었지만, 적출嫡出이었습니다. 그들 두 사람이 과연 친형제인지, 아니면 사촌형제인지에 대해서는 사람들의 견해가 일치하지 않습니다. 하지만 원소가 서출이고 원술이 적출이라는 것은 확신할 수 있습니다. 적출은 정실 소생이고 서출은 첩이나 비婢의 소생입니다. 적출과 서출은 당시 상황에서 지위에 높고 낮은 구별이 확실했습니다. 일반적으로 말하면, 적자의 지위와 대우가 모두 서자보다 높아야만 했으며, 심지어 타고난 자질도 더 좋으리라 생각되었습니다.

하지만 여기에 근거가 있는 것은 결코 아닙니다. 실제로 원소가 서출이었고 비녀婢女 소생일 수도 있었지만, 그의 타고난 자질은 오히려 적출인 원술보다 좋았고, 정계에서의 명망도 원술보다 높아 인기도 더 좋았습니다. 원술은 이에 대해 이를 갈며 분노하였고, 형과 죽기 살기로 싸워서 누가 나은지 승부를 보고자 했습니다. 이때는 아마 원소를 지지하는 사람들이 비교적 많았던 것 같습니다. 《후한서》〈원술전〉에서는 "호걸들이 원소에게 많이 몰렸다"라고 표현하고 있습니다. 이에 원술은 욕을 퍼부어댑니다. "더러운 놈들, 나를 안 따르고 거꾸로 우리 원씨 집안의 종놈을 따르는구나!" 또한 공손찬에게 편지를 써서 원소는 원씨 집안의 씨앗이 아니라고 말합니다. 이것은 원소를 격노하게 했을 뿐 아니라, 이후 원술의 실패에 복선으로 작용하는 악영향을 미칩니다.

사실 원술이 원소를 경멸할 필요가 없었던 것이 그 두 형제는 피장파장이었습니다. 둘의 공통점은 출신이 고귀하고 콧대가 높았으며, 어리석기 짝이 없어서 둘 다 고집불통에 멍청이였다는 것입니다. 적어도 그들 둘은 모두 조조에 비해 고집쟁이였고, 조조에 비해 멍청이였습니다. 원소는 조조에 비해 고집불통인 데다 어리석었고, 원술은 원소보다도 더 고집불통에 더 멍청이였습니다. 그들의 어리석음과 오만방자함은 정비례였다고 할 수 있습니다. 원술이 가장 시건방진 데다 가장 멍청했습니다.

원술은 원소의 편지를 받고 마음속으로 냉소를 지었습니다. 원술은 속으로 이렇게 생각합니다. '첩에게서 난 자식은 역시 싹수가 노랗다더니, 뜬금없이 이런 멍청한 생각이나 하는구나! 따로 황제를 세운다고? 남을 세우느니 차라리 제가 황제로 서지! 우리 유서 깊은 원씨 집안이야 일찍부터 사세삼공의 가문이라, 네가 황제를 옹립한 공을 세워도 기껏해야 사세삼공에서 오세삼공으로 바뀌는 정도인데, 무슨 대단한 게 있다고?' 그러나 원술은 표면상으로는 정당한 도리와 엄숙한 말로써 반대합니다.

《후한서》〈원술전〉의 표현은 다음과 같습니다.

여론을 평계 대며 동의하려 들지 않았다.

《삼국지》〈원술전〉의 배송지 주에서 인용한 《오서吳書》에서는 더 구체적으로 말하고 있습니다.

나의 뜻은 동탁을 없애는 데 있으므로, 그 나머지 일에 대해서는 알지 못한다.

솔직히 원술이 동탁을 칠 수나 있었겠습니까! 그가 원소에 찬성하지 않은 것은 결국 다른 계획이 있었기 때문입니다. 무슨 계획이었을까요? 자신이 황제가 되는 것입니다.

원술의 실수

원술의 방법은 자립하여 자신이 황제로 등극하는 것이었습니다.
원술은 황제가 되고 싶어 했으며, 줄곧 황제가 되겠다는 꿈을 꾸었습니다. 원술의 논리는 이렇습니다. 첫째, 한나라는 이미 관 속에 들어갈 날이 멀지 않았고 유씨도 이미 서산西山에 지는 해이므로, 반드시 다른 사람이 대신 나서야 한다는 것입니다. 둘째, 유씨를 대신할 자격은 누구보다 원씨에 있다는 것입니다. 원씨 집안은 사세삼공의 오래된 집안이며, 필적할 만한 다른 집안도 없기 때문이라는 것이 그 이유였습니다. 셋째, 원씨 가문 사람 중에서도 가장 자격이 있는 사람은 원술 자신이라는 것입니다. 자신은 적출이고 원소는 서출이므로, 첩의 자식이 황제가 될 수는 없다는 말이지요. 그러나 원소는 세력이 컸으며 인기가 좋았기 때문에 얕잡아 볼 수는 없었습니다. 그래서 원술은 내내 원소를 경쟁 상대로 보면서, 반드시 제거해야겠다고 생각했습니다.

원술의 생각도 전혀 근거가 없는 것은 아니었습니다. 그의 손에는 전국옥새傳國玉璽가 있었습니다. 이 옥새는 영제 중평 6년(189)에 태감 장양 등이 난을 일으켰을 때 잃어버렸다가 후일 손견이 얻었고, 다시 원술이 손견의 부인에게서 강제로 빼앗아온 것이었습니다. 이 일은 《후한서》〈원술전袁術傳〉에 기록이 있습니다. 쥐도 허리에 칼을 차고 있다면 고양이를 찌르고 싶은 생각이 일어날 것입니다. 원술은 이 보물을 가진 데다 민간의 유언비어를 잘못 들었는지라, 다음번 황제는 자기가 아니면 맡을 사람이 없다고 느꼈습니다. 헌제 건안 2년(197) 봄, 그는 끝내 참지 못하고 정식으로 황제를 칭합니다.

원술의 칭제稱帝는 온통 반대에 부딪힙니다. 그와 관계가 가장 좋았던 손책은 그가 칭제를 계획한다는 것을 알게 되자, 강동에서 편지를 보내 반대의 뜻을 표시하고 그와 절교합니다. 원술은 사방에서 벽에 부딪히자, 여포를 찾아가 아들딸을 결혼시켜 여포와 사돈을 맺으려고 합니다. 여포는 원술이 보낸 사자를 붙잡아 허현許縣(조조는 이미 이곳으로 천도해 있었습니다)으로 압송합니다. 원술은 발끈 성을 내어, 군대를 보내 여포를 공격했지만 여포에게 참패합니다. 이때의 원술은 이미 그를 따르던 무리들에게도 배반당하고 친척들도 곁을 떠나가 사면초가였습니다.

원술도 칭제 이전에 널리 의견을 구했습니다. 일찍이 헌제 흥평興平 2년(195) 겨울, 원술은 회의를 열어 자신이 하늘과 백성의 뜻에 따르려 한다고 말하며, 부하들이 어떻게 생각하는지를 물었습니다. 원술의 부하인 염상閻象이 말합니다.

"주 문왕은 천하를 삼분하여 그 둘을 소유했는데도, 신하로서 은殷에 복종했습니다. 명공明公은 주 문왕보다 뛰어나지 않으시고, 한 황제 또한 은의 폭군 주紂가 아닌데, 어떻게 빼앗아서 대신할 수가 있겠습니까?"

그러자 원술은 달갑게 여기지 않고, 다시 장범張范에게 묻습니다. 장범은 병에 걸렸다는 핑계로 동생인 장승張承에게 대신 대답하게 합니다. 장승은 "천하를 취할 수 있느냐 없느냐는 덕德에 달린 것이지, 백성의 많음에 달려 있는 것이 아니므로, 만약 많은 사람들의 신망을 얻어 천하 사람들의 추대를 받는다면, 일개 필부라도 왕도王道나 패업霸業을 이룰 수가 있습니다"라고 말합니다. 이 말의 뜻은 황제가 될 수 있느냐의 여부가 귀족의 자제 출신인가 아닌가와는 아무런 관계도 없다는 말이었습니다. 그러나 이 귀에 거슬리는 충언은 원술에게 마이동풍이었습니다. 그는 참으로 사리사욕에 눈먼 사람이었습니다.

이에 조조가 일을 떠맡고 나섭니다.

건안 2년(197)의 조조는 이미 보통내기가 아니었습니다. 일 년 전, 그는 이미 성공적으로 헌제를 자신의 근거지인 허현으로 맞아들여, '천자를 받들고 불충한 신하들을 호령' 하거나, '천자를 끼고서 제후들을 호령' 할 수가 있었습니다. 이렇게 일관되게 국가의 통일을 주장하며 분열에 반대해온 대한왕조大漢王朝의 실제 주인이 원술의 발호를 어떻게 용인할 수 있었겠습니까? 이 같잖은 인간을 해치우기 위해 조조는 스스로 정벌에 나섰습니다. 《후한서》〈원술전〉에 의하면, 원술은 이 소식을 듣고는 까무러칠 만큼 놀라서 바로 도망쳤지만, 군량마저 그의 '승상丞相' 서중응舒仲應이 전부 이재민들에게 나눠 주어버립니다. 원술은 그에게 왜 그렇게 했는지 묻습니다. 서중응은 다음과 같이 말합니다.

"어차피 막다른 길에 몰렸는데, 어찌 우리 한 사람의 생명을 이렇게 많은 백성들의 생명과 바꾸지 않겠습니까?"

원술은 그저 쓴웃음만 지으며 말합니다.

"그대는 어찌 이 명성을 혼자 누리려 하시오, 나와 함께 누리지를 못하고?"

그러고 보면, 원술 자신도 이 자충수를 두고부터 이미 모든 사람들에게 미움 받는 대상이 되어, 세상에서 살기가 매우 어려워졌다는 사실을 분명히 알았던 것 같습니다.

그러나 원술은 2년간 고통을 참고 버팁니다. 건안 4년(199) 여름, 도망갈 길이 없던 원술은 결국 자신이 이 황제 노릇을 더 이상 해나갈 수 없다는 것을 알고, 전국옥새를 원소에게 넘겨주기로 결정합니다. 어쨌거나 그도 원씨 아닙니까? 이 결정은 원소의 생각에 딱 부합했는데 원소도 사실은 황제가 되고 싶어 하는 사람이었기 때문입니다.《삼국지》〈원소전〉의 본문 및 배송지 주에서 인용하고 있는《전략》에 따르면, 건안 원년(196)에 원소는 공손찬을 역경(易京, 지금의 허베이성河北省 슝현雄縣의 서북쪽)에서 대패시키고, 그 무리를 병합하여 세력을 크게 확장합니다.

이에 원소의 야심은 부풀어오르기 시작했습니다. 천자에 대한 공물의 헌납에 게을러지고 행동이 교만해졌습니다. 뿐만 아니라, 몰래 경포耿苞라는 주부主簿를 시켜 적덕赤德은 이미 다했으니 황천黃天이 일어나야 하며 하늘의 뜻을 따라야 한다는 말을 자기에게 보고하도록 했습니다. '적덕'은 유씨의 한나라를 가리키고, '황천'은 원씨를 가리킵니다. 원소가 경포의 비밀 보고서를 여러 사람에게 보여주자, 생각지 않게 여론이 들끓으면서 모두들 경포가 요망한 말로 백성들을 현혹시키고 있다고 말합니다. 원소는 할 수 없이 경포를 죽여서 자신에 대한 혐의를 풀 수밖에 없었지요. 그러나 황제가 되겠다는 생각을 단념하지는 않았습니다. 그래서 그는 원술이 황제의 칭호를 원소에게 돌린다고 결정했을 때 내심 기뻐했습니다. 《삼국지》에는 "은근히 원술의 계책에 동의했다"고 표현되어 있습니다.

하지만 이 생각조차도 원술은 뜻한 대로 할 수 없었습니다. 조조가 이미 유비를 보내 하비(下邳, 지금의 장쑤성江蘇省 쑤이닝현睢寧縣)에서 그를 차단하고 공격하면서, 그가 죽기만을 기다리고 있었기 때문입니다. 원술은 할 수 없이 회남淮南으로 돌아옵니다. 그리고 수춘(壽春, 지금의 안후이성 서우현壽縣)에서 80리 떨어진 강가의 역정驛亭까지 도망갔을 때, 결국 병으로 죽습니다. 오호애재嗚呼哀哉라. 겨우 3년 반 동안의 황제, 그것도 아무도 인정해주지 않던 가짜 황제 아닙니까?

원술은 비참하게 죽었다고 전해집니다. 《삼국지》〈원술전〉 배송지 주에서 인용한 《오서》에 따르면, 원술이 죽었을 때 주위에는 양식도 없었습니다. 주방에 물어보니 겨우 보리 싸라기 30곡(斛, 1곡은 10말)이 있다는 대답이 돌아왔습니다. 요리사가 보리쌀로 밥을 지어왔는데 원술은 목구멍으로 넘기지를 못했습니다. 때는 한창 6월이라 햇볕이 쨍쨍 내리쬐는 찌는 듯한 날씨였습니다. 원술은 꿀물을 한 모금 먹고 싶었지만 그럴 수 없었습니다. 원술은 혼자 침상에 앉아 오래도록 탄식을 하다가, 갑자기 울부짖습니다. "나 원술이 어떻게 이 지경에까지 떨어졌단 말인가?" 다 소리치고 나서 침상 아래로 엎어지더니, 한 말 남짓한 피를 토하고 죽습니다.

원술의 죽음은 인과응보입니다. 그가 꿀물을 찾았으나 얻지 못했을 때에, 지난날 자신의 교만과 사치 · 음란과 향락, 그리고 백성들에게 행했던 가렴주구를 생각하기나 했는지 모르겠습니다. 《삼국지》에서는 원술이 병사를 일으켰을 때, "사치에 빠져 멋대로 행동하며, 세금을 거두는 데 한도가 없어서 백성들이 괴로워했다"고 말하고 있습니다. 《후한서》에서도 그가 "법도를 제정하지 않았으며, 약탈하여 재물을 모았고 사치와 방종함에 끝이 없었다"고 말합니다. 게다가 황제를 칭한 이후에는 "향락과 사치가 점점 심해져서, 수백 명의 후궁들은 모두 수를 놓은 비단 옷을 입는데 사졸들은 헐벗고 굶주려서, 장강과 회수 사이의 지역은 사람의 자취가 끊기고 백성들이 서로를 잡아 먹었다"고 합니다. 그가 다스리던 백성들은 모진 고난의 세월 속에 '장강과 회수 사이에는 서로를 잡아 먹어, 사람의 발자취가 끊기게' 되었던 것입니다. 자신은 매일 산해진미를 먹으면서, 수하의 병사들은 차례차례 얼려 죽이고 굶겨 죽였던 것입니다. 이런 인간이 실패하지 않는 게 이상한 일이지요!

물론 원술의 실패가 전적으로 그 개인의 책임만은 아닙니다. 원술은 장점도 많았고, 능력도 많았습니다. 《삼국지》에서는 그가 "젊어서 임협의 기질로 유명했다"고 말하고 있으며, 《후한서》에서는 "효렴으로 발탁되어 낭중에 제수되었고, 내외직을 두루 거쳤다"고 말합니다. 또 동탁이 집권했을 때 후장군後將軍을 맡았으니 어찌 무능하다고 할 수가 있겠습니까? 황제의 절대적 지위와 권력이 그를 귀신에 홀리게 한 것입니다.

이렇게 말하면 사정은 매우 분명해집니다. 정치라는 각도에서 보면, 원술이 가장 어리석었던 점은 모두가 황제를 하고 싶으면서도 감히 앞장서지 않을 때, 지체 없이 선봉을 맡았다는 것입니다. 아시다시피 삐져나온 서까래는 먼저 썩는 법입니다. 특히 군웅들이 할거하여 세력이 서로 대등한 상황에서는 누구든 앞장선 사람이 여러 화살의 과녁이 되기 마련입니다. 원소 등은 이런 이치를 알았기 때문에, 마음속으로는 간절했지만 꾹 참았던 것입니다. 조조는 더욱 잘 이해하고 있었습니다. 손권이 그에게 칭제를 권하자, 그는 한눈에 손권의 음험한 속셈을 꿰뚫어 보고 이 사탕발림이 사실은 자신을 불구덩이에 빠뜨리려는 생각임을 알아챕니다. 원술만 몰랐던 것입니다. 그는 자신이 먼저 유리한 고지를 점령하기만 하면, 다른 사람들이 감히 어쩔 수 없으리라고 생각했습니다. 황제라는 칭호는 상표가 아니라서, 먼저 등록을 해보았자 결국 자업자득이 된다는 사실을 생각지 못한 것입니다.

원술이 죽자, 원소도 죽게 됩니다. 원소를 없앤 것도 조조였습니다. 원술과 원소 형제의 어리석음은 바로 누가 자신들의 진정한 적수인지를 끝까지 분명하게 몰랐다는 데에 있습니다. 그래서 원소 형제가 서로 질투해 싸우면서 그들 내부에서 화를 자초할 때, 조조는 그들의 시야 밖에서 조용히 일어나, 정치 무대와 전쟁터에서 유유히 솟아오르는 샛별이 되어, 잘난 척하던 이 인간들을 일거에 패배시켰습니다. 처음부터 그들 두 사람의 안중에도 없던 조조야말로 진정한 정치 고수요, 208년 적벽대전 이전의 정치 투쟁에서 최대의 승자라는 것은 사실이 증명하고 있습니다. 왜냐하면 조조는 그들에 비해 정치적 두뇌가 뛰어났으며, 어떻게 황제를 대접해야만 하는지, 어떻게 해야만 이 중대한 문제에서 절대로 실패하지 않는지를 잘 알고 있었기 때문입니다.

동탁이 폐립을, 원소가 별립을, 원술이 자립을 말할 때, 조조는 어떻게 했을까요?

깊이 생각하고 멀리 내다보다

동탁의 폐립廢立, 원소의 별립別立, 원술의 자립自立은 그들이 기껏해야 '난세의 효웅'에 지나지 않으며, 반대로 조조만이 천재적 정치가라는 사실을 설명해주었다. 왜냐하면 오직 조조만이 이 혼란한 시대에 원가는 가장 낮고 리스크는 가장 적으면서도 수익은 가장 높은 전술을 채택했기 때문이다. 그렇다면 조조의 전술은 무엇이었을까?

　　동탁과 원소와 원술, 이 세 '난세의 효웅'은 황제의 문제에 대해, 동탁은 폐립, 원소는 별립, 원술은 자립이라는 태도와 방법을 취했습니다. 이 세 가지 정책은 비록 잘못이라고 할 수는 없더라도, 뛰어나지는 못하다고 말할 수 있습니다. 원가는 높고, 리스크는 크며, 수익은 적기 때문입니다. 서로 비교해볼 때, 조조의 방법은 확실히 훌륭합니다. 그는 폐립도, 별립도, 자립도 하지 않고, 황제를 자신의 근거지로 맞아들여 정중하게 받들었습니다. 그런 다음 황제와 국가라는 이름으로 천하를 호령하고 사방을 토벌했습니다.

　　이것이 '천자를 끼고 제후들을 호령함'입니다. '천자를 낀다'라는 표현은 논쟁거리가 될 수 있습니다. 조조가 이렇게 하려고 계획했는지, 또 이렇게 할 수 있었는지의 여부를 포함한 모든 것이 논쟁거리가 될 수 있습니다. 왜냐하면 조조는 물론이고 그의 모사들도 이런 이야기를 한 적이 없으며, '천자를 낀다'라는 표현을 사용한 적도 없었기 때문입니다. 이 이야기는 다른 사람들이 조조에 대해 표현한 말입니다. 예를 들자면, 제갈량은 조조가 "천자를 끼고 제후들을 호령한다"고 말하였으며, 손권 집단의 사람들도 조조가 "천자를 끼고 사방을 정벌한다"고 말하였고, 원소는 조조가 확실히 "천자를 끼고 나를 호령하려" 한다고 말했습니다. 아시다시피 그 당시의 정치 투쟁은 매우 격렬했습니다. 따라서 상대편 적수의 이야기를 반드시 믿을 수는 없는 법입니다.

조조 쪽에서 표현한다면 "천자를 받드는 것"이요, "천자를 받들어 불충하는 신하들을 호령하는 것"이며(모개의 말), "천자를 받들어 천하를 호령하는 것"이었습니다(가후賈詡의 말). 이 두 가지 표현법은 대동소이하게 보이지만, 큰 차이가 있습니다. 그렇다면 '천자를 받든다'와 '천자를 낀다'는 무엇이 다를까요? 조조는 왜 이렇게 하려고 했을까요? 조조에게 이런 의견을 낸 것은 누구일까요? 조조는 어떻게 시행했을까요? 이렇게 하고 난 뒤, 그에게는 어떤 이익이 있었을까요?

동탁의 죽음과 이후의 혼란

이 문제에 대답하기에 앞서, 먼저 당시의 상황을 소개해보려고 합니다. 헌제 초평 3년(192), 사도司徒 왕윤은 여포와 연합하여 궁중에서 정변을 일으켜 동탁을 살해했습니다. 이 일에 대해 《삼국연의》에서는 왕윤이 미인계와 이간계離間計를 썼다고 적고 있습니다. 물론 이것은 소설가들의 말이며, 초선貂蟬도 원대의 극작가들이 지어낸 인물입니다. 원대 잡극雜劇인 《연환계連環計》에서는 초선의 성이 임任이고, 임앙任昂의 딸이며 이름은 홍창紅昌인데, 황궁에서 초선관(貂蟬冠, 시중侍中과 상시常侍 등이 머리에 쓰던 관으로 담비의 꼬리털과 매미 문양의 장식이 있어서 붙은 이름—옮긴이)을 관리했기 때문에 초선이라 불렸다고 말하고 있습니다. 그런데 여포가 동탁의 몸종과 몰래 정을 통한 것은 확실한 듯하며, 동탁이 조그만 일에도 폭발하는 성격이라서 여포에게 창을 던진 것도 사실인 것 같습니다. 여포가 왕윤에게 동탁이 여러 번 자신을 죽이려고 해서 두려움을 느낀다고 하소연한 것도 사실입니다. 이 일은 《삼국지》에 모두 기록이 있습니다. 《삼국지》〈여포전〉에 따르면, 왕윤은 이런 사실을 알고, 여포에게 자신들의 거사에 참가할 것을 요구하고, 아울러 킬러 역할을 맡깁니다. 여포는 우물쭈물하며 "부자간에 어떻게 그럴 수가 있소?"라고 말합니다. 왕윤이 "그대의 성은 여씨로 본래 혈육이 아니며, 지금 죽는 것을 걱정하기도 바쁜 판국에 무슨 부자 관계 따위를 걱정하는가?"라고 하자, 여포는 동탁이 정무를 보고 있을 때에 그를 죽입니다.

이 사건은 당연히 사람들의 마음을 후련하게 했습니다. 《삼국지》〈동탁전〉의 배송지 주에서 인용한 《영웅기》에 따르면, 동탁이 죽은 뒤 그의 시체는 거리에 널렸습니다. 시체를 지키는 자가 동탁의 배꼽에 심지를 꽂아 기름기가 가득 찬 동탁의 배를 등불로 삼았는데 한번 붙여놓은 불이 밤부터 새벽까지 탔다고 합니다. 그러나 승리를 하고 난 뒤 왕윤도 원소와 똑같은 잘못을 범했으니, 바로 대대적으로 살육을 자행해서 무고한 사람까지 연좌시킨 것입니다.

한나라 말의 여성 문인인 채문희蔡文姬의 부친인 대학자 채옹蔡邕도 주살을 당합니다. 《삼국지》〈동탁전〉의 배송지 주에서 인용한 사승謝承의 《후한서》에 의하면, 채옹을 죽이려고 할 때 많은 사람들이 반대를 표시하며 왕윤을 만류했습니다. 왕윤은 "예전 효무황제孝武皇帝가 사마천司馬遷을 죽이지 않아서 결국 몹쓸 책이 남게 된 것이다. 지금 국운이 쇠락하여 전쟁으로 세상이 어수선하고 동탁의 군대가 도성 근교에 있는데, 어떻게 간악한 사람으로 하여금 붓을 잡고 나이 어린 황제의 곁에 서 있게 한단 말인가?"라고 말합니다. 이 일에 대하여 배송지는 사실이 아니라고 생각했지만, 왕윤이 채옹을 죽이고 또 많은 사람들을 죽여서 크게 타격을 준 것은 사실입니다.

왕윤의 이런 행동은 궁지에 몰린 동탁의 옛 부하들이 장안으로 되돌아와 공격하는 구실이 되었습니다. 결국 이번에는 왕윤의 시체가 거리에 널리게 되었습니다. 여포는 무관武關으로 돌진해 남양으로 가 원술에게 의탁하지만, 조정은 동탁의 옛 부하인 이각李傕과 곽사郭汜의 수중에 떨어집니다. 이 두 사람은 동탁의 점잖음과는 전혀 비교가 안 되었습니다. 가련한 헌제는 범의 아가리를 벗어나자마자 다시 이리 굴로 들어간 셈이었습니다. 더욱 가관인 것은 이 두 이리가 굴 속에서 서로 우두머리가 되려 한다는 사실이었습니다. 이각이 황제를 자기 영내로 빼돌리자, 곽사도 백관들을 자기 군영으로 붙잡아갑니다. 그야말로 '한 사람은 황제를 협박하고, 한 사람은 공경들을 인질로 삼은 상황'입니다. 후일 그들은 사력을 다해 싸우더니 쌍방이 손실을 입어 죽은 자가 수만 명이 되고서야 다소 안정되었습니다. 홍평 2년(195) 7월, 이각의 부장 양봉楊奉과 동태후董太后의 조카인 동승董承 등이 천자를 호송하여 도성(낙양)으로 출발합니다. 이렇게 일 년 동안 고생하며 유랑하는 사이, 천자는 또 떠돌이 신세가 되었습니다. 건안 원년(196) 7월, 황제는 결국 낙양으로 돌아왔습니다. 동탁에 의해 불타 심하게 파괴된 도성을 마주하고, 천자는 통곡을 하고 싶었지만 눈물마저 말라버리고 말았습니다.

조조판 융중대

이런 혼란한 상황은 국가와 민족에게는 당연히 커다란 불행이었지만,

패권을 다투던 관동의 제후들에게는 매우 좋은 기회였고, 동시에 그들에 대한 한 차례의 시험이기도 했습니다. 즉 국가와 민족에 대한 충성의 여부를 묻는 시험이자, 자신을 발전시키고 강화할 기회를 잡을 수 있는가를 묻는 시험이었습니다. 지금에 와서 보면, 조조 집단이 시험에 합격한 셈입니다. 조조는 연주에 도착한 다음, 모사인 모개와 담화를 나눈 적이 있었습니다. 이 대화는 조조의 정치 전략과 경제 전략, 군사 전략의 기초를 다지는 것으로, 상당히 길게 이루어졌습니다. '조조판' 내지 '모개판'의 '융중대隆中對'라 하겠습니다.

모개는 먼저 조조를 위해 형세를 분석합니다. 그는 당시의 상황, 즉 사회적으로 혼란하고(천하가 분열되고 붕괴되었다), 국본國本이 동요했으며(나라의 주인이 천도하였다), 경제가 붕괴했고(백성들이 생업을 포기했다), 재난이 성행하여(기근으로 백성들이 떠도는 신세이거나 도망을 갔다), 그야말로 국가는 태평하지 못하고(조정에는 일 년을 넘길 만큼의 예산도 없다), 백성도 안녕하지 못하다(백성들은 평안한 마음이 없었다)고 지적합니다. 이렇게 흘러가는 것은 결코 장구한 계책이 될 수 없었습니다. 이럴 때에는 뛰어난 재능과 원대한 계략을 가진 사람이 확실히 상황을 수습해야만 합니다. 이 사업이 바로 이른바 '패왕지업霸王之業'입니다. 그러나 이런 조건을 가진 사람들, 이를테면 원소나 유표는 비록 실력은 막강하지만(사인과 백성들의 수가 많고 강성하다), 식견이 짧고(멀리 내다보는 통찰력이 없었다), 근본을 몰랐습니다(기초를 튼튼하게 세우지 못하고 있었다). 근본이란 무엇일까요? 하나는 정의이고 하나는 실력입니다. 실력 중에서 우선은 경제력입니다. 병마가 이동하기 위해서는 군량과 마초가 선행되어야 하기 때문입니다. 군량이 충분하지 않으면 전쟁을 치를 수가 없습니다. 전쟁은 군사력의 대결일 뿐 아니라 경제력의 대결입니다. 또한 실력의 대결일 뿐 아니라 인심人心의 대결이기도 합니다. 인심을 얻는 자가 천하를 얻습니다. 정의라

초선 초선을 이용한 미인계로 동탁과 여포를 이간질하고 결국 이들을 제거하는 데 성공했지만, 초선은 일회용 소모품에 지나지 않았다. 소설 《삼국연의》가 비판받는 대목이다.

는 깃발을 내걸면 군대를 출동시키는 데 명분이 서서 적을 제압하고 승리를 얻을 수 있기 때문에 '전쟁은 의로운 자가 이긴다'고 말하는 것입니다. 경제력을 가지면 부자가 위세를 부릴 수 있는 것처럼, 전진과 후퇴를 마음대로 할 수 있습니다. 요컨대, 이 두 조건을 갖추게 되면 나아가서 공격할 수가 있고 물러나서 지킬 수가 있습니다.

그래서 모개는 조조에게 천자를 받들고, 농업을 중요시하며, 군수 물자를 비축하라는 세 가지 건의를 합니다. 모개는 이렇게 말합니다. "전쟁은 의로운 자가 승리를 거두며, 자리는 재력으로 지키는 법입니다. 천자를 받들어 불충한 신하들을 호령하고, 농사를 중시하며, 군수 물자를 비축해야 합니다. 이렇게 한다면 패왕의 공업을 성취할 수 있을 것입니다." 왜 '천자를 받들어'야 할까요? 당시에 황제는 국가의 원수일 뿐 아니라, 하늘의 적자嫡子, 즉 '천자天子'이며, 천하 사람들의 아버지, 즉 '군부君父'였기 때문입니다. 이런 관념은 일찍이 서주西周시대에 형성되었습니다.

서주에 비록 황제는 없었지만 천자는 있었으니, 곧 천하의 군주인 주왕周王이었습니다. 후일 진秦이 여섯 나라를 멸망시키고 천하를 통일하자, 왕제王制는 제제帝制로 바뀌었습니다. 그러나 왕을 황제로 대신하기는 했지만, '천자'는 여전히 '천자'였습니다. 지금 하늘의 적자요, 천하 사람들의 아버지인 황제가 고생을 하며 떠도는 신세가 되어 배불리 먹지도 못하고 일정하게 살 곳도 없는데, 한 지역을 할거하고 있는 제후들은 어느 누구도 손을 내밀어 구원해주는 사람이 없으니, 사람들은 마음이 편치 못하여 차마 눈뜨고 볼 수가 없었습니다. 만약 천자를 받들어 모실 줄 아는 사람이 있다면, 그는 의심할 여지없이 인심을 크게 얻을 수 있었습니다. 이것이 바로 모개의 심모원려深謀遠慮였습니다. '농사를 중시하고, 군수 물자를 비축하는 것'의 의의는 이미 앞에서 말한 바 있습니다. 결론적으로 '천자를 받들라'는 정치 전략이고, '농사를 중시하라'는 경제 전략이며, '군수 물자를 비축하라'는 군사 전략입니다. 따라서 모개의 말은 '지도 강령'이라고 할 수 있습니다.

조조는 즉시 모개의 건의를 받아들이고(《삼국지》에서는 "공경하게 그 말을 받아들였다"라고 표현하고 있습니다) 실시했습니다. 앞에서 언급했던 둔전이 '농사를 중시하고, 군수 물자를 비축'하는 것입니다. 따로 해야 할 한 가지 일이 '천자를 받드는 것'입니다.

동소의 활약

그러나 이것은 결코 쉬운 일이 아니었습니다. 모개가 건의를 한 뒤, 조조는 사자를 장안에 보내 조정과 연락을 취하지만, 하내태수 장양張楊의 저지로 경계를 넘지도 못합니다. 이때 동소董昭라는 사람이 나타나 큰 도움을 줍니다. 고전 문학 평론가 천얼둥陳邇冬 선생의 《한화삼분閑話三分》의 표현에 따르자면, 동소는 삼국에서 부차적인 인물이라고 하기에도 부족합니다. 그러나 저는 동소가 '출현 분량'은 많지는 않지만, 결정적인 장면마다 등장한다고 생각합니다. 예를 들어 조조가 천자를 맞아들인 것을 두고, 천얼둥 선생은 "동소가 '킹 카드'를 갖게 했다"고 표현하고 있습니다. 후일 조조가 위공魏公, 위왕魏王을 칭하게 된 것도 《삼국지》에서는 "모두 동소가 제창한 것"이라고 말하고 있습니다. 조조의 이 일은 결코 동소 한 사람의 공이 아닙니다. '천자를 받들고 불충한 신하들을 호령하라'는 건의를 처음으로 한 사람은 모개였습니다. 그러나 이 일을 완수할 수 있었던 것은 확실히 동소의 역할이 컸습니다.

동소는 원래 원소의 사람이었는데, 원소가 남의 고자질을 믿고 그에게 의심을 품자 할 수 없이 원소를 떠나 낙양으로 가다가, 도중에 장양에게 의탁합니다. 동소는 조조의 사자가 장양에 의해 억류된 것을 보고서 장양에게 말합니다.

"장군께서는 원소와 조조를 한통속으로 보아서는 안 됩니다. 제가 보기에 두 사람은 언젠가 틀림없이 사이가 틀어지게 될 텐데 승리를 거둘 사람은 분명히 조조입니다. 조조야말로 지금 천하의 영웅이기 때문입니다. 이제 조조가 연주목을 대리하면서 천자를 뵙기 위해 사절을 파견하여 장군이 계신 곳을 들르게 되었으니(사실은 장양에게 억류된 것입니다), 이는 바로 장군과 조조의 인연입니다! 장군께서 이참에 인심을 크게 쓰셔서 나중에 두 분이 좋은 친구가 되는 것이 좋겠습니다."

그러자 장양은 곧 조정에 상서를 올려 조조를 추천합니다. 동소는 또 자기가 돈을 내서 조조의 명의로 이각과 곽사에게 선물을 보냅니다. 이때부터 조조와 조정 사이에 왕래가 생깁니다. 헌제 초평 3년(192)의 일입니다.

흥평 2년(195) 10월에 이르러, 조조는 정식으로 연주목이 되었고 그의 세력은 더욱 강대해졌습니다. 이듬해인 건안 원년(196) 7월, 헌제도 천신만고 끝에 낙양으로 돌아오니, 천자를 맞이하여 받들 수 있는 조건은 더욱 무르익습니다. 조조는 곧 자신의 사촌 동생인 양무장군揚武將軍 조홍을 낙양으로 가게 하지만, 위장군衛將軍 동승과 원술의 제지를 받게 됩니다. 이때 또 동소의 도움을 받습니다. 동소의 방법은 양봉을 찾아가는 것이었습니다. 왜냐하면 그는 이리나 호랑이 같은 황제 주변의 여러 군벌들 중에서, 양봉이 실력은 가장 강하면서도 지지 기반은 가장 약해서 절실히 외부의 도움을 바라고 있다는 사실을 알았기 때문입니다. 이에 동소는 곧 혼자 생각으로 결정하여 조조를 대신해 한 통의 편지를 씁니다. 편지에서는 먼저 양봉을 한 차례 치켜세운 다음, 지금 천하가 이렇게 혼란하니 "반드시 여러 현인들이 왕조의 질서와 제도를 깨끗하게 정비해야만 하며, 이 일은 결코 혼자만의 힘으로 될 수가 없으므로" 마땅히 연합을 해야 한다고 말합니다. 그럼 어떻게 연합을 한다는 것일까요?

"장군께서 조정 안에서 중심이 되어주시면, 저희는 밖에서 응원군이 되겠습니다. 지금 저희는 군량을 가지고 있고 장군께서는 군대를 가지고 있어 서로에게 부족한 부분을 채워줄 수 있으니, 서로를 돕기에 충분할 것입니다."

게다가 동소는 조조를 대신하여 단단히 맹세까지 합니다.

"죽는 일이 있더라도 함께하겠습니다."

양봉은 이 말에 동의하고, 조조를 진동장군鎭東將軍으로 추천하고 부친의 작위인 비정후를 물려받게 합니다. 그리고 이때 마침 동승이 조정에서 다른 사람과 문제를 일으키자, 사람을 보내 조조에게 낙양으로 출병할 것을 요청합니다. 이로써 조조가 천자를 맞아들이는 데 장애는 없어집니다.

헌제 건안 원년(196) 8월 18일, 조조는 낙양으로 들어가서 헌제를 배알합니다. 그는 황제에게 문후를 여쭌다는 선물뿐 아니라, 오랫동안 보지 못했던 양식과 술, 고기를 가져옵니다. 임금과 신하가 만나면 반드시 감개가 무량한 법입니다. 조조는 지존이신 천자의 음식과 생활이 그렇게 거지와 같을 줄은 생각도 못했습니다. 황제도 역시 이런 혼란한 시대에 여전히 자신을 염려해주고 받들어줄 사람이 있으리라고는 생각지 못했습니다. 이에 천자는 조서를 내려 조조에게 부절符節과 황월(黃鉞, 제왕의 권력을 상징하기 위해 황금으로 장식한 도끼—옮긴이), 녹상서사錄尙書事라는 관직을 수여합니다. 부절로 군법 집행권을 가지게 되었고, 황월로 대내외적인 지휘권을 가지게 되었으며, 녹상서사로 최고 행정권을 가지게 된 것입니다. 조조는 성공적으로 첫걸음을 내디뎠습니다.

그러나 이 첫걸음은 실로 만 리 장정의 첫걸음이었습니다. 왜냐하면 이때의 황제는 사실 남들 손에 쥐어서 어떤 권위도 없었기 때문입니다. 조조가 남의 지역 기반에서 권위도 없는 황제에 기대어, 어떤 군법 집행권이나 대내외적 지휘권이나 최고 행정권을 행사하고, 천자를 받들어 불충한 신하들을 호령하려고 한다면, 그야말로 터무니없는 이야기가 됩니다. 그래서 그는 두 번째 걸음을 내디뎌야 했습니다. 그것은 황제를 자기 주위로 데려다 놓는 일이었습니다.

두 번째 걸음 역시 동소의 공로입니다. 조조는 낙양에 도착한 다음, 동소와 담화를 나눕니다. 그는 동소를 자기와 함께 앉으라고 청한 뒤, 동소가 자신을 위해서 은밀히 행한 모든 일에 감사하고, 동소에게 계책을 묻습니다. 동소는 이렇게 말합니다.

"장군께서 의병을 일으켜 난폭한 무리들을 벌하시고, 천자에게 입조하여 황실을 도운 것은 제 환공이나 진 문공의 패업이라고 할 수 있습니다. 그러나 지금 천자 신변의 장수들은 사람마다 의견이 달라서 모두가 복종하지는 않고 있습니다. 만약 낙양에서 황제를 보좌하시면, 형편이 여의치 않을 것입니다. 방법은 오직 어가御駕를 움직여 허현으로 행차하게 하는 것입니다. 즉 황제를 장군의 근거지인 허현으로 모시고 가자는 것입니다."

그러나 동소도 지적했듯이, 이 일은 결코 쉬운 일이 아니었습니다. 왜냐하면 동탁이 황제를 협박하여 장안에 이르렀을 때, 백성들의 원망이 들끓었기 때문입니다. 지금 황제가 간신히 낙양에 돌아오니, 천하 사람들은 모두 이제부터는 편안하게 정착하기를 바라고 있었습니다. 만약 다시 황제를 다른 곳으로 옮겨가게 한다면 아마도 인심이 따라주지 않을 것입니다. 이것은 범상치 않은 일이 됩니다. 그러나 동소는 이렇게 강조합니다.

"범상치 않은 일을 해야만 범상치 않은 공을 이룰 수가 있습니다. 장군께서는 어느 쪽이 유리할지 잘 따져보시기 바랍니다."

이것은 사실 조조의 기백에 대한 시험입니다. 조조는 "그것이 바로 저의 계획입니다. 다만 양봉이 근처에 있고, 듣기로 그의 군대가 사납다고 하는데, 저에게 도움이 되지 않을 것 같아 걱정입니다"라고 말합니다. 동소가 말합니다.

"상관없습니다. 양봉은 용기는 있으나 지략이 없으며, 따르는 무리도 없으니 속이기 쉽습니다. 장군께서 먼저 양봉에게 편지를 쓰고 많은 선물을 보내면서, 낙양에는 양식이 없어서 노양魯陽에서 살길을 도모해야 한다고 하십시오. 노양은 허현과는 지척의 거리이니, 가려고 한다면 갈 수 있지 않겠습니까? 노양은 양봉이 있는 양현梁縣과도 먼 거리가 아니라서, 양봉도 틀림없이 의심을 품지 않을 텐데 무슨 걱정이 있겠습니까?"

조조는 그 계획대로 실행하여 결국 황제를 허현으로 오게 만들었습니다.

이렇게 되고 나서야 양봉은 속았다는 것을 알았습니다. 동소가 조조의 명의로 그에게 편지를 썼을 때, 그는 조조가 편지에 쓴 대로 자신과 합작하여, 자신은 병사를 내고 조조는 양식을 내며, 자신이 조정을 맡으면 조조가 밖에서 돕는다고 생각했습니다. 그는 알 리가 없었습니다. 조조라는 사람이 어디 다른 사람 밑에서 보급 대장을 할 사람입니까? 다른 사람이 그의 밑에서 보급 대장을 한다면 또 모르겠네요! 당연히 양봉은 조조가 갑자기 '잠시 노양으로 간다'는 것을 명분으로 내걸고 허현으로 천도할 줄은 생각조차 못했습니다. 허둥대던 양봉은 조조와 결판을 내려다가 도리어 조조에게 보금자리를 내주고, 결국은 원술에게 의탁할 수밖에 없게 됩니다.

허현으로의 천도

허현으로 천도한 황제는 잠시 조조의 막사에서 머물면서 매우 만족감을 느꼈습니다. 허현에 이르기 전까지 황제와 조정의 관리들은 거의 거지나 다름없었습니다. 《후한서》〈헌제기〉에 따르면, 당시 낙양에서 천자는 태감인 조충趙忠의 집에 임시로 거처하고 있었고, "조정의 관료들은 고통 속에 (무너진 궁궐) 담벼락에 기대고 있었으며" 상서랑尙書郎 이하의 관리들은 모두 직접 벌판에 나가 풀을 뜯어 먹었고, 결국은 무참하게 굶어 죽거나 난리를 일으킨 병사들에게 죽임을 당했습니다. 조조는 그들의 생활을 크게 개선했을 뿐 아니라, 이 일을 할 때에도 마치 집사가 가사를 돌보듯 매우 세심하게 배려했습니다.

천자를 더욱 감동시킨 것은 조조가 그를 위하여 일용품을 제공할 때, '국가의 물건을 반납한다'는 방식을 취한 점과 〈상잡물소上雜物疏〉를 올린 점입니다. 조조는 이 疏에서 이렇게 말합니다. "이 물건들은 모두 선제께서 신의 조상들에게 하사하신 것입니다. 선제께서 신의 조상들에게 하사하신 물품들은 선제께서 은총을 베푸신 것이라, 신의 조상들은 집 안에 모셔두고서 지금까지 감히 사용하지 않았습니다. 지금 폐하께서는 생활이 불편하시고 신은 또한 국가에 대하여 아무런 공적도 없으니, 어떻게 감히 집에 남겨두겠습니까? 도리상 마땅히 돌려드려야만 합니다."

이 방법은 정말 근사합니다. 누군가를 도울 때는 받는 사람이 도움을 받아 신세를 졌다고 느끼지 못하게 해야 하며, 다른 사람이 자신의 도움을 받았음을 일깨워서는 더더욱 안 되는 법입니다. 허유는 이 부분에서 잘못을 범했기 때문에 결국 제명대로 살지 못했던 것입니다. 물론 신하가 황제에게 물건을 보낼 때에는 예로부터 '부모를 섬기고 공경하듯이 해야 한다'고 하였습니다. 그러나 이러한 비상 상황에서는 '섬기고 공경하는 것'과 '희사하듯 은덕을 베푸는 것'에 그다지 큰 구별이 없습니다. 이때에 신하가 '섬기고 공경한다'고 말할 수 있다면, 충분히 체면을 세워주는 셈이 됩니다. 그런데 조조는 뜻밖에도 '반납한다!'라고 말했습니다. '반납하는 것'과 '섬기고 공경하는 것'은 같지 않습니다. 만약 당신이 '섬기고 공경한다'고 했다면 그 물건은 당신 것이라는 뜻이고, 황제도 당신에게 신세를 진 셈이 됩니다. 그러나 '반납한다'는 그 물건이 원래 황제의 것임을 의미하므로, 조조는 전혀 호의를 베푼 것이 아닌 셈이 됩니다. 황제는 부끄럽지 않게 그것을 받고 조조도 마땅히 해야 할 도리를 한 것이 됩니다. 이것이 제대로 남에게 은혜를 베푸는 모습입니다. 은혜를 베풀면서도 베푼 듯 보이지 않았으니 조조는 정말로 훌륭합니다.

　조조의 이런 세심함에 황제는 감동할 수밖에 없었고, 이에 따라 조조가 대단한 충신이라고 여기게 됩니다. 감동한 나머지 황제는 자신이 이런 충신을 가진 것을 경사로 여기고, 심지어는 하늘이 자신에게 이런 구원의 신을 내려주신 것을 감사하게 생각합니다. 그는 다시는 의지할 곳 없이 유랑해야 할 염려가 없어졌고, 더 이상 군벌들의 손에서 암거래되는 진귀한 물건처럼 취급을 받을 필요도 없었으며, 더 이상 수시로 폐위나 살해를 당할지도 모른다는 걱정도 할 필요가 없어졌습니다. 그는 수호신을 가지게 되어 편안하게 날을 보낼 수 있었습니다.

　이에 천자는 조서를 내려 조조를 대장군에 임명하고, 무평후武平侯에 봉합니다. 무평후는 현후縣侯로서, 본래 정후亭侯인 비정후보다도 급수가 두 단계 높습니다(정후의 위가 향후鄕侯이고 향후의 위가 현후입니다). 더욱 중요한 것은 대장군은 한 무제 이래로 한나라 최고 실권의 자리이며, 삼공보다도 지위가 높고 권력도 많다는 점입니다. 이렇게 조조는 '천자를 받든다'라는 프로그램을 완성하고 '일인지하, 만인지상'의 높은 지위를 획득하게 되었는데, 그렇다면 그는 '제후들을 호령'할 수 있었을까요?

　할 수 없었습니다. 첫째로 원소가 그를 받아들이지 않았습니다. 조조는 대장군을 맡게 된 뒤, 형평성을 위해서인지 아니면 오랜 친구를 위로하기 위해서인지, 황제의 이름으로 원소를 태위에 임명하고 업후鄴侯에 봉합니다. 원소는 곧바로 펄쩍 뛰며 거부하고 받지 않습니다. 태위가 비록 전국 최고의 군사 장관이자 삼공의 하나였지만, 지위는 대장군의 아래였기 때문입니다. 《삼국지》〈원소전〉 배송지 주에서 인용한 《헌제춘추》에 의하면, 원소는 분개하며 사람들에게 말합니다.

　"조조가 일찍이 여러 번 죽을 뻔했는데 그때마다 내가 그를 구원해주었다, 그런데 지금 반대로 내 머리 위에 올라와서 오줌을 누고 있으니, 도대체 뭐 하는 놈인가! 어떻게 제가 '천자를 끼고 나를 호령할' 생각을 한단 말인가?"

이는 매우 옹졸하고 졸렬한 생각이었습니다. 원소는 출신은 고귀했지만, 마음은 좁았습니다. 이 점이 결국은 그를 실패로 이끈 원인의 하나였습니다. 반대로 조조는 도량이 커서 이때는 원소와 사이가 틀어져서는 안 된다는 것을 알고, 표를 올려 대장군의 자리를 사양하고 원소에게 양보합니다. 원소는 이번에야 체면이 서고 성에 찼는지 더 이상 소란을 피우지 않습니다. 사실 원소는 조정에 있지 않아 그의 호령은 자신의 관할 범위를 벗어날 수 없었으므로, 대장군이든 소장군이든 아무 상관이 없었습니다. 게다가 이 자리는 조조가 양보해서 얻은 것이라서, 아무런 체면도 서지 않았고 다른 사람들에게 부끄럽고 비웃음거리밖에 안 됐습니다.

더욱이 조조는 그의 '체면'을 세워주었으므로, 그에게 '실리'까지 주려고는 하지 않았고, 그의 지휘를 들으려고 하지도 않았습니다. 《삼국지》〈무제기〉의 배송지 주에서 인용한 《위서》에 의하면, 원소는 조조에게 자신이 상대하기 힘든 양표楊彪와 공융 같은 사람들을 멋대로 죽이라고 요구했지만, 조조는 그의 말을 듣지 않았습니다. 조조는 원소가 양표와 공융과 알력이 있다는 것을 알았고, 자신도 양표와 공융을 좋아하지 않았지만, 지금은 사람을 죽일 때가 아니며 더욱이 명사들을 함부로 죽일 수는 없다고 생각했습니다. 만약 죽인다면 그것도 조조 자신의 일이지 어떻게 원소의 지휘를 받을 수 있겠습니까?

이에 조조는 엄숙하게 원소에게 한 통의 편지를 써서 말합니다.

지금은 천하가 붕괴되고 와해되어 영웅과 호걸들이 일제히 일어나, 임금과 신하, 장수와 재상이 마음을 같이하지도 덕을 함께하지도 못하니, 윗사람과 아랫사람이 서로 의심하고 있는 시기입니다. 이런 때에는 국가의 정사를 맡은 자가 매우 솔직하고 성실한 태도로 사람들을 대한다 해도 신뢰를 얻기 어렵습니다. 만약 한두 사람을 죽인다면 어찌 사람들이 자기도 위험하다고 여기지 않겠습니까? 지난날을 생각해보면, 고황제(高皇帝, 한 고조 유방을 말함—옮긴이)께서 그분과 알력이 있던 옹치雍齒를 후로 책봉하여 조정을 안정시킨 일이 있는데, 각하께서는 이 일을 어찌 잊으셨단 말씀입니까?

원소는 편지를 받아 보고 거의 반은 죽을 만큼 약이 오릅니다. 조조가 표면상으로는 오직 국가만을 생각하여 전혀 사심이 없는 척했지만, 실제로는 다른 꿍꿍이를 품고 있고, 게다가 자신에게 공식적인 어투로 말을 한다고 생각하니, 이가 갈리는 일이었습니다.

조조는 당연히 원소의 마음을 잘 알고 있었으며, 원소와는 언젠가 공개적으로 사이가 틀어질 것도 잘 알고 있었습니다. 그러나 원소의 이번 소란은 상상했던 것처럼 사정이 그렇게 간단하지가 않다는 점을 분명히 인식하게 했습니다. "네가 어린 황제를 장악했다고 해서, 대장군을 맡았다고 해서, 천하가 네 것이 될 것이라고 생각하지 마라. 당치도 않지!" 실제로 원소도 그의 말을 듣지 않았고 원술도 듣지 않았으며, 여포와 장수張繡 같은 작은 군벌들도 듣지 않았으니, 저 멀리 떨어져 있던 유표와 손책은 더 이상 말할 필요조차 없었습니다. 황제라는 깃발은 무기를 결코 대체할 수 없었으며, 천하는 아직 힘에 의지해야 했습니다.

그러므로 모두들 조조가 '천자를 끼고 제후들을 호령' 했다고 말한다면 틀린 이야기입니다. 당시에 그는 이런 수완도 없었고, 이런 생각을 가지고 있지도 않았습니다. 모개의 건의는 '천자를 받들어 불충한 신하들을 호령하라' 였지, 결코 '천자를 끼고 제후들을 호령하라' 가 아니었기 때문입니다. 이 두 표현은 본질적으로 구별됩니다. '받들다' 는 '높여서 받들다', '지켜서 보호한다' 는 의미이고, '끼다' 는 '양 옆에서 붙잡다', '이용하다'라는 의미입니다. 불충한 신하들을 호령한다는 말은 지방이 중앙에 복종하도록 만든다는 것이며, 제후들을 호령한다는 말은 다른 사람을 자기에게 복종하게 한다는 것입니다. 따라서 '천자를 받들어 불충한 신하들을 호령하는 것'은 정치 강령으로서, 그 목적은 국가 통일의 실현입니다. 반면에 '천자를 끼고 제후들을 호령하는 것'은 정치 책략으로, 그 목적은 개인 야심의 실현입니다. 이 두 표현을 어떻게 섞어서 하나로 말할 수 있겠습니까?

그렇다면 조조의 진실한 생각은 '천자를 받들어 불충한 신하들을 호령하는 것'이었을까요, 아니면 '천자를 끼고 제후들을 호령하는 것'이었을까요?

7강 先人爲主

먼저 들어가는 사람이 임자다

조조의 정치적 천재성은 그가 천자를 받들어 허현으로 천도한 일에서 집약되어 나타난다. 이 일의 동기는 두 가지로 해석할 수 있다. 하나는 국가의 통일을 지키기 위해서는 반드시 국가 통일의 상징인 황제를 수호하고, 국가의 분열을 야기하는 제후들을 뿌리 뽑아야만 했기 때문에 '천자를 받들어 불충한 신하들을 호령' 했다는 것이다. 다른 하나는 조조가 자신의 정치적 야심을 실현하기 위하여 황제라는 카드로 자신과 뜻을 달리하는 자들을 없앨 기회로 이용해 '천자를 끼고 제후들을 호령' 했다는 것이다. 그렇다면 조조의 진실한 생각은 과연 무엇일까?

    조조는 낙양에 이르러 황제를 알현한 뒤 동소의 계책을 받아들여 천자에게 매우 공손하게 자신의 근거지로 가자고 청했고, 이리하여 허현으로 천도하게 되었습니다. 많은 사람들은 조조가 '천자를 끼고서 제후들을 호령하기' 시작했다고 생각했습니다. 그러나 앞에서 말했다시피, 조조의 정치 강령은 '천자를 받들어 불충한 신하들을 호령하는 것' 이었지, '천자를 끼고 제후들을 호령하는 것' 이 아니었습니다. 그렇다면 '천자를 끼고 제후들을 호령한다' 는 이 말은 어디서 나온 것일까요?

    원소의 모사 두 명이 이 말을 했습니다. 한 사람은 저수沮授이고 한 사람은 전풍田豊입니다. 저수의 표현은 "천자를 끼고 제후들을 호령하며, 전사와 군마를 길러 입조하지 않는 자들을 토벌하라"였고, 전풍의 표현은 "천자를 끼고 제후들을 호령하면 사해四海를 쉽게 평정할 수 있다"였습니다. 전풍의 말은 《삼국지》〈무제기〉의 배송지 주에서 인용한 《헌제춘추》에 보이며, 저수의 말은 《삼국지》〈원소전〉의 배송지 주에서 인용한

《헌제전獻帝傳》에 보입니다. 저수의 말이 앞에 있고 또 상세하므로 저수에 대해 말해보겠습니다.

저수는 원소가 한복을 속여서 기주를 빼앗으면서 함께 받아들인 모사입니다. 원소의 수준은 한복보다 훨씬 높았으므로, 저수는 당연히 그를 위해서 충성을 다하고자 했습니다. 《삼국지》〈원소전〉에 의하면, 저수가 원소에 의탁한 뒤 두 사람은 한 차례 담화를 나눴습니다. 마치 모개와의 담화가 '조조판' 융중대라고 할 수 있는 것처럼, 저수와의 담화도 '원소판' 융중대라고 할 수 있으며, 그 말 또한 대단히 화려했습니다.

저수는 말합니다. "장군께서는 당대에 견줄 바 없는 영웅으로 어려서부터 뛰어난 재능을 지니셨습니다. 어린 나이로 조정에 한번 들어가자 사해에 이름을 날리셨으며, 동탁이 도리에 어긋난 짓을 하는 것을 보고는 정의로움과 늠름함을 내보이셨고, 단기필마로 몇 겹의 포위를 돌파하자 동탁이 두려워 벌벌 떨었으며, 황하를 건너 발해渤海를 맡자 발해가 머리를 숙여 신하를 칭하였습니다. 장군께서는 발해군郡의 역량에 의지해, 기주冀州의 추대를 받으니, 그야말로 위엄은 황하 이북에 떨치고 명성은 천하에 무겁다고 말할 수 있습니다. 지금 천하가 비록 태평하지 못하지만, 또 누가 장군의 전진하는 발걸음을 막을 수 있겠습니까? 장군께서 지금 거병하여 동쪽으로 향한다면 청주를 평정할 수가 있을 것이고, 흑산黑山을 토벌한다면 그 수령인 장연張燕을 제거할 수 있을 것이며, 군대를 돌려 북쪽으로 향한다면 공손찬公孫瓚은 반드시 멸망할 것이고, 융적戎狄을 두려워 떨게 하면 흉노匈奴는 반드시 굴복하여 따를 것입니다. 그렇게 되면 황하의 북방을 누비며 네 주(기주·청주·유주·병주)의 땅을 병합하고 영웅의 재주를 지닌 인물들을 거두어 백만의 군대를 품에 안을 수 있을 것입니다. 그럼으로써 장군은 세상 사람들이 모두 그 일거수일투족을 주목하는 영웅이자 난세를 구원할 영웅이 될 것입니다. 그때 황제를 장안에서 맞아들이고 종묘와 사직을 낙양에서 다시 일으켜 세운 다음, 천하를 호령하여 아직도 복종하지 않는 자들을 토벌해야 합니다. 장군께서 이렇게 정치적으로 유리한 고지를 점령한다면 또 누가 장군과 위아래를 다툴 수 있겠습니까? 오래지 않아 큰 공적을 이루게 될 것입니다." 이 말을 들은 원소도 뜨거운 피가 솟구쳐서 그 자리에서 "그것이 바로 내가 생각하고 있었던 바요"라고 했지만, 애석하게도 실행에 옮기지는 못합니다.

이 일은 나중에 다시 한 번 의논을 하는데 이번에는 이야기도 더욱 명확해집니다. 시간은 조조가 천자를 맞아들이기 이전과 그다지 멀지 않습니다. 《삼국지》〈무제기〉의 배송지 주에서 인용한 《헌제전》에 의하면, 저수는 다음과 같이 말합니다.

"동탁이 죄악을 저지른 뒤로 천자는 떠돌이 신세가 되고 종묘는 허물어졌으며, 각지의 제후들은 명분상으로는 대거 의병을 일으켰지만 실제로는 자기편끼리 서로 죽이고 있어서, 천자를 높이고 백성들을 돌보는 사람은 한 사람도 없습니다. 지금 장군께서는 이미 주州의 관할 지역을 대략 안정시켰으니, 천자를 맞이해 받들어 업성에 도읍을 정하셔야 합니다. 그래서 '천자를 끼고 제후들을 호령'하고 병사와 군마를 길러 입조하지 않는 자들을 토벌한다면 누가 장군을 막을 수 있겠습니까?"

이 말을 원소가 받아들이려고 하자, 안타깝게도 다른 사람들이 반대합니다. 《헌제전》에 따르면 반대한 사람은 곽도郭圖입니다만, 《삼국지》에서는 곽도가 찬성했을 뿐 아니라, '천자를 맞아들여 업성에 도읍을 정하자'고 한 사람이 바로 곽도라고 말하고 있습니다. 이것은 우리도 분명하게 알 수 없습니다. 어쨌든 사람들은 너도나도 한마디씩 합니다.

"한나라가 곧 망할 거라는데, 우리가 떠받들어본들 괜한 짓이 되지 않겠습니까? 지금 모두들 중원의 패권을 노리고 있습니다. 이럴 때는 선수를 쳐야 이기고 먼저 차지해야 왕이 됩니다. 만약 황제를 신변에 두면, 매일 지시를 받아야 하고 일마다 보고를 해야 하므로 너무나 성가십니다. 그를 따르자니 우리들이 무게 없어 보이고, 그를 따르지 않자니 명령을 어기는 셈이 되니, 솔직히 좋은 계책이 아닙니다."

원소의 입장은 어땠을까요? 원소는 헌제가 동탁에 의해 옹립됐다는 생각이 들자, 나쁜 마음을 품었지만 곧 이 생각을 취소했습니다.

기회는 놓쳐서는 안 되고, 시간은 다시 오지 않습니다. 원소가 우물쭈물하고 있을 때, 조조가 선수를 치고 나섰습니다. 이렇게 되자 원소는 예상 밖의 결과에 크게 놀랐습니다. 조조는 천자를 받들어 허현으로 천도한 뒤에 어떤 손실도 입지 않았을 뿐 아니라, 견제를 받기는 했지만 오히려 적지 않은 실리를 챙겼습니다. 그는 황하 이남의 넓은 땅을 얻었고 관중 지역의 백성들도 잇달아 그에게 귀의했습니다. 더욱 중요한 것은 그가 거액의 정치적 자산을 마련했다는 사실인데, 그 자산이란 한나라 황실을 보좌하는 영웅이 됨과 함께 '일인지하 만인지상'의 지위를 획득했으며, 아울러 반대파들을 모두 불인불의不仁不義하다는 불리한 위치에 놓을 수 있게 되었다는 것입니다.

이때부터 조조는 관리의 임명과 지역 기반의 확대는 물론, 자신과 뜻을 달리하는 자들을 토벌하고 정적들을 공격하는 일 등을 모두 황제의 명의로 할 수 있었고, 불의조차도 정의의 이름으로 내세울 수 있었습니다. 그의 라이벌들은 매우 소극적일 수밖에 없었습니다. 그들은 조조에게 반대하려면 황제에게 반대한다는 위험을 감수해야 했습니다. '천자 측근의 간신'을 친다는 깃발을 내걸어도, 조조가 직접 황제의 이름으로 간단하고 당당하게 명령을 내릴 수 있는 것과는 크게 차이가 났습니다. 예를 들면 후일 원소가 조조를 치려고 하자, 저수와 최염은 모두 "천자가 허현에 계시니", 허현에 대한 공격은 "도리를 어기는 것이 된다"고 말합니다. 제갈량도 조조에 대하여 "천자를 끼고 제후들을 호령하고 있으니, 그와는 참으로 드러내놓고 다툴 수가 없습니다"라고 말합니다. 조조는 발 빠르게 유리한 고지를 선점했던 것입니다.

원소는 크게 손해를 입었습니다. 《후한서》〈원소전〉에 따르면, 조조는 천자를 허현으로 맞아들이자 곧 황제의 명의로 원소에게 정식 조서를 내려서, 그가 땅이 넓고 병사가 많으면서도 오로지 사적인 당파만 세우려고 하며, 군대를 내어 왕을 호위하는 것은 본 적이 없고 다만 끊임없이 다른 사람들을 공격하는 것만 보았다고 꾸짖습니다. 원소는 조서를 받자 온몸에 기운이 쏙 빠져나갔지만, 울분을 꾹꾹 눌러가며 상서를 올려서 자신을 위한 변명을 하지 않을 수 없었습니다. 후회한 나머지 원소는 만회할 한 가지 방법을 생각해냅니다. 그는 허도許都는 지대가 낮아 습한 곳이고 낙양은 폐허가 되었다는 이유를 들며, 조조에게 황제를 자신이 있는 곳과 가까운 견성(鄄城, 지금의 산둥성 쥐안청현鄄城縣)으로 옮기라고 합니다. 조조와 킹 카드를 공유하려는 의도지요. 이것은 생각은 좋지만 실현될 수는 없는 일이었습니다. 조조는 속으로 비웃으며 조금의 주저함 없이 거절합니다. 이때 원소의 모사인 전풍이 이왕 천도하는 일을 이룰 수 없다면 서둘러 허현을 치자는 의견을 냅니다. 전풍은 그렇지 않으면 나중에 손을 쓸 수가 없다고 말하지만 원소는 받아들이지 않습니다.

조조, 허현에서 천자를 모시다

이 일은 시작부터 조조가 원소보다 한 수 위였습니다. 어떤 점이 위였을까요? 격조와 품위입니다. 저수의 건의(천자를 끼고 제후들을 호령한다)는 모개의 건의(천자를 받들어 불충하는 신하들을 호령한다)와 동일시할 수 없습니다. 앞에서 말했다시피, '받들다'는 '높여서 받들다', '지켜서 보호하다'는 뜻이고, '끼다'는 '양 옆에서 붙잡다', '이용하다'는 뜻입니다. '천자를 받들어 불충하는 신하들을 호령하는' 행동의 목적은 국가 통일의 실현이며, '천자를 끼고서 제후들을 호령하는' 행동의 목적은 개인 야심의 실현입니다. 정정당당한 행동과 뒤에 숨어 하는 나쁜 짓을 어떻게 같은 수준으로 비교할 수가 있겠습니까? '전쟁은 의로운 자가 승리한다'는 모개의 말이 맞습니다. 불의한 자는 기백에서 한 단계 차이가 나는 법이죠.

설령 백 보 양보해서 조조가 모개의 건의를 받아들여 천자를 받든 이유가 결코 진심으로 다 망해가는 한나라 황실을 다시 일으키려는 것이 아니라 그저 이 황제라는 카드를 이용하려는 것이었다고 해도, 전략과 전술의 측면에서 원소보다는 뛰어납니다. 왜냐하면 황제는 이용이 가능할 뿐만이 아니라 그 자체로도 좋은 카드이기 때문입니다. 이 카드는 허虛하면서도 실實해서 좋습니다. '허'라고 한 이유는, 이때의 황제는 군주의 권한으로 혼자 결정내리기는커녕 신체의 자유조차도 없는, 완전히 남의 손에 놀아나는 꼭두각시와 같은 존재였기 때문입니다. 그래서 이 카드는 손에 움켜쥘 수 있습니다. 이 카드를 실實이라고 한 이유는, 비록 누구나 이 황제가 남에게 조종되는 꼭두각시虛라는 것은 알지만 또 누구도 감히 그를 꼭두각시라고 말할 수 없다는 점 때문입니다. 말할 수 있지만 해서는 안 되는, 마치 동화 속에서 누구도 감히 임금님이 벌거벗었다고 말하지 못했던 것과 같습니다. 황제가 어떤 분부를 내리거나 어떤 명령을 하면 모두들 복종하는 시늉이라도 해야지(실제로 몇몇 일들은 허가를 받아서 했습니다), 감히 노골적으로 반대 의사를 표명할 수는 없습니다. 그러므로 당시 적으로 맞서던 쌍방은 모두들 자신들이 황제가 준 권한을 따른다고 선전하고자 했습니다. 조정에서는 황제를 핍박하여 조서를 내리고, 재야에서는 황제의 밀지라고 사칭했습니다. 이렇듯 그들의 행동은 군대를 출동시키는 데에도 명분이 있어야 비로소 정의라는 성격을 가질 수가 있었습니다. 그래서 황제는 유용한 카드요, 최고의 킹 카드였습니다. 만약 이 카드가 킹 카드라면, 그것이 어디서 왔든 무슨 상관이겠습니까?

황제를 가까이 두면 하는 일마다 그의 지시를 받아야 하므로 황제와 멀리 떨어져서 내가 하고 싶은 대로 할 수 있는 편이 더 낫다고 한다면, 이는 전형적인 산적 두목의 생각으로 정치적인 머리는 전혀 없다고 할 수 있습니다. 천자와 멀리 떨어져 구속을 받지 않고 자유로운 것도 좋겠지만, 만약 황제가 꼭두각시라면 조금 가까이 있다고 해서 편하고 불편하고 할 일이 있겠습니까? 지시를 받고 보고하는 일과 머리를 조아려 인사하는 정도는 물론 해야 합니다. 조금만 머리가 돌아가도 그것이 요식 행위에 불과하다는 사실을 알 수 있습니다.

황제는 그때 겨우 열여섯 살로 아직 어린애였습니다. 먼저 동탁의 손아귀에 쥐여 있다가, 나중에는 왕윤 등의 손에 쥐여, 진정으로 권력을 잡았던 적이 한 번도 없습니다. 이각과 곽사가 서로 으르렁대다가 장안성 안에서 무력 충돌이 일어나, 황제가 양측에 사람을 보내 강화를 맺게 했을 때 양측 누구도 황제의 의견을 따르지 않았습니다. 이 당당한 천자가 천하에 호령을 내리기는커녕 화해의 중재자도 맡을 수 없었음을 알 수 있습니다. 이렇듯 가련한 황제가 원소가 있는 곳에 이르러, 어떻게 황제 티를 내면서 높으신 원씨 어른을 괴롭힐 수 있겠습니까? 정치 투쟁은 장사처럼 경기의 흐름을 타는 것이 중요합니다. 킹 카드는 한 장밖에 없으므로 내가 먼저 가져가지 않으면 다른 사람이 빼앗아갑니다. 그래서 저수는 "권력은 잡을 기회를 놓쳐서는 안 되며, 그 방법은 신속성에 달려 있습니다.", "만약 일찍 도모하지 않는다면 먼저 선수를 치는 자가 생깁니다"라고 말했습니다. 애석하게도 원소는 받아들이지 않았습니다.

천자를 받드는 이 일에는 두 가지 견해가 있음을 알 수 있습니다. 모개의 의견이 그 하나이고 저수의 의견이 다른 하나입니다. 그렇다면 조조의 진실한 생각은 무엇이었을까요? 그는 '천자를 받들어 불충하는 신하들을 호령하려고' 했을까요? 아니면 '천자를 끼고서 제후들을 호령하려고' 했을까요?

조조의 모사들은 분명히 전자라고 주장합니다. 모개가 이런 관점이며 순욱荀彧도 그렇습니다. 순욱은 본래 원소의 사람이었는데 원소가 끝내 큰일을 이룰 수 없다는 것을 예상하고, 일찍이 헌제 초평 2년(191)에 원소를 떠나 겨우 동군태수에 불과했던 조조에게 의탁했습니다. 조조는 기뻐하며 "나의 장량이로다!"라고 말합니다. 건안 원년(196), 조조가 천자를 맞이해 받들기로 결정했을 때 많은 사람들이 찬성하지 않았지만, 순욱과 정욱程昱은 강력하게 지지합니다. 정욱이 무슨 말을 했는지 명확하게 알 길은 없지만, 순욱의 말은 《삼국지》〈순욱전荀彧傳〉에 기록되어 있으니, 그가 어떻게 말했는지 보도록 하겠습니다.

순욱은 대체로 이렇게 말합니다.

첫째, 정치 투쟁을 하려면 반드시 정의로워야 하며, 적어도 정의라는 깃발을 내걸어야 한다. 역사를 돌이켜보면, 진 문공이 왕자대王子帶에게 쫓겨난 주 양왕襄王을 왕성王城으로 돌아가게 하여 제후들이 그림자처럼 따랐고, 한 고조께서는 초楚 패왕霸王에게 살해된 초 회왕懷王을 위해 상복을 입었기 때문에 천하의 민심을 얻었다. 이것이 바로 정의라는 깃발의 호소력이다. 둘째, 장군은 일관되게 정의로웠다. 동탁이 국가를 재앙에 빠뜨렸을 때, 처음으로 정의의 깃발을 들어 행동에 옮겼다. 천자께서 떠돌이 생활을 하며 고생하고 계실 때에는 엄청난 위험을 무릅쓰고 사절을 파견했다. 이 사실들은 무엇을 말하는가? 장군의 마음이 언제나 황실을 생각하지 않은 적이 없고, 장군의 숙원이 천하를 바로잡아 회복하려는 데 있다는 것이다! 지금 천자는 어가를 움직였고, 낙양은 파괴된 상황이며, 충의지사忠義之士들은 나라를 지키고자 하고, 백성들은 지난날 찬란했던 대한왕조를 그리워하며 가슴아파하고 있다. 당연히 바로 행동에 옮겨 장군이 줄곧 생각해온 일을 해야만 한다. 시기를 놓치면 민심은 크게 동요할 것이다. 모두가 분열을 원할 때 다시 국면을 수습하고자 하면, 때는 너무 늦을 것이다.

이를 위해, 순욱은 조조에게 3대 강령을 제시합니다. 즉 천자를 받들어 민의에 따르고, 공평무사公平無私로 호걸들을 항복시키며, 정의를 크게 선양하여 영웅들을 불러들이라는 것이었습니다. 순욱은 말합니다.

주상을 받들어 백성들의 기대에 부응하는 것은 최대로 시세에 순응하는 것, 곧 '대순大順'이다. 지극히 공정한 자세로 영웅과 호걸들을 복종시키는 것은 최대의 전략, 곧 '대략大略'이다. 의를 받들고 넓혀서 영웅과 준걸들을 이르게 하는 것은 최대의 덕행, 곧 '대덕大德'이다. 대순은 지극히 높고, 대략은 지극히 공정하며, 대덕은 지극히 의롭다. 이 삼대 강령을 가지면 높은 산이나 큰 강물처럼 웅장한 기세로 정정당당하게 어디를 가더라도 이기지 못하는 법이 없다. 설령 누군가 반대를 하고 문제를 일으키고 도리에 어긋난 짓을 하더라도, 그런 자들은 그저 하찮게 날뛸 뿐이니, 하룻강아지 범 무서운 줄 몰라 스스로 멸망을 자초할 것이다.

순욱의 이 이야기는 정의롭고 늠름하여 조조가 경건한 마음으로 옷깃을 여미지 않을 수 없게 만듭니다. 순욱과 저수의 말투를 한번 비교해보면 품위와 격조의 차이가 일목요연해집니다. 순욱은 '의義'에, 저수는 '이利'에 주목하고 있습니다. 순욱이 줄곧 단단하게 잡고 있는 단 하나의 주제는 황제를 지키는 것이 국가 통일을 유지하는 것이고, '대의大義'라는 것입니다. 저수가 반복해서 강조하는 책략은 황제를 장악하는 것이 정치적 밑천의 확보이고, '대리大利'라는 것입니다. 그래서 그들은 모두가 반드시 호기를 꽉 잡아야 한다고 생각했지만, 그 주안점은 달랐습니다. 순욱은 모두가 분열을 원할 때 다시 국면을 수습하려면 때는 이미 늦는다고 말합니다. 저수는 먼저 선수를 쳐서 이기지 못한다면 다른 사람이 황제라는 이 카드를 먼저 빼앗아가서 만회할 수 없다고 말합니다. 물론 저수도 '지금 조정을 맞이하는 것은 지극히 의로운 일'이라는 말을 하지만, 그 말에 대해서는 대충 넘어갑니다. 대충 넘어갔다고 해서 꼭 저수의 격조가 낮으며, 따라서 원소의 격조도 낮다는 말은 아닙니다. 모사는 자기가 모시는 주인을 설득하려면 주인의 마음을 헤아리며 말해야만 하니까요. 저수가 '이'로 원소를 이해시켰다는 사실은 원소가 '이'를 중시한다는 것을 말해주고, 순욱이 '의'로 조조를 이해시켰다는 사실은 조조가 '의'를 중시한다는 것을 말해줍니다. 적어도 서기 196년에, 조조는 '의'를 중시했거나 아니면 '의'를 중시하는 척하고 있었습니다.

조조가 황제를 받들어 모신 이유

그러나 어떠한 주장이나 해결책도 양날의 검과 같습니다. 모개와 순욱이 조조에게 설정해준 '정치적 정당성'과 '정의의 깃발'은 조조에게 확실한 대의명분을 줌과 동시에 굴레를 씌웠습니다. 특히 순욱이 제시한 '천자를 높여서 받들고, 공평무사하며, 정의를 크게 선양하라'는 삼대 강령은 전방위적으로 조조의 개인적 야심을 억제시켰습니다. 그리고 '마음이 언제나 황실을 생각하지 않은 적이 없고'와 '장군의 숙원이 천하를 바로잡아 회복하려는 데에 있다'는 이 두 마디는 마치 조조 자신이 한 말에 스스로를 옥죈 것과도 같아서, 그가 평생 감히 황제를 대신하여 서슴없이 황제라 칭하지 못하게 했습니다. 이런 이유 때문에 조조는 자신의 야심이 부풀어 올랐을 때 그들에게 원한을 품었는지도 모릅니다. 순욱은 핍박을 받아 자살하였으며, 모개도 하옥되어 하마터면 죽을 뻔했습니다.

이것은 물론 후일의 이야기입니다. 서기 196년, 이때의 조조는 아직은 '난세의 영웅'이 되려고 하였으며, 황제를 받들어 국가의 통일을 수호해야 한다고 주장했습니다. 《삼국지》〈무제기〉의 배송지 주에서 인용한 《위서》에 따르면, 6년 전 원소가 유우를 따로 세워서 황제로 삼고자 했을 때, 조조는 원소에게 다음과 같이 회답했던 적이 있습니다.

"동탁의 죄악은 천하에 드러났습니다. 우리 연합군이 그토록 많은 사람들의 지지와 호응을 받은 이유는 우리들의 행동이 정의로웠기 때문입니다. 지금 황제는 나이가 어리고 세력이 약해서 간신의 간섭을 받고 있지만, 황제 자신은 어떠한 잘못도 하지 않았습니다. 일단 황제를 바꾸면 천하에 누가 마음을 편하게 먹겠습니까?"

마지막으로 조조는 비분강개하여 말합니다.

"여러분이 북쪽을 향한다면 저는 혼자 서쪽을 향하겠습니다."

다시 말해서, '너희들은 유주幽州로 새로운 황제를 받들러 가라. 나는 혼자서 서쪽 장안으로 황제를 보위하러 가겠다!'는 말입니다.

조조의 이 이야기는 길지는 않지만 매우 중대한 의미를 갖습니다. 그는 통일을 주장하고 분열을 반대한 자신의 정치적 입장을 분명히 표명한 것입니다. 분열은 전쟁을 의미하며 아울러 백성들의 고통을 의미하기 때문입니다. 조조는 일찍이 〈호리행蒿里行〉이라는 시를 지어, 관동 연합군의 사분오열된 상황을 회고하고, 전쟁 속에서 백성들이 겪는 견딜 수 없는 고통을 묘사했습니다. 그야말로 도처에는 이재민이 가득하고, 굶어 죽은 시체가 깔려 있어 눈 뜨고는 차마 볼 수가 없었습니다. 조조는 노래합니다.

관동에 의로운 사람 있어, 흉악한 무리 토벌하려 병사를 일으켰네.
처음에 제후들 맹세하기를, 황제를 위해 충성을 다하자 하였지.
군대를 합쳤으나 힘을 모으지 못하고, 주저하는 자와 나아가는 자 있었네.
이익을 좇으니 다툼은 일어나고, 이윽고 서로를 해치기에 이르네.
회남에 황제를 칭하는 자 있더니(원술을 말함―옮긴이), 북방에선 옥새를 새기는 자가 생기네(원소가 유우를 황제로 옹립하려고 새로 옥새를 새긴 것을 말함―옮긴이).
갑옷에 서캐와 이가 일더니, 만백성이 죽어가네.
백골은 들판에 버려지고, 천 리 안엔 닭 우는 소리도 들리지 않네.
백성은 백에 하나가 남았으니, 생각할수록 사람의 애를 끊누나.

關東有義士, 擧兵討群凶.
初期會盟津, 乃心在咸陽.
軍合力不齊, 躊躇而雁行.
勢利使人爭, 嗣還自相戕.
淮南弟稱號, 刻璽於北方.
鎧甲生蟣蝨, 万姓以死亡.
白骨露於野, 千里無鷄鳴.
生民百遺一, 念之斷人腸.

이러한 광경을 조조는 도저히 두고 볼 수가 없었습니다.
이 때문에 조조는 굳게 국가의 통일을 주장했으며, 이를 위해 일생 동안 분투합니다. 국가가 통일을 하려면 통일의 상징이 있어야 합니다. 당시의 상황에서는 바로 황제입니다. 황제가 누구인지는 결코 중요하지 않습니다. 만약 조건이 무르익는다면 자기가 황제를 맡는 것도 불가능하지는 않지만, 황제 자체가 없을 수는 없으며 또한 둘일 수도 없습니다. 그가 동탁을 반대했던 이유는 동탁이 황제를 없는 것처럼 취급했기 때문입니다. 그가 원소에게 반대했던 이유는 원소가 황제를 둘로 만들려고 했기 때문입니다. 그는 꿋꿋하게 정치 무대에서 물러나지 않았을 뿐 아니라 실제로 조건이 무르익었을 때에도 헌제의 자리를 빼앗지 않았습니다. 곧 '만약 국가에 내가 없다면 몇 사람이 황제를 칭할지 몇 사람이 왕을 칭할지 알 수 없기' 때문이었습니다. 그래서 국가의 통일을 위해 그는 차라리 자신이 참을망정, 한 무더기나 되는 황제들을 만들어낼 수는 없었습니다.

조조의 야심

물론 이때의 조조에게 개인적 야심이 조금도 없었다고 말한다면 사실이 아닙니다. 그다지 믿을 수 없는 사료, 즉 《삼국지》〈무제기〉의 배송지주에서 인용한 장번張璠의 《한기漢紀》에 의하면, 당시 태사공太史公 왕립王立은 황제에게 자주 다음과 같이 말합니다.

"천명天命은 가고 옴이 있으며, 오행五行이 늘 왕성한 것은 아닙니다. 한을 대신할 것은 틀림없이 위魏일 것입니다. 천하를 안정시킬 수 있는 자는 조씨밖에 없습니다."

조조는 이 말을 듣고서 사람을 시켜 왕립에게 다음과 같이 말하게 합니다.

"공께서 조정에 충성을 하고 있다는 것은 알고 있소만, 천도天道는 심원한 것이니 말을 많이 하지 말아주시오."

이 일은 도저히 믿을 수 없는데, 특히 '한나라를 계승할 것은 위이다'라는 이야기를 조조가 막 천자를 맞이한 상황에서 누군가가 말했다는 것은 거의 있을 수 없습니다. 그러나 이 책에서 인용하고 있는 조조의 말은 어쨌든 그의 마음속의 진실과 부합합니다. 이때 조조는 이미 야심을 가지고 있었을지도 모르며, 적어도 이 말에 가슴은 후련했지만, 말로 할 수 없다는 것을 알고 있었습니다. 말할 수 없다는 것이 행동할 수 없다는 것과 같은 뜻은 아닙니다. 조조는 허현으로 천도한 뒤에, 점점 '천자를 받드는 것'에서 '천자를 끼는 것'으로 바뀌기 시작합니다. 이 변화가 고의적이었는지 아니면 무의식적이었는지, 일찍부터 생각해놓은 것인지 아니면 저절로 그렇게 된 것인지 지금은 확실하게 알 수 없습니다. 아무튼 조조는 점점 전횡을 일삼고, 점점 제멋대로 설치고, 점점 포악해지고, 점점 황제를 황제로 취급하지 않게 됩니다. 황제도 점점 자신이 '존경받고 받들어지던' 대상에서 '연금을 당하는' 존재로 바뀌었다는 것을 느끼게 됩니다.

결국 건안 5년(200)에 이른바 '의대조衣帶詔' 사건이 발생합니다. 이 일은 《삼국지》와 《후한서》에 모두 기록이 있으므로, 당연히 사실일 것입니다. 《삼국지》〈선주전先主傳〉에서는 이렇게 말합니다.

"헌제의 장인인 거기장군車騎將軍 동승은 헌제가 의대 속에 넣은 밀조密詔를 받았으며, 조공曹公을 죽여야 한다고 말했다. …… 일이 발각되어 동승 등은 모두 복주伏誅되었다."

《후한서》〈헌제기〉에서도 이렇게 말하고 있습니다.

"5년 봄 정월, 거기장군 동승, 편장군偏將軍 왕복王服, 월기교위越騎校尉 종집種輯이 조조를 주살하라는 밀조를 받았는데, 일이 발각되었다. 임오일壬午日에 조조가 동승 등을 죽이고 삼족三族을 멸하였다."

아시다시피 헌제는 동란과 재난 속에서 성장하여 외부의 압력을 참고 견디는 인내력을 길렀습니다. 핍박이 도저히 참을 수 없을 정도가 아니었다면, 당연히 이런 밀조를 내렸을 리가 없습니다. 당시 조조의 난폭함이 어느 정도였는지 알 수 있습니다. 그러나 이 일도 간단히 말하기는 매우 어렵습니다. 왜냐하면 정사에 기록되어 있다고 해서 다 사실은 아니기 때문입니다. 천얼둥 선생은 '의대조' 사건이 "실로 천고의 의심스러운 사안"이라고 말했으며, 역사학의 대가 뤼쓰몐 선생도 회의를 표명했습니다. 이 일은 나중에 다시 말하겠습니다.

사실 '천자를 받들어 불충한 신하들을 호령한다'와 '천자를 끼고 제후들을 호령한다'는 결코 모순되는 것은 아닙니다. 국가의 통일을 수호하려면 국가의 분열을 초래하는 제후들을 반드시 뿌리 뽑아야만 하며, 자신의 정치적 야심을 실현하기 위해서는 자신과 뜻을 달리하는 무리들을 없애야 합니다. 목적은 같지 않더라도 실정과 결과는 같습니다. 이 일은 조조의 입장에서도 결코 모순되지 않았습니다. 그의 개인 야심은 이미 국가의 통일이라는 대업과 긴밀하게 연계되어 있었기 때문입니다. 조조는 자신의 야심을 실현하려면 국가를 통일해야 하고, 국가를 통일해야만 비로소 자신의 야심을 실현할 수 있다는 것을 분명히 알고 있었습니다. 그래서 전략상 공개적으로는 '천자를 받들어 불충한 신하들을 호령하는 것'이 필요했으며, 전술상 비공식적으로는 '천자를 끼고 제후들을 호령하는 것'도 무방했던 것입니다. '천자를 받들어 불충한 신하들을 호령하는 것'은 구호요, 깃발입니다. '천자를 끼고 제후들을 호령하는 것'은 수단이요, 카드입니다. 언제 깃발을 올려야 하고, 언제 카드를 꺼내야 하며, 언제 '천자를 받들어 불충한 신하들을 호령하고', 언제 '천자를 끼고 제후들을 호령'해야 하는지, 그는 마음속으로 대단히 분명하게 알고 있었으며, 전혀 힘들이지 않고 그 일들을 해냅니다.

더구나 여기에는 또 다른 장점이 있었습니다. 조조가 다른 누구와 비교해서도 더욱 유리하게 인재들을 긁어모을 수 있게 되었다는 점이었습니다. 그는 중앙 정부의 이름으로 현명한 인재는 물론 투항한 자나 적의 배신자까지도 널리 받아들였습니다. 국가를 위하여 충성하고 천하를 위하여 힘을 다하기를 희망하는 사람들도 그의 정부 안에 있어야 비로소 명분이 서고 떳떳할 수 있었습니다. 이것 역시 유비 집단과 손권 집단이 기어이 그를 '한나라의 도적漢賊'으로 자리 매김하고, 조조를 한나라 황실과 구별하기 시작한 원인의 하나입니다. 그러나 뭐라고 말하든 조조는 이 방면에서는 그들보다 편한 입장이었습니다. 황제에게 충성하는 편이 제후에게 충성하는 것보다 정당했으며, 황제에 대한 충성과 조조에 대한 충성은 구분이 어려웠습니다. 적어도 조조는 황제의 이름과 국가의 봉록을 사용하여 자신을 위하는 인재들을 승진시킬 수 있었습니다. 관직은 국가의 것이었지만 인재는 자신의 것이었으니, 조조에게는 수지 맞는 장사였지요.

요컨대 황제를 허현에 오게 한 이후에 조조는 새로운 단계에 올라섰습니다. 그는 최대의 정치 자본과 인적 자원을 보유하게 되었습니다. 조조는 한 손으로는 한나라 황실을 수호한다는 정의의 깃발을 높이 들어, 천하에 호소하고 제후들을 호령하니 마치 대한왕조의 구세주와 같았습니다. 그리고 다른 한 손으로는 등 뒤에서 슬그머니 칼을 꺼냈는데 그 손놀림도 매우 빨랐습니다. 그는 이 칼로 천하를 평정하고 중국을 통일하려고 했습니다. 그렇다면 조조의 이 계획은 순조롭게 진행되었을까요?

8강 鬼使神差

신출귀몰

조조는 천자를 받들어 허현으로 천도하고 난 뒤, 최대의 정치 자본과 인적 자원을 소유하게 되었다. 이에 그는 한 손에는 깃발을 잡고 다른 한 손에는 칼을 빼들고서, 천하에 호소하고 제후들을 호령하여, 천하를 평정하고 중국을 통일하려고 했다. 물론 이것은 결코 쉬운 일이 아니며, 그렇게 순조롭게 진행될 수도 없었다. 이 힘들고 어려운 싸움에서, 조조는 몇 번이나 군을 전멸시켰고 비명에 죽을 뻔했다. 그렇다면 무엇이 그를 위험에서 벗어나게 해주고 패배를 승리로 이끌게 해주었는가? 또 누가 귀신처럼 나타나 그에게 결정적인 도움을 주었는가?

앞에서 말했다시피, 헌제 건안 원년(196)에 조조는 두 가지의 큰일을 했는데, 하나는 천자를 받들어 허현으로 천도한 것이고, 둘째는 둔전 제도의 실시였습니다. 그는 전자를 통해 정치상 유리한 고지를 점령했고, 후자를 통해 경제상 풍성한 수확을 거두었습니다. 또 천자의 존재는 의식이 풍족한 허현을 인심이 쏠리는 곳으로 만들었고, 이에 따라 수많은 사람들이 조조에게 귀의했습니다. 당시까지도 베일에 싸여 있었던 유비마저 관우와 장비를 데리고 의탁했습니다. 이제 풍부한 정치 자본과 아울러 수많은 인재, 충분한 군량과 급료를 보유한 조조는 자신의 정벌을 시작합니다.

일단 상황은 순조롭게 시작됩니다. 헌제 건안 2년(197) 봄 정월, 조조가 남정南征을 하자 완성(宛城, 지금의 허난성 난양시南陽市)에 웅거하고 있던 장수張繡가 조조에게 투항합니다. 이때는 '천자를 받들어 불충하는 신하들을 호령'하는 전략을 펼친 지 겨우 한두 달밖에 지나지 않았습니다. 이제 막 칼을 꺼내들었는데 칼끝에 피 한 방울 묻히지 않고 승리를 얻게 되자, 조조는 우쭐해져서 행동이나 처신을 신중하게 하지 못했습니다. 《삼국지》〈장수전張繡傳〉의 본문 및 배송지 주에서 인용한 《부자傅子》에 따르면, 이때 그는 두 가지 해서는 안 될 일을 저질렀습니다. 첫째, 장수의 숙모(곧 장제張濟의 처)를 강제로 첩으로 삼아 장수에게 굴욕감을 느끼게 했고, 둘째, 장수의 측근 부장인 호차아胡車兒와 좋은 관계를 맺어 장수로 하여금 위협을 느끼게 만들었습니다. 조조는 장수의 불만을 듣고 예측할 수 없는 변고가 생길 것을 염려하여 곧 그를 죽일 마음을 먹습니다. 그러나 어떻게 된 일인지 이에 대한 소문이 퍼집니다. 이에 장수는 돌연 반란을 일으켜 조조가 미처 방어할 준비를 못한 상황에서 참패를 안깁니다. 장자인 조앙(曹昂, 조조가 가장 아끼던 후계자)과 맹장 전위(典韋, 조조가 가장 아끼던 친위 대장), 그리고 조카인 조안민曹安民이 모두 전투 중에 사망하고, 조조 자신도 화살을 맞아 하마터면 비명에 죽을 뻔합니다.

이 반란을 구체적으로 계획했던 것은 장수의 모사였던 가후입니다. 가후는 자가 문화文和로, 무위武威 사람입니다. 장량이나 진평陳平 같은 인물이라고 알려져 있으며, 실제로도 삼국시대 최고의 인재이며 걸물이요, 괴물이라고 할 만합니다. 《삼국지》〈가후전賈詡傳〉에는 그가 왕년에 벌인 '사건'에 대한 자세한 기록이 있습니다. 예를 들어 이각과 곽사가 황제를 협박하여 국가를 혼란으로 빠뜨린 것은 그가 만든 재앙입니다. 동탁이 왕윤과 여포에게 피살된 뒤, 이각과 곽사는 이미 대세가 기운 것을 보고 실망해서, 군대를 해산하고 지름길을 택하여 고향으로 돌아가려고 합니다. 가후는 도리어 그들을 가로막고, 군대를 버리고 독자 행동을 하게 되면 하찮은 정장亭長이라도 그들을 붙잡아 재판에 넘길 수 있으니, 다시 새롭게 대오를 정비하고 장안으로 돌격하여 동탁의 원수를 갚는 것이 좋겠다고 말합니다. 그리고 일이 성공하면 천자를 받들어 천하를 정벌할 수 있을 것이요, 일이 성공하지 못하면 그때 다시 도망을 가더라도 늦지 않을 것이라고 합니다. 이각과 곽사는 일단 일리가 있다고 여겨서 되돌아가 싸우게 되는데, 이로 인해 국가와 황제, 그리고 백성들은 재차 재앙을 당하게 됩니다.

가후는 자신을 정확히 알고 있었습니다. 이각과 곽사가 그를 후로 봉하려고 하자, 가후는 "목숨을 구하고자 한 계책인데 무슨 공이 있겠습니까?" 하면서 거절하고 받지 않습니다. 이각과 곽사가 다시 그에게 상서복야尚書僕射를 제수하자, 가후는 또 다음과 같이 말합니다.

"저는 평소 명망이 두터운 사람이 아니므로 남들을 복종시킬 수 없습니다. 설령 저야 명예와 이익에 눈이 멀었다 치더라도 나라는 어쩌라는 말입니까?"

결국 이각과 곽사는 그를 존경하는 한편 무서워하게 됩니다. 가후는 자신의 업보가 매우 무겁다고 느껴서, 자신의 영향력을 이용해서 될 수 있는 대로 이각과 곽사의 적지 않은 악행을 제지했고, 여러 대신들을 보호했으니 이로써 자신의 업보를 속죄한 셈이라고 할 수 있겠습니다.

천자가 장안을 떠난 뒤, 가후는 관직을 사퇴하고 여기저기를 전전하다 장수의 군중에 이르게 되는데, 장수는 그를 깍듯이 대합니다. 장수가 조조에게 반기를 들려고 하자 가후는 그를 도와서 계책을 세웁니다. 《삼국지》〈장수전〉의 배송지 주에서 인용한 《오서》에 따르면, 당시 장수는 가후의 계책을 받아들여(조조에게 거짓으로 항복을 한 다음에 전개되는 이야기임—옮긴이) 조조에게 일단 군대를 이동시켜야 한다고 말합니다. 그리고 수레는 적고 군수 물자는 많으니 모든 군사들에게 갑옷을 입히고 무기를 소지하게 하는 것을 윤허해달라고 요청합니다. 조조는 의심하지 않고 허가합니다. 결국 장수의 부대는 조조의 군영을 지날 때, 갑자기 습격을 개시하여 조조가 손을 써볼 겨를도 없이 허겁지겁 도망치게 만듭니다.

계속된 조조의 장수 정벌과 가후의 신묘한 계략

이 참패를 겪고 나서, 조조는 결코 남에게 잘못을 전가하지 않습니다. 장수의 투항을 받아들이자고 주장했던 사람을 추궁하지 않고 오히려 자신이 책임을 떠맡습니다. 《삼국지》〈무제기〉에 따르면, 조조는 여러 장수들에게 이렇게 말합니다.

"나는 이미 내가 어떤 부분에서 잘못하였는지 알고 있으니, 앞으로 두 번 다시는 이러한 잘못을 범하지 않을 것이오."

물론 조조의 다짐은 결코 실현될 수 없었습니다. 그는 자신이 이번에 실패하게 된 원인이 장수에게 부인과 자식들을 인질로 내놓으라고 할 것을 잊어버린 데 있다고 말합니다. 여전한 자기 합리화입니다. 그러나 남에게 전가하지 않고 자신을 책망한다면 발전의 가능성은 있습니다. 헌제 건안 2년(197) 겨울 11월, 조조는 다시 장수를 치러 남쪽으로 향하여 결국 완벽한 승리를 거둡니다. 장수는 집을 잃은 개가 되어 남쪽으로 양성(穰城, 지금의 허난성 덩현鄧封)까지 도망갑니다.

하지만 사람의 성숙은 그렇게 빨리 이루어지지 않는 법입니다. 헌제 건안 3년(198) 3월, 조조는 세 번째로 남하하여 장수를 정벌하는데, 전세가 불리하여 또 크게 실패할 뻔합니다. 이번 남정은 많은 사람들이 반대한 것이었습니다. 《삼국지》〈순유전荀攸傳〉에 따르면, 당시 군사좨주(軍師祭酒, 참모)를 맡고 있던 순유가 그에게 말합니다.

"현재 장수와 유표는 비록 가후의 중재로 연맹을 결성하고 있지만, 이 두 사람은 동상이몽을 하고 있습니다. 장수는 유표에게 식량과 마초를 제공받으려 하는데 유표는 제공할 수가 없으니, 그들은 조만간 각기 제 갈 길을 가게 될 것입니다. 조금만 더 기다리면 싸우지 않아도 그들 스스로 패할 테지만 급하게 다그치면 유표가 반드시 구원하러 올 것입니다."

하지만 조조는 이 말을 듣지 않다가 양성에서 고생만 했고, 과연 유표가 출병하자 할 수 없이 철수하고 맙니다.

조조가 일단 후퇴하자, 장수는 기뻐하며 곧바로 병사들을 보내어 추격하게 합니다. 가후는 "추격해서는 안 됩니다. 추격하면 반드시 패할 것입니다"라고 말합니다. 장수가 어디 들으려고나 했겠습니까? 그는 결국 크게 패하고 돌아옵니다. 가후가 말합니다.

"지금은 추격할 수 있습니다. 빨리 쫓아간다면 틀림없이 승리할 것입니다."

장수는 그 말을 듣자 어안이 벙벙하여 말합니다.

"방금 선생의 말을 듣지 않았다가 이러한 패국敗局을 초래했소. 패배도 이런 패배가 없는데 추격은 무슨 추격이란 말이오?"

가후는 말합니다.

"상황이 바뀌었습니다. 추격하기만 하면 됩니다. 빨리 가십시오!"

장수가 반신반의하면서 패잔병들을 수습하여 다시 추격했더니, 과연 크게 승리를 거뒀습니다. 장수는 아무리 생각해봐도 알 수가 없었습니다. 장수가 질문합니다.

"방금 전에 정예 병사들로 퇴각하는 군대를 추격할 때 선생은 반드시 패한다고 했고, 지금 패잔병들로 승리한 군대를 추격할 때는 선생은 다시 반드시 승리한다고 했소. 매번 선생이 예측한 대로 되니, 나는 도통 알 수가 없구려."

가후가 대답합니다.

"전혀 이상할 것이 없습니다. 장군께서는 비록 용병술에 뛰어나지만 솔직히 조조만은 못합니다. 조조가 이미 철수를 결정했다면 반드시 직접 후방을 엄호했을 것입니다. 장군의 병사들이 비록 정예이기는 하나, 장군의 장수들은 조조만 못하고, 조조의 병사들도 정예병들이었기 때문에 장군이 패한 것입니다. 하지만 조조가 장군을 공격할 때에 실책이 없었던 데다 힘을 다하지도 않았는데, 싸우지 않고 철수했으니 분명히 후방에 문제가 생긴 것입니다. 그가 기왕에 장군의 추격병들을 물리친 이상, 반드시 군대의 무장을 가볍게 하고 속도를 내어 안심하고 길을 갔겠지요. 뒤에 남아 후방을 엄호하는 군대의 지휘관들은 장군의 상대가 안 되었을 테니 이번에는 장군이 승리하게 된 것입니다."

이 이야기를 듣자 장수는 머릿속이 맑아지며, 가후에게 엎드려 절을 할 만큼 감탄합니다. 저도《삼국지》〈가후전〉의 이 부분을 읽으면서 책상을 치며 탄복하지 않을 수 없었습니다.

가후는 과연 귀신처럼 일을 잘 예측했습니다. 조조가 황망하게 후퇴한 이유는 정말로 내부에서 갈등이 벌어졌기 때문이었습니다.《삼국지》〈무제기〉의 배송지 주에서 인용한《헌제춘추》에 따르면, 원래 조조가 받은 정보는 원소의 모사인 전풍이 원소에게 조조가 남정한 틈에 허현을 습격하여, "천자를 끼고 제후들을 호령하면 천하를 쉽게 평정할 수 있을 것"이라고 건의했다는 내용이었습니다. 이것은 당연히 큰일이라서 조조는 장수를 포기할 수밖에 없었습니다. 그러나 가후가 예측했던 대로 조조는 철수하는 것이었지 패하여 퇴각하는 것이 아니었으며, 게다가 계획적이고 조직적으로 질서 있게 철수를 했기 때문에 철수하던 과정에서도 불의의 반격을 가합니다. 당시의 상황은 매우 위험했습니다. 뒤에서는 장수가 추격해오고 앞에서는 유표가 가로막고 있어서 협공을 당하는 입장이었습니다. 하지만 조조는 이미 생각이 있었습니다.《삼국지》〈무제기〉에 따르면, 조조는 그때 허현을 남아서 지키고 있던 순욱에게 편지를 써서 말하기를, "적들이 나를 추격해오고 있어서 하루에 겨우 몇 리씩밖에 행군하지 못하고 있지만 머지않아 안중(安衆, 지금의 허난성 전평현鎭平縣 동남쪽)에 이르게 되면 반드시 적을 물리쳐 승리를 얻을 수 있을 것이오"라고 했습니다.

조조가 이 편지를 쓴 목적은 당연히 허현을 지키고 있던 순욱을 안정시켜, 그들에게 자신의 안위를 걱정하지 말고 전력을 다해 원소를 맞아 싸울 준비를 하도록 하려는 데 있었습니다. 그러나 조조도 확실히 승리에 대한 자신감을 가지고 있었습니다. 조조가 군대를 철수시켜 조정으로 돌아오고 나자, 순욱은 그에게 어떻게 반드시 이긴다는 믿음이 있었느냐고 묻습니다. 조조는 말합니다.

"적들은 퇴각하는 우리 군대를 추격하여 우리를 죽음으로 내몰았으니, 우리 군사들은 죽기를 각오하고 싸울 수밖에 없소. 사지에 놓이게 된 뒤에야 비로소 살아나는 법이니, 나는 이 때문에 반드시 승리할 것으로 예상했다오."

반대로 원소는 이 기회를 잡지 못했습니다. 그의 군대는 흑산의 농민군과 공손찬의 견제를 받아 꼼짝도 할 수 없었습니다. 조조만 괜히 한바탕 놀란 셈이었습니다. 장수와의 전쟁은 각각 1승1패의 무승부였다고 말해야 할 것입니다. 조조의 이번 남정은 밑지는 장사는 아니었습니다. 본전은 건졌다고 할 수 있습니다. 게다가 철수를 하는 과정에서 자신의 군사軍事에 대한 천부적 자질을 보여줬으니까요. 그러나 조조는 결코 우쭐해하지 않았습니다. 그는 순유에게 선생의 말을 듣지 않아서 이 지경까지 이르렀다고 반성의 말을 했습니다.

실제로 조조는 일관되게 남을 칭찬하고 자기를 책망했습니다. 207년(헌제 건안 12), 조조는 북으로 오환(烏桓, 당시 북방의 유목 민족—옮긴이)을 정벌하여 크게 승리를 거둡니다. 회군하는 도중에 기주에 이르렀을 때, 날씨는 차가워 땅은 얼어붙었는데 황량하여 인적조차 없었습니다. 2백 리를 계속해서 행군해도 물 한 방울 볼 수가 없고 군량도 거의 바닥이 나자, '수천 필의 말을 잡아서 군량을 대신했고, 삼십여 길이나 땅을 파야 물을 구할 수 있었습니다.' 업성으로 돌아온 뒤, 조조는 이전에 오환을 정벌하지 말라고 간언했던 사람들을 철저하게 찾아내라고 명령을 내립니다. 모두들 이유는 모른 채 저마다 겁을 먹고 있었는데, 조조는 오히려 한 사람 한 사람에게 상을 내립니다. 조조는 말합니다.

"이번의 승리는 완전히 요행이었소. 여러분의 만류가 만전을 기한 계책이었소. 그래서 내가 여러분들에게 감사를 표하는 것이니, 여러분은 이후에도 무슨 말이든 주저하지 말고 말해주기 바라오."

이 일은 조조에 대해서 그다지 우호적이지 않은 《조만전》에 실려 있으므로 믿을 수 있습니다.

일찍이 이해 2월에, 조조는 〈봉공신령封功令〉을 반포하여 다음과 같이 말합니다.

"내가 의병을 일으켜 난폭한 무리들을 주벌하여 지금 19년이 지났다. 싸워서는 반드시 승리하고, 공격하면 반드시 이기며, 정복하면 반드시 굴복시킨 것이 어찌 나의 공로이겠는가? 모두가 현명한 사대부의 힘에 의지한 것이다!"

패배에 대해서는 자기를 반성하고 승리에 대해서는 남에게 감사할 뿐 아니라, 그에게 전쟁을 하지 말라고 권한 사람들에게도 감사하고 있으니, 이렇게 넓은 도량과 인간적 감정은 원소나 원술 같은 무리와는 진정 수준이 다릅니다. 조조는 진정 드높은 기개와 탁 트인 생각을 지닌 영웅이 되기에 부끄럽지 않은 사람입니다. 이러한 비범한 기개와 도량, 초인적인 담력과 식견, 또 남을 칭찬하고 자신을 책망하는 일관된 태도가 그로 하여금 차례차례로 적수와 라이벌들을 싸워 이기게 하였으며, 용장과 모신들을 모이게 만들었고, 점점 패배를 승리로 바꾸며 위험을 평안으로 변하게 만든 원인의 하나였습니다. 이러한 기개와 도량, 담력과 식견은 호소력과 응집력을 갖습니다. 이에 그를 배반했던 장수마저도 헌제 건안 4년(199) 11월에 다시 그에게 투항하게 됩니다.

장수의 두 번째 투항과 가후의 역할

　　장수의 두 번째 투항도 가후의 의견에 따른 것이었습니다. 《삼국지》〈가후전〉에 따르면, 원소와 조조는 곧 한판 결전을 치러야 했으므로 쌍방이 모두 중간 세력의 힘을 얻으려고 애쓰고 있었습니다. 원소가 사람을 보내어 장수를 받아들인다고 했으나, 가후는 오히려 조조에게 의탁할 것을 강력하게 주장합니다. 가후는 자기 멋대로 원소의 사자에게 "귀찮으시겠지만 귀하는 원본초(袁本初, 본초는 원소의 자—옮긴이)에게 가서 자기 형제도 받아들이지 못하면서 어떻게 천하의 뛰어난 선비들을 받아들일 수 있겠느냐고 말해주시오"라고 말합니다. 이 말이 나가자 그 자리에 있던 장수는 깜짝 놀라서 흙빛이 된 얼굴로 묻습니다.

　　"그대는 어째서 이렇게 말하는가?"

　　하지만 가후는 할 말을 한 것이었고, 게다가 맞는 말이었습니다. 이에 장수는 슬그머니 가후에게 묻습니다.

　　"그대가 지금 매몰차게 말을 해서 원소의 사자를 떠나보냈는데, 우리는 어떻게 해야 하겠소?"

　　가후는 좋은 방법은 조조에게 가서 의탁하는 것이라고 말합니다. 장수는 말합니다.

　　"원소는 강대하고 조조는 약소하며, 또 우리와는 오랜 원한도 있는데 어떻게 다시 그에게 의탁한단 말이오?"

　　가후는 말합니다.

　　"바로 그 때문에 조조에게 의탁해야만 합니다. 첫째, 조조는 '천자를 받들어 천하를 호령'하고 있어(가후의 표현도 '천자를 받들고'이지 '천자를 끼고'가 아니라는 것에 주의하기 바랍니다), 정치상 우세를 점하고 있으므로, 조조에게 의탁하는 것이 명분상 정당하며 이렇게 해야만 이치에 맞습니다. 둘째, 원소는 세력이 강하고 조조는 약합니다. 우리의 인마人馬가 원소에게는 보잘것없지만 조조에게는 눈밭에서 떨고 있는 사람에게 숯불을 보내주는 격이 되므로, 틀림없이 귀한 대접을 받을 것이니 유리합니다. 셋째, 천하를 제패하려는 뜻을 가진 자는 쩨쩨하게 개인적인 은혜나 원한을 따지지 않을 것입니다. 오히려 우리를 본보기로 삼아 천하 사람들에게 자신이 관대한 도량과 덕망으로 사람을 복종시킨다는 점을 보이려 할 것이니, 안전합니다. 그러니 장군은 마음을 푹 놓으십시오."

가후의 예상은 한 치의 오차도 없이 들어맞습니다. 장수가 이르자, 조조는 반가워하며 뜨겁게 그의 손을 잡고, 그를 위해 잔치를 베풀고, 곧바로 양무장군揚武將軍에 임명하고 제후로 봉합니다. 더 나아가 자신의 성의를 표시하기 위하여 조조는 자신의 아들 조균曹均과 장수의 딸을 혼인시켜 사돈을 맺으니, 옛날 유방이 홍문연鴻門宴에 앞서 항백項伯을 대접했던 것과 같이, 환심을 사기 위해 모든 수완을 다 발휘합니다. 과거의 은혜나 원한 따위에 대해서는 한마디의 언급도 없었으므로, 이때부터 장수는 조조 휘하의 용맹한 장수將帥가 되었고, 가후는 조조 신변의 중요한 참모가 되었습니다. 이어진 관도대전에서 그들은 모두 큰 공을 세웁니다.《삼국지》〈장수전〉에서는 "관도대전에서 장수가 힘껏 싸워 전공이 있었다"라고 표현하고 있습니다. 가후의 공헌에 대해서는 뒤에서 다시 말하겠습니다.

장수는 사실 얼떨결에 항복한 것이었지만, 조조와 가후는 밝은 거울이 서로의 마음을 비추듯 말이 필요 없었습니다. 이 두 사람은 정말 정치를 너무나 잘 알았습니다. 그들은 모두 천하 쟁탈은 결국 인심 쟁탈이라는 이치를 알고 있었습니다. 인심을 얻은 자가 천하를 얻고, 인심을 잃은 자는 천하를 잃는다는 것이죠. 그리고 인심을 얻기 위해서는 넓은 도량과 과거의 잘못을 묻지 않는 정책을 갖추어야 합니다. 설령 그것이 가장한 것이라고 해도 그럴 듯하게 꾸며야 합니다. 여기에는 전형이나 표준, 본보기를 필요로 합니다. 본보기의 힘은 무궁해서, 몇 마디의 좋은 말보다 유용합니다.

장수는 마침 본보기를 삼기에 전형적으로 좋은 재료였습니다. 그는 조조와 몇 차례 싸웠을 뿐 아니라, 매번 조조를 허겁지겁 도망가게 했습니다. 그는 조조와는 철천지원수였으며, 투항했다가 다시 배반했던 사람이었습니다. 이러한 사람도 조조가 받아들일 수 있다면, 어떤 사람인들 못 받아들이겠습니까? 이러한 사람도 조조에게 신임을 얻는다면 어떤 사람인들 신임을 받지 못하겠습니까? 반대로 원소는 자신의 동생조차도 신임하지 못했는데, 천하 사람들이 귀의하기를 기대할 수가 있겠습니까?

장수는 때를 잘 맞추어 왔습니다. 조조는 그때 '천자를 받들어 불충하는 신하들을 호령'한 지 겨우 3년밖에 되지 않아서 복종하지 않는 사람들이 셀 수 없을 정도였습니다. 그 자신의 사회적 명성도 그다지 좋지 않았습니다. 뒤에 진림이 원소를 대신해서 기초한 조조를 성토하는 격문檄文에는, 그에 대한 매우 심한 욕설이 담겨 있습니다. 격문에는 조조가 비도덕적이고 하찮은 재주를 가졌다고 했으며, 심지어 "고금의 서적을 두루 살펴보면 탐욕스럽고 잔인했던 신하들이 실려 있는데, 조조는 이들보다도 심하다"라고 하여, 그야말로 조조가 천하제일의 악당이요 건달이라고 말하고 있습니다. 이런 문장은 언제나 죄를 씌우려고 온갖 구실을 다 만들어내는 법이므로, 근거 없이 비방한 곳이 없을 수는 없지만, 몇 가지는 아마도 허황되게 꾸며낸 일이 아닐 것이며, 조조 자신도 변명하기 어려운 일들이 있을 것입니다.

예를 들면, 그가 변양邊讓을 죽이고 서주徐州를 도륙한 일은 씻을 수 없는 오점입니다. 헌제 초평 4년(193) 가을, 조조는 몸소 대군을 이끌고 곧바로 서주로 돌진하여, 서주목 도겸의 부장인 장개張闓에게 재물을 강탈

당하고 죽음을 당한 부친 조숭과 동생 조덕曹德의 원수를 갚습니다. 도겸이 담성(郯城, 지금의 산둥성 탄청현郯城縣)으로 도망치자, 조조는 서주 백성들에게 화풀이를 합니다. 조조는 병사들을 풀어 백성들을 소탕하고 무고한 사람들을 함부로 죽였습니다. 단 한 번 사수泗水 근처에 '남녀 수만 명을 생매장' 했는데, 사수가 시체로 막혀서 흐르지 않게 만들 정도였습니다. 서주 지역의 수많은 성과 해자垓子는 '다시는 그 형체를 알아볼 수 없게' 되었고, 사람의 그림자조차 없었을 뿐 아니라 개나 닭까지도 다 죽여 없앤 전대미문의 엄청난 참극이었습니다. 그래서 나중에 조조가 재차 서주를 치려고 할 때, 순욱은 지난번에 죽인 사람들이 너무 많았기 때문에, 서주의 백성들은 죽기를 각오하고 저항하면서 결코 투항하지 않을 것이라고 단언합니다. 확실히 조조의 이 보복은 너무 지나쳤습니다. 설령 도겸이 아무리 극악한 죄를 저질렀다 해도, 기껏해야 본인이나 그의 패거리 정도를 죽이면 될 일이지, 백성들에게 도대체 무슨 죄가 있겠습니까? 이렇게 무고한 사람들을 함부로 죽인 것이 이성을 잃고 미쳐 날뛴 것이 아니고 무엇이겠습니까?

 이런 이유로 조조는 정말로 자신의 넓은 도량과 고상한 분위기를 드러낼 기회가 필요했으며, 자신의 아량과 인애仁愛의 마음을 증명해줄 증거가 필요했습니다. 그럴 때 장수가 문 앞에까지 와주었으니, 진정 조조에게는 뜻밖의 기쁨이었습니다. 그래서 그는 곧바로 지난날의 원한을 모두 풀었다는 것을 보여주었을 뿐 아니라, 시종일관 장수에 대한 신임의 표현으로 여타의 장군들보다 더 많은 봉토를 주었습니다. 장수는 마지막으로 2천 호의 봉읍을 받았으나, 다른 사람들 중에는 1천 호를 넘는 사람이 없었습니다.

장천의 죽음과 가후의 처신

물론 조조의 이 '본보기'는 나중에 보복을 당한 것 같습니다. 8년 뒤, 장수는 조조를 따라 북쪽으로 오환을 정벌하러 갔다가 목적지에 다다르기도 전에 죽었는데, 사인死因은 확실하지 않습니다. 《위략》에서는 조비曹丕의 협박으로 죽었다고 말하고 있습니다. 장수는 조비에게 잘 보이려고 여러 번 그에게 회합을 청했는데, 뜻밖에도 조비가 버럭 성을 내면서 말합니다.

"그대는 우리 형을 죽여놓고 어쩌면 그리 뻔뻔스럽게도 두꺼운 얼굴을 하고 나를 만나려 한단 말이오!"

장수는 '마음이 편치 못해서 결국 자살'했습니다. 이 사건은 매우 의심스럽기 때문에 잠시 덮어놓겠습니다.

하지만 그의 아들 장천張泉이 피살된 것은 사실입니다. 장천은 위풍魏諷의 모반 사건에 연루되어서 죽임을 당했습니다. 이 사건에 '연좌되어 죽은 자가 수천 명'이었다고 알려져 있는데, 시간은 건안 24년(219)으로서, 장수의 투항으로부터 벌써 20년 뒤입니다. 이것은 조조가 생전에 벌인 최후의 대숙청이었으며, 손을 댄 사람은 조비였습니다. 현재 장천이 어떻게 이 사건에 휘말려 들어갔는지 조사해서 밝힐 방법은 없습니다. 첫 번째 가능성은 장천이 조비의 핍박으로 부친이 죽은 것 때문에 원한을 품었거나 두려운 마음에 위풍의 반당叛黨에 가담했다는 것입니다. 두 번째 가능성은 조비는 장수를 모의해서 간접적으로 죽였다는 의심을 받았으므로, 장천의 복수를 두려워한 조비가 아예 장천이 모반을 일으키도록 핍박한 다음, 결국 죽여서 그의 입을 막았을 수도 있다는 것입니다. 세 번째 가능성은 조비가 장수를 죽게끔 핍박한 적은 없지만, 조비는 조조가 완전히 정치적 필요에서 장수를 받아들였을 뿐 자식을 죽인 원수는 절대로 잊지 않았다는 사실을 잘 알고 있었다는 것입니다. 이미 장수에게는 보복할 방법이 없었으므로 장천이 그에 상응하는 벌을 받았다는 것입니다. 요컨대, 장천의 죽음은 모함으로 억울하게 당한 사건이거나, 핍박을 받아 부득이 반란에 참여함으로써 일어났을 가능성이 큽니다. 조조는 복수심이 매우 강했던 사람입니다. 뿐만 아니라 보복을 하면 조금도 인정사정을 봐주는 법이 없었습니다. 누군가 조조가 보복을 할 수 없다고 생각했다면, 그는 사람을 잘못 본 것입니다. 20년을 참은 뒤에 다시 보복을 할 수 있다는 것만 봐도 조조는 '간웅'으로서 손색이 없습니다.

그러나 조조와 조비는 가후에 대해 줄곧 우호적이었습니다. 이번 정치 변화의 와중에서 최대의 수혜자는 조조였습니다. 장수는 그저 탈출구를 찾은 것에 불과했고, 가후도 그저 귀의처를 찾은 것에 불과했지만, 조조는 오히려 거액의 정치 자본을 얻었습니다. 그래서 조조는 가후를 대할 때와 장수를 대할 때가 달랐습니다. 장수에게는 잘 대해주면서도 한편으로는 경계했습니다. 다만 경계하지 않는 척했을 뿐이죠. 그러나 가후에 대해서는 감사하게 생각하고 좋아하는 마음을 가졌는데, 그 마음은 진정한 감사요 진정한 호감이었습니다. 장수가 투항했을 때, 조조는 가후의 손을 잡고 감격해서 말합니다.

"내가 천하 사람들의 신임을 크게 얻게 만든 이는 바로 선생입니다."

이것은 입에 발린 말이 아니라 진심으로 한 말이었습니다. 조조는 확실히 그가 시급할 때 도와줬던 것에 감사했고, 그의 지략이 남들보다 뛰어난 점을 좋아했기 때문에, 나중에 태자를 세우는 국가의 대계마저도 가후와 은밀하게 의논하려 했습니다. 가후를 진정한 지기로 여겼기 때문입니다.

실제로 가후는 아마 삼국사에서 가장 총명한 사람일 것입니다. 삼국시대의 모사와 명사들 중에 많은 사람들이 그 결말이 좋지 않습니다. 조조 주위의 사람들만 보더라도, 일찍 요절한 사람(곽가), 반목했던 사람(모개),

미스터리하게 세상을 뜬 사람(순욱), 비명에 죽은 사람(허유) 등이 있지만, 가후는 편안하고 별 탈 없이 천수를 누리고 집에서 죽었습니다. 그는 조씨 집단에서 양 대에 걸쳐 일을 했습니다. 문제文帝 조비의 조정에서 태위太尉를 지내고 77세의 나이로 세상을 떴는데, 시호는 숙후肅侯로서, 많은 사람들과 비교하면 결말이 좋았습니다.

가후의 총명함은 분명 그가 인간의 본성을 잘 알아서 상대의 마음을 꿰뚫어 볼 줄 알았다는 데에 있었습니다. 《삼국지》〈가후전〉에 따르면, 가후는 이각과 곽사, 이 두 '서북西北의 이리들'을 장안으로 끌어들인 뒤에, 그들과 한 패거리가 되어 나쁜 짓을 한 것이 아니라 오히려 기회를 보아 그들을 떠났습니다. 장안을 떠난 뒤에 가후는 처음에 단외段煨에게 의탁했다가, 나중에는 장수에게 의탁합니다. 단외를 떠날 때, 어떤 사람이 그에게 묻습니다.

"단외가 선생을 이렇게 잘 대해주는데 선생은 왜 떠나려고 하십니까?"

가후의 대답은 이렇습니다.

"단외의 특징은 의심이 많다는 것이오. 그가 나를 정중하게 대하는 것은 바로 그가 나를 경계하여 내가 자신의 자리를 빼앗을까 두려워하기 때문이오. 언젠가는 나에게 손을 댈 테니, 내가 지금 그를 떠나면 그는 틀림없이 무거운 짐을 벗었다고 느낄 것이오. 단외는 고립되어 있는 처지라서 외부의 도움을 바라고 있으므로 반드시 나의 가족들을 후하게 대할 것이오. 장수는 모사가 없으므로 내가 와주기를 바라고 있소. 내가 이렇게 해야 나 자신과 가족들이 모두 안전하오."

나중에 정말로 가후가 예상했던 것처럼, 장수는 그의 말이라면 뭐든지 듣고 어떤 계책이라도 모두 따랐으며, 단외도 그의 가족들을 더욱 예우합니다. 우리는 가후가 다른 사람을 위해서 내놓은 계책이 언제나 귀신같이 정확한 것을 볼 수 있는데, 그 비밀은 바로 여기에 있었습니다. 많은 사람들이 《삼국연의》에 속아서, 세상에는 정말로 '비단 주머니에서 나오는 신묘한 계책'이 있는 줄 아는데, 사실 그런 게 어디 있겠습니까? 귀신같이 일을 예측한다는 것은 실제로는 귀신같이 사람의 마음을 헤아린다는 뜻입니다. 그러므로 계책을 연구하는 것은 쓸모없는 짓이며, 차라리 인간의 본성을 탐구하는 편이 낫습니다.

남을 아는 자는 자신을 압니다. 가후는 조조에게 투항한 뒤에, 자신의 신분과 지위를 잘 알았습니다. 자신과 같이 지략이 뛰어나고 판단이 정확한 사람은 어떠한 군주에게도 이용 대상이 되지만 또 위험인물이 되기도 합니다. 더군다나 자신은 '반도叛徒' 출신이 아닙니까? 따라서 그는 교제나 처세에서 극도로 몸을 낮추었습니다. 그는 침묵하거나 말수를 줄이기 시작하여, 계책을 내는 일도 적게 하고, 사람들을 자기편으로 끌어들이는 일도 하지 않았으며, 심지어 아들딸을 혼인시키는 것도 권세 있는 가문과 하지 않았으니, 누구보다 몸을 사렸습니다. 가후는 정말로 총명한 사람입니다.

지금 보면, 이 총명한 사람이 일생에서 한 가장 훌륭한 일은 장수를 재촉하여 조조에게 항복하게 만든 것입니다. 이는 그야말로 예상치 못한 일이었으며, 장수의 항복 또한 딱 좋은 시기였습니다. 이 바로 몇 달 전에, 원소는 십만의 정예 부대를 결집하여 허창許昌을 향하여 돌진했고, 조조의 군대도 두 달 전에 관도에 주둔하여 당시 중국의 운명과 앞날을 결정짓는 전쟁을 벌이려 하고 있었습니다. 그렇다면 이 전쟁은 어떻게 되었을까요?

9강
一決雌雄

자웅을 겨루다

서기 200년의 '관도대전'은 삼국시기의 3대 전투의 하나로, 당시 중국의 운명과 앞날을 결정짓는 전투였다. 원소는 물론 승리에 뜻을 두었고, 조조도 절대 질 수 없었다. 그러나 조조는 우위를 점하고 있었지만 군사력은 확실히 원소만 못했다. 그럼 이 전투에서 조조는 어떤 기막힌 계책으로 승리했고, 어떻게 적은 숫자로 많은 적을 상대했으며, 어떻게 약세를 극복하고 강한 상대를 눌렀을까?

헌제 건안 4년(199) 3월, 원소는 몇몇 모사들의 반대를 무릅쓰고 십만의 정예 부대를 결집하여 허도로 돌진하기로 하고, 서슴없이 조조를 섬멸코자 전쟁을 개시했습니다. 이때 원소는 이미 북방에 웅거하고 있던 공손찬을 없앴고, 기주·청주·병주·유주의 땅을 소유하여 인구가 많고 세력도 컸고, 병마는 날래고 용맹하여 조조와 한번 자웅을 겨뤄볼 만했습니다.

조조는 곧바로 북상하여 적을 맞습니다. 8월, 조조의 군대는 북으로 황하를 건너 여양(黎陽, 지금의 허난성 쉰현浚縣 동쪽)에 주둔합니다. 9월에 조조는 허현으로 군대를 돌리는 동시에 병사들을 나누어 관도(지금의 허난성 중머우中牟 북쪽)를 지키게 합니다. 12월, 조조는 다시 관도에 이르러 자신의 대본영을 여기에 설치합니다. 그가 파견한 동군태수 유연劉延은 백마(白馬, 지금의 허난성 화현滑縣 동쪽)에 주둔하고, 익수정후益壽亭侯 우금于禁은 연진(延津, 지금의 허난성 옌진延津 북쪽)을 지켜, 원소의 군대와 황하를 사이에 두고 마주보는 상태로 결전의 태세를 끝냈습니다.

전쟁은 곧 시작되었습니다.

이 전쟁은 조만간 시작될 전쟁이었습니다. 건안 3년 정월, 양봉이 유비에게 모살謀殺되고, 건안 3년 11월, 여포가 조조에게 멸망당하고, 건안 4년 6월, 원술은 병들어 일어나지 못하고, 건안 4년 11월, 장수는 손을 들어 투항합니다. 양봉은 없어졌고, 여포도 멸망했으며, 원술도 죽었고, 장수는 투항했으며, 유표는 중립을 선포했고, 손책은 동쪽을 지켰습니다. 그러자 형세는 분명하게 바뀌었습니다. 원소와 조조, 두 영웅은 함께 존재할 수 없었으며, 쌍방이 모두 상대를 항우項羽로 간주했고, 기어이 상대를 없애야만 후련한 상황이었습니다.

관도대전의 발발 : 교전 단계

그러면 이 전쟁에 대해서 살펴보도록 하겠습니다.

전쟁은 네 단계로 나눌 수가 있는데, 그 첫째 단계는 '교전 단계'입니다. 이때, 쌍방은 모두 솜씨를 조금 시험해봅니다. 원소가 선수를 칩니다. 헌제 건안 5년(200) 2월, 원소의 군대는 여양으로 진격하여 여양을 대본영으로 삼고, 아울러 대장 안량顏良을 파견하여 선봉에서 부대를 이끌게 하여 백마를 공격합니다. 그런 다음 다시 대장 문추文醜를 보내어 연진으로 진군하게 하는데, 다만 전쟁의 중점은 백마에 두었습니다.

4월, 겨우 3천의 수비군을 가지고 있던 유연은 적을 막아내지 못하고, 관도를 지키고 있던 조조에게 '긴급 공문'을 보냅니다. 조조가 곧바로 백마로 달려가 구원하기로 결정을 내리자, 순유는 그에게 연진으로 진군하라고 건의합니다. 조조는 순유가 성동격서聲東擊西의 전략을 펴라는 뜻임을 곧바로 알아차리고, 북으로 황하를 건너 원소의 후방을 포위하여 공격할 태세를 취합니다. 조조가 순유의 건의대로 하자 원소는 과연 속임수에 걸려들어, 연진으로 군대를 보내 돕게 합니다. 이에 조조는 부대를 거느리고 대대적으로 북쪽을 향하여 돌진합니다. 연진 부근에 이르렀을 때, 조조는 갑자기 적은 수효의 날랜 기병들을 이끌고 백마를 급습합니다. 백마를 포위하고 있던 안량은 갑자기 닥친 상황에 방어도 하기 전에 관우에게 목이 잘리고 백마의 포위는 풀립니다.

여기에서 한 가지 끼워 넣어야 할 내용은, 바로 '거기장군 동승이 조조를 죽여야 한다는 내용이 담긴 황제의 밀조를 받은' 사건이 3개월 전(즉 건안 5년 정월)에 발생하여 동승이 피살되고 유비가 도망갔다는 점입니다. 조조는 관도에 주둔한 뒤, 바쁜 가운데 짬을 내서 유비를 칩니다. 유비는 적수가 되지 못해 원소에게 의탁하고, 관우는 포로가 되어 조조에게 투항합니다. 관우는 투항한 뒤에 조조의 신임에 감격하는 한편, 유비와의 정을 생각하여 조조에게 보답한 다음 유비를 찾기로 결심합니다. 안량의 목을 벤 것은 관우가 조조를 위해서 세운 공입니다.

조조는 백마를 구한 뒤, 원소가 결코 순순히 물러서지 않고 반드시 반격을 가해 백마의 백성들에게 화풀이를 하고 성을 도륙하리라고 예상합니다. 이에 백마의 백성들을 데리고 황하를 따라 서쪽으로 갑니다(사람들은 모두들 유비가 후퇴할 때 백성들을 데리고 갔다는 이야기는 알지만, 조조도 이렇게 했다는 사실은 모릅니다). 연진의 남쪽에 이르렀을 때, 황하를 건너온 원소의 군대를 만나 피할 수 없는 조우전遭遇戰을 벌입니다. 이때 조조의 군대는 높은 언덕에 있었는데 원소의 군대가 돌격해옵니다. 5~6백의 적 기병들이 오고 있다고 보초병이 보고합니다. 잠시 뒤 다시 기병들의 수는 더욱 많아졌고 보병의 수는 정확하게 셀 수 없다고 보고합니다. 조조는 더 이상 보고할 필요가 없다고 말하고, 말안장을 풀고 제자리에서 휴식을 취하라는 명령을 내립니다.

　모든 장수들은 이 명령을 받고 어안이 벙벙하여, "저렇게 많은 적군이 몰려오는데 백마에서 가지고 온 군수 물자들을 전부 노상에 방치하고 있으니, 우리라도 먼저 군영으로 옮겨놓읍시다!"라고 말합니다. 순유만은 조조의 생각을 알고 웃으면서 말합니다.

　"적군을 유인할 이렇게 좋은 미끼를 뭐 하러 옮긴단 말이오!"

　조조도 태연한 기색으로 웃습니다. 조금 있자 문추와 유비가 5~6천의 기병들을 이끌고 옵니다. 조조의 장수들이 지금 말에 올라타야 하지 않느냐고 묻습니다. 조조는 서둘지 말라고 말합니다. 과연 문추와 유비의 기병들은 돌진하다가 땅에 버려진 군수 물자들을 발견하고 말에서 내려 앞다투어 약탈합니다. 이때 조조가 큰 소리로 명령을 내리자, 북소리와 나팔소리가 하늘까지 울려 퍼집니다. 6백의 정예 기병대가 순식간에 언덕 위에서 돌격해 내려가, 일시에 원소의 군대를 무참하게 쳐부숩니다.

　이 전투는 손에 땀을 쥐게 하는데, 내용이 간결하기로 이름난 《삼국지》조차 〈무제기〉에서 이 전투를 상세하게 묘사하며 "대파시켰다"고 말하고 있습니다. 원소의 대장인 문추는 목이 달아나고(그러나 이것이 관우의 공로인지는 확정할 수 없습니다)(《삼국연의》에는 관우가 죽인 것으로 되어 있으나 정사에는 기록이 없음—옮긴이), 유비는 꽁무니가 빠지게 달아납니다. 이에 조조의 군대가 승리를 경축하고 있을 때, 관우는 조조가 내린 모든 하사품을 봉해놓고 한 통의 편지만 남긴 채, 슬그머니 조조의 진영을 떠나 저 토끼보다도 빨리 뛰는 자신의 형을 찾아나섰던 것입니다.

　조조는 첫 전투에서 승리를 거두었지만, 감히 경솔한 태도를 취할 수가 없었습니다. 그는 자신의 실력이 원소만 못하다는 것을 알았기 때문에, 백마와 연진을 버리고 전군을 관도로 후퇴시킵니다. 이 결정은 많은 장점을 가지고 있었습니다. 관도로 물러나자, 병력을 집중시킬 수가 있었고 재력을 절약할 수도 있었으며, 적들을 깊이 유인할 수도 있었습니다. 적군이 일단 깊이 들어오면, 보급로는 길게 늘어질 수밖에 없습니다. 보급로가 길어지면 전쟁의 비용은 증가하고, 승리의 가능성은 감소합니다. 지도를 보면 금방 알 수 있습니다. 백마와 연진에서 원소와 전투를 하는 것은 조조에게 불리합니다. 전쟁터를 관도에 두면 조조에게 유리합니다. 그래서 적군이 강하고 아군이 약한 상황에서는 '적군이 전진하면 아군은 후퇴' 해야 합니다. 성 하나를 뺏고 뺏기는 것을 계산해서는 안 됩니다.

조조는 뛰어났습니다. 그가 이렇게 할 수 있었던 것은, 그에게 무실務實 정신이 있어서 '헛된 명성을 추구하다 실제로는 재앙에 처하는 경우가 있어서는 안 된다' 는 이치를 깊이 알고 있었기 때문입니다. 원소는 이와 정반대여서 헛된 명성을 좋아하는 사람이었고, 특히 부하들이 자신을 '기세를 막을 수 없다', '누구든 당해낼 적이 없다' 라고 치켜세워주는 것을 좋아했습니다. 그래서 조조가 일단 철수하자 그는 곧바로 씩씩하게 나아갔으니, 조조가 물러나는 것을 나아가는 것으로 여기고, 수비를 공격으로 여긴다는 것을 전혀 생각조차 못했던 것입니다.

관도대전의 전개 : 대치 단계

7월, 원소의 군대는 양무陽武로 진격합니다. 8월, 원소는 다시 전진하여 관도에 바짝 접근하여, 모래언덕을 따라 진지를 구축하고 주둔하는데, 동서로 수십 리나 이어졌습니다. 조조도 더 이상 물러설 길이 없자, 곧 서로 마주보고 주둔합니다. 전쟁은 둘째 단계, 즉 '대치 단계' 로 들어갑니다.

이 단계는 전쟁의 '기술 의존도' 가 높았습니다. 먼저 원소가 군영 안에 높은 누대를 세우고 토산土山을 만들어, 높은 곳에서 아래를 내려다보며 조조의 군영을 향해 화살을 쏘아대자 조조 군은 막대한 사상자를 냈습니다. 모두들 할 수 없이 방패를 머리 위로 올리고, 겁에 질려 벌벌 떨었습니다. 당연히 이것은 맞서기 벅찬 일이었고, 그저 버티기만 할 수도 없었으므로 반격해야 했습니다. 그래서 조조는 발석거發石車를 만들었습니다. 발석거는 큰 돌을 마치 포탄처럼 원소의 군영 안으로 발사하여 화살을 쏘아대던 원소군의 성루를 전부 궤멸시켰습니다. 이 발석거야말로 당시로서는 '대량 살상 무기'였던 셈입니다. 원소 군은 혼비백산하여, 그것을 '벽력거霹靂車'라고 불렀습니다. 원소는 계책이 성공을 거두지 못하자 다른 계책을 만들어, 공병대를 시켜 땅굴을 파게 하여 조조를 기습할 준비를 했습니다. 그러자 조조는 참호를 파서 원소에게 맞서는 한편, 기습 부대를 파견해 원소의 군량 운송 수레를 습격하고 불살라 원소의 비명소리가 끊이지 않게 만듭니다. 이 두 번의 전투는 무승부를 기록합니다.

정면 교전 말고도, 원소와 조조는 모두 상대의 배후에서 방해 공작을 합니다. 조조가 관도에서 싸우고 있을 때, 본래 조조에게 투항했던 황건적의 수령인 유벽劉辟이 여남汝南에서 조조를 배반하고 원소에게 투항했습니다. 이에 원소는 유비를 보내 유벽과 합류하여 허현 주위에서 소란을 피우게 하는데, 결국 조인曹仁에게 참패를 당해, 유벽은 피살되고 유비는 허겁지겁 도망칩니다. 유비는 이번에도 토끼보다 더 빨리 도망갔습니다. 동시에 조조도 북방에 위치한 오환의 군벌들과 연계하는 대책을 세워, 원소를 앞뒤로 협공합니다. 이번에도 둘은 무승부를 기록합니다.

요컨대, 이 단계에서는 누구도 상대를 싸워 이기지 못했습니다.

그러나 전쟁을 이처럼 오래 끌게 되면 누구라도 배기기 어렵습니다. 특히 백성들의 재난은 극심해졌고 조조 자신도 심신이 극도로 지쳤습니다. 《삼국지》〈무제기〉와 《자치통감》에 따르면, 9월의 어느 날 조조는 군영으로 식량을 운반하는 사졸들이 온갖 고생을 하며 숨 돌릴 틈도 없이 바쁜 모습을 보고, 너무나 마음이 아파 마침내 입에서 나오는 대로 다음과 같이 말합니다.

"보름만 지나면 내가 너희들을 위해서 반드시 원소를 물리쳐 두 번 다시 고생시키지 않겠다."

조조는 믿는 구석이 있어서 이렇게 말했을까요? 아닙니다. 사실 그는 더 이상 싸울 생각이 없었습니다. 그는 정말 끝까지 버틸 수가 없었습니다. 하지만 멀리 허현에서 순욱은 그에게 반드시 끝까지 버텨야 한다고 격려합니다. 《삼국지》〈무제기〉에 따르면, 순욱은 다음과 같이 답장을 보냅니다(식량이 바닥나자 조조는 순욱에게 허현으로 돌아가고 싶다는 내용의 편지를 썼었음—옮긴이).

원소는 병력을 총출동시켜 이번 전쟁에 승부수를 띄웠습니다. 단단히 별러 조공과 생사를 건 마지막 한판 승부를 하자는 뜻입니다. 그는 결코 순순히 물러서지 않을 것이고, 또한 중도에 그만두는 일도 없을 것입니다. 지금의 형세는 조공께서 '지극히 약한 상황에서 지극히 강한 상대와 맞붙은 것'입니다. 만일 싸워서 이기지 못한다면 깨끗이 멸망당할 것이고, 더 이상 제3의 가능성은 없습니다. 조공이여! 성패는 이번 전투에 달려 있습니다! 원소는 평범한 호걸에 불과하지만 명공은 비범한 용맹과 밝은 지혜를 가지고 있으며, 게다가 천자를 받들어 불충하는 신하들을 호령하고 계시지 않습니까? 성공을 거두지 못할 이유가 어디 있단 말입니까?

가후도 조조에게 계속 싸울 것을 주장합니다. 《삼국지》〈가후전〉에 따르면, 가후는 조조에게 다음과 같이 말합니다.

명공의 지혜는 원소보다 뛰어나고, 용기도 원소보다 뛰어나며, 용인술도 원소보다 뛰어나고, 결단력도 원소보다 뛰어납니다. 이런 네 가지의 우위를 점하고 있으면서도 반년이 지나도록 승리를 거두지 못하는 이유는 명공께서 늘 만전을 기하려고 하기 때문입니다. 기회를 꽉 잡고 단숨에 해치우면 잠깐의 노력으로 큰 성공을 거둘 수 있습니다.

이 두 사람의 의견은 모두 맞는 말입니다. 전쟁은 극도로 위험한 일입니다. 특히 칼이나 창과 같은 무기를 사용하던 시대에는, 누가 반드시 이긴다고 장담하기 어렵습니다. 그렇기 때문에 장수의 의지와 결정이 왕왕 성패를 가르는 관건이 되고, 최후의 승리는 끝까지 밀고 나아가는 노력 속에서 생기는 경우가 많습니다. 실제로 이 전쟁의 경우에도, 두말할 것도 없이 조조 측이 적은 수효로 많은 적을 상대하고 약한 세력으로 강한 상대를 이기려는 것이므로, 더 의지가 필요하고 더 지속력이 필요하며, 그 지속하는 과정에서 잡는 기회를 필요로 합니다. 만약 기회가 있다면 말입니다.

관도대전의 절정 : 전환 단계

기회란 오기 마련입니다. 바로 조조가 이를 악물고 끝까지 버티기로 결심을 했을 때, 세 가지의 일이 이 전쟁을 셋째 단계인 '전환 단계'로 들어가게 만듭니다.

첫 번째 일은 '유비가 몰래 도망간 일'입니다. 유비는 여남에서 원소의 대본영으로 도망해온 뒤, 원소에게 유표와 연합해야 한다고 제안합니다. 유표와 유비는 모두 본래 유씨 가문의 사람들로서, 유표와 연계하는 일은 자연히 유비가 아니면 맡을 사람이 없었습니다. 이에 원소는 유비에게 원래 그의 휘하에 있던 병사들을 거느리고 다시 여남에 가도록 합니다. 유비는 즉시 이 기회를 이용해서 몰래 도망갔습니다. 유비는 왜 몰래 도망쳐야 했을까요? 하나의 가능성은 유비의 병사들이 여남에서 패하여 여양으로 돌아온 이후에, 원소의 안색이 그다지 좋지 않았을 수가 있습니다. 유비는 더 이상 붙어 있을 수가 없어서, 할 수 없이 스스로 목을 잘랐다는 것이지요. 이 가능성은 크지 않습니다. 역사 기록에 따르면, 원소 부자는 유비에 대하여 "성심을 다하여 존경"했습니다. 사이가 틀어졌을 가능성도 있지만, 유비가 다른 사람의 눈치를 보고 자신의 행동을 결정할 리가 없습니다. 원소의 태도가 아무리 나빴다고 해도 견디기 어려운 정도는 아니었을 것입니다. 그리고 당장 원소가 가야 할 길이 멀었기에 그도 굴욕을 참아가며 중대한 임무를 맡으면서 계속 남아 있을 수 있었습니다.

유비는 많은 사람들에게 의탁했었습니다. 그는 일찍이 공손찬에게 의탁해서 원소를 공격한 적이 있었고, 도겸에게 의탁하여 조조를 공격했으며, 조조에게 의탁해서 여포를 공격했고, 지금은 다시 원소에게 의탁하여 조조를 공격하고 있습니다. 그는 일찍부터 남의 울타리에 기대는 것이 버릇이 된 사람인데, 어떻게 참지 못할 수가 있었겠습니까? 그러므로 유비가 몰래 도망간 이유는 아마도 원소의 실패를 예감해서가 아닐까 싶습니다. 유비는 정치적으로 매우 민감했습니다. 그는 마치 외항선의 쥐들처럼 이 배가 가라앉을지 그렇지 않을지를 알았습니다. 아마도 유비는 원소의 주변에 이미 위기가 도처에 숨어 있는 상황이라 무조건 도망가는 게 상책이라는 것을 느끼고 있었던 것 같습니다. 그래서 《삼국지》〈선주전〉에서는 "몰래 원소를 떠나려고 하였다"라고 말하고 있습니다. 당시 유비의 힘은 강하지 않았습니다. 원소에게 그는 있어도 그만, 없어도 그만인 존재였습니다. 그래서 이 일은 사람들의 충분한 주의를 끌지 못했습니다. 하지만 저는 큰 바람도 갈대 끝에서 일어난다고 생각합니다. 유비가 도망간 이 일은 실로 원소가 머지않아 실패할 징조 중 하나로 보아야 할 것입니다.

두 번째 일은 더 결정적인 것으로서, 바로 '허유가 배반하고 도망간 것'입니다. 허유가 배반하고 도망간 이유에 대해서는 세 가지의 견해가 있는데, 《삼국지》에서는 두 가지만 언급하고 있습니다. 〈무제기〉의 표현은 "허유는 재물에 욕심이 많았는데, 원소가 만족시켜주지 못하자 도망했다"라고 되어 있고, 〈순욱전〉에는 "심배審配가 허유의 가족들이 법률을 위반했기 때문에 그의 처와 자식들을 체포했다. 그러자 허유가 화가 나서 원소를 배반했다"라고 말하고 있습니다. 습착치의 《한진춘추漢晉春秋》는 원소가 허유의 건의를 받아들이지 않았기 때문이라고 말하고 있습니다. 원소가 조조와 대치하고 있을 때, 허유는 그에게 일부의 군대만 남겨서 조조를 지키게 한 다음, 지름길로 허현으로 가서 천자를 납치한다면 금방 큰 성공을 거두게 될 것이라고 권합니다. 원소는 이 권유를 받아들이지 않고, 자신이 먼저 조조를 확실하게 없앤 후에 생각해보자고 말합니다. 그러자 허유는 분노하여 단숨에 조조에게 투항해버렸다는 것입니다.

이 세 가지의 견해는 사실 뭉뚱그릴 수가 있습니다. 즉 허유는 원소가 자신의 의견을 받아줄 수 없고, 자신의 요구를 만족시켜 줄 수 없으며, 그리고 함께 일을 도모할 수 없음을 느낀 데다, 처자식까지 체포되자 당연히 도망치려 한 것입니다. 허유의 이 도망으로 원소는 막대한 손해를 입었고, 조조는 큰 이익을 얻었습니다. 허유는 원소의 오랜 부하로서 원소가 동탁과 반목하여 기주에 근거지를 세울 때부터 원소를 따랐습니다. 이 사람은 지모가 풍부했고, 군사 정보를 장악하고 있었습니다. 그의 배반은 원소에게 중대한 손실이었을 뿐 아니라, 군심軍心을 동요시키기도 했습니다. 그래서 《조만전》에서는 이렇게 말합니다.

"조조는 허유가 도망해왔다는 소리를 듣자마자 두 손을 비비면서 크게 웃고 기뻐하며, '이것으로 내 일은 잘 해결되었다'고 말했다."

과연 허유는 조조의 군영에 일단 도착하자, 곧 조조를 위해 '오소烏巢를 불사르라'는 계책을 냅니다(허유가 투항한 일은 이미 제1강에서 말했습니다). 조조도 즉시 결단을 내려서 몸소 간단하게 무장한 소수의 기병들을 이끌고 바로 오소로 달려갑니다. 오소는 원소의 식량 창고였는데도, 대군을 파견하여 지키지 않는 상태였습니다. 조조는 원소군으로 가장하고, 사람에게는 하무(행군할 때에 떠들지 못하도록 병사들의 입에 물리는 나무 막대기―옮긴이)를 물리고 말에게는 재갈을 물려, 야음을 틈타 지름길로 급하게 행군하여 오소를 기습합니다. 그리고 원소의 모든 군수 물자와 병참 설비들을 깡그리 불태우고 아울러 직접적으로 세 번째 일이 생기게 했습니다.

세 번째 일의 발생은 순식간에 형세를 완전히 역전시켜놓는데, 이것은 바로 '장합張郃의 배신'입니다. 장합은 원소의 대장으로 용맹과 지모가 있었을 뿐 아니라 기주에서부터 원소를 따랐습니다. 《삼국지》〈장합전〉에 따르면, 조조가 오소를 기습하자 원소도 이 소식을 듣습니다. 장합은 곧바로 증원군을 보낼 것을 주장하는데, 곽도가 반대합니다. 곽도는 말합니다.

"장합의 방법은 옳지 않습니다. 우리는 조조의 대본영을 공격해야 합니다. 조조도 자신의 근거지가 공격을 받는다는 말을 들으면 반드시 군대를 돌려 관도를 구원할 테니, 오소의 포위도 풀릴 것입니다. 이것이 바로 '구원하지 않아도 저절로 해결되는 계책'입니다."

장합은 말합니다.

"그것은 절대 불가능합니다. 조조의 대본영이 어떻게 잠깐 사이에 공격한다고 함락되겠습니까? 또 오소의 부대가 어떻게 조조를 막아낼 수 있겠습니까? 조조의 군영을 공격해서 함락시키지 못하고, 오소도 지켜내지 못하면, 우리는 포로의 신세가 되는 수밖에 없을 것입니다."

애석하게도 원소는 이 말을 듣지 않고 곽도의 의견을 받아들여, 오소에는 간단하게 무장한 구원병들을 파견하고, 중무장한 병사들에게 관도를 공격하게 합니다. 결과는 완전히 장합이 예상한 대로였습니다. 이렇게 되자 곽도는 긴장했습니다. 책임을 회피하기 위해서는 재앙을 남에게 떠넘기는 수밖에 없었습니다. 그래서 곽도는 원소에게 다음과 같이 말합니다. "장합은 우리 군대가 패했다는 소식을 듣고 고소하게 생각하며 불손한 말을 내뱉고 있습니다." 원소는 죽어도 체면이 가장 중요한 사람입니다. 곽도가 이렇게 말하자, 원소는 장합의 죄를 물으려고 합니다. 장합은 전선도 불리하고 내부에서도 갈등만 빚고 있어서, 어쩔 수 없이 부하인 고람高覽과 함께 전차戰車를 불사르고 조조에게 투항합니다.

장합이 투항할 때, 조조는 아직 돌아오지 않았고, 관도를 지키고 있던 사람은 순유와 조홍이었습니다. 조홍은 장합이 정말 항복하는지 아니면 가짜로 항복하는지 정확히 알 수가 없어서 감히 안으로 들이지 못했습니다. 순유가 말합니다.

"의심할 것 없으니, 빨리 문을 여시오!"

장합은 곧 조조의 군영으로 들어옵니다. 조조는 이 소식을 듣고, 예상 밖의 기쁜 일에 어쩔 줄을 몰라 하며, "이는 한신韓信이 유방에게 귀의한 것이다!"라고 말합니다. 그리고 장합을 편장군偏將軍으로 임명하고, 도정후都亭侯에 봉합니다.

원소는 유비의 도망으로 외부 지원을 잃었으며, 허유의 배반으로 지혜의 주머니를 잃었고, 장합의 배신으로 팔이 부러졌습니다. 이 모든 것은 대세가 이미 기울어졌음을 말해주는 것으로, 이제 전군이 전멸하고 산산이 부서지는 일만 남습니다.

관도대전의 결말 : 승리 확정의 단계

그래서 전쟁은 신속하게 네 번째 단계인 '승리 확정 단계'로 진입합니다. 장합이 투항하자 조조는 가후가 건의한 대로, 기회를 꽉 잡고 병력을 집중시켜 대대적인 반격을 가합니다. 이때 뭇사람에게 버림을 받은 원소는 완전히 투지를 상실하여, 장자長子인 원담袁譚과 함께 군대를 버리고 허겁지겁 도망갑니다. 총사령관을 잃은 원소의 군대는 괴멸되었고, 잇달아 포로의 신세가 되었으며, 원소의 도서와 진귀한 보물들도 모두 조조의 수중에 떨어졌습니다. 이러한 물건들은 원래 군중에 가지고 있어서는 안 되었습니다. 하지만 원소는 '유장儒將의 풍격'을 과시하고 '명사라는 거드름'을 피워보려고 굳이 가지고 왔다가, 결국은 조조에게 고스란히 바치는 꼴이 되었습니다. 이 사실은 원소가 비록 자신을 매우 뛰어나다고 여겼지만 사실은 겉만 번지르르했지 실속은 없었다는 것을 말해줍니다. 겉만 번지르르하고 실속은 없으면서 허세를 부리는 사람이 지금까지 큰일을 이룬 경우는 없었습니다. 《삼국지》〈무제기〉에 따르면, 1년 전, 원소가 이 전쟁을 개시하기로 결정했을 때, 조조는 웃으면서 다음과 같이 말했습니다.

"원소는 넓은 토지와 풍부한 식량을 가지고 있지만, 그것들은 나를 위해 준비한 선물에 지나지 않게 될 것이다."

이 도서와 진귀한 보물들은 보너스인 셈입니다.

관도대전은 중국 역사의 한 전환점이기 때문에, 많은 역사가들이 무척 중시했습니다. 《삼국지》〈무제기〉에는 심지어 한 토막의 '황당한 이야기'(거짓말이라고도 할 수 있습니다)까지 싣고 있습니다. 이 이야기에 따르면, 환제 때에 초(楚, 지금의 후난·후베이湖北)와 송(宋, 지금의 허난 상추商丘 일대) 사이에서 토성土星이 보이자, 은규殷馗라는 '예언가'가 50년 뒤에 반

관도대전도

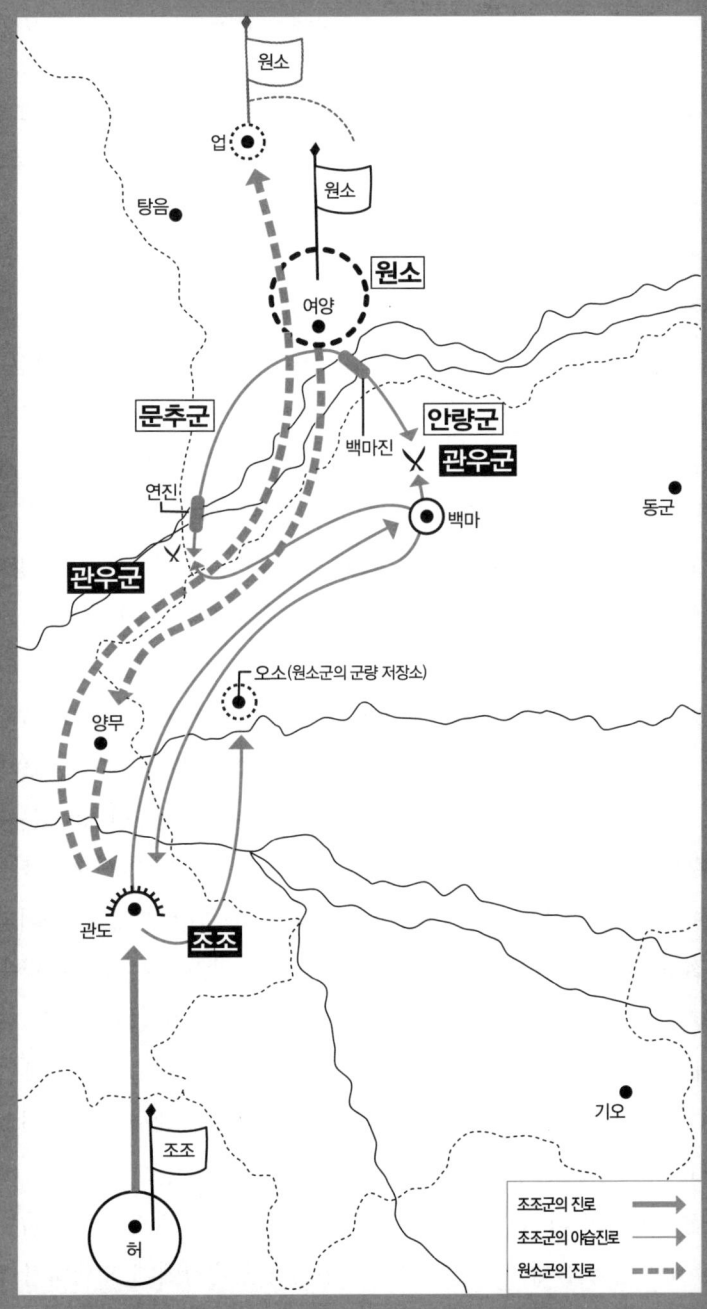

드시 하늘의 명을 받은 천자가 양국梁國과 패국沛國 사이에서 일어날 것이며, 아울러 "그 예봉을 당해낼 수가 없을 것이다"라고 단언했다고 합니다. 과연 50년 뒤, 패국 초현(譙縣, 지금의 안후이성 보저우시亳州市) 출신의 조조가 관도에서 원소를 대파하여, 이 뒤로는 "천하에 적수가 아무도 없게 되었다"는 것입니다.

이것은 당연히 터무니없는 이야기입니다. 사실 관도대전은 많은 세세한 부분들까지도 역사가들의 견해가 같지 않습니다. 뤼쓰몐 선생은《삼국사화》에서 이 전쟁을 말할 때,《삼국지》를 거의 전부 뒤집었습니다. 뤼 선생은 심지어 "《삼국지》에서 말하는 군사 계책은 대부분 믿을 수가 없다"라고 말합니다. 그는 조조가 승리한 원인을 결코 책략이 아니라, 이를 악물고 끝까지 버틴 데에 있다고 보고 있습니다. 이 점은 논증할 방법이 없으므로 여기에 흥미를 가지고 있는 분들께서는 직접 연구해보시기 바랍니다.

관도대전은 헌제 건안 5년(200) 10월에 종결됩니다. 이때부터 원소는 한번 넘어져 주저앉더니, 더 이상 재기하지 못합니다. 건안 7년(202) 5월, 원소는 병에 걸려 피를 토하고 죽습니다. 건안 9년(204) 7월, 조조는 원소의 후계자 원상袁尙을 쳐서 패배시킵니다. 8월, 조조는 업성으로 들어가 원소에게 제사를 올리고, 조비는 원희袁熙의 새 신부를 힘도 안 들이고 슬쩍 '접수' 합니다. 건안 10년(205) 정월, 조조는 원소의 큰아들 원담을 격퇴시켜 기주를 평정하고, 원담은 피살됩니다. 건안 12년(207) 9월, 요동태수遼東太守 공손강公孫康이 원소의 후계자 원상과 둘째 아들 원희를 모살하고, 그 수급을 조조의 군영으로 보내옵니다. 이렇게 해서 자신들이 제일이라고 뻐기던 원소의 가족들은 철저하게 멸망합니다.

공손강이 원상과 원희를 죽인 일에는 두 개의 에피소드가 있습니다.《삼국지》〈무제기〉에 따르면, 원상과 원희가 공손강에게 의탁하자 많은 사람들이 정벌을 주장합니다. 하지만 조조는 "그럴 필요 없소. 공손강이 빠른 시일 안에 그들의 머리를 보내올 것이오. 그들은 한패이기는 하나, 서로 이용하면서 경계하고 있기 때문이오. 우리가 그들을 다그치면 그들은 한마음 한뜻으로 협력하겠지만, 우리가 가만 내버려두면 서로 해치고 죽일 것이오"라고 했습니다. 과연 원상과 원희가 공손강의 지역적 기반을 탈취하여 자립할 음모를 꾀하자, 공손강은 원상과 원희를 죽여 조조에게 보내기로 결정을 내립니다. 《삼국지》〈원소전〉의 배송지 주에서 인용한 《전략》에 따르면, 공손강은 '홍문연'(鴻門宴, 상대를 사로잡으려 자리를 마련했다는 의미에서 쓴 것으로, 실제의 홍문연에서는 항우가 유방을 사로잡지 못했음—옮긴이)을 열어 원상과 원희를 한꺼번에 사로잡습니다. 원상과 원희는 포박되어 차디찬 땅바닥에 던져졌는데, 그들은 너무 힘이 들어 방석을 좀 달라고 합니다. 공손강은 "너희들의 머리가 먼 곳으로 떠나야 할 판에 방석이 무슨 필요가 있겠느냐!"라고 말하고는, 곧 두 사람을 죽였습니다. 모든 것이 조조의 예상에 들어맞았습니다. 그래서 승리를 얻는 자들은 모두가 사람의 감정을 잘 알았던 사람들이라고 하는 것입니다.

원상·원희·원담의 죽음은 결국 관도대전의 실패에서 비롯된 것입니다. 이러한 결말을 예견한 두 사람이 있었습니다. 바로 원소의 모사인 저수와 전풍입니다. 저수와 전풍은 이 전쟁을 단호하게 반대했습니다. 《삼국지》〈원소전〉에 의하면, 전풍은 원소에게 다음과 같이 말했습니다.

"조공은 용병에 뛰어나서 변화를 종잡을 수가 없습니다. 군대의 수가 적다고 무시해서는 안 됩니다." 그래서 그는 지구전과 유격전을 해야만 한다고 제안합니다. 먼저 자신의 역량을 발전시키고 강화해야만 한다는 것이죠. 첫째는 굳건하게 서야 하고(지리적 요충지에 의지한다), 둘째는 지역적 기반을 확대해야 하며(네 주의 땅을 낀다), 셋째는 통일된 전선을 세워야 하며(밖으로는 영웅들과 손을 잡는다), 넷째는 전비를 확충하는 데에 박차를 가해야(안으로는 농사와 병사兵事를 정비한다) 튼튼한 기초에 서게 된다고 했습니다. 그런 다음 소수의 정예 부대를 보내 조조를 교란하는 것입니다. 즉 '기습 부대를 몇 개 편성하여 적의 허점을 노려 교대로 출동시키는 것'입니다. 조조가 동쪽을 구원하면 서쪽을 치고, 서쪽을 구원하면 동쪽을 쳐서 적들을 우왕좌왕하게 하여 지치게 만들고, 백성들이 편안히 생업에 종사하지 못하게 만들면, 힘은 들이지 않았는데 적들은 기진맥진하게 될 것입니다.

전풍은 이렇게 하면 2년이 지나지 않아서 가만히 앉아 성공을 거두게 될 것이라고 주장합니다. 지금 자기들이 가만히 앉아서도 생각할 수 있는 승리의 계책을 버려두고, 한 번의 싸움으로 승패를 결정지으려 했다가 만에 하나 실수하게 되면 후회막급일 테니까요. 원소가 받아들이지 않자, 전풍은 강력하게 간언합니다. 원소는 벌컥 화를 내며, 전풍이 천하를 평정하려는 자신의 큰 계획을 방해하고 있으므로 그 죄가 만 번을 죽어도 부족하다고 여기고 전풍을 옥에 가두며, "내가 개선을 하고 돌아올 때까지 기다려라. 나중에 다시 너하고 결판을 내겠다"라고 말합니다.

전풍이 옥중에서 일 년여를 기다리고 있는데, 찾아온 것은 바로 실패했다는 전갈이었습니다. 이에 친구가 찾아와 전풍에게 축하하며, 이제부터 그대는 틀림없이 중용될 것이라고 말합니다. 하지만 전풍은 하늘을 우러러 길게 탄식하며 말합니다.

"이제 나는 반드시 죽겠구나!"

찾아왔던 친구는 이해하지 못해, 왜 그런 것인지, 어떻게 그럴 수 있는지를 묻습니다. 왜, 어떻게 그럴까요?

승패의 이유

10강
勝敗有凭

당시 중국의 운명과 앞길을 결정지은 관도대전은 헌제 건안 5년 10월에 조조의 대대적인 승리로 그 끝을 고한다. 원소는 10만의 병사를 거느리고 있었고, 장수들은 용맹했으며 모신들도 매우 뛰어났다. 반면 조조의 군사력은 원소와 현격한 차이가 있었으며 부하들도 적수가 되기에는 많이 부족했다. 그러나 결국 조조가 적은 숫자로 많은 수의 적을 상대하여, 약자가 강자를 이겼다. 이 이면에는 과연 어떤 이유가 숨어 있을까?

헌제 건안 5년(200) 10월, 조조는 관도대전에서 승리를 거뒀습니다. 지난해에 원술은 죽었고 지금 원소마저 패하여, 안하무인이던 원씨 형제는 다시 재기할 가망이 없었으므로, 중국 북방은 조씨가 지배하기 시작했습니다.

조조는 승리를 예상했던 것 같습니다.

실제로 조조는 일찍부터 원씨 형제를 블랙리스트에 넣었습니다. 《삼국지》〈무제기〉의 배송지 주에서 인용한 황보밀皇甫謐의 《일사전逸士傳》에는, 원소의 아버지 원봉의 부인이 세상을 뜨자, 원소와 원술 형제는 영구를 여남으로 모셔 장사를 지냅니다. 이때 조문하러 온 빈객들의 수가 3만에 이르렀습니다. 이렇게 많은 빈객들을 대하자 원소와 원술은 비록 비통한 표정을 짓지 않을 수는 없었겠지만, 마음 깊은 곳에서는 회심의 미소를 지었으리라는 것을 어렵지 않게 상상할 수 있습니다. 하지만 냉정한 눈으로 옆에서 지켜보던 조조는 은밀하게 왕준王儁이라는 친구에게 천하가 머지않아 크게 혼란해질 것이며, 재앙을 일으킬 괴수는 틀림없이 저 두 사람일 테니 천하를 평정하고 백성을 구제하려면 반드시 저 두 사람을 먼저 없애야 한다고 말합니다. 왕준은 줄곧 조조를 천하의 영웅으로 인정해왔던 사람이라 즉시 응답합니다.

"천하를 소탕하여 평정하는 일을 그대 말고 또 누가 할 수 있겠나?"

두 사람은 서로 마주 보며 웃습니다. 나중에 조조와 원소가 서로 다툴 때, 왕준은 유표에게 조조를 지지하라고 권하지만, 아쉽게도 유표는 받아들이지 않습니다.

그때의 조조는 그저 말만 했을 뿐이지, 군대를 출동시킬 명분도 없었고, 의욕은 넘쳤으나 역부족이었습니다. 실제로 조조는 줄곧 원소를 싸워 이길 수가 없어서 고민했습니다. 조조가 천자를 맞이해 받들고 난 뒤, 원소는 마음속으로 8할 정도는 복종하지 않았습니다. 이에 군대를 늘리고 전쟁 준비에 박차를 가하며 제후들을 겸병하여, 마침내 기주·청주·병주·유주 네 곳의 땅을 보유하니, 인구가 많고 세력도 크며 병마는 날래고 용맹하여 천하가 그 강함을 두려워하게 되었습니다. 조조는 사방이 모두 적이었습니다. 북에는 원소, 동에는 여포, 서에는 장수, 남에는 원술에 그다지 좋은 감정이 없던 손책까지 있었습니다. 나중에 관도대전에서, 손책은 허현을 몰래 습격하려고 했다가 자객에게 모살되어 뜻을 이루지 못합니다. 그래서 조조는 속이 매우 답답하고 괴로웠습니다.

순욱은 조조의 마음을 꿰뚫어 보았습니다. 《삼국지》〈순욱전〉에 따르면, 건안 2년 정월, 조조가 여느 때와 달리 비정상적인 말과 행동을 하자 모든 사람들은 장수가 그를 배반했기 때문이라고 생각을 했으나, 순욱만은 그렇게 여지지 않았습니다. 순욱은 말합니다.

"조공은 총명해서 결코 지난 일을 따질 사람이 아니오. 반드시 다른 이유가 있을 것이오."

물어봤더니 과연 그랬습니다. 알고 보니 원소가 조조에게 편지 한 통을 보냈는데, 태도가 매우 무례하고 어투도 너무나 오만했던 것입니다. 조조가 순욱에게 묻습니다.

"내가 줄곧 저 불인不仁하고 불의不義한 놈들을 토벌하고자 했으나, 안타깝게도 힘이 모자라 뜻대로 되지 않았는데 어찌하면 좋겠소?"

순욱은 말합니다.

"염려하실 필요 없습니다. 고금의 역사를 보면, 성공과 실패는 사람에게 달린 것이지 세력에 달린 것이 아닙니다. 만약 진정한 영웅이라면 당장은 조금 약하더라도 강대해질 수 있습니다. 이와 반대로 모조품이라면 현재는 강하더라도 금방 약해질 것입니다."

당연한 이야기입니다. 문제는 구체적으로 조조와 원소의 강약과 대소가 서로 바뀔 가능성이 있느냐 없느냐 하는 것입니다. 순욱은 있다고 생각합니다. 그래서 순욱은 조조에게 말합니다.

지금 세상에 명공과 천하를 놓고 다툴 수 있는 자는 원소밖에 없지만, 그는 사실 겉으로는 강해 보여도 속은 텅 비어 있습니다. 하지만 공께서는 네 가지 점에서 원소보다 강합니다. 첫째, 원소는 표면적으로는 도량이 넓은 듯하나 실제로는 현명하고 재능 있는 사람들을 시기하고 질투하여, 인재를 쓰려고 하면서도 충분하게 신임하지 못합니다. 하지만 명공께서는 넓은 도량으로 사소한 일에는 구애받지 않으시고, 인재들을 최대한 신임할 뿐 아니라 그들을 가장 적합한 위치에 놓을 수가 있습니다. 바로 도량에서 원소를 앞서는 것입니다. 둘째, 원소는 반응이 둔하고 우유부단해서 결정을 내리는 것이 언제나 반 박자 늦습니다. 하지만 명공께서는 늘 제때에 즉시 결단을 내릴 뿐 아니라, 그 변화를 헤아리기가 어렵습니다. 모략謀略에서도 원소를 능가합니다. 셋째, 원소는 군대를 다스리는 것이 엄하지 못해서 군령을 내려도 제대로 시행되지 못하고, 금령을 내려도 제대로 그치게 만들지 못합니다. 그래서 군대와 군마의 수가 많다고는 하지만 실제로는 쓸 수가 없습니다. 이와 달리 명공께서는 군법의 집행이 태산같이 무거워서, 군령과 금령을 제대로 시행하고 상벌이 분명하며, 말에는 믿음이 가고 행동은 반드시 실천합니다. 군대의 숫자는 많지 않으나 병사들이 모두들 앞 다투어 온 힘을 다해 죽기를 각오하고 싸웁니다. 용맹함에서도 원소보다 뛰어납니다. 넷째로 원소는 사세삼공이라는 가족의 세력을 믿고 거드름을 피우며, 온갖 수단을 부려 명예를 추구하고 있습니다. 그래서 고상하다고 자처하는 사람들이 그에게 의탁하고 있지만, 안타깝게도 그들은 그저 허울만 좋았지 진정한 재능과 학식을 갖춘 자들이 아닙니다. 이에 비해 명공께서는 성심으로 사람들을 대하며 겉치레를 하지 않고, 자신의 생활은 소박하게 하면서 공이 있는 사람에게 상을 내리는 것을 조금도 아까워하지 않습니다. 그래서 충성스럽고 재능 있는 사람들이 모두 공에게 와서 귀의합니다. 인덕仁德 또한 공이 원소보다 뛰어납니다. 이 '네 가지 뛰어남'을 가지고 있고 게다가 천자를 받들어 정의라는 이름으로 정정당당하게 명분이 있는 군대를 출동시키는데, 어떻게 이기지 못할 리가 있겠습니까?

곽가도 비슷한 이야기를 한 적이 있습니다. 곽가의 말은 더욱 과장되어, 단숨에 '열 가지 나은 점'을 말합니다. 즉, 법칙道, 정의義, 정치治, 도량度, 지모謀, 덕성德, 인仁, 총명明, 문장文, 무예武입니다. 상대적으로 원소에게는 '열 가지 못난 점'이 있습니다. 그러나 《삼국지》에는 순욱의 '네 가지 뛰어남'만 기록되어 있고, 곽가의 '열 가지 뛰어남과 열 가지 못남'은 배송지가 주에서 인용한 서진 부현傅玄의 《부자》에 있습니다. 모사들의 이야기를 반드시 믿을 수는 없습니다. 특히 순욱과 곽가는 모두 조조의 입장에 서서 말하고, 조조를 격려하고 있으니 표현의 과장은 불가피합니다. 그러나 만약 원소의 모사들도 비슷한 견해를 가지고 있었다면 이 문제를 더 잘 설명할 수가 있습니다.

원소 측 모사들의 의견과 원소의 전략적 실수

그럼 원소 쪽에서는 어떻게 말하고 있는지 보겠습니다.

원소의 모사인 저수와 전풍이 조조와 원소를 전면적으로 비교한 적은 없습니다(불가능하기도 했습니다). 하지만 그들이 제기했던 근본 문제는 이 전쟁을 일으키는 것이 정의인가 아닌가 하는 데에 있었습니다. 《삼국지》〈원소전〉의 배송지 주에서 인용한 《헌제전》에 따르면, 저수와 전풍은 원소에게 이렇게 말합니다.

전쟁이 몇 년 동안 끊이지 않아서 민중들이 매우 지쳐 있고, 창고는 텅 비어 남은 게 없으며, 세금은 줄지 않고 늘기만 하니, 이것이 가장 큰 우환입니다. 그러므로 생산을 늘리고 인민들을 안정시켜 사절을 천자에게 파견하여, 우리들의 성과를 보고해야 합니다. 만약 천자에게 가지 못한다면, 조조가 우리들이 천자에게 경의를 표하려고 하는데도 중간에서 방해를 하며 통일 대업을 파괴한다는 사실을 공개적으로 알린 뒤에, 유격전과 지구전으로 전쟁을 운용하여 조조와 맞서야 합니다. 이렇게 하면 3년이 지나지 않아 가만히 앉아서도 성공을 거두게 될 것입니다.

이 책략은 의심할 바 없이 정확한 것이었습니다. 먼저 조조를 불의不義한 처지에 두면 '도리에 맞는 일'이 되고, 강한 힘으로 약한 상대를 제압하여 쉬면서 비축된 힘으로 피로한 적을 맞아 싸우면 '유리한 위치를 차지하는 것'이 되며, 가는 곳마다 진을 쳐서 순서에 따라 점차 전진하면

'절차에 따르는 것'이 됩니다. 그러나 심배와 곽도가 반대합니다. 반대하는 이유는, 심배의 경우는 아마도 그가 멍청했기 때문인 것 같고, 곽도는 대체로 원소에게 아첨하기 위해서였습니다. 곽도는 원소가 눈앞의 성공과 이익에만 급급하고, 자신을 매우 뛰어나다고 여기는 것을 알고 있었으므로, 심배와 함께 이렇게 말합니다.

병법에 보면, 우리의 병력이 상대의 열 배가 되면 포위하고, 상대의 다섯 배일 경우는 공격하며, 서로 막상막하일 때에는 상대와 한번 맞붙을 수 있다고 되어 있습니다. 이렇게 본다면, 주공主公의 귀신같은 용맹함과 우리 군대의 강대함을 가지고 하찮은 조조를 없애는 것은 손바닥을 뒤집기보다 쉬운 일이 아니겠습니까? 지금 단단히 붙잡지 않으면 나중에는 기회가 없을 것입니다.

이는 분명 호언장담과 헛소리로 나라를 망치는 것으로, 실질적인 내용이라고는 전혀 없습니다. 그래서 저수는 통렬한 비판을 가하지 않을 수가 없었으니, 그 말은 비교적 엄중했습니다.

난리를 평정하여 잔인하고 포학한 자들을 죽여 없애는 것을 '의병義兵'이라고 부르며, 무력을 함부로 써서 전쟁을 일삼으며 세력을 믿고 남을 업신여기는 것을 '교병驕兵'이라고 부릅니다. 의병은 싸워서 이기지 못하는 경우가 없고, 교병은 의심할 여지없이 반드시 패합니다. 지금 천자께서 허도에 계신데 군대를 일으켜 남쪽으로 향하는 것은 도리에 어긋납니다. 게다가 조조는 군법과 기강이 엄하고 분명하며, 그의 사졸들은 잘 훈련된 정예병들인데, 어떻게 공손찬처럼 가만히 앉아서 망하기를 기다리겠습니까? 교병을 가지고 의병과 싸우는 것은 불리할뿐더러, 명분도 없으면서 명분이 있는 자를 치는 것이므로 더욱 도리에 어긋납니다. 만약 다시 책략을 강구하지 않고, 오직 한 번의 수고로 공을 달성하려고 한다면 잘못 세운 전략이 될 것입니다. 지금 절대적으로 안전한 방법을 버리고 명분 없는 전쟁을 일으키려 하시니 저는 공이 걱정됩니다!

저수는 가장 중요하고 기초적인 문제를 말했습니다. 아시다시피 전쟁은 정치의 연속입니다. 그렇기 때문에 전쟁의 승패는 결코 군사력의 강약에만 달려 있지 않습니다. 막사에서 계략을 짜서 천 리 밖의 승리를 결정지을 때는 실력만 고려할 수는 없으며, 정치적으로 정당한가와 도의상으로 올바른가도 고려해야 합니다. 원소처럼 불의한 전쟁을 일으키고 명분도 없이 군대를 출동시킨다면, 어떻게 패하지 않겠습니까? 그러나 원소는 이런 이치를 깨닫지 못하고, 사리에 맞지도 않는데 억지를 부리는 곽도 등과 같은 사람의 말만 믿었다가 정치적으로나 도의상으로도 조조에게 먼저 지고 들어갔습니다. 전략상으로도 눈앞의 성공과 이익에만 급급하여 헛된 명성에만 힘쓰고 실제를 돌아보지 않으면, 참패를 당하는 것은 당연한 일입니다. 정치적으로도 유리한 점이 없고, 도의상으로도 맞지 않으며 전략에서도 잘못을 저지른 것이 원소가 패한 중요한 이유였다고 할 수 있습니다.

원소는 군대를 지휘하는 일에서도 실수를 저질렀습니다. 전쟁 초기에 조조의 성동격서에 말려, 백마를 지키지 않고 연진으로 달려가 구원한 것이 첫 번째 실수입니다. 조조가 관도로 회군한 뒤, 조조가 후퇴를 전진으로 여기고 수비를 공격으로 생각한다는 것을 알지 못하고, 관도로 돌진한 것이 두 번째 실수입니다. '대치 단계'에서 유벽과 유비를 파견해서 허현 주변에서 소란을 피우게 하면서도 오히려 천자를 납치하라는 허유의 건의는 받아들이지 않았습니다. 이것이 세 번째 실수입니다. 조조가 오소를 기습할 때, 곽도의 의견을 받아들여 경무장한 병사들에게 오소를 구원하게 하고 중무장한 병사들에게 관도를 공격하게 한 것이 네 번째 실수입니다. 원소는 이 전쟁을 지휘하면서 잇달아 잘못을 저질렀습니다. 관도대전의 이 결말은 조조가 군대를 귀신같이 부려서라기보다는 원소가 철저하게 어리석었기 때문입니다. 그래서 병졸이 무능하면 한 개인에 그치지만, 장수가 무능하면 전 군대를 망친다는 말도 있는 것입니다. 사령관이 연거푸 잘못을 저지르자 전쟁에서 돌이킬 수 없을 정도로 철저히 패했습니다.

원소의 우유부단과 인재 활용 능력의 부족

지휘를 잘못한 근본 원인은 원소가 통솔력을 전혀 갖추지 못했다는 데 있습니다. 순욱은 원소가 반응이 둔하고 우유부단해서 결정을 내리는 것이 늘 반 박자 늦는다고 지적했습니다. 이와 반대로 조조는 제때에 결단을 내리며 상황의 변화에 신속하게 대처할 수 있다고 말했습니다.《삼국지》〈무제기〉에서는 건안 5년(200) 정월, 관도대전이 벌어지기 직전에, 조조가 바쁜 중에 짬을 내어 유비를 공격했다고 말하고 있습니다. 당시 모든 사람이 이렇게 말했습니다.

"명공과 천하를 다투고 있는 사람은 원소가 아닙니까? 어째서 유비를 치려고 하십니까?"

조조는 말합니다.

"유비가 진정한 인걸이오. 지금 그를 없애지 않으면 끝없는 후환이 있을 것이오."

모두들 다시 말합니다.

"원소가 대군을 거느리고 국경까지 쳐들어왔는데, 우리가 유비를 치러 간 사이에 원소가 우리의 배후를 치면 어떻게 합니까?"

조조는 말합니다.

"안심들 하시오! 원소는 비록 큰 야망을 가지고 있지만 상황을 파악하는 것은 늦으니, 움직이지 않을 것이오."

과연 조조가 유비를 치고 관우와 유비의 처자식들을 포로로 잡아 다시 관도로 돌아올 때까지 원소는 꿈쩍도 하지 않습니다. 《삼국지》〈원소전〉에 따르면, 전풍이 원소에게 이 기회를 빌려 조조를 습격하자고 건의했던 일이 있었습니다. 원소가 어린 아들이 병에 걸렸다고 하면서 군대를 출동시키려고 들지 않자, 화가 난 전풍은 지팡이로 땅을 치면서 말합니다.

"천재일우의 기회인데! 애가 병났다는 말이나 하고 있다니!"

지휘가 잘못된 또 하나의 원인은 인재를 제대로 쓰지 못했다는 점입니다. 원소의 수하에는 많은 인재들이 있었습니다. 안량과 문추는 용맹하였고, 전풍과 허유는 지모가 있었으며, 저수와 곽도는 꾀가 많았고, 심배와 봉기逢紀는 충성을 다하고 있었습니다. 그래서 공융은 일찍이 조조는 적수가 아니라고 단언했습니다. 《삼국지》〈순욱전〉에 따르면, 공융은 순욱에게 이렇게 말했습니다.

"전풍과 허유는 지모가 있는 사인들이니 계책을 세우게 하고, 심배와 봉기는 충신들이니 정치를 맡기며, 안량과 문추의 용맹함은 삼군에 으뜸이라 군대를 통솔하게 한다면, 아마도 이기기는 어려울 것이오!"

하지만 순욱은 걱정할 일이 아니라고 생각합니다. 이들이 모두 인재라는 점은 부인할 수 없지만 이들은 모두 단점을 가지고 있었습니다. 순욱은 '전풍은 고집이 세어서 윗사람을 거스르고, 허유는 탐욕스러워서 몸가짐이 바르지 못하며, 심배는 독단적이라서 계획성이 없고, 봉기는 무모하여 자신의 판단만으로 행동한다' 라고 봅니다. 고집이 세어서 윗사람을 거스른다면 계책이 받아들여지기 어렵고, 탐욕스러워 몸가짐이 바르지 못하다면 충성을 보증할 수 없으며, 독단적이라서 계획성이 없다면 결정이 치밀할 수 없고, 무모하여 자신의 판단만으로 행동을 한다면 하는 짓이 난폭하기 쉽다는 의미입니다. 심지어 순욱은 만약 허유의 가족이 법을 어긴다면, 틀림없이 심배와 봉기 이 두 충신은 인정사정 보지 않고 엄정하게 법을 적용할 것이고, 허유는 배반할 것이라는 예측까지 했습니다. 또 안량과 문추의 경우는 필부의 용기를 지닌 자들에 불과해서 한번 싸우면 포로가 되리라고 예상했습니다. 결국 전부 순욱의 말처럼, 전풍은 옥에 갇히고 허유는 배반해서 도망쳤으며, 안량과 문추는 목숨을 잃었습니다.

만약 이 사람들만 단점을 가지고 있었다면 문제가 심각하지는 않았을 것입니다. 세상에 완전무결하여 나무랄 데 없는 사람은 없으며, 누구나 단점을 가지고 있습니다. '사람을 잘 알아보고 적재적소에 쓴다'는 말은 이 사람이 어떤 장점과 어떤 결점을 가지고 있는지를 알아서, 장점을 발휘하게 하고 결점을 피하게 한다는 의미입니다. 애석하게도 원소는 그렇게 할 줄 몰랐습니다. 원소가 사람을 쓰는 단 하나의 원칙은 자신의 개인적 호오好惡였습니다. 호오의 기준도 매우 간단해서 누가 아첨을 하면 그 사람을 좋아하고, 누가 이의를 제기하면 그를 싫어했습니다. 전풍이 자주 이의를 제기하자 그는 전풍을 감옥에 집어넣었고, 저수가 자주 이의를 제기하자 그는 저수를 찬밥 취급합니다.

저수를 냉대한 결과는 원소가 정책을 결정하는 데에 잇따른 실수로 나타납니다. 원소는 여양으로 진군하고 안량을 파견하여 백마를 공격하게 합니다. 저수가 이에 대해 지적합니다.

"안량은 성질이 조급하여 감정을 누르지 못합니다. 비록 용맹하기는 하나 단독으로 어느 한 부분을 담당할 수는 없습니다."

원소는 이 말을 듣지 않았고, 결국 안량은 전사합니다. 조조가 관도로 회군했을 때, 저수는 그에게 연진에 군사를 주둔시키면서 관도로 병력을 나누라고 권합니다. 관도의 첫 전투에서 승리하고 나서 연진의 대부대가 가도 늦지 않는다는 것이죠. 만약 전방에서 패하게 되더라도 퇴로가 있기도 하고요. 원소는 또 받아들이지 않았고, 조조에 의해 수렁에 빠집니다. 조조가 오소를 기습했을 때, 저수는 재차 건의합니다.

"장기蔣奇에게 별동대를 이끌고 가서 그 퇴로를 끊으라고 하십시오."

원소는 여전히 듣지 않았고, 결국 모든 밑천을 한꺼번에 완전히 태워버립니다. 원소는 특이한 성격과 별난 재능을 가졌던 것 같습니다. 자신에게 유리하고 정확한 의견이면 그는 반드시 본능적으로 배척했습니다. 그에게 이로우면 이로울수록 받아들이지 않았습니다. 참으로 기이한 풍경이지요.

원소 집단의 내홍

사령관은 수완이 없고 모신들은 결점이 있었으므로, 모든 것이 엉망이 되었습니다. 더욱 엉망인 것은 그들이 자신들의 둥지 안에서 싸우려 든다는 점이었습니다. 먼저 곽도가 저수를 질투하더니, 나중에는 봉기가 전풍을 모함했습니다. 곽도, 심배와 저수, 전풍의 의견이 갈리는 것은 원래 정상입니다. 문제를 토론하면서도 시각들이 전혀 다른데 어떻게 완전한 의견의 일치를 볼 수가 있었겠습니까? 모든 사람이 국가적인 관점에 서서, 실제 회의석상에서는 논쟁을 하더라도 회의 후에는 힘을 합쳐 일을 하면 되는 것입니다. 그러나 원소 집단은 그렇지 못했습니다.

회의가 끝나기가 무섭게 곽도는 저수에 대한 험담을 늘어놓으며, 저수가 정치와 군사를 모두 통솔하여 그 권위가 전 군대를 떨게 하고 있으므로, 제압하지 않으면 아마도 장래에 감당하기 어렵게 될 것이라고 말합니다. 원소는 곧바로 의심을 일으켜서, 저수의 군사에 대한 권한을 약화시키고 두 번 다시 그의 말을 받아들이지 않습니다. 저수가 사직서를 제출

해도 허락하지 않습니다. 저수는 아무리 해보아도 어쩔 수가 없어서 부득불 원소를 따라 황하를 건넙니다. 《삼국지》〈원소전〉 배송지 주에서 인용한 《헌제전》에 따르면, 배에 오르기 전에 저수는 하늘을 우러러보고 길게 탄식하면서, "유유히 흘러가는 황하여! 나는 아마 다시는 돌아오지 못할 것만 같구나"라고 말합니다.

과연 원소의 군대가 패하게 되자, 저수는 포로가 되어 조조 군의 수중에 떨어집니다. 저수는 원래 원소를 따라 후퇴해야 될 사람이었습니다. 하지만 원소가 자기 목숨만 보존하려고 하지, 어디 부하의 생사에 신경이나 쓰는 사람입니까? 저수는 미처 황하를 건너지 못하고, 포로가 되었습니다. 군인들이 그를 압송해서 조조를 보러 가는 도중에도, 그는 줄곧 "나는 항복하지 않았다"고 큰 소리로 외칩니다. 조조를 만나자 "빨리 죽는 것이 복이오"라고 말합니다. 저수는 조조의 오랜 친구이기도 했으므로, 조조는 그를 맞이하면서 말합니다.

"천지개벽을 하고 상전벽해 되어도, 우리가 이런 곳에서 만나게 될 줄은 생각지도 못했소."

저수는 말합니다.

"원공袁公이 실수하여 궁지에 몰린 것이오. 이 저수의 지혜와 역량을 모두 썼으니 그대의 포로가 되었어도 어쩔 수 없는 일이오."

그러자 조조는 "본초가 지모가 없어서 그대의 계략을 쓰지 못했을 것이오. 나와 힘을 합쳐 일하는 것이 어떻겠소?"라고 말합니다. 저수는 말합니다.

"집안사람들의 생명이 모두 원소의 손안에 있으니, 조공은 그냥 내가 원하는 대로 도와주시오."

조조는 할 수 없이 그를 죽입니다. 조조는 말합니다.

"내가 만약 좀 더 일찍 저수를 얻었다면, 천하를 평정하는 일에 걱정이 없었을 것이오."

　원소의 모사들이 내홍에 휩싸여 있을 때, 원소 자신은 집안 분란에 휘말려 있었습니다. 원소에게는 원담, 원희, 원상 등 세 아들이 있었습니다. 그가 가장 좋아했던 아들은 원상이었습니다. 이유는 간단한데, 원상이 잘생겼기 때문이었습니다. 아시다시피 원소 자신도 한 인물 했습니다.《삼국지》의 표현에 의하면, "자태와 용모가 위엄이 있었다"고 합니다. 원소는 나이 든 멋쟁이의 후계자는 당연히 젊은 멋쟁이가 되어야 한다고 여겼기 때문에, 원상을 후계로 세우려고 생각했습니다. 하지만 이 말을 입 밖에 내지 않고, 그들의 능력을 살펴봐야 한다는 핑계로 세 아들과 조카 한 명에게 각각 한 주씩을 다스리게 했습니다. 그래서 원담은 청주자사, 원희는 유주자사, 고간高幹은 병주자사가 되었으며, 원상은 자신과 함께 근거지인 기주를 지키게 했습니다.《삼국지》〈원소전〉의 배송지 주에서 인용한《구주춘추》에 의하면, 저수는 당시에 반대했습니다. 저수는 말합니다.

　"토끼가 거리를 뛰어가면 모두들 그것을 쫓아갑니다. 그러다 한 사람이 그것을 붙잡으면, 모두들 뒤쫓지 않습니다. 명공이 이와 같이 하면 작정하고 갈등을 조장하는 바가 되니, 반드시 재앙의 시작이 될 것입니다."

　원소는 이 말을 받아들이지 않습니다. 과연 원소가 죽자 원소의 아들들은 내부 분쟁을 일으켰고 모사들도 두 파로 갈렸습니다. 심배와 봉기는 원상을 옹호했고, 신평辛評과 곽도는 원담을 지지해서, 결국에는 권력과 이익을 다투다가 함께 망했습니다.

　따라서 원소의 '잘못'에는 한 가지가 더 추가되는데, 그것은 바로 조직에서 화합을 잃었다는 점입니다. 정치상으로는 패배하였고, 도의상으로는 합리성을 잃었으며, 전략에서는 실책을 했고, 지휘에서는 실수를 저질렀으며, 인재를 제대로 쓰지 못했고, 조직에서는 화합하지 못했습니다. 이런 '여섯 가지 잘못'이 있는데도 원소가 패하지 않는다면, 천리天理에 어긋날 일입니다.

조조의 승리

조조는 왠지 확신에 차 있었습니다. 《삼국지》〈무제기〉에 따르면, 원소가 전쟁을 일으킨 소식이 허도에 전해진 뒤, 조조 주변의 사람들은 모두 긴장하면서 틀림없이 원소를 이기지 못할 것이라고 생각합니다. 원소의 정예 병사들과 용맹한 장수가 10만 명인데 반해, 조조의 병력은 1만여 명에 불과했기 때문입니다(물론 배송지는 이 숫자가 부정확하다고 보았습니다). 그러나 조조는 오히려 매우 태연했습니다. 조조는 말합니다.

"나는 원소의 사람됨을 잘 알고 있소. 그자는 야심은 크지만 지혜가 적고, 화는 잘 내지만 담력은 작으며, 질투가 심하고 각박하며 인간미가 없소. 그의 집단은 병사의 수는 많으나 지휘 부서가 명확하지 않고, 장수들은 거만하고 정치적인 명령이 일관적이지 못하오. 따라서 원소는 지역적 기반이 넓고 양식이 많으나, 결국 우리에게 고스란히 물자를 제공해줄 사람에 불과하오."

조조는 아무래도 원소의 오랜 친구라 원소를 꿰뚫어 보았습니다. 원소는 확실히 뜻은 크지만 재주가 없었고, 생김새는 다부지나 마음은 물렀으며, 겉으로는 강해 보이나 속은 텅 비었고, 정치적으로는 생각이 짧았으며, 군사적으로는 지혜가 모자랐고, 조직적인 지능도 떨어졌습니다. 물론 그의 풍모, 재주, 수완이 조금도 뛰어나지 않았다고 말하는 것도 사실과 부합하지는 않습니다. 사실 원소는 능력도 있었고 매력도 있었습니다. 사세삼공의 후예로서, 그는 아버지 대가 열어놓은 기반에만 기대어 안주하지도 않았고, 아버지 대의 좋은 명성을 망치지도 않았습니다. 오히려 그는 자신의 능력을 믿고 아버지 대보다 더 큰 성취와 더 높은 명성을 얻었습니다. 이것은 인정해야 합니다. 하지만 가장 중요한 때에 보여준 어리석음과 고집, 무모함으로 자신을 막다른 길로 내몰았습니다.

원소의 어리석음, 고집, 무모함은 삼위일체였습니다. 그는 무모했기 때문에 고집을 부렸고, 고집 때문에 어리석었으며, 어리석었기 때문에 무모했습니다. 그는 자신의 능력을 정확히 몰라 어리석었습니다. 자신의 깜냥을 몰랐기 때문에 무모했고, 줄곧 자신이 천하무적이라고 생각했습니다. 그래서 어리석었습니다. 어리석었으므로 그는 자신의 결정이 늘 뛰어나다고 생각했습니다. 그래서 고집을 피웠습니다. 고집 때문에 그는 어떠한 다른 의견도 듣지 않았고, 이 때문에 실패했습니다. 원소의 실패는 곧 사람 됨됨이의 실패요, 사람 됨됨이의 실패는 또 성격이 그렇게 만들었다고 할 수 있습니다.

원소의 성격상 특징은 정신분열입니다. 순욱은 그에 대해서 "겉으로는 관대한 듯이 하지만 속으로는 시기심이 강하며, 남에게 일을 맡기고서도 그의 마음을 의심한다"라고 말했습니다. 《삼국지》에서는 그를 "겉으로는 관대하고 고상하며 도량이 있어서 기쁘거나 슬픈 감정을 얼굴에 드러내지 않았지만, 속으로는 남을 시기하여 해치는 경우가 많았다"고 말하고 있습니다. 다시 말해서 원소는 보기에는 태도가 온화하고 품위가 있으며, 도량이 넓고 크며, 풍모가 멋스럽지만, 마음속은 음험한 사람이었다는 이야기입니다. 그는 다른 사람이 자기보다 잘나가는 것을 볼 수가 없었고, 다른 사람이 자신보다 총명한 것을 용납할 수 없었으며, 다른 사람이 자신보다 정당한 것을 받아들일 수가 없었습니다. 그가 조조를 친 것은 조조가 자신보다 잘나갔기 때문이고, 그가 저수를 깎아내린 것은 저수가 자기보다 총명했기 때문이며, 그가 전풍을 죽인 것은 전풍이 자기보다 정당했기 때문입니다.

《삼국지》〈원소전〉의 배송지 주에서 인용한《선현행장先賢行狀》에 따르면, 원소의 군대가 관도에서 패한 뒤, 장수와 병사들은 가슴을 치고 통곡하고 눈물을 흘리며, 만약 전풍이 여기 있었다면 자기들이 이런 말로를 걷지 않았을 것이라고 말합니다. 원소 자신도 면목이 없다는 것을 알고는, 봉기에게 전풍의 태도에 대해서 묻습니다.

"전풍은 옥중에서 우리의 재앙을 고소하게 생각하면서 박수를 치고 크게 웃으며, 자기의 예상이 귀신처럼 맞았다고 말하고 있습니다."

결국 원소가 업성으로 돌아와서 가장 먼저 한 일이 전풍을 죽인 것입니다.

봉기의 참언이 없었더라도, 전풍은 죽었을 것입니다.《삼국지》〈원소전〉에 따르면, 친구가 전풍에게 축하를 하면서 "그대는 반드시 중용될 것이네"라고 말했을 때, 전풍은 오히려 다음과 같이 대답합니다.

"만약 전쟁에서 이겼다면 목숨을 보전하겠지만, 지금 졌으니 나는 아마 죽게 될 것이다."

전풍은 확실히 원소의 사람됨을 잘 알고 있었습니다. 만약 승리를 거두었다면 기분이 좋아서 전풍을 석방하여 한편으로는 자신의 도량이 넓다는 것을 과시하고, 또 한편으로는 이 '반면교사'를 빌려서 자신의 위대함과 총명함을 증명할 수도 있기 때문이죠. 그런데 이런 사람은 전쟁에서 패하면 부끄러운 마음이 분노로 표출되어 틀림없이 다른 사람의 머리를 자신의 분풀이 대상으로 삼아, 정당한 사람을 죽여 자신의 잘못을 덮을 것입니다. 이런 사람이야말로 정말 못돼먹은 인간입니다.

원소의 마누라도 못된 사람이었습니다.《삼국지》〈원소전〉의 배송지 주에서 인용한《전론典論》에 따르면, 원소의 시체가 채 싸늘해지지도 않았고 아직 장사도 지내지 않았는데, 그의 부인 유씨劉氏는 원소가 총애했던 다섯 명의 첩을 전부 죽이면서, 이 여우들이 자기 남편의 정력을 상하게 해서 죽게 만들었다고 말합니다. 죽이는 것도 모자라 그 여인들의 얼굴을 훼손하면서, 이렇게 해야 구천에서도 원소를 호리는 일이 없을 것이라고 주장합니다. 원상은 이 짓거리를 도와 그 여인들의 가족들마저 몰살시킵니다. 이 점은 조조와는 완전히 반대입니다. 조조는 전쟁에서 지면 자신을 반성했고, 승리를 거두면 다른 사람에게 감사했습니다. 그의 부인인 변씨卞氏도 후덕했습니다. 《삼국지》〈후비전〉 배송지 주에서 인용한 《위략》에 따르면, 그녀는 늘 조조가 외출한 때를 이용해서 이혼한 정부인丁夫人을 집으로 맞아와 자신이 첩의 예를 갖추어 모셨고, 평소에도 늘 옷과 음식을 보내주며 살뜰하게 보살폈습니다. 조조와 원소, 그리고 그들의 부인을 비교해보면, 누가 승리할 수밖에 없고 누가 패할 수밖에 없었는지, 일목요연해지지 않습니까?

 참으로 흥망을 누가 단정할 수 있겠으며 승패에 어찌 이유가 없겠습니까? 지금 보자면 조조의 승리와 원소의 패배에는 다 이유가 있었습니다. 사실 조조와 원소, 이 두 사람의 차이는 이미 일찍부터 뚜렷하게 드러났습니다. 《삼국지》〈무제기〉에 따르면, 동탁을 토벌하기 위해 막 기병했을 때, 원소가 조조에게 묻습니다.

 "만약 동탁을 토벌하는 일이 성공을 거두지 못한다면, 그대는 어느 방면에 의지하고 근거지를 삼을 수 있다고 보시오?"

 그러자 조조는 그의 생각은 어떠하냐고 반문합니다. 원소는 이렇게 대답합니다.

 "남으로는 황하에 의지하고, 북으로는 연대(燕代, 지금의 허베이 북부와 산시 동북부 일대를 두루 가리킴)를 차지하고 융적(戎狄, 오환을 가리킴)을 겸병하며, 남쪽을 굽어보며 천하의 패권을 다툰다면, 아마도 성공할 수 있지 않겠소?"

 조조는 이 말을 듣고 속으로 가소로워하며, 쓸모없는 사람이라면 어디

10강 승패의 이유 | 223

로 피한들 쓸모가 없을 것이라고 생각하면서 담담하게 말합니다.

"내가 보기에는 널리 천하의 지혜롭고 재능 있는 선비들을 임용하여 정도正道와 정의正義로 그들을 통솔한다면, 일이 순조롭게 풀려서 안 될 일이 없을 것 같소."

여기에서 조조는 한자어의 다의성多義性을 이용하여 원소와 다른 정치적 견해를 표명합니다. 원소가 '어느 방면에 의지할 수 있겠는가?'라고 물었을 때, 여기에서의 '방면方面'은 지리적 위치로도 이해될 수 있으며 정치적 조건으로도 이해할 수 있습니다. '의지하다據'는 거점으로도 이해될 수 있으며, '근거하다'는 뜻으로도 이해될 수 있습니다. 그렇다면 조조의 이야기는 '정의와 인재에 의지하기만 한다면, 어떤 곳이든 모두가 근거지'라고 볼 수도 있습니다. 이미 조조의 식견은 분명 원소보다 높았습니다. 이것은 조조가 나중에 원소와 중원의 패권을 다툴 때 보인 다음과 같은 태도에서도 나타납니다.

"그대는 군사와 지리라는 패를 잡고 치시오. 나는 정치와 인재라는 패를 쥐고 칠 테니. 우리 두 사람이 한판 신나게 놀아봅시다!"

조조는 정의라는 깃발과 정예 군대가 적을 이기고 승리를 거두는 양대 보배라는 사실을 일찍부터 알았습니다. 순욱은 원소에 대해 "평범한 호걸이라서 사람들을 모을 줄은 알지만 쓸 줄은 모른다"고 말했습니다. 이와 반대로 조조는 사람을 모을 줄도 알았고, 쓸 줄도 알았습니다. 그렇다면, 조조는 어떻게 사람들을 모았고, 그가 사람을 쓴 방법은 어땠을까요?

모든 내는 바다로 흐른다

11강
海納百川

조조는 일찍부터 정의의 깃발과 정예 부대가 적을 물리치고 승리를 거둘 수 있는 두 개의 보물이라는 사실을 알았다. '천자를 받들어 신하로 복종하지 않는 자들을 호령하는 것'은 정의의 깃발을 높이 들기 위함이다. 〈구현령求賢令〉을 반포하고 '인재만을 등용함'을 주장한 것은 정예 부대를 세우기 위함이다. 실제로 원소와 조조는 모두 인재를 등용하려 한 사람들이다. 그렇다면 그들의 용인술은 어떤 차이가 있었으며, 조조의 빼어난 점은 어디에 있었는가?

이번에는 조조의 용인술에 대해 이야기해보겠습니다.

이 문제는 매우 중요합니다. 《삼국지》〈무제기〉의 마지막 단락에서는 이렇게 말합니다.

한나라 말 천하가 크게 혼란해지자 영웅호걸들이 모두 일어났다. 그중에서도 원소는 네 개 주州를 호시탐탐 엿볼 정도로 강하여 당해낼 자가 없었다. 태조는 계획을 세워 작전을 짜고, 무력으로 천하를 정복했다. 그는 신불해申不害·상앙商鞅의 치국책을 운용했고, 한비자韓非子·백기白起의 기이한 전략을 겸비했으며, 상설 기관을 설치하여 능력 있는 사람을 발탁하고 그들이 각자 자신의 능력을 발휘하게 했다. 또 속마음을 숨기고 계획을 잘 진행했고, 과거의 잘못을 생각하지 않았다. 그가 결국 황제의 업무까지 독점하여 대업을 이룩할 수 있었던 것은 오직 그의 총명한 지략이 가장 뛰어났기 때문이다. 그야말로 비범한 사람이자 불세출의 걸물 아닌가?

이 말은 조조에 대한 진수의 종합적인 평가입니다. 이 평가는 원소를 이긴 것이 조조의 일생 중 최대의 성공이었으며, 조조의 성공이 그가 지략에 정통하고 사람을 기용하는 데에 능숙했다는 사실에서 기인함을 꿰뚫어 보고 있습니다. 용인술이 조조가 성공한 길의 핵심적인 내용임을 알 수 있습니다.

용인술에는 두 가지 문제가 있습니다. 하나는 어떤 사람을 등용할 것인가이고, 하나는 어떻게 활용할 것인가입니다. 바로 이 두 가지 문제에서 조조와 원소는 전혀 다른 태도를 보였습니다.

먼저 어떤 사람을 등용할 것인가를 말해봅시다.

확실한 사실은 원소도 매력적이었고, 역시 인재와 인연의 중요성을 알고 있는 사람이었다는 것입니다. 《삼국지》〈원소전〉 배송지 주에서는 《영웅기》를 인용하여 말하기를, 원소는 젊었을 적에 경성京城에서 용감하고 의협심 있는 사람들과 두루 교류하였고, 항상 명망가인 자신의 집 안마당에서 파티를 열고 살롱을 운영했으며, 빈객들을 맞이하여 유유상종하니 문전성시를 이뤘고, 또 많은 사회의 명망가들 및 명사들과 교류했다고 했습니다. 이 일은 한때 당국의 불만을 사, "원소 이 애송이가 부름에도 응하지 않고 죽음을 두려워 않는 사인들을 양성하니 도대체 뭘 하려는 생각인가!"라는 말까지 듣게 되었습니다. 그의 숙부인 원외도 그를 나무라며, "너는 원씨 가문을 멸족시킬 생각이냐?"라고 말했습니다. 원소는 그제야 조금 자신의 행동을 수습하여 대장군 하진의 휘하에 투신하여 일했습니다.

원소가 선진先秦 시대의 귀공자들의 행동을 본떠 호협豪俠들과 교류하고 문객을 양성하며 집단을 만드는 것을, 당시 조정의 몇몇 사람들이 이미 파악하고 있었음을 알 수 있습니다. 원소 자신은 아마도 은연중에 자신을 전국戰國시대의 '4대 공자公子'와 같은 인물로 자부했던 것 같습니다. 가의는

《과진론過秦論》에서 이렇게 말했습니다.

> 그때 제齊나라에는 맹상군孟嘗君이, 조趙나라에는 평원군平原君이, 초나라에는 춘신군春申君이, 위魏나라에는 신릉군信陵君이 있었다. 이 네 공자는 모두 지혜롭고 충성스러우면서도 성실했고, 관대하고 후덕했으며, 아랫사람을 아끼고 현사賢士를 존중했다.

그리하여 그들의 이름은 천하에 떨쳐졌고, 많은 사람이 그들에게 호응했습니다. 이런 모습은 사람을 끌리게 합니다. 원소는 출신이 고귀하고 훌륭한 인재이자 멋진 미소년이었으니, 당연히 이와 같은 귀공자가 될 만한 자격이 있다고 느껴집니다.

애석한 점은 원소가 피상적인 겉모습만 배웠을 뿐, 그 정수는 배우지 않았다는 것입니다. 돈을 아끼지 않는 것은 대개 배워서 할 수 있지만, '지혜롭고 충성스러우면서도 성실하고, 관대하고 후덕하며, 아랫사람을 아끼고 현사賢士를 존중하는 일'도 그렇다고 말할 수는 없습니다. 그가 교류할 때에는 한 가지 원칙이 있었는데, 바로 '온 나라에 지명도가 있는 사람이 아니면 보지 않는다'였습니다. 이것은 일종의 편견이고, 쇼이자 허세이기도 합니다. 원소가 이렇게 함으로써 사람들에게 알리려 한 것은 원공자께서는 누구든 함부로 볼 수 있는 사람이 아니라는 점입니다. 이것이 허세 아니고 무엇입니까? 더욱 중요한 것은 원소가 명사들과 교류한 이유는 자기 자신을 높이기 위함이었지, 결코 진심으로 그들의 총명한 재주와 지혜를 사용하려는 것이 아니었다는 사실입니다.

원소는 본래 자기가 훌륭하다고 생각한 사람입니다. 그는 누구도 자기보다 총명하다고 생각하지 않았으므로 진정으로 인재를 모으려 애쓸 필요가 없었으며, 그런 척만 하면 그만이었습니다. 그러니 쇼입니다. 이 때문에 그는 '자기를 낮춰 사인들에게 예를 갖춘' 모습을 취했지만, 내심은 오히려 고집불통으로 남의 의견을 듣지 않았습니다. 이것이 그가 '사람을 모을 줄은 알았지만 쓸 줄은 몰랐던' 근본 원인입니다. "원소는 집안에서 쌓은 인연을 바탕으로 허세를 부리며 현사를 예우하는 태도를 가장하여 두루 헛된 명성을 얻었고, 그래서 능력은 적으면서도 허명虛名만을 좋아하는 사람들이 대부분 의탁했습니다"라고 말한 순욱의 판단은 정확합니다.

쇼를 하면서 꾸며대고, 온갖 수단으로 명예를 추구하며, 겉모습만 꾸미면서 뽐내는 사람, 그 사람이 바로 원소였습니다.

조조의 용인술 : 명분과 실리

조조는 이와 정반대였습니다. 그의 방침은 실사구시實事求是로, 인재만을 등용하며 하나의 격식에 구애되지 않고, 온 사람은 거절하지 않는 것이었습니다. 이런 전제 아래 조조는 다섯 가지의 관계를 적절하게 처리했습니다.

첫째는 명분과 실리의 관계입니다. 조조의 정책에서 명분은 실리로 귀결되며, 실리는 더욱 중요합니다.

조조는 인재의 중요성을 깊이 알았으며, 자신의 역량도 분명히 알았습니다. 그는 사업을 성취하기 위해서는 반드시 자신을 도울 사람이 있어야 함을 알고 있었고, 자신의 배경·경력·지위·실력이 모두 남보다 못하다는 것을 알고 있었습니다. 그는 원소처럼 엄청난 가문 출신도 아니었고, 손권처럼 이미 이룩해놓은 기반도 없었습니다. 심지어 그는 유비처럼 자랑할 만한 명함(유비가 황실의 종친이라 '유황숙' 이라고 불린 것을 말함—

옮긴이)이 있는 것도 아니었습니다. 그의 정치 자본은 가장 하찮은 것이었고, 따라서 많은 사람이 그를 돕고 지지할 필요가 있었으며, 특히 명문 세족과의 합작을 통해 어필할 필요가 있었습니다. 도움을 주는 인재가 가장 좋고, 나쁜 짓을 돕는 협잡꾼, 자신의 말에 동조해주는 사람, 하다못해 아첨꾼도 좋았습니다. 재주가 있는 사람도 원했고, 명성이 있는 사람도 원했으며, 허명만 있는 사람마저도 원했으니, 그야말로 다다익선多多益善이었습니다. 심지어 조조는 그들에게 진실한 역할을 요구하지 않았습니다. 그들이 그런 척만 해도 괜찮았습니다. 또한 조조는 그들에게 진심으로 성실하게 자신을 지지할 것을 요구하지 않아서, 공개적으로 맞서지만 않으면 만족했습니다. 따라서 조조는 천자를 맞이하여 허현으로 돌아온 이후에도 많은 인재를 모집했고, 여기에는 공융 같은 무리도 포함되어 있었습니다. 이런 사람들은 당연히 조조를 도우러 온 사람들이 아닙니다. 그들은 국가와 황제를 위해 공헌하러 왔다고 주장했습니다. 그러나 조조가 정권을 장악한 상황에서 황제를 위해 일하는 것과 조조를 위해서 일하는 것이 무슨 차이가 있습니까? 적어도 조조 측에는 인재가 넘쳐나 보였습니다.

그러나 조조가 더욱 좋아했던 인재는 역시 진정한 재주와 학문을 갖춘 사람이었습니다. 조조라는 인물은 평민 의식과 무실務實 정신이 매우 농후한 사람이었습니다. 그는 "명성에 연연하다 현실의 재앙을 입을 수는 없다"는 명언을 남길 정도로, 헛된 이름을 중시하지 않았습니다. 그가 대장군의 직위를 원소에게 양보했던 것도 헛된 이름에 힘쓰지 않겠다는 표현이었습니다. 그는 또 이름난 사람을 숭배하지 않았습니다. 일찍이 관동 연합군 시절에, 그는 이미 무엇을 '한갓 허명만 있다'고 하는지 깨우쳤습니다. 사실 이름난 사람을 맹신해서는 안 되니, 이름난 사람과 능력 있는 사람은 다른 개념입니다. 이름난 사람이 반드시 능력이 있는 것은 아니라서, 그들은 종종 명성은 대단한데 실상은 그렇지 못합니다. 특히 동한 말년의 혼란하던 시기에 과장되고 표리부동한 사람이 얼마나 많았겠습니까? 조조라고 그런 속임수에 넘어가지 말란 법 있겠습니까?

심지어 조조는 혼인 문제에서도 이런 입장을 취했습니다. 그의 두 번째 부인 변씨卞氏는 기생 출신이었습니다. 기생은 당시에도 매우 저속하고 비천한 직업이었습니다. 그러나 변부인은 출신은 나빴지만 인품이 매우 훌륭했고, 사람됨과 처세도 매우 조심스러웠습니다. 《삼국지》〈후비전〉에 의하면, 조비가 태자가 된 후 변부인의 주변 사람들이 농담으로 그녀에게 한턱내라고 하자, 변부인은 "내가 아이를 잘못 가르치지 않았다는 것만으로 만족할 뿐이오"라고 말했습니다. 배송지가 인용한 《위서》에 따르면, 조조가 그녀에게 노획한 보물 중에서 한두 가지 패물을 고르게 하면 그녀는 매번 중간 정도의 것을 골랐다고 합니다. 조조가 변부인에게 까닭을 묻자, 변부인은 "가장 좋은 것을 고르면 탐욕스럽고, 가장 나쁜 것을 고르면 위선적이므로 중간 것을 골랐습니다"라고 했다는군요. 이 말은 실제 했던 말이고, 조조도 이에 대해 크게 칭찬했습니다. 조조가 정丁부인과 이혼한 후, 집안의 격이 맞아야 한다는 세속적 관념을 무시하고 변씨를 처로 삼은 것은 현실을 중시했기 때문일 것입니다. 확실히 변씨는 출신은 비천했지만 덕과 재주를 겸비하였으니, 다시 명문가 여식에게 장가들 필요가 어디에 있었겠습니까?

조조의 용인술 : 덕성과 재주

둘째는 덕성과 재주의 관계입니다. 조조의 정책은 덕성과 재주를 겸비하되, 재주만을 가진 사람도 발탁한다는 것입니다.

조조에게 평민 의식과 무실 정신이 있었다면, 그가 인재를 선발하는 방식은 원소처럼 '온 나라에 지명도가 있는 사람이 아니면 보지 않는' 방식은 아니었을 것이고, 또는 몇몇 사람처럼 그렇게 '반드시 청렴한 사인일 경우에만 등용할 수 있다'고 주장하지도 않았을 것입니다. 그에게 필요한 것은 실제로 자신을 도와 천하를 다스릴 수 있는 사람이었습니다. 이 때문에 조조는 건안 15년(210), 건안 19년(214), 건안 22년(217)에 차례로 〈구현령求賢令〉을 반포하여 '인재만을 등용한다'는 인재 정책을 명확하게 제시했습니다. 조조는 "천하가 안정되지 않은 상황에서 인재가 시급한 때이므로 재능이 있는지 없는지가 중요할 뿐, 털어서 먼지 하나 안 나오는 사람을 찾기 위해 너무 많이 따질 수는 없소. 만약 도덕적인 품성이 나무랄 데 없고, 모든 면이 완전무결한 사람만을 요구한다면, 제 환공이 어떻게 패업을 이룩할 수 있었겠소? 또 한 고조가 어떻게 대한大漢을 세울 수 있었겠소? 따라서 나라를 다스리고 병법을 사용하는 재주를 가진 인재라면, 설령 좋지 않은 명성이 있고 사람들에게 비웃음을 당하는 행동을 한다 하더라도, 심지어 어질지 못하고 불효자라 하더라도 추천만 한다면 나는 어떻게든 쓰겠소"라고 말합니다.

조조의 〈구현령〉은 중국 역사의 일대 사건입니다. 제국帝國의 등용 제도를 변화시켰고(한대의 찰거察擧 제도가 역사의 무대에서 사라진 후 위진魏晉의 천거 제도를 거쳐 수당隋唐에서 비로소 과거 제도가 시작되었습니다), 오랫동안 논쟁이 그치지 않던 중대한 이론 문제에도 영향을 미쳤습니다. 그 논쟁은 바로 덕성과 재주의 관계입니다. 이상적인 경지는 물론 덕성과 재주를 겸비하는 것입니다. 그러나 덕성과 재주를 겸비할 수 없다면 무엇을 선택해야 합니까? 전통적인 방식은 덕성을 선택하고 재주를 선택하지 않는 것이고, 최소한 덕성을 재주보다 우선시합니다만, 조조는 오히려 '오직 인재만을 발탁할 것'임을 분명하게 제시했습니다. '오직 인재만을 발탁한다'는 말은 재주만 있다면 덕행에 대해서는 묻지 않겠다는 뜻이며, '어질지 못하고 불효한 자'도 상관없다는 의미입니다. 이는 물론 세상을 깜짝 놀라게 했으며, 오해를 불러일으켰습니다. 따라서 조금 더 해설할 필요가 있습니다.

조조의 이 말이 결코 덕성을 원치 않는다는 뜻은 아닙니다. 조조 본인도 도덕을 매우 중시한 사람입니다. 그는 진정으로 도덕성이 높고 훌륭한 사람은 매우 존중했습니다. 예를 들어 조조는 최염처럼 단정하고 품위 있는 사람을 매우 경외했습니다. 모개처럼 청렴결백하고 멸사봉공하는 사람도 매우 존경했습니다. 조조는 항상 사람들에게 최염이 많은 사람의 모범이자 시대의 본보기가 될 만하다고 말했습니다. 또 모두가 최염과 모개처럼 관리를 선발한다면, 모든 사람이 자율성을 느낄 것이고, 자신은 할 일이 없을 것이라고 했습니다.

그러나 조조는 도덕론 지상주의자(그가 건안 8년에 반포한 명령 중 하나는 바로 '도덕론 지상주의'의 비판이었습니다)는 아니었습니다. 그는 도덕이 인재를 선발하는 유일한 기준이라고 여기지 않았고, 첫째 기준이라고도 생각하지 않았습니다. 왜 그랬을까요? 일단 도덕을 유일한 기준과 첫째 기준으로 삼으면 세 가지 문제가 발생할 수 있기 때문입니다. 첫 번째 문제는 덕성은 있지만 능력은 없는 경우입니다. 발탁한 사람이 품성에는 전혀 문제가 없지만, 애석하게도 어떤 일도 할 줄 모르고 아무것도 감당할 수 없다면 아무 짝에도 쓸모없는 무골호인일 뿐입니다. 두 번째 가능성은 완전무결의 강요입니다. 재능, 그것도 특별한 재능을 갖춘 사람이 있는데, 도덕적인 품성에 문제가 있어서 선발할 수 없는 경우가 생깁니다. 세 번째는 속임수를 써서 남을 기만하는 것입니다. 예를 들어 선발되기 위해 정치적인 쇼를 하고 도덕적인 척 허세를 부리면 결과적으로 도덕은 부도덕으로 변질되는데, 동한 말년이 바로 이런 상황이었습니다.

그렇다면 '덕성과 재주를 겸비'하면 안 됩니까? 최염과 모개는 덕성과 재주를 겸비하지 않았습니까? 덕성과 재주를 겸비하면 당연히 좋지만, 그것은 이상적인 경지입니다. 태평한 시기에 천하가 잘 다스려져 그다지 특별한 요구가 없다면, 천천히 그런 사람을 하나하나 찾아도 무방합니다. 그러나 이때는 비상 시기이고, 조조가 해야 할 일도 비상한 일입니다. 이 일들은 신중하고 조심스럽게 처리하고 순서대로 차근차근 할 수 있는 성질의 것이 아니며, 공이 있는 사람은 반드시 후한 상을 주고 능력이 있는 사람은 중용해야 합니다. 조조가 건안 8년(203)에 반포한 〈상공능령賞功能令〉의 표현을 빌자면, "나라가 평화로울 때에는 덕행 있는 사람을 숭상하고, 시급한 일이 있을 때에는 능력 있는 사람을 포상한다"라는 것입니다.

사실상 덕성과 재주는 결코 겸비할 수 있는 것이 아니며, 명분과 실리도 반드시 통일할 수 있는 것이 아닙니다. 품행이 좋은 사람이 반드시 능력을 갖춘 것은 아니고, 능력 있는 사람이 반드시 품행을 갖춘 것 역시 아닙니다. 마찬가지로 출신이 좋은 사람이 꼭 수준이 높은 것도 아니고, 수준이 있는 사람이라고 해서 반드시 출신 성분이 좋은 것도 아닙니다. 조조는 이렇게 말했습니다.

"이윤과 부열傅說은 노예 출신이지 않은가? 소하와 조참曹參은 현리縣吏 출신 아니던가? 진평은 악명을 뒤집어쓰지 않았던가? 한신은 사람들에게 멸시와 조롱을 받지 않았던가? 관중은 더 말할 것도 없다. 입장을 논하자면 그는 '적군'이었고, 품행을 논하자면 '소인'이 아니었던가? 그런데도 상탕商湯, 무정武丁, 제 환공과 우리 한 고조께서는 오히려 그들을 중용하고 그들에게 의지하여 승리와 성공을 쟁취했다. 이것이 문제를 설명하고 있지 않는가?"

더군다나 동한 이래의 이른바 '덕성과 재주의 겸비'는 사실 덕성에 대한 요구이지 재주에 대한 요구가 아닙니다. 설령 거짓으로 꾸며진 '덕성'

이라고 해도 말이죠. 심지어 조조가 널리 인재를 모집할 때에도, 업적과 능력이 있어도 덕행이 부족하면 군국郡國의 대표로 선발되기에 부족하다고 주장하는 사람이 있을 정도였습니다. 이는 바로잡아야 했습니다. 그러나 교정을 하다 보면 반드시 지나쳐 더 잘못되기 마련이고, 그냥 두면 교정할 수가 없는 법입니다. 따라서 더 이상 신중하고 조심스럽게 '덕성과 재주를 겸비해야' 한다는 둥 어쩌고저쩌고 하기보다 '오직 인재만을 발탁한다'는 점을 제시해야만 했습니다.

조조의 용인술 : 청렴과 탐욕, 항복과 배반

셋째는 청렴과 탐욕의 관계입니다. 조조의 정책은 청렴한 관리를 중용하되, 사소한 욕심은 꺼리지 않는다는 것입니다.

인재만을 발탁한다고 한 이상, 규칙에도 얽매이지 않는 것이지요. 물론 덕성과 재주가 겸비되면 좋겠지만 약간의 작은 결점은 무방합니다. 《위략》에 이야기 하나가 수록되어 있습니다. 조조와 동향 사람으로 정배丁裵라는 사람이 있었는데 작은 이익을 탐내기 좋아했습니다. 어느 날 직권을 남용하여 자기 집의 수척한 소를 관아의 살진 소와 바꿨다가 결국 파직됐습니다. 조조가 그를 보고 일부러 물었습니다.

"문후文侯! 그대의 관인官印은 어디로 간 것이오?"

정배도 히죽거리며 말했습니다.

"가져다가 떡을 바꿔 먹었습니다."

조조는 파안대소하고 고개를 돌려 수행원들에게 말했습니다.

"모개가 여러 차례 정배를 중벌로 다스리라고 했지만, 나는 정배가 쥐도 잘 잡고 물건도 곧잘 훔치는 고양이 같은 인물이라고 생각한다. 놔두면 쓸모가 있을 것이다."

이 일이 과연 사실이라면 아마 중국 최초의 '고양이론'이라고 볼 수 있을 것입니다.

넷째는 항복과 배반의 관계입니다. 조조의 정책은 투항자나 적의 배신자를 수용하며, 이전의 나쁜 감정도 모두 풀어버린다는 것입니다.

규칙에 얽매이지 않으면 출신을 따지지 않게 됩니다. 심지어 적의 진영에 있던 사람이라도, 그는 대책을 강구하여 자기가 등용할 방법을 찾으려 했습니다. 그의 수하에 있던 다섯 명의 대장 중에서 세 사람이 적의 진영 출신이었습니다. 장료는 여포의 부장이었고, 장합은 원소의 부장이었으며, 서황徐晃은 양봉의 부장이었습니다. 악진樂進과 우금만이 그가 직접 말단에서 발탁한 사람이었습니다. "부대 내부에서 우금과 악진을 발탁하고, 포로들 사이에서 장료와 서황을 선발했는데, 그들이 모두 창업을 도와 공을 세웠으며 명장의 반열에 들었다"(《삼국지》〈무제기〉 배송지 주에서 인용된 《위서》)는 이것을 일컫습니다. 후일 진수는 이 다섯 대장을 한데 묶어 합전合傳을 쓸 때, "당시의 훌륭한 장수들 중에는 이 다섯 사람을 최고로 친다"고 했고, 조조는 그들을 칭찬하여 "무력이 매우 출중하고 지략도 두루 겸비"했으며, "강고한 적진을 돌파하여 아무리 견고한 적군도 함락시키지 못하는 경우가 없었다"고 말했습니다.

매번 전쟁이 승리로 끝난 후, 조조는 전쟁 포로 중에서 인재를 발굴하고 모집하려고 했습니다. 그는 원래 여포도 수하에 두려고 했습니다만, 유비의 만류로 그만둡니다. 《삼국지》〈여포전〉과 《후한서》〈여포전〉에 따르면, 당시 백문루白門樓 아래에 있던 여포는 포로가 되었지만 여전히 의지와 기개가 당당했습니다. 그는 매우 흥겹게 조조에게 말합니다.

"좋소! 과거의 일은 모두 끝이 났고, 천하도 안정되었소!"

조조가 무슨 뜻이냐고 묻자, 여포는 이렇게 말합니다.

"명공께서 마음속으로 걱정하던 것은 이 여포가 아니겠소? 이제 여포가 명공에게 신하로 복종할 것이외다. 만약 내게 기병을 거느리게 하고, 명공이 보병을 거느린다면, 천하에 해결하지 못할 것이 있겠소?"

또 유비에게 고개를 돌리며 말합니다.

"현덕공! 그대는 상객上客이고 나는 포로가 되어 밧줄로 이렇게 꽁꽁 묶였으니, 나를 돕는 말 몇 마디 해줄 수 없겠소?"

그 말을 들은 조조는 허허 웃으며 "호랑이를 잡았으니 꽁꽁 묶지 않을 수 있겠소?"라고 말하고는 포승을 풀어주라고 명령을 내리려 했습니다. 그런데 도리어 곁에 있던 유비가 "명공은 여포가 정원丁原과 동탁을 어떻게 모셨는지 보지 못하셨습니까?"라고 냉랭하게 말합니다. 조조는 배은 망덕과 변덕으로 절의節義가 부족한 여포를 죽일 수밖에 없다는 사실을 깨닫습니다.

모신謀臣들 중에도 적잖은 사람이 적진에서 왔습니다. 허유가 원소의 진영에서 그에게 투항했을 때, 조조는 맨발로 걸어 나와 그를 영접했습니다. 괴월蒯越이 유종劉琮과 함께 투항하자, 그는 형주를 얻어서가 아니라 괴월을 얻어서 기쁘다고 말했습니다. 진림은 원소를 위해 격문을 기초하여 조조의 조종祖宗 3대를 욕했지만, 포로가 된 후 사공군모좨주가 되었습니다. 그러나 사람을 가장 감동시킨 것은 왕수王修의 이야기입니다. 왕수는 원래 원담의 사람이었습니다. 원담이 피살된 후, 왕수는 대성통곡하며 조조를 찾아가 자신이 원담의 시신을 수습할 수 있게 해달라고 청했습니다. 조조는 일부러 대답하지 않았습니다. 그러자 왕수는 이렇게 말했습니다.

"원씨에게서 깊은 은혜를 받았으니 만약 원담의 시신을 수습할 수 있다면 그 후에는 죽어도 여한이 없겠습니다."

그 결과 조조는 그의 뜻을 가상히 여겨 허락했고, 원담을 안장安葬한 이

후 왕수도 조조의 중요한 모신이 되었습니다. 《삼국지》에도 그에 대한 열전이 있습니다.

당연히 모든 적진 속의 사람이 조조에게 투항할 수 있는 것은 아니었습니다. 저수는 조조가 매우 얻고 싶은 사람이었습니다. 《삼국지》〈무제기〉 및 〈원소전〉 배송지 주에서 인용한 《헌제전》에서는 모두 저수가 포로가 된 후, 조조가 여러 차례 항복을 권유하며 "후하게 대접"했다고 기록합니다. 그러나 저수는 처자식들이 원소 측에 있었던지라 기꺼이 투항하려 하지 않고 오히려 "원씨에게 돌아갈 것을 계획"했습니다. 조조는 하는 수 없이 그를 죽였습니다. 또 심배도 조조가 원하던 인물이었습니다. 《삼국지》 〈원소전〉 배송지 주에서 인용한 《선현행장》에 따르면, 심배는 업성 전투에서 포로가 되었습니다. 조조가 그에게 "내가 성을 포위했을 때 웬 화살을 그리 많이 쏘았소?"라고 묻자, 심배는 "너무 적었던 것이 한스러울 뿐이오"라고 말했습니다. 그러자 조조가 "그대가 원씨 부자에게 충성을 다했던 것은 어쩔 수 없어 그랬을 것이오"라고 했습니다. 조조는 분명 심배의 입장을 살펴주고, 그를 살리려는 뜻에서 그렇게 말했던 것입니다. 그러나 심배는 추호도 항복하려는 뜻이 없었고(《삼국지》〈원소전〉의 표현에 의하면 "어투가 장렬하고 시종일관 조금도 복종하거나 애걸조의 말이 없었다"고 합니다), 또 심배의 원수도 옆에서 하염없이 흐느끼자(신비辛毗를 말함. 신비의 형이 심배의 손에 죽었음—옮긴이) 조조는 별 수 없이 그를 죽였습니다.

조조의 용인술 : 대소

다섯째 관계는 대소 관계입니다. 조조의 정책은 큰 것을 잡으면 작은 것을 놓아주고, 사소한 것에 구애되지 않는다는 것이었습니다.

'청렴한 관리를 중용하되, 사소한 욕심은 꺼리지 않는다' 나 '투항자나 적의 배신자를 수용하며 이전의 나쁜 감정도 모두 풀어버린다' 는 모두 기교가 아니라 기개입니다. 즉 사람을 쓰는 도道이지 사람을 쓰는 기술이 아닙니다. 생각해보십시오. 장수는 조조에게 깊은 원한을 품고 있었지만, 일단 그가 귀순해오자 조조는 그와 화해하고 담소하며 관작을 봉하고 승진시켰습니다. 허유는 탐욕스럽고 오만방자했지만 그가 투항해오자 조조는 기쁨을 금치 못하고 맨발로 나가 그를 맞이했습니다. 진림은 조조를 악독하게 공격했지만 조조는 그의 재주를 아꼈기 때문에 어떠한 이해득실도 계산하지 않고 초연하게 그를 석방했습니다. 필심은 신의를 배신했지만 조조는 그의 효성을 가상히 여겨 과거의 잘못을 추궁하지 않고 그를 전과 같이 신임했습니다. 이런 사례들은 모두 조조의 영웅다운 기개와 크고 넓은 도량을 보여줍니다.

그의 이와 같은 기개와 도량은 상대편 진영에 있던 수많은 인재들로 하여금 진심으로 탄복하여 조조에게 투항하게 만들었으며, 조조도 솔직하고 성실하며 사려 깊은 태도로 그들을 대우했습니다. 예를 들어 문빙은 원래 유표의 대장이었고, 유표의 명을 받아 북쪽 변방을 지켰습니다. 유표가 죽은 후 후계자 유종이 조조에게 투항하며 문빙에게도 투항할 것을 요구했지만, 문빙은 그렇게 하지 않았습니다. 문빙은 "저 문빙은 주군州郡을 보전할 수 없다면 주 안에서 죽음을 기다릴 뿐입니다"라고 했습니다. 후일 조조가 남하하여 한수漢水를 건너자, 문빙은 그제야 조조를 배알합니다. 조조가 절반은 농담으로 "그대는 어찌 이렇게 늦게 왔는가?"라고 하자, 문빙은 이렇게 답합니다.

"이전에 저는 유공(유표)을 보좌하여 국가에 봉사했습니다. 그런데 지금 유공이 세상을 떠나 할 수 없이 한천漢川만 잘 지키고 백성을 보전시켜, 살아서는 어린 후사(유종)를 저버리지 않고 죽어서는 지하에 계신 분

(유표)에게 부끄럽지 않기만을 생각했습니다. 그러나 솔직히 어쩔 수가 없어 오늘 이 지경에 이르렀습니다. 저 문빙은 비통하고 부끄러울 뿐인데, 무슨 면목으로 일찍 와서 명공을 뵙겠습니까?"

문빙은 말을 마치고 나자, 대성통곡하며 눈물을 흘렸습니다. 조조도 그를 따라 눈물을 흘리며, "그대는 참으로 충신이오!"라고 말했습니다. 그리고 문빙을 강하태수江夏太守로 임명했습니다. 문빙은 이 직위를 수십 년간 맡았고(그러나 작위는 차례차례 올라가 관내후關內侯를 거쳐 정후亭侯·향후鄕侯·현후縣侯를 지냈습니다), 관우와 싸웠으며 손권을 방어하여 "명성이 적국에까지 떨쳤고, 도적들도 감히 침범하지 못해" 조조를 위하여 병법가들이 반드시 차지하려는 지역을 지켜냈습니다(《삼국지》〈문빙전文聘傳〉).

이로써 알 수 있듯이, 조조는 도덕을 중시한 사람이었고, 덕성과 재주의 겸비를 주장한 사람이었습니다. 문빙은 덕성과 재주를 겸비했다고 할 수 있습니다. 그러나 조조가 중시한 것은 대덕大德, 즉 충忠과 의義였지, 생활 태도가 어떻다든지 하는 자잘구레하고 하찮은 일이 아니었습니다. 중요한 부분이 부족하지 않다면 그 밖의 자잘한 것들에 대해서, 조조는 눈감아주고 상관하지 않았습니다.《삼국지》〈곽가전郭嘉傳〉에서는 조조의 핵심 모사인 곽가가 또 다른 중요한 모사인 진군陳群의 질책을 받는 장면이 나옵니다. 진군은 그의 행위가 신중하지 못하다고 말하며 여러 차례 조정에서 죄상을 고발합니다. 곽가는 태연자약하고 의연합니다. 조조도 이에 대해 일절 묻지 않고 전과 같이 그를 신임하며 더욱 중용합니다. 그러나 조조는 진군처럼 사람됨이 엄숙하고 단정한 사람도 매우 좋아했습니다.

멍청한 체하는 것도 아니고, 두루뭉술한 수습도 아니며, 균형의 유지도 아닙니다. 일반인들이 이해하는 '중용의 도'도 아닙니다. 그는 '중용'의 정수를 얻은 것입니다. 중용은 한쪽으로 치우치지 않은 채 인재를 등용하고, 중심만을 파악하고 지엽적인 것들은 신경 쓰지 않으며, 원칙과 융통성을 고루 갖추고 있는 것을 말합니다. 도덕은 반드시 지켜야 합니다. 도덕을 지키지 않아 한계선을 넘어가면 조정 가득 소인만 차게 됩니다. 마찬가지로 사소한 것들은 계산에 넣을 필요가 없습니다. 그런 것들을 계산하다 보면 끝이 없고, 부하들이 스스로를 위태롭게 여기게 됩니다. 그래서 조조는 반드시 진군을 인정해야 했고, 결코 곽가를 추궁할 수 없었습니다. 조조는 이러한 방침과 이런 기준을 잘 파악하고 있었습니다.

조조에게는 확실히 통솔자의 재능이 있었습니다. 그는 통솔자는 반드시 모든 것을 수용해야 하며, 최대한 인재를 흡수하고 등용해야 함을 알았습니다. 이것이 바로 포용이며, 그 포용은 일반인이 포용할 수 없는 것까지 포용합니다. '바다는 모든 냇물을 받아들이니, 포용할수록 넓어진다'라는 말은 자기에게 오는 사람을 거부하지 않고 어떤 사람이든 모두 받아들일 수 있음을 의미합니다. 생각해보십시오. 모든 냇물이 바다로 들어가면 진흙과 모래도 함께 섞여 들어갈 것입니다. 바다가 맑은 물만 받아들이고 진흙과 모래는 거부한다면, 어떻게 바다가 될 수 있겠습니까?

조조는 바다와 같은 마음을 가졌습니다. 바로 이처럼 바다와 같은 마음으로 많은 인재들이 자신의 진영을 향하도록 매료시켰습니다. 누군가의 통계에 의하면, 조조가 세상을 떠날 때까지 그의 핵심 모사, 중요 모사 및 각급의 관리들이 총 102명이었다고 합니다. 그중에서 가장 중요한 몇 사람을 들자면, 초창기 멤버로 당연히 순욱, 순유, 가후, 곽가, 정욱을 들 수 있을 것입니다. 주의할 점은 이 몇 사람은 거의 모두 주동적으로 조조에게 투항한 사람이라는 것입니다. 가후는 투항하면서 장수까지 투항시켰고, 순욱과 곽가는 원소 측에 있다가 나왔습니다. 이런 이동은 전혀 이상한 일이 아닙니다. 당시 모사와 무장들이 한 진영에서 다른 진영으로 옮겨 다닌 것은 마치 오늘날의 화이트칼라가 이 회사 저 회사로 옮겨 다니는 것과 마찬가지로 일상적인 일이었습니다. 한 집안 사람들이 다른 주군을 위해 일하는 경우도 많았습니다. 예를 들어 제갈근諸葛瑾과 제갈량 형제는 각자 손권과 유비를 위해 일했고, 각기 자기 주군을 위해 공식 석상에서 물러난 뒤에도 개인적인 만남이 없었지만, 형제의 우애에는 영향을 끼치지 않았습니다. 요컨대 순욱과 곽가가 원소 진영에서 나오게 된 데에는 모두 원인이 있습니다. 곽가는 심지어 자신과 동향(영천潁川) 출신인 신평과 곽도에게 자신이 원소를 버리고 조조에게 투신하게 된 솔직한 이유를 말할 정도였습니다. 이 이야기는 천기누설이라 할 수 있습니다. 그렇다면 곽가는 도대체 무엇을 말했으며, 그 안에는 어떤 현묘한 이치가 있었을까요?

12강
天下歸心

천하가 마음으로 따르다

조조의 뛰어난 용인술은 역사상 거의 공인되어 있다. 그는 인재 등용의 핵심을 잘 알았다고 할 수 있다. 그러나 문제는 그가 무엇을 했느냐가 아니라, 어떻게 했으며, 왜 이렇게 했느냐이다. 다시 말해서 중요한 것은 '기술'이 아니라 '도道'인 것이다. 그렇다면 조조가 사람을 발탁한 도에서, 그 '도'란 도대체 무엇이었으며, 그는 어떻게 그런 '도'를 장악할 수 있었던 것일까?

조조가 성장해가던 초기에 가장 중요했던 몇 사람의 모사인 순욱, 순유, 가후, 곽가, 정욱은 거의 주동적으로 조조에게 투신했습니다. 가장 먼저 순욱이 원소 진영에서 넘어왔습니다. 그가 넘어온 시기는 헌제 초평 2년(191)으로, 순욱은 겨우 29세였습니다. 《삼국지》〈순욱전〉에서는 그가 원소를 떠난 원인이 원소가 대업을 이룰 능력이 없음을 깨달았기 때문이고, 그래서 당시 겨우 동군태수에 불과한 조조에게 투신했다고 설명하고 있습니다. 조조는 순욱을 얻자 뜻밖의 기쁨에 어쩔 줄을 몰라, "이 사람은 나의 장량"이라고 말할 정도였습니다. 건안 원년(196), 조조는 모개와 순욱의 건의를 받아들여 천자를 맞이하여 허현으로 천도했는데, 당시 순욱은 조조의 '총참모장' 역할을 했고, 조조가 외지로 나갈 때에는 군대와 국가의 사무를 총괄했습니다. 조조는 순욱에게 다시 여러 인재를 추천해달라고 요청하며, "누가 경을 대신하여 나를 위해 계책을 세울 수 있는 사람이오?"라고 물으니, 순욱은 순유·종요鍾繇·곽가를 추천합니다. 《삼국지》〈순유전〉에 따르면, 그때 순유는 사천으로 가는 길이 막혀 형주에 머무르고 있었습니다. 조조는 순유에게 편지를 써서 이렇게 말합니다.

"현재 천하가 크게 어지러우니, 수고스럽겠지만 선생처럼 지혜로운 사인이 실력을 발휘할 때입니다. 선생께서 수수방관하신 지가 너무 오래지 않습니까?"

이 말에 순유는 곧바로 조조에게 의탁합니다. 조조는 크게 기뻐하며, "나에게는 공달公達 선생이 있어 옆에서 도와주고 있으니, 걱정할 일이 무엇이 있겠는가?"라고 말합니다.

정욱이 조조에게 오게 된 것도 매우 재미있습니다. 《삼국지》〈정욱전程昱傳〉에 따르면 연주자사 유대가 그를 청하여 기도위騎都尉를 삼았는데, 정욱은 병이 있다는 핑계로 사양합니다. 그런데 조조가 연주에 와서 그에게 세상으로 나올 것을 청하자, 그는 곧바로 합류합니다. 그의 동향 사람들이 이 점을 이해하지 못해, 어째서 앞뒤가 그렇게 딴 사람처럼 다르냐고 물었습니다. 그러자 정욱은 웃기만 하고 대답하지 않았습니다.

한편 곽가는 사실대로 말합니다. 《삼국지》〈곽가전〉에 따르면, 곽가는 일찍이 원소의 모사인 신평과 곽도에게 이렇게 말합니다.

"무릇 지혜로운 사람은 주군을 선택하는 데 신중합니다. 그래서 모든 행동이 다 완벽하여 공명도 세울 수 있는 것이지요. 원공은 한낱 주공周公이 사인들을 예우한 것만 본받으려 할 뿐, 사람을 등용하는 도리를 알지 못합니다. 생각은 복잡다단하지만 요령이 부족하며, 계책을 세우기 좋아하지만 결단력이 없으니, 함께 천하의 대란을 구제하고 패왕의 기업을 세우려고 해도 (그렇게 되기는) 어려울 것입니다."

그러고는 원소를 떠나 조조에게로 왔습니다. 조조와 그는 한 차례 대화를 나누는데, 그 내용은 '천하의 일'이었고 결과는 쌍방이 모두 대만족이었습니다. 조조는 "내가 대업을 이룰 수 있다면, 반드시 이 사람 덕택일 것이다"라고 말합니다. 곽가도 조조의 처소에서 나와서 뜻밖의 성과에 매우 기뻐하며, "참으로 나의 주인이 될 만하다"라고 말합니다. 당시 곽가의 나이는 27세였습니다.

  곽가의 말에는 세 가지의 의미가 내포되어 있습니다. 첫째, 총명한 사람, 특히 모사가 될 준비가 되어 있는 사람은 반드시 자신을 위해 좋은 주군을 선택해야 한다는 것입니다. 둘째, 원소는 사람을 쓸 줄 모르기 때문에 좋은 주군이 아니라는 것입니다. 원소도 인재의 중요성을 모르는 사람은 결코 아니었습니다. 그도 일찍이 주공처럼 '머리를 감다가 감던 머리를 움켜쥐고, 먹던 밥도 여러 차례 내뱉을 정도로 손님을 맞이하는 것에 열중' 했습니다. 그러나 그는 피상적인 것만을 배웠을 뿐, 그 정수를 배우지는 못했습니다. 그 자신도 통솔력이 부족했고, 생각에 갈피를 잡지 못해 요령을 얻지 못했으며, 계획을 세우기는 좋아했지만 결단력은 없어, 그를 따르자면 앞길이 보이지 않았습니다. 곽가의 판단이 틀리지 않았음은 이후의 사실이 증명했습니다. 원소는 적잖은 인재를 모았지만 결국 그들은 달아나거나 흩어지거나 죽거나 배반하고 말았습니다. 나머지 몇 사람도 분열하여, 한쪽은 원담을 옹호하고 다른 한쪽은 원상을 옹호했습니다. 이렇게 내부에서 분쟁이 일어나 같은 편끼리 서로 죽이다가 결국 모두 망했습니다. 곽가가 말하는 세 번째 의미는 말하지 않아도 모두들 잘 알고 계실 것입니다. 조조가 훌륭한 주군이므로 원소를 버리고 조조에게 귀의해야 한다는 것입니다.

조조가 좋은 주군인 이유 :
재능으로 인재를 발탁하고, 발탁한 인재를 믿는다

그렇다면 조조는 어째서 좋은 주군일까요?

첫째, 사람을 알아보고 적재적소에 잘 쓰며, 오직 재능을 그 기준으로 삼기 때문입니다. 《삼국지》에서는 조조가 사람을 쓰는 방법을 평가하며, 다음과 같이 말했습니다.

"상설 기관을 설치하여 능력 있는 사람을 발탁하고 그들이 각자 자신의 능력을 발휘하게 했다. 또 속마음을 숨기고 계획을 잘 진행했고, 과거의 잘못을 생각하지 않았다."

'속마음을 숨기고 계획을 잘 진행했고, 과거의 잘못을 생각하지 않았다'는 말은 앞에서 말했던 '투항자나 적의 배신자를 수용하며, 이전의 나쁜 감정도 모두 풀어버린다'는 뜻입니다. '상설 기관을 설치하여 능력 있는 사람을 발탁하고 그들이 각자 자신의 능력을 발휘하게 했다'는 '사람을 알아보고 적재적소에 잘 쓰며, 오직 재능이 그 기준이었다'는 의미입니다.

오직 재능이 그 기준이었다는 말은 조조가 사람을 등용하는 방법에 대한 순욱과 곽가의 평가였습니다. 순욱의 표현에 따르면 조조는 "사리에 밝고 세세한 것에 얽매이지 않으며, 오직 재능만을 임용의 기준으로 판단"했고, 곽가의 표현대로라면 "오직 재능만을 기준으로 평가하여, 자신과의 친소 관계는 구분하지 않아", 진수의 평가와도 일치했습니다. '재능만을 기준으로 삼았다'는 말은 매우 중요합니다. '사람을 알아보고 적재적소에 잘 썼다'는 세 가지의 내용을 포함하고 있습니다. 즉 어떤 사람이 인재인지를 알았고, 그들이 어떤 방면의 혹은 어떤 유형의 인재였는지를 알았으며, 그들을 어떤 자리에 배치해야 가장 적합할지를 알았다는 의미입니다. 다시 말해서 사람을 알아보고 적재적소에 잘 쓰려면, 첫째는 잘 알아야 하고, 둘째는 잘 써야 합니다.

조조는 이것을 잘했습니다. 예를 들어 조조는 최염과 모개처럼 청렴하고 성실한 사람에게 관리를 선발하게 했습니다. 조지棗祗와 임준任峻처럼 고생을 마다하지 않고 원망을 두려워하지 않는 사람들에게는 둔전의 책임을 맡겼습니다. 조조를 매우 싫어했던 송대의 문인 홍매洪邁조차도 이 점에 대해서는 높은 평가를 내려, "(순욱·순유·곽가를 제외한 조조의 다른 관리들도) 지혜가 하나의 관직을 맡길 만했고, 권세를 하나의 군郡에 나누어줄 만했으며, 크든 작든 탁월하게 맡은 바 직분에 어울렸다"(《용재수필容齋隨筆》)고 말했으며, 이를 통해 조조의 성공은 결코 요행이 아니라고 결론을 내렸습니다.

둘째, 정성껏 대하여 신뢰를 얻고, 사람을 등용하면 의심하지 않았습니다. 이 점은 원래 인재 등용의 원칙이며, 역사상 사람을 잘 등용한 사람들은 거의 모두 이렇게 했습니다. 그러나 조조의 경우는 특히 중요했습니다. 우선, 조조가 처한 시기는 난세였습니다. 난세의 특징은 인심이 흔들리고 도덕이 없어져, 사람과 사람의 사이에 성의와 신뢰가 부족합니다. 조조의 말을 빌자면, 바로 "윗사람과 아랫사람이 서로 의심하던 시절"이었습니다. 그다음, 조조의 신분은 특별했습니다. 그가 맡은 배역은 주유의 말로 표현하자면, "이름은 한나라의 재상이지만 사실은 한나라의 도적"이었습니다. 조조 자신이 어떻게 생각하든, 당시의 많은 사람들은 이렇게 생각했습니다. 조조가 사람을 모은 더 큰 목적은 어쩌면 자신의 야심을 실현하기 위해서였을지도 모릅니다.

이처럼 '이중의 역할'이 가진 장점은 조조가 중앙 정부의 명의와 관직을 이용하여 널리 인재를 모을 수 있었다는 것입니다. 반면 단점은 — 아마 그 자신도 확실하게 구분하지 못했겠지만 — 이런 인재들이 도대체 누구의 사람인지 모호하다는 것입니다. 이 점에 대해서는 의구심을 떨치기 어렵습니다. 또 한 가지, 조조의 진영은 복잡했습니다. 원래 중앙 정부에서 임용된 사람, 후에 조조에게 선발되어 올라온 사람, 또 조정 관원의 추천으로 임명된 사람, 거기에 적진에서 투항하여 건너온 사람에 이르기까지, 모두가 한결같은 자신의 무리는 아니었습니다. 이런 사람들 사이에서는 의심을 떨쳐내기 어렵습니다. 종합하자면 조조의 진영은 의심으로 가득했습니다.

이런 상황 아래에서 성의와 신뢰는 특히 중요했습니다. 지도자로서 조조는 진심에서 우러나왔든 아니면 쇼를 한 것이든 간에, 반드시 성의와 신뢰를 표현해야 했습니다. 우리는 그가 자신을 배반했던 사람들, 이를테면 장수에게, 위종에게, 필심에게 그렇게 관용을 베풀었던 이유는 바로 천하 사람들에게 '자신이 성심성의로 사람을 대하고 신뢰로 충만한 사람이며 다른 사람에게 속아도 원망이나 후회가 없으니, 안심하고 자신에게 투신해도 좋다'는 점을 보여주기 위해서였다는 것을 알 수 있습니다.

성의와 신뢰를 통해 그가 얻으려고 한 것은 감격과 충성입니다. 우금에 대해서 말해보겠습니다. 《삼국지》〈우금전于禁傳〉에 따르면, 장수가 첫 번째 투항했다가 다시 배반했을 때, 조조는 갑작스런 상황에 미처 막아내지 못해 참패를 당했고 전군은 대란에 빠졌습니다. 우금만이 "거느린 수백 명을 이끌고 싸우면서 후퇴했는데, 비록 사상자는 있었지만 그의 병사들은 부대를 이탈하지는 않았고" 결국 "천천히 대오를 정돈하여 북을 울리며 돌아와" 내친김에 소란을 피운 청주병青州兵들까지 따끔하게 다스렸습니다. 청주병은 조조에게 투항했던 황건적 출신들로서, 원래 군기가 조금 해이했지만 조조가 그들에게는 관용을 베풀었던지라 기회가 오자 난동을 피웠던 것입니다.

우금은 그들을 용서하지 않고 "토벌하여 그들의 죄과를 조목조목 열거"했습니다. 청주병들은 조조에게 달려가 오히려 우금에게 죄를 뒤집어씌우는 고자질을 했습니다. 그러나 우금은 대본영으로 돌아와서도 "먼저 영루營壘를 세웠고" 곧바로 조조를 보러 가지 않았습니다. 당시 어떤 사람이 "청주병들이 당신에 대해 고자질을 했으니, 빨리 가서 이실직고해야 하지 않겠소!"라고 하자, 우금은 "추격병들이 후방에 있어 곧 들이닥칠 상황인데 일찍 준비하지 않는다면 어찌 적들을 상대하겠소? 게다가 조공은 영명한 사람인데, 그들이 고자질한다고 해서 무슨 일이 있겠소?"라고 했습니다. 우금은 침착하게 막사와 진지를 구축하고 모든 것이 자리가 잡힌 후에야 조조를 보러 갔습니다. 조조는 그를 크게 칭찬하고는, 우금이야말로 옛날 명장의 풍모가 있다고 말했습니다. 그리고 그를 익수정후益壽亭侯로 봉했습니다.

조조가 좋은 주군인 이유 : 법령과 상벌의 엄격한 집행

셋째, 법령을 엄격히 집행하고 상벌을 분명히 구분했습니다. 이것은 사람을 등용하는 방법의 기본 원칙이지만, 조조에게는 특별한 것이 있었습니다. 그 하나는 몸소 앞장서서 모범을 보인 것이고, 또 하나는 성실함입니다. 조조는 군대를 매우 엄격히 다스렸습니다. 그는 건안 8년(203) 5월에 다음과 같은 명령을 반포한 바 있습니다.

내가 장수들에게 병사를 거느리고 가서 전쟁에 나가게 한 이래 다만 공이 있는 사람에게 상을 주었을 뿐 죄를 지은 사람은 처벌한 적이 없었는데, 이는 국가의 법전에 부합되는 것이 아니었다. 이제 여러 장수들에게 명령하노니, 전쟁에 나가서 패배한 사람은 그 죄를 다스리고, 작전에 실패한 사람은 관작을 박탈할 것이다.

사실 전쟁에 패하고 작전에 실패한 사람만 처벌을 할 것이 아니라, 군기를 위반한 사람도 엄중히 처벌해야 했는데, 이는 조조 본인도 예외가 아니었습니다. 한번은 조조가 군령을 내려, 행군할 때 보리밭을 밟아서는 안 되며, 군령을 어기는 자는 사형에 처한다고 했습니다. 그래서 기병들도 모두 말에서 내려 걸으며, 무기로 이삭을 받치면서 갔습니다. 그런데 조조의 말이 보리밭으로 뛰어들었고, 그 결과 조조는 칼을 들어 자신의 머리칼을 베어버려 벌을 받았음을 표시했습니다. 이것이 그 유명한 '머리칼로 머리를 대신한以髮代首' 일입니다. 이 이야기는 조조에 대해서 결코 우호적이지 않았던《조만전》에 수록되어, 줄곧 조조의 간사함과 허위성을 설명하기 위해 사용되어왔습니다. 그러나 머리카락을 자르는 것은 옛날에도 육형肉刑의 하나로, '곤髡'이라 불렸습니다. 후일 조조가 최염을 처벌하면서, 내린 판결도 곤형髡刑이었습니다. 이 이야기가 완전히 엉터리거나 조조의 허세가 아님을 알 수 있습니다.

조조는 벌을 줄 때에는 매우 엄하게 주었고, 상을 줄 때도 확실하게 주었습니다. 조조가 가진 한 가지 원칙은 바로 한때의 생각으로 마음대로 상을 주지 않는다는 것입니다. 누군가 조조에게 상을 받으려고 한다면, 먼저 특별한 공을 세워야 했습니다. 조조의 장려 정책은 상당한 수준이었습니다. 곽가의 말을 빌자면, 바로 "(조조의) 은혜는 모두의 예상을 뛰어넘었고," "헤아림이 주도면밀하여 미치지 않는 곳이 없었을" 정도였습니다.《삼국지》〈서황전徐晃傳〉에 따르면, 유비와 전쟁을 벌이던 어느 날 서황이 적진에 깊이 침입하여 관우를 격퇴하고 양양襄陽과 번성樊城을 지켜냈을 때, 조조는 7리나 나아가서 그를 맞이했으며 공로를 치하하는 잔치를 베풀고 손수 술잔을 들어 병사들을 위로했습니다. 조조는 "내가 30여

년간 병사들을 지휘했고 많은 고서들을 읽었지만, 서장군처럼 거침없이 달려가 적의 포위를 뚫는 사람은 보지를 못했으니, 손무자(孫武子, 《손자병법》의 저자로 알려진 춘추전국시대의 병법가—옮긴이)도 서장군에게 탄복할 것이오"라고 말했습니다. 당시 병사들이 운집해 있었는데, 조조가 순시하자 각 군의 장수와 병사들이 어지러이 막사를 나와 조조를 빙 둘러 바라보았으나, 서황의 부대만이 군영이 정돈되어 있었고 장수와 병사들이 막사를 이탈하지 않았습니다. 조조가 감탄하며 "서장군은 그야말로 주아부(周亞夫, 전한의 대신으로 오초 칠국의 난을 제압하였음—옮긴이)의 풍모가 있구나!"라고 말했습니다.

서황은 본래 양봉의 사람이었지만, 조조에게 귀순한 후에는 조조에게 충성을 다했습니다. 그는 생명의 위협을 무릅쓰고 공훈을 세우고 업적을 쌓았으며, 전쟁터에 나가기 전에는 조상의 묘소에 제사를 올릴 정도로 필사의 결심을 보여주었습니다. 서황의 이런 충성심은—다른 사람의 충성심도 마찬가지겠지만—두말할 것도 없이 조조의 높은 신뢰와 분명한 상벌 때문일 것입니다. 조조는 통수권자가 되어서 한 번도 부하들에게 생색을 내거나 자랑하지 않았고, 항상 공로를 부하에게 돌렸습니다. 더구나 맹목적으로 공을 돌리지 않고 누구에게 어떤 공이 있는지를 낱낱이 밝혔습니다. 부하들을 칭찬할 때도 대강대강 해치운 것이 아니라, 부하들이 어떤 상을 받아야 하는지 매우 구체적으로 언급했습니다. 또 그는 균형을 맞추려고 하지 않았으며, 칭찬을 받아야 할 사람들이 모두 합당한 결과를 얻도록 했습니다. 순욱의 말을 빌자면, "매우 어진 마음으로 사람을 대우하고, 정성스런 마음으로 사람을 만나되 헛된 명성을 추구하지 않으며, 행동거지를 근엄하게 하고 절제하되 공을 세운 자에게 인색하게 베풀지 않"습니다. 그래서인지 작가이자 문학 평론가인 저우쩌숑周澤雄 선생은 조조가 이 방면에서는 가히 예술가라고 평했습니다. 제가 볼 때, 조조의 장려 방식은 예술이자 과학이었습니다.

조조가 좋은 주군인 이유 : 겸손한 태도와 본받으려는 자세

넷째, 조조는 겸손한 태도로 훌륭한 사람을 보면 본받으려고 했습니다. 인재는 장려도 중요하지만, 인재를 중용하여 통수권자가 겸허하게 인재의 간언을 받아들이고 신임하는 것이 더욱 중요합니다. 역사를 읽다 보면, 조조가 부하의 건의를 대하는 태도를 끊임없이 볼 수 있습니다. 그는 부하의 건의를 잘 듣고 잘 실천합니다. 물론 듣지 않는 것과 따르지 않는 것도 있습니다. 그러다 후에 조조가 틀렸다는 것이 밝혀지면, 그는 반드시 부하의 건의와 지적에 대해 반성하고 사과한 후 감사를 표했습니다. 반성은 대부분 울상을 지으면서가 아니라 웃으며 했습니다. 《삼국지》〈장제전蔣濟傳〉에 따르면, 조조는 손권을 정벌할 때에 관도대전에서 썼던 옛 방식대로 회남의 백성들을 모두 이주시킬 준비를 했는데, 장제는 이에 찬성하지 않았습니다. 장제는 말합니다.

"현재의 상황은 관도대전 때와는 다르므로, 전혀 그럴 필요가 없습니다. 또 백성들도 모두 고향을 그리워하여 전혀 이주를 원치 않습니다. 이주를 강행하면 그들은 마음속으로 분명 불안해할 것입니다."

조조는 이 말을 듣지 않았고, 결과적으로 회남의 백성들은 모두 손권 측으로 달아났습니다. 후일 장제가 조조를 접견했을 때, 조조는 특별히 그를 맞이하여 허허 하고 웃으며 "보시오! 내가 이 일을 저지르고야 말았소. 원래는 백성들을 도적들에게서 빠져나가게 하려던 것인데, 결국은 그들을 모두 그쪽으로 보내고 말았구려"라고 했습니다. 그러고는 장제를 단양태수丹陽太守로 봉했습니다.

조조의 용인술 : 인성과 인심의 통찰

　조조는 확실히 사람을 쓸 줄 아는 것 같아 보입니다. 우리는 다음의 여덟 가지로 그의 용인술을 개괄할 수 있습니다. 첫째, 진심으로 대하여 마음으로 감동시킨다. 둘째, 정성을 다해 성실하게 대한다. 셋째, 사심 없이 대하며 사리로써 설득한다. 넷째, 언행을 일치시켜 신뢰를 얻는다. 다섯째, 법령을 엄격히 집행하여 법에 따라 사람을 제압한다. 여섯째, 입장을 바꿔 생각하여 관대히 포용한다. 일곱째, 남을 높이고 자기를 책하여 공을 남에게 돌린다. 여덟째, 논공행상을 통해 장려한다.

　그러나 이런 식의 '개괄' 만으로는 결코 충분하지 않습니다. 중요한 것은 '기술術' 이 아니라 '도道' 이기 때문입니다. 무엇을 했느냐가 아니라, 어떻게 했느냐, 그리고 왜 그렇게 했느냐가 중요합니다. '도' 란 무엇입니까? '도'는 인성人性이자 인심人心입니다. 조조가 사람을 등용한 도의 핵심은 바로 '인성과 인심의 통찰' 입니다. 그는 장수와 병사들이 무엇을 위해 자신을 따라 목숨을 거는지를 분명하게 알고 있었습니다. 그래서 그는 '남을 높이고 자기를 책하여 공을 남에게 돌렸고', '논공행상을 통해 남을 장려' 했습니다. 그는 사람에게는 결점과 약점이 있으며, 누구나 이익을 추구하고 손해를 피한다는 것을 알고 있었습니다. 그래서 '법령을 엄격히 집행하여 법에 따라 사람을 제압하고', '입장을 바꿔 생각하여 관대히 포용' 했습니다. 그는 사람이 이성적 동물이며, 대부분의 사람들이 대부분의 상황에서 이치에 맞게 행동한다는 것을 알았습니다. 그래서 그는 '사심 없이 대하며 사리로써 설득하고', '언행을 일치시켜 신뢰를 얻었던' 것입니다. 그는 또 사람에게는 감정이 있으며, 감정은 때에 따라서는 이익보다도 믿을 수 있음을 알았습니다. 그래서 그는 '진심으로 대하여 마음으로 감동시켰고', '정성을 다해 성실하게 대했던 것' 입니다. 조조의 성공은 처세의 성공이었고, 그가 처세로 성공한 것은 남의 재능을 잘 알아보는 측면에서의 성공이었습니다.

한 가지 일화가 그의 이런 점들을 잘 설명해주고 있습니다. 이 일은 《삼국지》〈무제기〉에 기록되어 있으므로 사실일 것입니다. 조조가 관도에서 원소를 대패시킨 후 원소의 대규모 군수 물자·보물·도서가 모두 조조의 손으로 들어왔는데, 그중에는 자기 측의 몇몇 사람들이 몰래 원소에게 보낸 서신들도 포함되어 있었습니다. 조조는 두말도 하지 않고, 명령을 내려 그 서신들을 깨끗이 불태우게 했습니다. 은밀히 원소에게 결탁한 사람들은 두려워 떨었지만, 이로써 초조하여 목구멍까지 올라올 정도였던 심장은 다시 원 위치로 돌아가 안정하게 되었고, 그들은 조조를 더욱 존경하게 되었습니다. 배송지 주에서 인용한 《위씨춘추》에 따르면, 조조의 해명은 다음과 같았습니다.

"원소가 강성할 때에는 나도 몸을 보중하기가 어려웠는데, 여러분들은 오죽했겠소!"

이 말은 참으로 자상합니다. 속으로 다른 생각을 품었던 사람들의 걱정이 풀린 것은 말할 것도 없고, 조조와 아무 상관도 없던 사람들까지도 조조의 관대한 도량과 역지사지의 마음가짐에 감동했을 것입니다.

조조는 말도 예쁘게 잘하지만, 주판알 튕기는 데에는 더욱 치밀합니다. 그는 이 일의 진상을 파헤칠 경우, 처리해야 할 문제가 한둘이 아님을 알고 있었습니다. 승부는 결정되지 않았고, 또 적군이 아군보다 강한 상황에서, 그 누가 자신을 위해 퇴로를 남겨놓을 생각을 하지 않겠습니까? 이때 양다리를 걸친 사람들은 틀림없이 적지 않았을 것입니다. 물론 모든 사람이 이중간첩일 리는 없었겠지만, 다수의 사람들이 양쪽에서 어중간하게 행동했습니다. 다만 양다리와 적과의 내통은 원래 확실히 분간하기 어렵고, 또 강상綱常과 윤리로 보면 불충不忠은 곧 반역입니다. 원소와 서신 왕래가 있었다는 것만으로도 적과 내통했다는 혐의는 씻을 수 없습니다.

일일이 추적한다면 반수 이상의 사람들이 어떻게 될지 모릅니다. 기왕에 추궁하지 않기로 했다면 선심을 써서 전부 추궁하지 않는 편이 낫습니다. 그리고 선심을 쓸 때 확실하게 써서 증거까지 모두 없애버린다면 모두들 안심할 것입니다. 이렇게 하면 마음속으로 가책을 느껴 부끄러워하던 일부 사람들은 조조의 은덕에 감사할 것이고, 원래 충성을 다하던 사람들은 더욱더 마음을 굳게 가지겠지요. 이렇게 하는 편이 많은 사람들을 적발하여 응징함으로써 결국 자신의 역량을 약화시키는 것보다는 낫지 않겠습니까?

여기에서 조조는 정치가로서의 천재적 재능을 분명하게 드러냅니다. 정치 투쟁이든 군사 투쟁이든 가장 중요한 바탕은 정의이고, 가장 중요한 자원은 인재라는 것을 그는 깊이 알았습니다. 인재를 모으려면 충분한 기개와 관용이 있어야 합니다. 사람이 많으면 별 사람이 다 있는 법입니다. 세상 어디에 같은 종류의 사람들만 있겠습니까? 고고한 사람은 쉽게 꺾이고 깨끗한 것은 쉽게 더러워지며, 물이 맑으면 물고기가 없고 사람이 지나치게 철저하면 따르는 사람이 없는 법입니다. 어떤 때에는 조금 멍청한 척도 해야 합니다. 멍청한 척해야 남을 너그럽게 받아들일 수 있고, 남을 너그럽게 받아들여야 인심을 얻을 수 있으며, 인심을 얻어야만 천하를 얻을 수 있습니다. 조조는 이런 원리를 알았습니다. 그래서 조조가 승자인 것입니다.

인성과 인심의 통찰은 쉬운 일이 아니고, 입장을 바꿔 자기 마음을 다른 사람의 마음과 비교하는 것도 어려운 일입니다. 다만 더더욱 강조해야 할 점은 조조가 이런 일을 했을 때, 즉 서신을 없애 지난 과오를 묻지 않는다든가, 자신을 반성하고 다른 사람에게 공을 돌린다든가, 장수와 병사들에게 후한 상을 내려 그들이 뜻밖의 기쁨을 누리게 한다든가, 포로를 석방하여 그들이 감격의 눈물을 흘리게 했다든가 했을 때에 그가 보인 모습은 너무나 솔직하고 성실했으며, 당당하고 자연스러웠다는 사실입니다. 이 점에는 누구도 감탄하지 않을 수 없습니다.

조조의 총명함과 친화력

말하자면 조조의 천성은 매우 간사하고 교활했습니다. "젊어서부터 기지가 뛰어나고 상황 대처 능력이 매우 빨랐으며 권모술수에 능했다"는 표현은 역사가들의 완곡하고 정중한 표현일 뿐, 그가 간사하고 교활했다는 사실을 폭로한 것입니다. 더구나 조조는 병사를 거느리고 전쟁을 치르는 사람이니, 전투에서는 적을 속여도 괜찮은 법입니다. 전쟁에서 간계奸計를 쓰고 관계官界에서 권모술수를 쓰는 것은 군사 투쟁과 정치 투쟁에서 일상적인 일이라, 전혀 희한한 일이 아니고 체면이 깎이는 일도 아니어서, 누구나 그렇게 했습니다. 적의 입장에서야 '교활하고 간사한 것'이지만, 자기 측 입장에서 보면 '지혜가 풍부하고 계략이 많은 것'이며 '신묘한 계책으로 적을 제압한 것'에 불과합니다.

조조의 총명한 점은 그가 어떤 때에는 거짓말을 해야 하고, 어떤 때에는 진실을 얘기해야 하는지를 알았다는 데에 있습니다. 천자를 받들고 황실을 보호한다는 것은 정치적인 표를 얻고 정통이라는 카드를 행사하기 위한 것에 불과하므로, 경우에 따라서는 자신이 쇼를 해도 상관없었고 어떨 때는 적당히 얼버무리는 행동도 피할 수 없었습니다. 그러나 지모가 있는 사인이나 신하와 말할 때에는 양측이 모두 총명한 사람이므로, 사소한 잔꾀를 부리며 쩨쩨하게 굴었다면, 쉽사리 상대방에게 의도를 간파당해 신뢰를 잃었을 것입니다. 그렇게 되면 그야말로 제 꾀에 제가 넘어간 꼴이 되며, 차라리 솔직하게 말하는 것만 못합니다. 조조는 이러한 경계를 잘 파악하고 있었습니다. 이렇게 함으로써 그는 모사들과 한마음 한뜻이 될 수 있었고, 또한 응집력을 갖게 되었습니다.

조조는 응집력뿐 아니라 친화력도 갖추고 있었습니다. 그의 친화력은 그의 성격과 관련이 있습니다. 조조는 감정이 풍부하고 감성적인 사람으로, 평소에도 매우 상냥했습니다. 그는 장난하기를 좋아했고, 이따금 진지한 일도 장난스럽게 말하곤 했습니다. 이런 성격은 그가 일을 하는 데에도 큰 도움이 됐습니다. 정치를 하는 사람이 지나치게 엄숙한 것은 좋지 않습니다. 사람들이 마음속의 장벽이 너무 높아 믿을 수 없다고 느끼거나, 인정이 통하지 않아 가까이 할 수 없다고 느끼기 쉽거든요. 일을 처리할 때에는 엄숙하고 진지하게 하고 평소에는 소탈하고 상냥하며, 원칙의 문제에 대해서는 조금도 양보하지 않지만 사소한 일은 대충대충하면, 영수로서의 위엄과 명성을 잃지 않으면서도 인정미와 유머 감각을 갖추게 되어 가장 좋다고 할 수 있습니다. 이런 사람이 다른 사람들의 진심 어린 지지와 옹호를 가장 잘 얻습니다. 조조는 바로 이런 사람이었습니다.

그러나 조조가 인재를 많이 모을 수 있었던 가장 주요한 원인은 역시 인재를 아끼는 그의 진심이었습니다. 그는 확실히 자신의 생활과 사업 속에서 더욱 많은 친구와 도우미를 얻기를 희망했습니다. 그는 그의 시 〈단가행短歌行〉에서 이렇게 읊었습니다.

푸르고 푸른 것은 그대의 옷깃이요, 유유한 것은 나의 마음이니,
다만 그대와의 인연 때문에 지금도 그대를 깊이 그리워하네.
사슴들이 쑥을 찾아 서로 부르며 울부짖듯이
나에게 좋은 손님이 있다면 틀림없이 거문고를 타고 피리를 불며 맞이할 텐데.
밝고 밝은 저 하늘의 달님은 언제나 운행을 멈출 것인지(달님은 인재를 상징. 언

제나 운행을 멈추고 자신에게 투신할 것인지를 열망하고 있는 표현임—옮긴이).
깊고 깊은 마음속의 근심도 어쩌면 영원히 그칠 길 없겠지.
꼬불꼬불한 밭도랑 길도 마다않고 지나서,
힘들게 그대가 직접 왕림하니 우리는 오랜만에 다시 만났소.
술을 들고 바람을 쐬며 손을 잡고 이야기하니,
지난날의 우정이 다시 떠오르누나.

靑靑子衿, 悠悠我心.
但爲君故, 沈吟至今.
呦呦鹿鳴, 食野之萍.
我有嘉賓, 鼓瑟吹笙.
明明如月, 何時可掇.
憂從中來, 不可斷絕.
越陌度阡, 枉用相存.
契闊談宴, 心念舊恩.

이 얼마나 감동적인 시입니까? 주의할 점은 이 시의 도입부입니다.

술을 들고 노래를 부르세, 인생 살면 얼마나 산다고.
아침이슬 같은 인생, 지난날들이 얼마나 고통스러웠던고.

對酒當歌, 人生幾何.
譬如朝露, 去日苦多.

그의 다른 시 〈귀수수龜雖壽〉는 이렇게 시작합니다.

신령스런 거북이가 장수한다 하지만, 그래도 죽을 날이 있을 것이고,
하늘을 나는 뱀도 구름을 타고 다니지만 결국에는 한 줌 흙이 되리라.

神龜雖壽, 猶有竟時.
騰蛇乘霧, 終成土灰.

이것은 바로 우주와 인생에 대한 일종의 철학적인 사고입니다. 물론 조조는 정치가적인 입장에서 생각한 사람입니다. 따라서 그는 "늙은 천리마 말구유에 머리를 숙이고 있어도, 마음은 천 리 밖에 있고, 열사는 말년에도 장대한 포부를 그치지 않는다老驥伏櫪, 志存千里. 烈士暮年, 壯心不已"고 하면서(《귀수수》의 일부임—옮긴이), "산은 높아지기를 마다하지 않고, 물은 깊어지기를 마다하지 않는 법, 주공처럼 인재를 얻기 위해 먹던 음식을 뱉으려 한다면, 천하가 나를 복종하고 따르리山不厭高, 水不厭深, 周公吐哺, 天下歸心"라고(《단가행》의 결말 부분—옮긴이) 결론짓습니다.

다시 말해서 응당 이 많지 않은 시간을 꽉 잡아 짧은 인생에서 대사업을 이루고, 자기의 정치적 포부를 실현하겠다는 뜻입니다. 그러나 이러한 정치적 포부는 우주와 인생에 대한 철학적 사고를 배경으로 하고 있기 때문에, 유한한 생명을 영원으로 변화시킨다는 의미가 있습니다. 그래서 "왕후장상에 어찌 종자가 따로 있겠는가?"라고 한 진승陳勝이나 "대장부는 마땅히 이와 같아야 한다"고 한 유방에 비해서 훨씬 격조와 품위가 있고, 더욱 대범하며 깊이가 있습니다.

조조는 대단히 깊이 있는 사람이었습니다. 곽가는 그를 "겉으로는 엉성해 보이지만 속으로는 기지가 넘치고 총명하다"고 말했습니다. 조조의 깊이는 그가 정확하게 사람을 볼 줄 아는 점과 깊이 있게 마음을 쓰는 것에서도 나타납니다. 조조는 매우 지모가 있는 사람이었습니다. 겉으로 그

는 다른 사람과 악수하고 우스갯소리를 하면서 희희낙락했지만, 그 사람을 관찰하지 않는 순간이 없었으며, 그것도 아주 깊게 관찰했습니다. 조조는 원술처럼 기세가 대단하고 오만방자한 사람과 원소처럼 안하무인이던 사람은 안중에 두지 않았습니다. 그러나 그는 원래 짚신을 팔았고 당시에는 남의 울타리 안에 있던 유비는 중시했습니다. 유비가 자신의 휘하에 있을 때 시종 재능을 감추고 드러내지 않았어도, 조조는 한눈에 그의 능력을 간파하고는 "지금 천하의 영웅은 오직 그대와 이 조조뿐이오!"라고 말했고, 놀란 유비는 그 자리에서 젓가락을 떨어뜨렸습니다.

　이 역시 기이한 일입니다. 무엇이 기이할까요? 만약 유비가 정말로 영웅이라면, 조조는 이 말을 유비의 면전에서 말하지 말았어야 합니다. 또 만약 유비가 영웅이 아니라면, 무엇 때문에 그런 말을 하겠습니까? 더욱 괴상한 것이 있습니다. 조조 자신과 천하를 다툴 사람이 유비라는 점을 이미 알았다면, 어째서 조조는 그를 놓아주었을까요? 사실 유비를 놓아준 것은 조조 일생일대 최대의 실수라고 할 수 있습니다. 따라서 유비가 도대체 영웅인지 아닌지가 궁금합니다. 조조는 과연 그런 말을 했던 것일까요?

손권과 유비, 두 손을 마주잡다

매실로 담근 술

13강 青梅煮酒

삼국시대의 많은 영웅 중에서 유비라는 인물은 줄곧 수수께끼였다. 이 수수께끼는 그의 자 현덕玄德처럼 오묘하고도 오묘했다. 유비가 세상으로 나왔을 때, 그는 가진 것 하나 없을 정도로 무일푼이었고, 동분서주하며 남의 울타리에 의탁하였으며, 쉴 새 없이 다른 사람들에게 빌붙었다. 그러나 그는 이르는 곳마다 늘 존중과 대접을 받았으며, 심지어 조조는 자신과 유비만이 진정한 영웅이라고까지 생각했다. 그렇다면 조조는 실제로 이 말을 했는가? 그는 왜 그렇게 말했는가? 유비는 영웅인가? 그는 왜 영웅인가?

유비를 놓아준 것은 조조의 일생일대의 최대 실수입니다. 조조는 이미 유비가 당시의 진정한 영웅임을 첫눈에 알아봤기 때문입니다. 조조는 심지어 이렇게 말했습니다.

"지금 천하의 영웅은 오직 그대와 이 조조뿐이오."

이 말은 역사 책에 실려 있습니다. 《삼국지》〈선주전〉에서는 이렇게 말했습니다.

선주가 출병出兵하기 전, 헌제의 장인인 거기장군 동승은 의대衣帶 속에 넣은 헌제의 밀조密詔를 받았음을 말하며, 조공曹公을 죽여야 한다고 했다. 그러나 선주는 실행에 옮기지 않았다. 이때 조공이 조용히 선주에게 말하기를, '지금 천하의 영웅은 오직 그대와 이 조조뿐이오. 원본초 같은 무리들은 영웅으로 거론할 만한 사람이 못 되오'라고 했다. 선주가 마침 음식을 먹고 있다가 숟가락과 젓가락을 떨어뜨렸다. 그 후 마침내 동승 및 장수교위長水校尉 종집, 장군 오

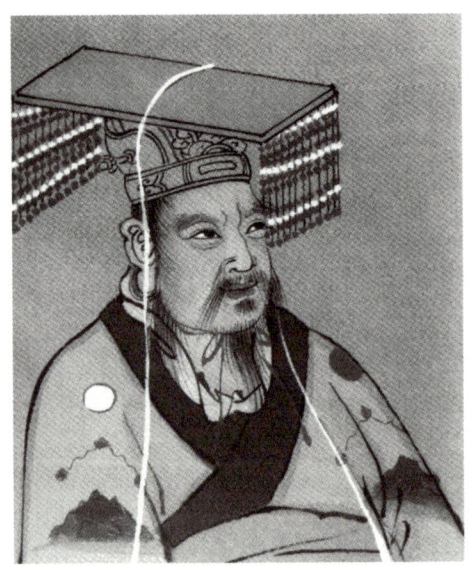

유비 그는 영웅인가? 역대 시빗거리의 하나였지만, 천하삼분을 이룬 그의 식견으로 보아 영웅이란 평가를 수긍할 만하다.

자란吳子蘭, 왕자복王子服 등과 함께 거사를 도모하였다. 그러나 마침 (원술을 공격하라고) 파견되는 바람에 실행에 옮기지 않았다. 일이 발각되어 동승 등은 모두 복주伏誅되었다.

그런데 '선주가 마침 음식을 먹고 있다가 숟가락과 젓가락을 떨어뜨렸다' 고 한 다음 부분의 배송지 주에서는 《화양국지》를 인용하여 다음과 같이 보충합니다.

이때 마침 우레가 치자, 유비가 조조에게 말하기를, '성인이 빠른 천둥과 매서운 바람이 불면 반드시 변고가 있다고 하더니 참으로 근거가 있는 이야기군요. 천둥 한 번 친 위엄에 숟가락과 젓가락을 떨어뜨릴 정도가 되는군요' 라고 했다.

《삼국연의》에서는 이 유명한 이야기를 '푸른 매실로 담근 술을 마시며 영웅을 논한다靑梅煮酒論英雄'고 하는데, 바로 이 기록을 근거로 엮은 것입니다.

　냉정하게 볼 때,《삼국연의》에 나오는 이 반 회回 분량의 이야기는 문학적으로 매우 훌륭하며, 역사적으로도 진실인 것 같습니다. 따라서 이야기의 줄거리와 인물의 대화도 대체적으로 출처와 유래가 있습니다. 예를 들어 '의대조' 사건은 《삼국지》에 이미 보이며,《후한서》에도 보입니다. 유비가 채소를 가꾼 일은 배송지 주에서 인용한 호충胡沖의《오력吳歷》에 보이며, 또 그가 심었던 채소가 갓의 일종(무청蕪菁)이었다고 할 정도로 그 설명도 명확합니다. '매실을 바라보며 갈증을 잊게 한望梅止渴' 고사는 《세설신어》〈가귤假橘〉편에 보이는데, 이 성어의 원전은《삼국지》에서 나왔습니다. 조조가 당시의 인물들을 비평한 일련의 대화도 그의 진실한 견해라고 말할 수 있습니다. 믿을 수 없는 부분은 한 곳뿐이며, 잘못된 것도 한 가지뿐입니다.

　잘못된 한 가지는 천얼둥 선생이 발견했습니다.《삼국연의》에서 조조가 유비에게 누가 오늘날의 영웅인지를 말하라고 재촉하자, 유비는 제일 먼저 원술을 거론합니다. 그러자 조조는 웃으면서 "무덤 속의 썩은 해골이니, 내가 조만간 기어이 사로잡을 것이오"라고 합니다. '무덤 속의 썩은 해골'이라는 표현은 조조가 아니라 공융이 한 것입니다. 공융이 말한 대상도 원술이 아니라 원술의 조상입니다.

　《삼국지》〈선주전〉에 따르면, 헌제 홍평 원년(194)에 서주목 도겸이 병으로 세상을 떠나자 진등陳登 등은 유비에게 대신 서주를 맡아달라고 부탁합니다. 유비는 감히 경솔하게 이를 수락하지 않고, 원술이 가까운 곳에 있고 4대 동안 다섯 명의 재상을 배출한 가문이라 온 천하가 신뢰하는데 어째서 서주를 그에게 맡기지 않느냐고 합니다. 이때 북해상北海相 공융이 바로 이렇게 말합니다.

"원공로遠公路가 어찌 나라를 걱정하여 개인을 잊은 자이겠습니까? 무덤 속의 썩은 해골은 염두에 둘 것도 없습니다."

다시 말하자면, 원씨 가문의 '4대 동안 다섯 재상'은 진작부터 무덤 안에 있는데, 그를 두려워할 것이 뭐가 있느냐는 말입니다. 유비는 그제야 비로소 서주목을 맡습니다. 《삼국연의》는 이 내용을 교묘히 바꾸어 원술 본인을 '무덤 속의 썩은 해골'이라고 지칭했으니, 이는 정확하지 않습니다. 만약 원술이 이미 '무덤 속의 썩은 해골'이라면, 어떻게 조조가 '내가 조만간 기어이 사로잡을 것'이라고 말했겠습니까?

의대조 사건의 허구성

믿을 수 없다고 한 부분은 유비와 동승 등이 '증서를 작성하고 서명했다는 것'입니다. 《삼국연의》에 따르면, 동승은 헌제의 밀조를 받자 유비 등과 반조反曹 세력을 연합하여 맹세하고 서명했습니다. 저 '의대 속의 조서'와 서명을 한 '의장'(義狀, 충의를 표시한 맹세를 적은 글—옮긴이)은 결국 조조에게 적발되었으니 그야말로 태산처럼 분명한 증거라고 할 수 있습니다. 그래서 모종강 부자는 동승의 실패가 일에 기밀을 유지하지 못한 데에 있다고 생각하여, 모비에서 이렇게 평하고 있습니다.

임금이 치밀하지 못하면 신하를 잃고, 신하가 치밀하지 못하면 몸을 잃게 된다. 사안의 극비를 바란다면 어찌 모여서 피를 마시고 맹세를 하는가? 흔적이 드러날 것을 염려한다면 어찌 증서를 작성하고 서명을 한단 말인가?

맞습니다. 그럴 필요가 있겠습니까? 그래서 제가 보기에, 머리가 빈 것은 동승이 아니라 나관중일 것 같습니다. 나관중도 꼭 머리가 비었다고는 할 수 없겠고, 소설을 재미있게 쓰기 위해서 그랬을 뿐이겠죠.

이 점을 지적한 사람 역시 천얼둥 선생입니다. 천선생은 《한화삼분》에서 이렇게 말했습니다.

> 만약 유비와 동승 등이 '증서를 작성하고 서명했다는 것'이 사실이고, 조조가 유비를 공격한 것이 의대조 사건 때문이라면, 조조가 유비의 부인과 아이들, 관우를 포로로 잡았을 때 그렇게 정중하지도 않았을 것이며, 또 관우가 형수와 조카들을 데리고 달아날 수도 없었을 것이다.

그래서 천선생은 이 의대조조차도 동승 내지 동승 부녀가 위조한 것이 아닐까 의심합니다만, 단언하기는 어렵습니다. 뤼쓰몐 선생은 《삼국사화》에서 이렇게 말했습니다.

> 동승은 본래 우보(牛輔, 동탁의 사위로서 동탁이 죽은 후 부하에게 피살당함—옮긴이)의 잔당인데, 어찌 충성스럽게 나라의 이익을 도모하겠는가? 조조를 제거하려고 한다면 어떻게 동승한테 맡길 수 있겠는가? 이 말은 아마도 믿을 수 없는 것이 아닐까?

두 번째로 믿을 수 없는 부분 역시 단정하기가 어려운데, 전반적인 사건의 진실성이 모두 매우 의심할 만하기 때문입니다. 《삼국지》에 따르면, 동승이 헌제의 밀조를 받고 조조를 죽이려고 도모했을 때 유비는 본래 참여하지 않았습니다. 이때 조조가 '지금 천하의 영웅은 그대와 이 조조뿐'이라는 말을 하자, 유비는 비로소 참여했습니다. 그런데 공교롭게도 동쪽으로 가서 원술을 공격하라는 조조의 명령을 받아 파견된 덕에, 이 사건에 말려들지 않게 된 것입니다. 이처럼 너무나도 '공교로운 사건의 연속'을 의심하지 않을 수 있을까요?

나관중도 납득할 수 없어서 사건의 인과관계를 조정했을 수도 있습니다. 《삼국연의》에서는 유비가 동승의 비밀 모의에 참여하였고, 맹세의 문서에도 서명했습니다. 그러나 유비는 이것이 단번에 성공할 수 있는 일이 아니며, 반드시 엄격하게 비밀을 지켜야 한다고 봅니다. 그는 머물던 처소의 뒤뜰에서 채소를 가꾸고 직접 물을 주는 것이 때를 기다리는 계책이라고 생각합니다. 그런데 조조가 그를 청하여 매실주를 마시며 함께 영웅을 논하고, 또 영문도 모르게 말을 던져 유비로 하여금 그 자리에서 놀라 젓가락을 떨어뜨리게 할 줄은 생각도 못했겠지요. 바로 이때 누군가가 병사들을 거느리고 원술을 막아야 할 필요가 생기자, 유비는 '내가 이때 몸을 빼낼 계책을 찾지 않는다면 또 어느 때를 기다리겠는가?'라고 생각하고, 자발적으로 출정을 지원하여 기회를 틈타 몰래 도망가려고 합니다. 유비는 관우와 장비에게, "나는 새장 속의 새며, 어망 속의 물고기와도 같으니, 이번 출정은 물고기가 대해로 들어가는 것이요, 새가 푸른 하늘로 올라가는 것과도 같아 새장과 어망의 속박을 받지 않는 것"이라고 말합니다.

이렇게 말하면 논리적으로는 통하지만 유비의 인품에 대해서는 오히려 의심하게 됩니다. 유비는 동승과 피를 마시며 회맹하였고, 증서를 작성하여 서명하며, 조조라는 도적을 없애고 황제를 보위하겠다고 맹세하지 않았습니까? 두레박 줄을 보자마자 뱀이라도 본 것처럼 그렇게 가버리면 그만이란 말입니까? 도대체 황제의 안위가 중요한 것입니까, 아니면 유비 자신의 생명이 중요한 것입니까? 유비는 천하를 구원할 영웅이 아닙니까? 그는 몸을 돌보지 않고 용감히 나서야 하지 않습니까? 적어도 일단 도읍에 머물면서 사태를 관망하며 기회가 있는지 엿보아야 할 것 아닙니까? 어떻게 자기 목숨만을 생각하여 황제와 동승 같은 사람들의 생사는 돌보지 않을 수 있습니까?

이 문제는 은연중에 유비를 옹호하던 진수도 생각한 것 같습니다. 그래서 그는 '마침 파견되는 바람에'라고 왜곡된 서술을 합니다. 여기에서 '마침'이라는 말은 '공교롭게도'라는 뜻입니다. 공교롭게도 조조가 유비를 동쪽으로 보내 원술을 치게 하여, 유비가 할 수 없이 수도를 떠나게 되었다는 것이지요. 다시 말해 유비가 수도를 떠난 원인은 비겁하게 죽음을 두려워해서가 아니고, 신의를 저버린 것도 아니며, 어쩔 수 없는 상황이었다는 것입니다.

유비는 영웅인가

여기에는 한 가지 중요한 문제가 있습니다. 그것은 바로 역사에서 유비가 원술을 공격하기 위해 동정東征한 것이 도대체 조조의 파견인지, 아니면 유비의 주도적인 요구인지 하는 점입니다. 아마도 유비가 적극적으로 지원하고 조조가 비준한 듯한데, 그 증거는 바로 《삼국지》〈동소전董昭傳〉과 〈정욱전〉에 있습니다. 이 두 편의 열전列傳에 따르면, 조조가 유비를 파견하여 서주로 가서 원술을 막고 공격하게 하자, 동소는 조조의 앞에 나와 그만두도록 충고하며 이렇게 말합니다.

"유비는 용맹하고 야망이 크며, 관우와 장비가 그를 돕고 있어 그의 속마음을 짐작할 수가 없습니다."

조조는 "내가 이미 허락하였다"라고 대답합니다. 정욱도 곽가와 함께 조조를 찾아와 말합니다.

"공께서 전일에 유비를 제거하지 않았을 때, 저희들은 참으로 공의 생각에 미치지 못했습니다. 지금 그에게 병사를 빌려주신다면, 그는 반드시 다른 마음을 품을 것입니다."

이에 대한 조조의 반응은 "후회하여 유비를 추격하였으나 따라잡지 못했다"입니다. 이는 유비가 스스로 서주로 가서 원술을 공격하겠다고 요청했고, 조조에게 병사를 빌렸음을 말합니다. 이 일에 대해 조조는 처음에는 전혀 염두에 두지 않았습니다. 동소가 와서 말했을 때도 조조는 여전히 "내가 이미 그에게 허락했으니, 후회하지 않는다"라고 말합니다. ('허락하였다'는 말은 유비가 주도적으로 출병을 요청했음을 증명합니다). 그러나 정욱과 곽가가 유비가 병사를 빌린 것은 그가 딴마음을 품은 행동이라고 지적하자, 조조는 그제야 크게 깨닫지만 이미 후회막급입니다. 과연 유비는 서주에 도착한 이후, 곧바로 서주를 지키던 차주車冑를 죽이고 공개적으로 조조를 배반합니다. 조조는 크게 밑지는 장사를 한 것입니다.

여기서 우리는 유비가 주도적으로 떠났다는 결론을 이끌어낼 수 있습니다. 그 근본 원인은 유비가 영웅이라는 데 있습니다. 기왕에 영웅이 된 이상 다른 사람의 울타리 안에 머무는 것을 달갑게 여길 수는 없으니, 조만간 따로 거점을 세워야 합니다. 직접적인 원인은 조조가 그 말을 하여 천기天機를 설파함으로써 유비의 심사를 까발리게 되었고, 이로 인해 유비는 떠나지 않으면 안 돼 영원히 돌아오지 않는 길을 가게 된 것입니다.

이렇게 되면 곧 한 가지 문제가 생기게 되는데, 조조가 왜 이런 실수를 했느냐는 것입니다. 조조는 천하의 영웅을 단지 자신과 유비 두 사람으로 인정하지 않았습니까? 기왕에 그렇게 생각했다면 유비를 죽여버리든지 적어도 자신의 곁에 억류시켰어야 하는데, 어떻게 호랑이를 산으로 돌려보내면서 그에게 군대를 빌려줘 날개를 달아줄 수 있습니까? 조조처럼 총명한 사람이, 아니 간사하다는 말까지 듣는 사람이 어떻게 이런 어리석은 일을 저지를 수 있습니까? 그래서 이 일의 진실성이 매우 의심스럽다는 것입니다. 요컨대 조조가 그 말을 하지 않았든가, 유비가 영웅이 아니든가 둘 중 하나일 것입니다.

사건의 진상은 무엇일까요?

저의 견해는 이렇습니다. 첫째, 유비는 영웅입니다. 둘째, 조조는 그 말을 했습니다.

먼저 유비가 영웅이라는 점을 살펴보지요. 유비가 영웅이라는 점은 많은 사람들이 받아들이기 어렵습니다. 보통 사람들의 마음속에 유비는 무척 무능한 인물입니다. 그의 능력 중 하나는 도망이고, 다른 하나는 잘 우는 것입니다. 이것은 《삼국연의》가 우리에게 주는 인상입니다. 이 인상은 오해입니다. 우선, 유비는 도망과 우는 것만이 아니라 다른 것도 할 수 있었습니다. 그 다음, 그 시대는 잘 도망가고 잘 우는 것이 체면이 깎이던 때가 아니었으며, 또 그것이 이 사람이 무능하며 영웅이 아니라는 증거가 될 수도 없습니다.

유비가 잘 도망갔다면 조조는 도망 다니지 않았습니까? 조조가 목 놓아 울었다는 이야기도 역사서에 기록이 끊이지 않습니다. 그런데 어째서 조조가 무능하다고 말하는 사람은 없을까요? 따라서 이처럼 문제를 간단하게 볼 수는 없다는 것을 알 수 있습니다. 도망간다고 하면 무엇 때문에 도망갔는지를 보아야 합니다. 싸워서 이길 수 있으면 싸우고, 이길 수 없다면 도망가는 것이니, 도망가는 것이 이치에 맞습니다. 우는 것도 왜 울었는지를 살펴보아야 합니다. 친구와의 우정 때문에 울었다면, 울었다고 해서 체면이 깎이지는 않습니다. 유비가 도망가고 울었던 것은 대부분 이러한 상황에서였습니다.

물론 조조와 비교해서 말한다면, 유비는 더 많이 도망 다녔고, 더 많이 울었습니다. 그것은 그가 더욱 약소했기 때문입니다. 그는 길을 나섰을 때, 충성심에 불타는 동생들인 관우와 장비 이외에는 가진 것 하나 없는 무일푼이었습니다. 그는 자신의 군대가 없었고, 설사 있었다 하더라도 형편없었습니다. 그 역시 처음 기병했을 때 상인 집단에게서 재정적인 도움을 받았습니다. 중산왕국(中山王國, 지금의 허베이성 딩저우시定州市)의 대상인인 장세평張世平과 소쌍蘇雙이 그에게 재물을 많이 기부하여, 그가 병사를 모집하고 말을 살 수 있게 했습니다. 그러나 유비는 황건적을 토벌하는 전쟁에 참여한 후에도 결국은 안희위安喜尉라는 관직을 얻었을 뿐이었습니다. 안휘위는 안희현(옛 치소는 지금의 허베이성 딩저우시의 동쪽에 있습니다)의 현위로, 오늘날 부현급副縣級의 경찰서장 정도라, 거느린 인마가 많지 않았습니다. 따라서 유비는 항상 다른 사람에게 병사를 빌려야 했습니다. 그의 휘하 장군인 관우와 장비도 부하를 모두 잃은 장수와 같은 입장인지라, 그저 필부의 용기를 뽐낼 수밖에 없었습니다.

유비는 자신의 근거지도 없었습니다. 그나마 가까스로 차지한 일부 땅마저 곧 잃게 될 것 같았으므로, 할 수 없이 동분서주하며 남의 울타리에 의탁하였고, 이리저리 다른 사람에게 기대며 주인을 다섯 번 바꿨으며, 처자식을 네 번 잃어버렸습니다. 처음 세상에 나와 적벽대전을 벌일 때까지 반평생을 유랑했다고 할 수 있습니다.《삼국연의》에는 어느 날 유비가 술을 마신 후 비분강개해서 "내가 만약 기반만 있다면 천하의 녹록한 무리들은 걱정할 필요도 없을 것이다"라고 한 말이 실려 있습니다. 이 말은 비록 소설의 내용이지만 일리가 있으며, 그의 속마음을 알 수 있는 말입니다.

유비는 그럴싸한 전공도 없었습니다. '따뜻한 술을 마시고 화웅華雄을 베었다든지', '세 영웅이 여포와 싸웠다든지' 하는 이야기들은 모두 나관중이 그를 위해 만든 말입니다. 적벽대전 전까지 유비는 전쟁터에서 항상 도망만 다녔으며, "선주가 패배하였다"는 역사 기록도 종종 볼 수 있습니다. 〈선주전〉의 배송지 주에서 인용한《위서》의 내용에 따르면, 건안 5년(200)에 조조가 그를 토벌하러 왔을 때, 그는 조조가 한창 원소와 전쟁 중이므로 자신을 치러 올 수 없으리라 생각했습니다. 그러나 직접 조조의 깃발을 목격하고 나자 놀라 방향을 돌려 달아나기 시작했는데, 부하들의 생명은 돌볼 겨를도 없었으니, 영웅처럼 보일 만한 것이 뭐가 있겠습니까? 물론 유비가 한 번도 승리를 거두지 못한 것은 아닙니다. 역사서에도 "여러 차례 전공을 세웠다"는 기록이 있습니다. 그러나 그것들은 모두 작은 전투였습니다. 제후들이 혼전을 벌이는 과정에서 어떤 군벌도 그의 손에 제거된 적은 없었으니, 유비의 전공은 실로 언급할 만한 것이 없습니다.

당연히 이런 사람에게 대단한 명성이 있을 리가 없습니다. 원술은 일찍이 그를 무시하는 투로 말하기를, "내가 태어난 후로 천하에 유비가 있다는 말을 들은 적이 없소"라고 했습니다. 이 말은 원술이 여포에게 한 것으로 《영웅기》를 인용한 《삼국지》〈여포전〉의 배송지 주와 《후한서》〈여포전〉에 보입니다. 또 하나의 상황도 유비의 명성에 대해 설명해줄 수 있습니다. 《후한서》〈공융전孔融傳〉에 따르면, 북해상이었던 공융은 황건적에게 포위가 되어 어쩔 도리가 없자, 태사자太史慈를 파견하여 당시 평원상平原相이던 유비에게 구원을 요청합니다. 유비는 놀라며 "공북해孔北海가 그래도 천하에 유비가 있음을 아는가?"라고 말하며, 즉시 3천 명의 구원병을 파견합니다. 이 이야기를 《삼국지》〈태사자전太史慈傳〉에서는 "유비가 정색을 하고 '공북해가 세상에 유비가 있음을 아는가?'라고 대답했다"고 말합니다. 《삼국연의》도 그렇게 말합니다. 그러나 저는 《후한서》의 '놀라며 말한 것'이 《삼국지》의 '정색을 하고 답한 것'보다 정확하다고 생각합니다. 그리고 '놀라움'의 배후에는 '기쁨', 즉 '놀라고 기쁨'이 있습니다. 이것은 무엇을 설명할까요? 당시의 유비는 확실히 명성이 없었고, 또 명성이 생기기를 무척 바랐다는 점입니다.

그러나 이처럼 무엇을 해도 되는 게 없고 여기저기에 부탁만 하는 유현덕은 가는 곳마다 환영과 대접을 받습니다. 유비가 여포에게 패하여 조조에게 의탁했을 때, 조조는 그에게 예주목豫州牧을 내리고 좌장군左將軍에 봉하며, '나갈 때에는 수레를 함께 타고, 앉을 때는 동석할' 정도였습니다. 유비가 조조에게 패하여 원소에게 의탁했을 때, 원소는 성 밖으로 200리나 나와서 영접하였고, 원소 부자가 모두 '마음을 기울여 존경' 했습니다. 원소와 조조는 당시에 가장 거만한 사람들이었습니다. 그런데 이 사람들도 이 정도였다면 다른 사람들이야 오죽했겠습니까? 유비를 안중에 두지 않은 사람은 원술뿐이었습니다.

그렇다면 유비는 왜 이런 대우를 받았을까요?

유비가 영웅인 까닭

정답은 단 하나, 원소와 조조, 도겸 등은 모두 유비를 영웅으로 인정했기 때문입니다.

그렇다면 유비는 영웅일까요? 그렇습니다. 먼저, 유비에게는 영웅의 의지가 있었습니다. 《삼국지》〈진등전陳登傳〉에는, 유비가 형주에 있을 때에 일찍이 유표와 천하의 영웅을 논하다가 진등을 거론하게 된 이야기가 나옵니다. 허사許汜라는 사람이 진원룡(陳元龍, 원룡은 진등의 자)은 잘난 체하고 예의가 바르지 않다며 이렇게 말합니다.

"제가 하비에 원룡을 보러 갔는데, 원룡은 반나절 동안 저와 말도 하지 않고 자기는 큰 침상으로 자러 가고 저에게는 작은 침상에서 자라고 했습니다."

그러자 유비는 "그대는 본래 국사國士라는 명성만 있지, 애석하게도 국사로서 갖추어야 할 내실은 갖추지 않은 것 같군요. 지금 천하가 크게 어지럽고 제왕들이 제 자리를 잃어 모든 사람들이 그대가 '국가를 걱정하고 집안일을 잊고 세상을 구원하려는 생각을 가지기를' 바라는데, 그대는 뭐 하고 있는 것이오? 전답과 가옥을 사려는 돈벌이에만 전념할 뿐, 채택할 만한 의견마저도 없으니 이것이 바로 원룡이 그대를 멸시한 이유인데, 그가 무엇 때문에 그대와 말을 하려 하겠소? 그대가 원룡을 만난 것만으로도, 그가 그대에게 친절을 베풀었다고 보아야 할 거요. 나라면 내가 백 척의 높은 집에서 잘지언정 그대는 땅바닥에서 자게 할 것이니, 큰 침상, 작은 침상은 입에도 못 담을 것이오!"

남송의 시인 신기질辛棄疾이 그의 사詞〈수룡음水龍吟〉에서 "전답과 가옥만을 사려고 안달하다가는 재능과 기백이 넘치는 유랑(劉郎, 유비를 말함—옮긴이)을 보기 부끄럽게 되겠지"라고 한 표현은 바로 여기에서 비롯된 것입니다.

위에서 든 예에서도 알 수 있듯이, 유비는 영웅의 의지만이 아니라 영웅의 기백도 있었습니다. 《삼국연의》를 많이 읽다 보면 유비를 울분을 참으면서 아무 말도 못하는 못난이로 생각하게 되지만, 사실은 그렇지 않습니다. 실제 유비는 호탕한 기백이 충천한 성격의 사람으로, 노발대발하며 책상을 치고 일어날 때도 있었습니다. 예를 들어 그 '독우督郵'는 유비가 때린 것이지 장비가 때린 것이 아닙니다. 세력이 작고 처지가 어려워 항상 남에게 의지했기 때문에 유비는 조조처럼 세상을 보고 웃으며 거만을 떨 수 없었습니다. 또 성격적인 원인 내지 투쟁의 필요성 때문에, 유비는 침묵하고, 감정을 얼굴에 드러내지 않았으며, 조조처럼 그렇게 장광설을 늘어놓고 득의만만해하며 제멋대로 영웅의 모습을 드러내지도 않았습니다. 그렇다고 유비가 영웅이 아니라고 말할 수는 없습니다. 그가 침묵하고 감정을 드러내지 않으며, 심지어 울분을 참고 아무 말도 못하는 이면에는 여전히 한 줄기 영웅의 기백이 어려 있습니다.

유비에게 영웅의 기백이 있는 이유는 그에게 영웅의 혼이 있기 때문입니다. 이 '혼'은 그의 굳게 참고 흔들리지 않는 마음에 표현되어 있습니다. 앞에서 말했다시피, 유비는 군사를 일으킨 이후 언제나 순탄치 않았는데, 이는 사람 때문이 아니라 일이 자꾸 꼬여서이니, 거의 하루도 편하게 지낸 날이 없을 정도였습니다. 그러나 언제 그의 기가 꺾인 것을 본 적이 있습니까? 그가 여러 차례 패전하는 것을 봤을 뿐입니다.

그는 일찍이 황건적을 토벌하는 전쟁에 참가하여 부현급의 경찰서장인 안희위를 맡았지만 결과적으로 자신이 휘두른 채찍 때문에 직책을 잃게 되었습니다. 후일 황건적과 '힘써 싸워 전공을 세움'으로써 가까스로 온전한 현급인 고당령高唐令을 맡고 있다가(그 사이에 한 차례 관직을 잃습니다), 또 황건적에게 패배하여 할 수 없이 공손찬에게 의탁합니다. 때마침 도겸이 병사하자 그가 서주를 맡게 되지만, 뜻밖에 여포에게 쫓겨 다시 조조에게 의탁하고, 이후 다시 원소와 유표에게 의지하게 됩니다. 적벽대전 전까지 유비는 줄곧 남의 울타리에 의지했고 수시로 의탁하는 대상을 바꿔가며, 끊임없이 적군과 아군 사이를 맴돌았습니다.

다른 사람 같았으면, 특히 영웅으로 자부하던 몇몇 사람 같았으면, 아마도 진작 견디지 못하고 일찌감치 자살했을 것입니다. 그러나 유비는 계속 꾹 참고 지냈습니다. 심지어 그는 잠깐 동안 여포에게도 의탁하였습니다. 《삼국지》〈선주전〉의 배송지 주에 인용된 《위서》에서는, 여포의 부하들도 유비를 마음 놓아도 되는 인물이 아니라고 생각하여, 여포에게 유비는 '변덕이 심한 사람이라 길들이기 어려우니 일찌감치 도모해야 한다'고 말했다고 합니다. 애석하게도 여포는 이 말을 듣지 않아 후일 과연 유비의 손에 죽습니다. 그러나 입장을 바꿔 생각해보면, 이른바 '변덕이 심하여 길들이기 어렵다'는 말은 바로 유비가 영웅의 의지와 혼이 있으므로, 오랜 시간동안 남의 밑에서 만족하고 있을 수 없다는 점을 설명하는 것이 아닙니까?

　유비는 영웅의 의지, 영웅의 기개, 영웅의 혼을 가지고 있었고, 또한 영웅의 의리가 있었습니다. 《삼국지》〈선주전〉의 배송지 주에서 인용한 《헌제춘추》에 따르면, 원소는 유비에 대해 "유현덕은 고아高雅하며 신의가 있다"고 평가합니다. 이러한 평가는 정확하다고 할 수 있습니다. 원소도 명색이 지휘관인데 언제나 문제를 제대로 보지 못하지는 않습니다. '변덕이 심하여 길들이기 어려운' 사람이 어떻게 '고아하며 신의가 있'을 수 있겠습니까? 사실 이는 상대가 누구인지를 보아야 합니다. 할 수 없이 의탁한 상대에게 유비는 확실히 '변덕이 심하여 길들이기 어려운' 존재였습니다만, 믿고 의지한 상대에게 유비는 '고아하며 신의가 있'었습니다. 왜 그랬을까요? 유비가 영웅의 의지를 가진 사람이었기 때문입니다.

　영웅의 의지가 있는 사람은 남의 밑에서 있는 것을 달갑게 여기지 않아 끊임없이 책략을 짜내며 기회를 엿볼 것이므로, 이처럼 '변덕이 심하여 길들이기 어려워'집니다. 마찬가지로 영웅의 의지를 가지고 있으면 반드시 동지들을 단결하여 역량을 응집할 것이므로 반드시 '고아하며 신의가 있을 것'입니다. 실제로는 한 가지 사실만 지적하면 됩니다. 관우와 장비는 모두 당시 최고의 인재입니다. 그렇다면 유비는요?

유표　형주는 삼국이 모두 눈독을 들이고 있던 '필쟁지지'였다. 그러나 '치세의 현인, 난세의 용인'이란 평가를 듣는 '잘 생긴 바보' 유표는 형주의 지리적 이점을 살리지 못했다.

그는 가진 것 하나 없고 반평생 이룬 것 하나 없었으며, 매우 오랜 시간 동안 거의 어떤 희망도 볼 수 없었습니다. 그러나 이 두 사람은 오히려 목숨을 걸고 그를 따랐고, 변함없이 그에게 충성을 다했으며, 죽음에 이르러서도 후회하지 않았습니다. 관우는 '천 리를 단기單騎로' 달려올 정도였습니다. 왜 그랬을까요? 유비가 '고아하며 신의가 있었기' 때문입니다. 《삼국지》의 표현에 따르면, 유비와 관우, 장비는 "잠잘 때에는 침상을 같이 하고, 우애가 형제와도 같았다"고 합니다. 관우와 장비는 유비를 명분상으로는 형처럼 섬겼지만, 실제로는 임금으로 섬겼습니다. 세 사람의 우애는 바로 영웅의 의리로 묶여 있었음을 알 수 있습니다. 다만 알 수 없는 점은 이 세 사람이 '잠잘 때에 침상을 같이했다'면 그들의 아내들은 어디에 있었을까요?

조조가 유비를 죽이지 않은 이유

유비가 영웅이라는 점을 관우와 장비가 알았고, 후일 제갈량도 알았으니, 조조가 알아차리지 못할 수 없었습니다. 이를 통해서 조조가 틀림없이 '지금 천하의 영웅은 그대와 이 조조뿐'이라는 말을 했음을 믿을 수 있습니다. 어쩌면 조조는 이 말을 유비의 면전에서 말하지 말았어야 했는지도 모릅니다. 이는 '나와 천하를 다툴 사람은 바로 당신'이라고 말하는 것과도 같기 때문입니다. 그러나 이것은 조조가 침착하지 못했다고 이해해도 좋고, 조조가 그의 힘을 탐색하려 했든지, 일부러 경고를 하려는 의도로 그랬다고 이해해도 될 것입니다. 그 의도는 바로 우리 둘 다 알면서 순진한 척하지 말자는 것입니다. 우리 둘 다 서로를 비교해보면 누가 누구보다 더 멍청하거나 더 총명하지 않다는 것이지요. 과연 유비도 더 이상 그렇지 않은 척하지 못하게 되자 기회를 봐서 줄행랑을 놓습니다.

유비가 도망간 것은 이해가 가지만, 조조가 그를 풀어준 점은 상식적으로는 이해하기 어렵습니다. 《삼국연의》의 설명처럼 유비가 '때마침 내리친 천둥에 놀란 척하자', 조조가 더 이상 의심하지 않았다는 식의 말은 믿을 수 없습니다. 조조가 그렇게 잘 속아 넘어갈 리가 없지요. 첫 번째 가능성은 조조가 이때는 아직 간웅이 아니었다는 것입니다. 그는 만년에 이르러서야 많은 살인을 저질러 죽여서는 안 될 사람들을 많이 죽였습니다. 이때 희생된 인물 중에는 인품이 고결한 최염과 지혜가 출중한 순욱이 있었습니다.

또 다른 가능성은 어쩌면 그때까지 조조는 남을 포용하는 모습을 보이려고 했으며, 정당한 이유로도 남을 죽이려고 하지 않았다는 것입니다. 《삼국지》〈무제기〉에 따르면, 유비가 와서 조조에게 의탁했을 당시 조조의 모사인 정욱은 조조에게 유비를 '처리해버리라고' 권합니다. 정욱은 "유비를 보면 웅재雄才가 있어 대중의 마음을 잘 사로잡으며, 결코 남의 밑에 있을 사람이 아니니 일찌감치 도모하는 편이 낫습니다"라고 말합니다(정욱의 이 말을 통해서도 유비가 확실히 영웅이라는 점을 알 수 있습니다). 그러자 조조는 "바야흐로 지금은 영웅을 모을 때이지, 한 사람을 죽여서 천하의 마음을 잃을 때가 아니니, 죽이는 것은 불가하다"고 대답합니다.

마지막으로 가능한 또 하나의 상황은, 조조가 유비에게 영웅의 의지, 영웅의 기개, 영웅의 혼, 영웅의 의리가 있음을 보았지만, 유비가 힘을 발휘할 기반이 없음을 분명하게 알았다는 것입니다. 힘을 발휘할 기반이 없는 영웅은 진정한 영웅이라고 볼 수 없기 때문에 지나치게 그를 대비할 필요가 없습니다. 또한 이런 사람은 한순간에 성공할 수 없으므로, 정당한 명분이 생길 때까지 기다려 그때 다시 처리하는 편이 낫습니다.

앞의 두 가지 가능성은 조조가 왜 유비를 죽이지 않았는지를 설명할 수 있을 것 같습니다. 마지막의 가능성은 조조가 왜 유비를 놓아주게 되었는지를 설명하는 것 같습니다. 그래서 생각 하나 잘못한 것이 중대한 실수를 저지른 셈이 됐습니다. 사람의 생각이 하늘의 운명을 따라잡을 수는 없는 셈입니다. 조조는 물론이고 유비 자신조차도 매실주를 마신 8년 후에 위대한 정치가 한 명이 산림에서 나와 유비의 총참모장이 되고, 유비가 자신의 독립된 왕국을 세우는 데에 일조할 줄은 꿈에도 생각지 못했을 것입니다. 유비는 그야말로 기사회생하게 된 것입니다. 그는 근거지를 소유하게 되었고, 기반도 점점 커져서 결국에는 조조, 손권과 정족지세鼎足之勢를 형성하게 됩니다.

  이 위대한 정치가는 바로 우리가 모두 알고 있는 제갈량입니다.

  제갈량은 말할 것도 없이 중국 역사상 보기 힘든 걸출한 정치가입니다. 그가 세상으로 나오자 운명의 저울은 유비를 향해 기울기 시작합니다. 마찬가지로 누구도 생각하지 못한 점은, 같은 해에 조조의 가장 중요한 모사였던 곽가가 병을 치료하지 못하고 사망했다는 사실입니다. 이 사실은 조조에게는 심각한 타격이지만, 유비에게는 확실히 운수가 트이기 시작했다는 것을 의미합니다.

  그렇다면 곽가의 죽음이 그렇게도 중요했을까요?

하늘이 내린 기재

정확하게는 알 수 없는 어떤 이유로, 조조는 한순간 착각을 하여 유비를 풀어주었다. 용이 바다로 돌아가고 호랑이가 산으로 돌아간 것처럼 유비의 운수는 대단히 좋았다. 건안 12년(207), 유비가 융중隆中에서 제갈량을 모셔왔을 때, 곽가는 북정北征의 길에서 병을 얻어 젊은 나이에 요절하였다. 이처럼 한 사람이 들어오고 한 사람이 떠난 결과, 유비는 기사회생했고, 조조의 원대한 포부는 실현하기 어려워졌다. 그렇다면 곽가는 도대체 어떤 사람이며, 그와 제갈량의 차이는 또 어디에 있는가?

　유비는 영웅의 의지, 영웅의 기개, 영웅의 혼, 영웅의 의리를 갖추었으나 '영웅의 기반'(자신의 근거지)이 없어서 할 수 없이 동분서주하며 남의 울타리에 의탁하고 변덕스럽게 다른 사람에게 의지했습니다. 어쩌면 이러한 원인 때문에, 조조는 생각을 잘못하는 실수를 저질러 유비를 풀어주었을지 모릅니다. 이제 유비는 이미 바다로 돌아간 용이자 산으로 돌아간 호랑이입니다. 그가 성공할 수 있을지 없을지는, 그의 운에 달려 있습니다.

　유비의 운이 그렇게 좋을지는 누구도 생각지 못했습니다. 건안 12년(207)은 유비와 조조에게 정말로 중요한 해였습니다. 이해 9월에, 조조가 가장 마음에 들어하던 모사 곽가가 불행히 병사했습니다. 그리고 같은 해에 제갈량이 유비의 곁에 왔습니다. 38세의 곽가가 세상을 떠나고, 26세의 제갈량이 세상으로 나오자, 역사는 방향을 바꾸기 시작했습니다.

　곽가의 죽음과 제갈량의 출현을 연결시키려는 것은 이 두 사람 사이에 관계가 있기 때문입니다. 이러한 관련, 혹은 관계가 이 두 사건이 같은 해에 발생했기 때문은 물론 아닙니다. 이것은 우연에 지나지 않습니다. 관건은 이 두 사건이 조조와 유비 양측에 끼친 영향에 있습니다. 전쟁의 승부는 힘의 대비對比에 달려 있으며, 힘의 대비의 변화란 이쪽이 성장하면 저쪽이 쇠퇴하고 이쪽이 쇠퇴하면 저쪽이 성장하는 것에 지나지 않습니다. 제갈량이 유비의 곁으로 오자, 유비는 성장하고 조조는 쇠퇴했습니다. 불행히도 곽가가 세상을 떠나자, 조조가 쇠퇴하고 유비는 성장했습니다. 어떻게 계산해도, 모두 조조가 손해를 봤습니다.

그러나 여기에는 한 가지 문제가 있는데, 그것은 바로 그들 두 사람의 무게와 수준입니다. 만약 두 사람의 무게가 충분하지 않다면 이러한 계산은 어떤 의의도 없을 것입니다. 마찬가지로 수준이 같지 않거나 차이가 너무 크다면 이러한 비교도 필요가 없습니다. 그렇다면 제갈량과 곽가의 역할은 어느 정도일까요? 그들은 동일한 수준의 인물일까요? 아니면 그들에게 서로 비슷한 곳이 있다고 말할 수 있을까요?

곽가와 제갈량은 확실히 놀라울 정도로 비슷한 점을 가지고 있습니다. 첫째, 그들은 모두 젊은 천재였고, 세상에 나왔을 때 겨우 26~27세(곽가 27세, 제갈량 26세)였지만 사상과 모략은 이미 상당한 경지에 이르러 있었습니다. 둘째, 그들은 모두 군주의 능력을 살피는 데에 마음을 썼습니다. 모두 원소가 우량주라고 생각하고 있을 때, 곽가는 그를 '깡통주'라고 생각했으며, 모두가 유비를 깡통주라고 생각했을 때 제갈량은 그를 우량주라고 봤습니다. 셋째, 그들은 모두 전략으로 세운 공이 매우 높았습니다. 곽가는 조조를 도와 중국 북부를 통일하였고, 제갈량은 유비를 도와 삼국의 정립鼎立을 실현시켰습니다. 그들은 하늘이 내린 기재奇才였고, 당대 최고의 인재였다고 할 수 있습니다. 물론 그들이 매우 충성스러웠고, 부지런하고 성실했으며, 죽을 때까지 나라를 위하여 온 힘을 다했다는 점도 같습니다. 그들과 조조, 유비의 관계는 적어도 겉으로는 '물고기가 물을 만난 것처럼' 유지됐고, 확실히 돈독한 우정이 있었습니다.

곽가가 세상을 떠난 후 조조는 매우 비통해합니다. 《삼국지》〈곽가전〉 및 〈곽가전〉의 배송지 주에서 조조는 조정에 표를 올리거나, 순욱에게 편지를 쓰거나, 다른 사람들과 얘기를 할 때 여러 차례 곽가를 추억하면서 그때마다 눈물을 흘리며 목 놓아 통곡합니다. 그는 이렇게 말합니다.

봉효奉孝의 나이가 사십을 채우지 못했으니(정확히는 38세), 나와 함께한 시간은 11년이로다. 그 어렵고 곤궁했던 시절을 모두 그와 내가 함께 견뎌나갔도다. 그 얼마나 힘겹고 위험한 길이었던가! 내가 생각을 정하지 못했을 때는 전적으로 결단력을 발휘하는 그의 도움을 입어 일을 완성할 수 있었도다. 그는 건강이 좋지 못하고 남방에는 역병이 많아 항상 말하기를, 남방에 가게 되면 살아 돌아오지 못할까 두렵다고 했다. 그러나 나와 천하의 대계를 토론할 때에는 먼저 형주를 점령해야 한다고 말했다. 이는 그가 목숨을 걸고 나를 위하여 공을 세운 것이 아닌가! 이와 같은 인정과 의리를 어떻게 잊을 수 있겠는가! 지금 내가 비록 그의 공로를 주청하고 그에게 봉작을 신청해주고는 있지만, 죽은 사람의 입장에서 본다면 그런 것들이 무슨 쓸모가 있겠는가? 세상에서 나를 이해해줄 사람이 이렇게 적은데, 그나마 있던 한 명이 또 나를 버리고 떠나갔도다. 하늘이여, 나보고 어떡하란 말인가, 어쩌란 말인가!

조조의 이와 같은 표현을 보면, 조조와 곽가의 관계가 보통이 아니었으며, 근심을 함께했을 뿐 아니라 마음까지 통하는 사이였음을 쉽게 알 수 있습니다. 곽가는 확실히 구하기 힘든 인재였으니, 충성이 지극하고, 지략이 뛰어났으며 결단력이 있었습니다. 이러한 특징과 이러한 관계 하면, 우리는 너무나 쉽게 제갈량을 떠올리게 됩니다.

실제로 곽가와 제갈량은 놀라울 정도로 비슷한 곳이 많았을 뿐 아니라, 각자의 진영에서 지니는 무게도 같았습니다. 유비는 제갈량을 얻은 이후 이렇게 말합니다.

"나에게 공명이 있는 것은 물고기가 물을 만난 것과도 같다."

조조는 곽가를 얻은 이후 이렇게 말합니다.

"나에게 대업을 이루어줄 사람은 반드시 이 사람일 것이다."

유비는 임종하기 전에 제갈량에게 자식을 부탁합니다. 조조는 곽가에 대해서 "이후의 일을 그에게 맡기고자 한다"고 했습니다. 다만 곽가는 젊은 나이에 요절했기 때문에, 우리가 그날을 볼 수 없었을 뿐입니다. 역시 같은 원인으로 인해, 곽가라는 별은 제갈량처럼 환하게 빛나지 않았습니다. 제갈량은 26세에 세상으로 나온 때부터 54세에 병사할 때까지, 유비의 집단에서 28년을 일하면서 11년간 대권을 장악하고 있었습니다. 곽가는 조조의 집단에서 일한 시간을 모두 합쳐야 11년뿐이었고, 직무는 참모인 군사좨주에 불과했습니다. 두 사람이 재능을 발휘한 조건은 동일선상에서 논의할 수 없습니다.

조조, 곽가의 죽음을 탄식하다

설령 11년이라는 짧은 시간이었다 할지라도, 곽가는 휘황찬란한 업적을 남겼습니다. 곽가가 조조의 군중에 있을 때, 조조는 개선가를 높이 부르고 계속 승전보를 받았다고 할 수 있을 정도로 성공적인 북방의 통일을 이룩했습니다. 곽가가 세상을 떠난 이후, 조조의 군사적 성취는 특별히 언급할 만한 일이 없습니다. 저우쩌슝 선생의 말을 빌자면, 마등馬騰이나 한수 등의 몇몇 '비적匪賊형 군벌'에 대처했을 뿐이었습니다. 양대 효웅인 손권·유비와의 대결은 할 마음이 있어도 힘이 부쳐 실현할 수 없었으며, 적벽에서는 하마터면 엄청난 곤경에 빠질 뻔했습니다. 물론 유비가 패배에서 벗어나 승리를 거두게 되는 이유가 제갈량이 있었기 때문만은 아닙니다. 마찬가지로 조조의 사업이 난항을 겪은 것도 곽가가 없었기 때문만은 아닙니다. 개인의 역할을 지나치게 과장해서는 안 됩니다. 그러나 곽가의 죽음은 조조의 입장에서 볼 때 확실히 중대한 손실이었습니다. 따라서 조조가 적벽에서 패해 후퇴할 때, 하늘을 우러러 장탄식을 하면서 갑자기 이런 말을 하게 된 것입니다.

"곽봉효가 있었다면 내가 이 지경에 이르지는 않았을 텐데!"

이 말을 《삼국연의》에서는 다음과 같은 하나의 장면으로 구성합니다.

조조가 화용도華容道에서 빠져나와 남군南郡에 이르자, 조인이 주연을 베풀어 위로하였는데, 여러 모사들이 모두 자리에 있었다. 조조가 갑자기 하늘을 바라보며 크게 통곡하였다. 여러 모사들이 '승상께서는 재난을 만났을 때에도 전혀 두려워하지 않으셨고, 지금은 안전하게 성안으로 돌아와 군사들은 배불리 먹고 말도 사료를 충분히 먹었으며, 군대를 재정비해서 원한을 갚을 수 있는데 도리어 통곡을 하는 이유가 무엇입니까?' 하고 물었다. 그러자 조조는 '내가 통곡을 한 것은 곽봉효 때문이오. 봉효가 있었다면 결코 내가 이런 큰 실수를 저지르게 하지는 않았을 것이오'라고 했다. 이어서 그는 주먹으로 가슴을 치며 크게 곡하면서 '슬프도다. 봉효여! 애통하도다. 봉효여! 안타깝도다. 봉효여!'라고 했다. 이에 여러 모사들이 모두 침묵하며 부끄러워했다.

조조가 가슴을 치며 크게 곡한 것을 두고, 모종강 부자는 통렬한 비판을 가했으며, 이 통곡을 완성의 전투에서 전위를 위해 곡했던 것과 연결시켰습니다. 완성의 전투는 제8강 〈신출귀몰〉 편에서 이미 말한 것으로,

건안 2년(197) 정월에 조조의 실수로 투항한 지 10여 일에 불과한 장수張繡가 모사 가후의 계책을 따라 갑작스럽게 일으킨 반란입니다. 미처 대비를 못한 조조는 전위의 헌신적이고 필사적인 분투에 힘입어 생명을 부지할 수 있었으나, 맏아들인 조앙, 조카 조안민과 사랑하는 장수 전위를 모두 전투에서 잃게 되었습니다. 사건이 끝난 후, 조조는 제단을 설치하여 전위에게 제사를 지내며 통곡하고 눈물을 흘립니다.《삼국연의》16회에서 조조는 이렇게 곡을 합니다.

"내가 장자와 사랑하는 조카를 잃은 것은 깊이 가슴 아파할 일이 없으나, 유독 전위에 대해서는 통곡하게 되는구나!"

이에 그의 주변에 있던 여러 장수와 병사들은 모두 감동했습니다.

이것은 그야말로 '유비가 아이를 내던진 이야기'의 조조판입니다. 유비가 아이를 내던진 이야기는 모두들 잘 알고 있듯이, 조운이 장판파長坂坡에서 아두阿斗를 구하고 돌아오자, 유비가 그 아이를 땅에 던지며 "너 같은 어린애 때문에 내가 대장 한 명을 잃을 뻔했구나"라고 말했고, 이에 놀란 조운이 땅에 엎드려 울면서 반드시 주군을 위하여 목숨을 바치겠다고 한 것을 말합니다. 조조가 사랑하는 자식을 위해서는 곡을 하지 않으면서 사랑하는 장수를 위해 곡을 하고, 유비가 사랑하는 자식은 아끼지 않으면서 사랑하는 장수는 아낌으로써 결국 모든 장수와 병사들에게 감격의 눈물을 흘리게 한 것을 보십시오. 그야말로 방법은 달라도 효과는 같지 않습니까?

마찬가지로 전위를 위해 한 곡과 곽가를 위해 한 곡도 한번 비교해볼 만합니다. 모비에서는 조조가 이전에는 전위를 위해 곡을 하고 후에는 곽가를 위해 곡을 했다고 하면서, 전위를 위해 곡을 한 것은 많은 장수와 병사들을 감동시키기 위해서이고, 곽가를 위해 곡을 한 것은 많은 모사들을 부끄럽게 하기 위해서였다고 말합니다. "앞의 곡은 상을 준 것보다 효과가 있고, 뒤의 곡은 때린 것보다 효과가 있을" 정도로, 간웅의 눈물이 "금전과 비단 같은 상의 효과뿐 아니라 곤장처럼 훈계의 역할도 했다는 점"은 예상 밖의 일입니다. 이에 모종강 부자는 "간웅의 간계는 그야말로 가소로울 정도로 간사하다"고 냉소적인 평가를 내립니다.

물론 이 비어批語가 멋지기는 하지만, 조조가 전위를 위해 곡을 하며 했다는 말과 곽가를 위해 곡을 한 장면은 '유비가 아이를 내던진 이야기'와 마찬가지로 모두 소설가들이 지어낸 말입니다.

전위를 위해 장사를 치를 당시 조조는 확실히 직접 장례에 참석하여 곡을 하고 제사를 지냈습니다만, '내가 장자와 사랑하는 조카를 잃은 것은 깊이 가슴 아파할 일이 없다'는 말은 한 적이 없었습니다. 또한 확실히 '곽봉효가 있었다면 내가 이 지경에 이르지는 않았을 것'이라는 말을 했지만, 가슴을 두드리며 크게 곡한 일은 없었습니다. 우리는 조조가 어떤 상황에서 그런 말을 했는지 알 수는 없으며, 그때 많은 모사들이 자리에 있었는지의 여부는 더더욱 알 수 없습니다. 더구나 그 장면은 나관중의 연의에 있는 것이라 믿을 수 없습니다. 다시 말해서 모종강 부자의 비어는 소설 속의 조조이지, 역사상의 조조는 아닙니다.

역사상의 조조는 결코 만만한 사람이 아닙니다. 그의 탄식은 그저 여러 모사들을 부끄럽게 하기 위해서만이 아닐 것입니다. 실제로 조조가 적벽에서 패배한 데에는 여러 원인이 있었으며, 결코 주요한 책임이 모사에게 있지는 않았습니다. 더구나 조조의 모사들은 결코 무능하지 않았습니다. 예를 들어 손권과 유비의 동맹을 일찍부터 예상한 사람이 있었으니, 바로 정욱입니다. 조조가 형주를 탈취한 이후 계속해서 강동으로 내려갔을 때도 반대한 사람이 있었으니, 가후입니다. 애석하게도 '태조가 듣지 않아 군대가 결국 패배한 것'입니다. 조조의 모사들은 책임을 다했을 뿐 아니라 직무에도 적합한 사람들이었는데, 그가 어떻게 곽가를 추억한다는 구실로 여러 모사들을 부끄럽게 만들었겠습니까?

그렇다면 조조는 또 왜 탄식을 했을까요? 조조는 자기의 운이 나빠 너무나 일찍 곽가를 잃게 된 것을 탄식했습니다. 《삼국지》〈곽가전〉에서는 이렇게 말합니다.

"태조가 형주를 공격하고 돌아오는 길에 파구巴丘에서 전염병을 만나 배를 불태우면서 탄식하기를, '곽봉효가 있었다면 내가 이 지경에 이르지는 않았을 텐데!' 라고 했다."

이 말은 곽가가 아직 살아 있었다면 사정이 이렇게 되지는 않았을 것이라는 의미입니다.

곽가의 천재적 지략

왜 이렇게 되지 않았을 것이라고 말했을까요? 곽가는 군사 방면의 천재였기 때문입니다. 그는 '모략에 정통했고, 사회의 현상에 통달하여', 임기응변에 능했고, 결단력이 있었습니다. 또 신묘한 지략과 계책을 가졌고 상대방의 허를 찌르는 방법으로 승리를 거두었습니다. 예를 들어보지요. 조조는 여포와의 세 차례 전투로 병사들이 피로를 느끼자 철군을 준비합니다. 곽가는 다시 전투를 벌일 것을 극력 주장하고, 전투를 벌이면 반드시 이길 것이라고 단정했으며, 결과적으로 여포를 사로잡는 데 성공합니다. 조조가 원담과 원상을 정벌하여 연전연승하자, 여러 장수들은 다시 전투를 벌이자고 주장했지만 곽가는 철군을 주장합니다. 결과적으로 원담과 원상 형제 사이에 내분이 일어나 조조는 어부지리를 얻습니다. 조조가 원소와 싸울 때, 어떤 사람이 손책이 기회를 틈타 허도를 습격할까 걱정하자 곽가는 그럴 리 없다고 말합니다. 조조가 오환을 공격할 때, 어떤 사람이 유표가 기회를 틈타 허현을 습격할까 걱정하자 곽가는 올 수 없다고 말합니다. 결과는 어땠을까요? 곽가가 예상했던 것과 완전히 일치했습니다.

곽가는 귀신처럼 정확하게 예상을 했을 뿐 아니라 잔꾀를 부리거나 위험한 줄타기를 하는 데에도 용감했습니다. 예를 들어 관도대전이나 오환 정벌 같은 두 차례의 원정에서 다른 사람들의 걱정에는 모두 일리가 있었습니다. 상식대로 하자면, 손책과 유표는 분명 기회를 틈타 쳐들어와 조조의 등 뒤에 칼을 꽂을 것입니다. 그러나 곽가는 용감하게 그렇지 않으리라고 단언했고, 조조도 기어이 그의 말을 들어 이 엄청난 위험을 무릅쓰게 됩니다. 이 관도대전이 얼마나 운이 좋은 사건이었는지는 나중에 다시 말하겠습니다. 그러나 오환을 정벌한 그 전투는 확실히 곽가의 군사적 재능을 구체적으로 드러냈습니다.

오환烏丸은 오환烏桓이라고도 하는데 중국 북방에 거주하던 소수민족으로서, 이전까지는 줄곧 원소의 편에 기울어 있었습니다. 관도대전이 끝난 후, 원소는 병으로 죽고 원담과 고간高幹은 피살됩니다. 원상과 원희는 조조에게 패배하여 건안 10년(205)에 오환으로 도망을 쳤고, 오환의 힘을 빌려 조조와 대결하려고 했습니다. 따라서 조조가 원씨의 잔여 세력을 소멸시키고 북부 중국을 통일하기 위해서는 오환을 정벌해야만 했습니다. 그러나 오환은 결코 쉬운 상대가 아니었고, 많은 사람들이 모두 공격을 찬성하지 않았으며, 결국 승리도 매우 힘들게 얻었습니다. 《삼국지》〈무제기〉의 배송지 주에서 인용한 《조만전》에 따르면, 당시 날씨는 춥고 땅은 얼어붙었으며, 황량하여 인적이 없어 연속으로 2백 리를 행군해도 물은 구경조차 할 수 없었습니다. 남은 군량미도 거의 없어, 조조는 "말 수천 필을 죽여 양식으로 삼고 땅을 30여 장丈을 파서 물을 얻을 정도"였습니다. 그래서 업성에 돌아온 이후 조조는 명을 내려, 당초 그에게 오환을 정벌하지 말라고 했던 사람들을 철저히 조사하고 그들에게 후한 상을 내렸습니다. 조조는 자신의 이번 승리가 완전히 요행이며, 그들의 만류가 만전을 기한 계책이라고 말했습니다. 이 전쟁이 얼마나 위험했는지 알 수 있습니다.

당시에 오환 정벌을 반대하는 사람은 매우 많았습니다. 《삼국지》〈무제기〉에 따르면, 반대하는 이유는 주로 두 가지였습니다. 첫째, 그들이 생각하기에 원상은 허겁지겁 꽁무니를 뺀 망명 포로에 불과했습니다. 오환은 '이적夷狄'으로서 "탐욕스럽고 의지할 만하지 못한데", 어떻게 원상을 도울 수 있겠습니까? 따라서 공격을 할 필요가 없다고 생각했습니다. 둘째, 그들이 생각하기에 오환은 사는 곳이 궁벽하여 일단 원정을 떠나기만 하면 반드시 유비가 유표를 부추겨 이 기회에 허도를 습격할 것이니, "만일 변고가 발생하면 일은 걷잡을 수 없게" 됩니다. 따라서 공격할 수 없다고 보았습니다.

그러나 곽가는 오히려 공격할 수 있고, 공격해야 하며, 공격하면 이길 것이라고 극력 주장합니다. 《삼국지》〈곽가전〉에 따르면, 곽가는 다음과 같이 말합니다.

"첫째, 오환은 매우 멀지만, 바로 그렇기 때문에 그들은 먼 거리만을 믿고 대비를 하지 않을 것입니다. 만약 우리가 허를 찔러 불시에 습격을 한다면 손을 쓸 수 없을 테니, 그들을 멸망시킬 수 있습니다. 둘째, 원소 가족의 영향력은 무시할 수 없으며, 삼군오환(三郡烏丸, 당시 오환은 요서遼西, 요동遼東, 우북평右北平 등 세 군郡으로 분열되어 각자 왕이라고 칭하며, 동맹 관계를 형성하고 있었음—옮긴이)의 실력도 얕잡아 볼 수 없습니다. 일단 그들이 연합하게 되면 죽은 주군(원소를 말함—옮긴이)의 신하들을 불러 모아, 재기를 꾀할 테니, 아마도 청주와 기주는 더 이상 우리의 땅이 아닐 것입니다. 유표의 경우—이것이 세 번째 이유입니다—는 빈말이나 해대는 자에 불과합니다. 자신도 유비를 막기에 재주가 부족함을 알기 때문에 유비에게 중임을 맡기면 통제할 수 없을까 염려할 것이고, 가벼운 임무를 맡기면 유비가 그를 위해 일하지 않을 것입니다. 따라서 우리가 나라를 비워두고 원정을 떠난다고 하더라도 후방에서 생길 일을 걱정할 필요는 없습니다. 조공께서는 마음을 놓으십시오."

일은 과연 곽가가 예상한 대로 진행되었습니다. 《삼국지》〈선주전〉 및 배송지 주에서 인용한 《한진춘추》에 따르면, 건안 12년(207)에 조조가 오환으로 출정하자, 유비는 유표에게 허현을 급습하자고 권유하지만 유표는 이를 행하지 않습니다. 조조가 오환왕 답돈踏頓의 대본영인 유성(柳城, 지금의 랴오닝성遼寧省 차오양시朝陽市 부근)에서 군대를 철수하고 나자, 유표는 그제야 유비의 말을 듣지 않아 좋은 기회를 놓친 것을 후회합니다. 유비는 할 수 없이 그를 위로하며 말합니다.

"현재는 천하가 크게 어지럽고 전쟁이 빈번하여 날마다 전쟁을 벌이지 못하는 것이 한스러울 정도이니, 기회는 여전히 많습니다. 만약 지금부터 신속하게 대응할 수 있다면, 이번은 유감으로 여길 필요도 없습니다."

사실 유표에게 언제 또 기회가 있었습니까? 조조는 삼군오환을 평정한 이후, 신속하게 전투의 칼끝을 유표에게 겨누었습니다. 그러나 유표는 조조와 교전을 시작하기도 전에 세상을 떠났습니다.

조조는 곽가의 건의에 따라 유표를 상관하지 않은 채 군대를 거느리고 북상하여, 5월경에 역현(易縣, 지금의 허베이성 슝현 서북쪽)에 도착했습니다. 이때 곽가는 조조에게 말합니다.

"군사의 지휘에는 신속성이 최우선입니다. 현재 우리는 천 리를 달려와 기습하는 것이고, 군수 물자도 많아서 속도가 늦으면 신속하게 승리를 얻을 수 없습니다. 일단 소문이 퍼지면 상대방은 반드시 준비를 할 것입니다. 군수 물자는 놔두고 밤낮으로 길을 재촉하여 상대에게 손쓸 틈을 주지 않는 것이 좋습니다."

조조는 이 계책을 받아들여 날랜 병사들을 거느리고 무종(無終, 지금의 텐진天津 지현薊縣)에 도착한 다음, 그 지역의 명사名士인 전주田疇의 안내를 받아 지름길로 질러 서무(徐無, 지금의 허베이성 위텐玉田 북쪽)·노룡새(盧龍塞, 지금의 허베이성 시펑커우喜峰口)·백단(白檀, 지금의 허베이성 콴청寬城)·평강(平崗, 지금의 허베이성 핑취안平泉)을 거쳐 유성에서 겨우 2백여 리 떨어진 백랑퇴(白狼堆, 지금의 랴오닝성 푸유투 산布佑圖山)에 올라갑니다. 오환왕 답돈은 그제야 조조의 군대가 당도한 것을 깨닫고 황급히 응전하지만, 결국 전투에서는 패하고 자신은 피살되고 맙니다. 원상과 원희도 할 수 없이 멀리 요동으로 달아나 공손강에게 의탁합니다.

곽가는 정말로 귀신처럼 일을 잘 헤아렸습니다. 그래서 《삼국연의》에서는 이 전쟁의 최후 승리를 그의 공으로 돌립니다. 그 후의 이야기는 앞에서 말한 바와 같습니다. 오환을 격파한 이후 조조는 군사를 움직이지 않고, 공손강에게 의탁한 원상과 원희를 없애려고 조급해하지 않으면서 공손강이 이 두 사람의 머리를 보내올 때까지 기다립니다. 그리고 과연 공손강은 그렇게 합니다. 이것은 본래 조조의 책략이었는데, 《삼국연의》에서는 곽가의 비단 주머니 속 비책이라고 말하며, "곽가가 남긴 계책으로 요동을 평정"하였다고 합니다. 《삼국연의》는 이렇게 말함으로써 조조에게 대단한 영광이 돌아가지 않기를 바랐지만, 동시에 이는 곽가가 실제로 모략에서 남보다 뛰어났기 때문이기도 할 것입니다.

나관중이 교묘하게 사실을 바꾼 이야기 또한 전혀 근거가 없지는 않습니다. 곽가는 틀림없이 이와 비슷한 방도를 내놓았을 것입니다. 〈곽가전〉에 의하면, 원소가 죽은 후 원상과 원담 역시 조조의 공격을 받아 참패합니다. 여러 장수들이 모두 단숨에 그 둘을 해치워버리자고 주장하지만, 곽가는 오히려 그럴 필요가 없으며 이들 형제가 스스로 싸울 때까지 기다리자고 말합니다. 곽가의 분석은 다음과 같습니다.

"원상과 원담은 후계자 자리를 두고 다투느라 원래 사이가 좋지 않았고, 또 각자에게 모사가 있기 때문에, 반드시 내부 분쟁이 일어날 것입니다. 우리가 급하게 압박하면 그들은 미약한 힘이나마 서로 돕게 될 것입니다. 그러나 우리가 상관하지 않는다면 그들은 서로 싸울 테니, 어부지리를 얻을 수 있습니다. 그렇게 되고 나서 공격한다면 일거에 평정할 수 있을 것입니다."

과연 조조의 군대가 겨우 서평(西平, 지금의 허난성 시핑현西平縣 서쪽)으로 출동했을 때, 원상과 원담은 기주를 차지하는 문제로 서로 크게 다투어 조조는 어부지리를 얻게 됩니다.

인물을 평가할 줄 아는 곽가의 안목

이제 우리는 곽가가 왜 그렇게 귀신처럼 일을 예측할 수 있었는지 쉽게 알아차릴 수 있습니다. 원인은 매우 간단합니다. 바로 그가 다른 사람을 철저하게 연구했기 때문입니다. 그는 원소·여포·손책·유표의 약점을 간파했으며, 원상과 원담의 약점도 간파한 후에야 비로소 위험해 보이는 계책들을 쏟아냈습니다. 조조가 곽가를 보고 "시사時事나 전사戰事를 보는 눈이 남들보다 빼어나다"고 한 것도 이상하지 않습니다. 시사든 전사든 까놓고 말하자면 모두 인사人事입니다. 인사에만 정통해도 시사와 병사에 밝지 않겠습니까?

곽가는 확실히 사람을 잘 볼 줄 알았습니다. 그는 적을 잘 파악했을 뿐 아니라, 주인도 잘 알아봤습니다. 조조는 한 표문表文에서 "(곽가는) 매번 국가의 대사大事에 대한 의견이 있었고, 적군을 상대할 때에는 임기응변했습니다. 신이 정책을 결정하지 못할 때에는 곽가가 곧 그 결정을 완성시켜주었습니다"라고 했습니다. 판단을 내릴 때 곽가가 매번 조조보다 앞서 생각했고, 그래서 항상 조조가 결정을 내리는 데에 도움을 주었음을 알 수 있습니다. 여기에는 분명 하나의 전제가 있어야 합니다. 그 전제란 바로 조조의 사람됨이 곽가가 안심하고 놀랍고도 기발한 계책을 낼 수 있게 해주어야 한다는 것입니다. 만약 원소처럼 우유부단하고, 고집불통으로 남의 말을 듣지 않으며, 뜻은 크지만 재능이 없고 자기보다 현명하고 능력 있는 사람들을 시기했다면, 곽가의 총명과 재지才智도 발휘할 기회가 없었을 것입니다. 곽가의 성공은 또한 조조의 성공이라고 할 수 있습니다. 이러한 성공은 역사상 매우 드뭅니다.

적벽대전 당시 곽가가 살아 있었다면, 그가 반드시 교묘한 계책을 내어 승리를 이끌어내고, 조조가 패배에서 벗어나 승리하도록 하며, 위험을 평온한 상태로 바꿀 수 있었으리라는 점은 어렵지 않게 상상할 수 있습니다. 이것이 바로 조조가 "곽봉효가 있었다면 나를 이 지경에 이르게 하지 않았을 것"이라고 말한 원인입니다. 애석하게도 그때 곽가는 이미 세상에 없었습니다. 그렇지 않았다면 역사는 다시 써야 했을지도 모르며,《삼국연의》의 내용도 바뀌었겠지요. 설사 곽가에게 국가의 형세를 돌려세울 정도의 강력한 힘은 없었다 하더라도, 적어도 그와 제갈량의 사이에서 벌어졌을 한바탕 '두뇌 싸움'은 볼 만했을 것이기 때문입니다.

이처럼 깊은 연못 속의 물고기도 살필 정도의 안목을 가진 곽가가 유비를 알아차리지 못했을 리가 없습니다. 곽가는 조조와 마찬가지로 유비가 영웅임을 알아보았습니다만, 그의 의견은 모순적으로 보입니다. 어떤 사람이 유비를 죽이자고 주장했을 때, 곽가는 죽여서는 안 된다고 말했습니다. 조조가 유비를 놓아주었을 때, 곽가는 다시 놓아주어서는 안 된다고 말했습니다.

〈곽가전〉의 배송지 주에서는 이 두 가지 의견을 인용하고 있습니다. 《위서》는 이렇습니다. 어떤 사람이 조조에게 "유비에게는 영웅의 의지가 있으니, 지금 일찍 도모하지 않는다면 후에 반드시 근심이 될 것"이라고 말하자, 조조는 곽가에게 대책을 묻습니다. 곽가는 일리가 있다고 대답합니다.

"그러나 주공께서 보검을 쥐고 의로운 군대를 일으키신 것은 횡포한 사람을 제거하고 선량한 백성을 평안케 하기 위함이니, 정성과 믿음에 의지해야 합니다. 이렇게 하더라도 천하의 영웅을 부르지 못할까 염려스럽습니다. 지금 유비라는 영웅이 갈 곳이 없어서 주공에게 와서 의지했는데, 주공께서 도리어 그를 죽여보십시오. 그렇게 되면 누가 주공을 따라 천하를 평정하기를 원하겠습니까? 한 사람에 대한 걱정 때문에 세상의 신망을 저버리는 것은 잘 생각해보아야 할 문제입니다."

《부자》에는 다음과 같이 기록되어 있습니다. 곽가는 주동적으로 조조를 찾아가, "유비는 결국 남의 밑에 있을 사람이 아니며, 그의 생각은 헤아릴 수가 없습니다. 옛사람들의 말에 하루아침에 적을 풀어주면 몇 대 동안 걱정이 생긴다고 했습니다. 일찍 그를 처리하는 것이 좋겠습니다"라고 했습니다. 그러나 당시 조조는 "천자를 받들어 천하를 호령하며, 바야흐로 영웅들을 회유하여 신의를 밝힐 때"였으므로 곽가의 말을 듣지 않았습니다. 유비가 공개적으로 조조를 배반하고 나서야, 조조는 "곽가의 말을 듣지 않았던 것을 후회"했습니다.

이에 대해 배송지는 "《위서》에서 말한 것과 《부자》의 내용이 정반대"라고 평했습니다. 그러나 저는 두 책의 내용이 결코 상반되지 않다고 생각합니다. '일찍 처리하는 것이 좋겠다'는 말은 빨리 그에 대한 적절한 조치를 취하라는 것에 불과하며, 반드시 유비를 죽여야 한다는 말은 아닙니다. 이 문제에 대해 저는 저우쩌슝 선생의 관점에 동의합니다. 저우쩌슝 선생은, 곽가의 의견이 유비를 죽일 수도 없고 놓아줄 수도 없다는 것이었다고 생각합니다. 그럼 어쩌란 말입니까? 연금軟禁입니다. 그러나 어찌된 영문인지, 이번에는 조조가 곽가의 뜻을 이해하지 못합니다. 어쩌면 이 의견은 너무 민감하여 곽가도 분명하게 말하지 못했을 수 있습니다. 결국 조조든 곽가든 모두 사람이지 신은 아닙니다. 그들이 아무리 인성 人性을 꿰뚫어 보고 신묘한 선견지명을 가졌다고 해도, 유비에게 대운이 터지리라고는 예상하지 못했을 것이고, 세상에 제갈량이란 사람이 있다는 점은 더욱 생각지 못했을 것입니다.

삼국시대의 역사에서 제갈량은 의심할 것도 없이 중요한 인물입니다. 그러나 건안 12년(207) 이전까지는 그의 모습을 전혀 볼 수 없고, 그의 목소리를 전혀 들을 수 없습니다. 그 이유를 순전히 그의 어린 나이 탓으로 돌릴 수는 없습니다. 그 시대에 소년 영웅들이 적었습니까? 더군다나 제갈량은 세상에 나왔을 때 이미 어른이었습니다. 그렇다고 그가 세상으로 나올 생각이 없었다고 결론지을 수도 없습니다. '매양 자신을 관중管仲과 악의樂毅에 비유'한 이 사람이 기꺼이 '난세에 그럭저럭 목숨을 부지하고 제후에게 명성이 알려져 등용되기를 바라지 않을' 리가 없었음을 알아야 합니다. 분명, 제갈량은 관망하며 기다리고 있었습니다. 더 분명하게 말하자면, 시국을 관망하며 유비가 자신을 부르기를 기다렸습니다. 그렇다면 당시의 많은 영웅호걸 중에서, 제갈량은 왜 한눈에 유비를 마음에 들어한 것일까요? 털끝까지도 빈틈없이 살피는 눈을 가진 그가 유비에게서 무엇을 보았을까요?

시대를 보는 혜안

15강
慧眼所見

유비가 수수께끼이듯, 제갈량도 수수께끼이다. 그는 하늘이 유비를 위하여 준비한 인재인 것 같으며, 줄곧 유비가 부를 때까지 기다렸던 것도 같다. 그렇다면 제갈량은 도대체 어떤 사람인가? 그는 왜 유비에게 특별한 애정을 가졌으며, 유비에게서 도대체 무엇을 보았는가?

각지에서 영웅이 어지러이 등장하고 각처에서 모사들도 쉴 새 없이 세상에 나올 때, 제갈량은 오히려 융중에서 칩거하며 결코 급하게 모습을 드러내려 하지 않았습니다. 그는 조용히 유비의 부름을 기다린 것 같습니다. 여러 제후들 중에서 그는 유비를 가장 좋게 봤습니다. 그렇다면 유비는 어떻게 그를 감동시켰으며, 그는 왜 첫눈에 유비를 마음에 들어했을까요?

이 문제에 대답하려면, 먼저 젊은 시절의 제갈량이 어떤 사람이었는지를 보아야 합니다.

젊은 시절의 제갈량은 영재이자 잘생긴 청년이었습니다. 진수는 〈상제갈량집표〉에서 그가 "젊어서 출중한 재주와 영웅의 기량을 지니고 있었으며, 키가 8척이고 용모가 매우 뛰어나 당시 사람들은 그를 기재라고 생각하였다"고 말합니다. 그의 일생에 대해서는 사료의 기록이 그리 많지 않습니다. 우리는 다만 그가 고아로서, 숙부 제갈현諸葛玄의 보살핌을 받아 성장했다고 알고 있습니다. 제갈현이 유표와 친분이 있어, 제갈량도 숙부를 따라 형주에 왔습니다. 제갈현이 세상을 떠난 후, 제갈량은 융중에서 '직접 밭을 갈았습니다.'

융중이란 지역은 줄곧 양양·남양 사이의 분쟁에 휘말려 있었습니다. 청대에 고가형顧嘉衡은 양양 사람인데 남양에 파견되어 지부(知府, 청대 부府 단위 지방 관아의 수령을 말함―옮긴이)가 되었습니다. 이에 남양 사람들이 남양지부가 된 이 양양 사람에게 분명한 태도를 요구하며, 융중이 도대체 양양인지 남양인지를 말하라고 했습니다. 고가형은 양쪽 모두에게 잘못을 할 수는 없었으므로, 별수 없이 "마음이 조정에 있으니 선주와 후주를 논할 필요도 없고, 이름이 천하에 높으니 양양과 남양을 구별해 무엇 하리오!心在朝廷, 原無論先主後主, 名高天下, 何必辨襄陽南陽"라는 글을 지었습니다. 그는 대련을 통해 이 '소송'을 가라앉힌 셈입니다. 사실 융중의 지리적 위치는 양양성에서 20리 떨어진 곳인데, 행정 구역 상으로는 오히려 남양군의 덩현에 속합니다. 따라서 양양과 남양이 모두 맞는다고 할 수 있습니다. 더구나 당시의 양양과 남양은 모두 형주에 속하여, 원래 문제가 없었습니다. (융중이 양양에 속하는지, 남양에 속하는지의 문제는 제갈량 사후에 많은 논란이 있었으며, 중화인민공화국이 건립된 이후에 약간 수그러들었다가 최근 명승고적의 관광 상품화가 이루어지면서 다시 시작되었다―옮긴이)

제갈량은 융중에 온 이후, 일하면서 책을 읽는 생활을 했습니다. 그가 직접 쓴 〈출사표出師表〉의 말을 빌자면, "본래 포의(布衣, 벼슬하지 않은 평민을 가리킴―옮긴이)로서, 남양에서 몸소 밭을 갈며 난세에 그럭저럭 목숨을 부지하였으며, 제후들에게 명성이 알려져 등용되기를 바라지 않았습니다." 여기에서 '그럭저럭 목숨을 부지'하고 '명성이 알려져 등용되기를 바라지 않았다'라는 등의 말은 아마도 상투적으로 하는 말로 봐야 할 것입니다. '남양에서 몸소 밭을 갈았다' 는 대체로 사실입니다만, 반드시 자기 힘으로 생활을 했다는 의미는 아니며, 농사에 의지하여 생계를 유지하려 했다 해도, 일부의 농업 활동에 참가한 것에 지나지 않았을지도 모릅니다.

당시 농사는 일종의 '우아한 일'이라 신분을 나타낸다고는 볼 수 없었습니다. 남북조시기의 문인인 혜강嵇康은 쇠를 두드리는 것을 좋아했는데, 그렇다고 그가 대장장이였겠습니까? 제갈량 또한 농사를 짓긴 했겠지만, 그가 농민이라고 할 수는 없습니다. 물론 제갈량이 밭에서 땅을 갈고 김을 맨 것이 한가하고 고아한 취미 활동이었는지 생계 수단이었는지는 단정할 방법이 없습니다. 그러나 어떤 상황을 믿든, 그의 노동은 분명 매우 진실했습니다. 제갈량은 부지런하고 성실하며 빈틈없는 사람이었습니다. 그는 승상의 자리에 있을 때에도 직접 모든 일을 행하였습니다. 아마도 그가 '남양에서 몸소 밭을 갈 때'에 몸에 밴 습관일지도 모릅니다.

제갈량은 오히려 책 공부에는 건성이었습니다. 《삼국지》〈제갈량전諸葛亮傳〉의 배송지 주에서는 《위략》을 인용하여, 석도石韜 등 그의 친구들은 모두 "정통하기에 힘썼지만", 유독 그만은 "그 대략만을 볼 뿐"이었다고 말합니다. 이것이야말로 책 공부입니다. 사실 학문을 하지 않는다면, 도연명陶淵明의 시 구절처럼 '책 읽기는 좋아하되 깊이 파고들지는 않는 것'이 옳습니다. '깊이 파고들지 않는다' 는 말은 연구할 가치가 없거나 해결할 수 없는 문제에 대해 애써 끝까지 매달리지 않는다는 뜻입니다. '그 대략만을 본다' 는 요점을 잘 파악한다는 뜻입니다. 이 점에서 볼 때 제갈량은 매우 대범한 사람입니다. 대범한 독서인은 단번에 책에서 말하는 생각의 핵심과 지혜가 담겨 있는 곳을 장악할 수는 있지만, 멋진 구절만 찾아 생각 없이 베끼거나 문구에 얽매이는 것은 못합니다. 마치 대범한 장수나 지휘관들이 성城 하나를 차지하고 잃는 경우의 득실을 비교하지 않는 것과도 같습니다.

농사짓고 독서하는 것 외에도, 제갈량에게는 두 가지의 취미가 있었습니다. "무릎을 감싸고 앉아서 길게 휘파람을 부는 것"을 좋아했고(《위략》), "〈양보음梁父吟〉을 잘 불렀다"(〈제갈량전〉 본문)는 것입니다. 휘파람 불기는 단전호흡을 하는 도가道家 양생술의 하나입니다. 〈양보음〉은 슬프고 처량한 장가葬歌 내지, 장가로부터 발전해온 악부시樂府詩입니다. 이 두 기록을 한데 묶어놓으면 우리는 청년 시절의 제갈량의 마음속이 비분강개한 기운으로 충만했다는 것을 알 수 있습니다. 이 길게 부르는 휘파람과 이 시가에는 분명 그가 세상과 인생에 대해서 느끼는 깊은 관심과 연민의 감정이 담겨 있었을 것입니다.

제갈량은 전형적인 사인입니다. 사士, 특히 국사國士는 반드시 천하를 자기의 임무로 여겨야 합니다. 물론 포부만으로는 실천할 수 없으며, 능력과 조건을 갖추어야 합니다. '매번 자신을 관중과 악의에 비유한 것'은 바로 그가 포부를 가졌음을 증명합니다. 그는 후일 국가를 다스리고 천하를 평정했으니, 이는 그가 능력이 있었음을 증명합니다. 그는 조건을 갖춘 것은 물론이고, 그 갖춘 조건도 매우 좋았습니다.

제갈량이 가진 배경과 조건

먼저 제갈량은 매우 좋은 배경을 갖추었습니다. 우리는 제갈량의 가족들이 보통의 평범한 백성이 아님을 알고 있습니다. 그들의 선조 제갈풍諸葛豊은 사례교위司隷校尉를 지낸 사람입니다. 사례교위의 지위는 높고 권력은 강하여, 서한 시대에는 삼공三公의 아래, 구경九卿의 윗자리에 해당했으며, 동한 시대에는 상서령, 어사중승御史中丞과 더불어 '삼독좌'(三獨坐,

위의 세 직책은 조정에서 조회를 할 때에 전용 좌석이 마련되어 있었기 때문에 삼독좌라 불렸음—옮긴이)라고 불렸습니다. 제갈량의 부친인 제갈규諸葛珪는 군승郡丞을 지냈고, 숙부인 제갈현은 태수를 지냈기 때문에, 제갈량도 관리의 자제라고 할 수 있습니다. 관료 사회의 사정에 대해서는 틀림없이 그도 얼마간은 알고 있었을 것입니다. 관료 사회의 관계에 대해서도 역시 얼마간은 알고 있었을 것입니다.

제갈량에게는 네트워크가 하나 있었습니다. 그의 장모와 유표의 후처는 친자매간으로, 둘 다 채풍蔡諷의 딸이자, 채모蔡瑁의 누나였습니다. 이렇게 본다면, 유표는 제갈량의 부인에게는 이모부가 되는 셈이며, 채모는 제갈량 부인의 외삼촌, 제갈량 본인은 채씨 집안의 외손녀사위가 됩니다. 유표는 형주의 행정 책임자이고, 채씨 가문은 양양의 명문가이며, 채모는 유표의 심복이니, 제갈량에게 이만한 정치적 자원이 있다면 아주 좋은 조건이 아니겠습니까?

제갈량이 이 집안과 맺은 혼인에는 재미있는 이야기가 전해지고 있습니다. 제갈량의 장인 황승언黃承彦은 당시의 명사였습니다. 그는 제갈량을 매우 좋게 보았기에, 자신의 딸을 그에게 시집보내고자 했습니다. 황승언은 제갈량에게 이렇게 말합니다.

"나에게 딸이 하나 있는데 얼굴은 매우 못생겼지만 재주는 뛰어난데, 이 아이에게 장가를 들 생각이 있소?"

제갈량은 동의하고, 황승언은 곧바로 못생긴 여식을 수레에 태워 그에게 보냅니다. 이 일에 대해서 역사학자들은 서로 다른 견해를 가지고 있습니다. 어떤 사람들은 황승언이 겸손한 말을 한 것으로, 사실 그의 딸은 추녀가 아니라고 말합니다. 또 어떤 사람들은 황승언의 이 말을 제갈량에 대한 시험이라고 생각합니다. 그가 여색을 중시하는지 재주를 중시하는지를 보려고 했다는 것이죠. 그러나 저는 황씨의 여식이 틀림없이 못생겼을 것이라고 생각합니다. 첫째, "내게 못생긴 딸이 있는데, 노란 머리에 거무튀튀한 피부를 가졌다"고 말한 황승언 자신의 말이 그 증거가 됩니다. 만약 겸사로 한 말이라면, 이렇게 구체적으로 설명할 수는 없을 것입니다. 더구나 "재주는 서로 배필이 될 만하다"라고 한 말을 보자면, 결코 겸손한 것만도 아닙니다. 둘째, 다른 사람의 반응을 증거로 들 수 있습니다. 이 일을 기록하고 있는 《양양기襄陽記》에서는 이렇게 말합니다.

당시 사람들은 이를 우스워하고 즐겁게 여겼다. 마을에서는 그 때문에 '공명처럼 부인을 선택하지 말 것이니, 그리되면 아승(阿承, 황승언을 말함—옮긴이)의 추녀를 얻게 되리라' 는 말이 유행하였다.

황씨의 딸이 추녀라는 점은 누구나 아는 사실이었던 것입니다.

그렇다면 제갈량은 왜 이러한 혼사에 응한 것일까요? 여기에도 두 가지의 견해가 있습니다. 첫 번째 견해는 제갈량이 아내를 얻을 때 덕德과 재才를 중시하고 외모는 중시하지 않을 정도로 인격이 훌륭하고 절개가 굳었다고 생각하는 것입니다. 다른 견해는 이와 상반되는 것으로, 제갈량이 황승언의 사회적 명성과 사회적 관계를 중시했다고 생각하는 것입니다. 더욱이 부인이 조금 못생긴 것은 전혀 문제가 되지 않았는데, 다시 첩을 두면 되기 때문입니다. 아내를 얻어서 덕을 얻고 첩을 들여서 여색女色을 추구하는 것은 당시의 일반적인 관념이었습니다. 도대체 어떤 원인 때문에 이런 결혼을 했는지에 대해서는 제가 감히 고인古人을 거스를 수는 없는 노릇이니, 여러분께서 각자 잘 살펴보시기 바랍니다. 다만 이런 관계가 있었으므로, 제갈량이 만약 유표 측에서 그저 그런 관직을 얻으려고 했다면 매우 쉬웠을 것입니다.

더구나 제갈량은 또 하나의 작은 울타리가 있었습니다. 이 울타리 안의 사람들은 모두 당대에 유명한 사람들이었습니다. 그들은 모두 제갈량을 좋아했으며, 항상 제갈량을 도와 그를 선전했습니다. 유비가 제갈량을 알게 된 것은 바로 서서徐庶의 추천 때문입니다. 이외에도 형주의 명사 사마휘司馬徽·방덕공龐德公 등은 제갈량을 매우 높이 평가했습니다. '와룡臥龍'이라는 호칭은 사마휘가 제갈량에게 선사한 것이며, 방덕공은 자신의 아들을 제갈량의 둘째 누나에게 장가들게 했습니다. 제갈량은 비록 초려草廬에 은거하며 융중에 머물렀지만, 오히려 '담소하는 사람은 모두가 대학자들이고, 왕래하는 벗들 중에는 지식이 얕은 사람이 없었습니다.' 그와 관계나 교류가 있었던 사람은 고관 아니면 명사였습니다. 그의 정치적 자원과 조건은 당시의 많은 사람들보다 좋았습니다. 예를 들어, 가후는 가족적인 배경도 없었고, 교류할 만한 네트워크도 없었으며, 가는 곳마다 어떤 사람도 그를 위해 선전을 해주는 경우가 없었습니다. 할 수 없이 그는 단신으로 천하를 주유하고 운에 몸을 맡기며, 도적 떼와 군벌의 소굴에서 나쁜 짓을 할 수밖에 없었습니다. 최종적으로 조조가 있는 곳에서 높은 벼슬과 녹봉을 받으며 천수를 누리고 살아갈 때까지 그의 여정은 실로 쉽지 않았습니다.

제갈량이 은거하고 있었던 이유

제갈량의 조건은 분명 상당히 좋았습니다. 그는 좋은 배경을 갖고 있었고, 네트워크가 있었으며, 작은 울타리를 가졌습니다. 만약 정치에 참여하고자 했다면, 매우 쉬웠을 것입니다. 그러나 건안 12년 이전까지 그는 거의 어떠한 움직임도 없이, '난세에 그럭저럭 목숨을 부지하였고, 제후들에게 명성이 알려져 등용되기를 바라지 않았으며' 남양에서 은거하며

서서(좌)와 방덕공 그들은 책사이자 만고의 충신으로 추앙받는 제갈량 출현의 조연들이었다.

융중에서 생을 마치려는 태도를 다짐했으니, 이것은 무엇 때문일까요?

제갈량의 포부가 남달랐기 때문입니다. 《위략》에 따르면, 제갈량은 일찍이 자신의 세 친구인 석도(광원廣元), 서서(원직元直), 맹건(孟建, 공위公威)에게, "자네들이 정치를 한다면 자사刺史나 군수郡守쯤은 할 수 있을 것"이라고 말했다고 합니다. 친구들이 그렇다면 자네는 어떨 것 같으냐고 반문하자, 제갈량은 미소만 띨 뿐 대답하지 않았습니다. 사실 그의 대답은 진작부터 있었습니다. '매번 자신을 관중과 악의에 비유했다'가 그 대답입니다. 관중이 어떤 사람입니까? 유명한 재상입니다. 악의가 어떤 사람입니까? 유명한 장수입니다. 두말할 것도 없이, 제갈량의 이상은 왕이나 황제가 되어 군림하는 것도, 일반적인 관리가 되어 행복만을 추구하는 것도 아닌, 현명한 사람을 보좌하여 사해를 평정하고 천하를 다스려 중원을 장악하려는 것이었음을 알 수 있습니다.

분명 곽가가 말했던 것처럼, 제갈량도 자신을 위해 좋은 주인을 선택하려 했을 테고, 또 그는 선택할 만한 사람이 매우 많았습니다. 예를 들어, 유표의 경우 바로 지척에 있었고, 연고 관계도 있었습니다. 조조와 손권도 한창 병마를 모집하고 현사賢士들을 모으고 있었습니다. 그러나 제갈량은 그들에 대해 전혀 흥미를 느끼지 못했던 듯합니다. 왜일까요?

원인은 매우 간단합니다. 유표는 너무 형편없었고, 조조는 너무 강했으며, 손권은 공간이 너무 작았습니다. 유표가 형편없었다는 점에 대해서는 이후에 다시 설명할 예정이므로, 여기에서는 한 가지만 얘기하면 될 것 같습니다. 당시 중원의 사인들 중 형주에 피난한 사람들이 매우 많았음에도 유표는 이들을 한 사람도 등용하지 못했으니, 제갈량인들 어떠했겠습니까? 《삼국지》〈제갈량전〉 배송지 주에서 인용한 《위략》에 따르면, 맹건이 조조에게 의탁하자 제갈량이 이렇게 말했다고 합니다.

"중국의 수많은 사대부들이 왜 그렇게 고향에서만 노니는 것인가!"

이 말에 대해 배송지는 "제갈량의 본심을 다 표현하지 않은 것"이라고 생각했지만(배송지는 제갈량이 조조에게 의탁하지 않은 원인을 정치적인 입장 때문이라고 보았습니다), 저는 이것이 제갈량의 견해 중 하나라고 생각합니다. 역시 《위략》에 따르면, 후일 석도가 위나라에서 군수 겸 전농교위典農校尉에 임명되고, 서서가 우중랑장右中郞將 겸 어사중승에 임명되자, 제갈량은 이렇게 탄식합니다.

"위나라에는 저리도 인재가 많은가! 어찌 저 두 사람이 쓰이지 않는 것인가?"

결국 제갈량은 제대로 쓰일지 쓰이지 못할지의 여부까지도 생각해야 했음을 알 수 있습니다.

더구나 제갈량의 입장에서 말하자면, 그는 그저 '임용되는 것' 만으로는 만족하지 못하고, 반드시 '중용' 내지는 '전용專用'을 바란 것 같습니다. 《삼국지》〈제갈량전〉 배송지 주에서 인용한 《원자袁子》에 따르면, 적벽대전이 벌어지기 전에 제갈량은 동오東吳에 사신으로 가서 손권과 유비의 연맹을 설득합니다. 손권의 수석 모사였던 장소張昭는 제갈량이 보통 인물이 아님을 알고, 손권에게 그를 극력 추천합니다. 손권도 그를 붙잡으려고 했지만, 제갈량은 이를 거절합니다. 사람들이 그 까닭을 묻자, 제갈량은 "손장군은 주군이 될 만하지만, 그의 '도度'를 본다면 나를 현명하게는 대우할지는 몰라도 나를 최대한 활용하지는 못할 것이오. 내 그래서 머무르지 않았소"라고 말합니다. 다시 말해서 손권은 확실히 훌륭한 주군이지만 기껏해야 존중과 신임을 베풀 수 있을 뿐, 제갈량 자신의 재능을 마음껏 발휘하게 해주지는 못할 것이라는 말입니다.

배송지는 이 일을 사실로 생각하지 않습니다. 이유는 두 가지입니다. 첫째, 군신으로서 제갈량과 유비의 만남은 '세상에서 보기 드문 일'입니다. 이처럼 '쇠도 자를 정도로 두터운 교분'의 관계를 누가 이간질할 수 있겠습니까? 둘째, 제갈량은 생을 마칠 때까지 변함없이 충성과 지조를 다했다고 할 수 있는데, 어떻게 쉽게 다른 마음을 품겠습니까? 배송지는 "관우가 포로가 된 후 조조 진영에서는 그야말로 '그의 재능을 다 발휘하게' 했는데도 관우는 '의리상 근본을 저버릴 수 없었는데', 제갈량이 관우보다도 못하다는 말인가?"라고 말합니다.

물론 배송지의 견해에도 타당성이 있습니다. 심지어 여기에 이런 말을 추가할 수도 있습니다.

"유비는 제갈량이 여러 차례 심사숙고한 후에 선택한 주군이다. 기왕에 이렇다면 그는 결코 경솔하게 마음을 바꾸지 않았을 것이다. 따라서 손권이 '자기의 역량을 발휘하게' 해준다 하더라도, 제갈량은 유비를 배반하고 손권에게 의탁하지 않았을 것이다."

그러나 제갈량이 유비를 선택하기 전에 손권을 선택할 수는 없었단 말입니까? 당연히 선택할 수 있었습니다. 그렇다면 그는 왜 동오로 찾아가지 않았을까요? 아마도 그가 일찍이 손권을 '나를 현명하게 대우할지는 몰라도 나를 최대한 활용하지는 못할 것'이라고 보았기 때문입니다.

이치는 간단합니다. 강동江東 집단은 손견, 손책, 손권 등 3대의 인물들을 거치면서 경영하고 발전시켜온 이익 집단입니다. 손권 주변에는 인재가 너무 많았고, 그들의 관계도 밀접했습니다. 장소는 손책이 창업할 때부터 함께한 노신老臣이었고, 손책이 일찍이 그를 데리고 '당堂으로 올라가 모친께 절하게 하니, 마치 오래전부터 같은 또래의 친구인 것 같았습니다.' 손책은 장소를 형처럼 생각했고, 임종할 때에는 손권을 그에게 맡겼으며, 아울러 "만약 중모(仲謀, 손권을 말함―옮긴이)가 일을 맡지 못할 것 같으면 그대가 직접 맡으라"고까지 말했습니다. 주유 역시 손책이 창업할 때부터 함께한 노신으로서, 동서 간이면서도 형제와 같은 우애가 있었습니다. 손권의 모친도 분명 손권에게 이르기를, 주유를 형이라고 여기라고 했습니다. 제갈량의 능력이 아무리 좋고, 기량이 아무리 뛰어나며, 수준이 아무리 높다고 해도, 동오에 가면 그 권위는 장소와 주유 두 사람보다는 아래가 될 것이며, 노숙보다도 못할 수 있음을 쉽게 알 수 있습니다. 이는 분명 제갈량이 원하던 바가 아니었습니다.

따라서 "그의 '도度'를 본다면 나를 현명하게는 대우할지는 몰라도 나를 최대한 활용하지는 못할 것"이라는 제갈량의 말에서 '도度'는 그의 '도량'이 아니라 그가 가진 '공간空間'이라고 이해해야 할 것 같습니다. 《삼국지》〈노숙전〉에서는 주유가 노숙에게 손권 쪽에 의탁할 것을 권유하였을 때, 일찍이 동한의 명장이었던 마원馬援이 광무제 유수에게 했다는 다음과 같은 말을 인용합니다.

"요즘 같은 시대에는 임금만 신하를 선택할 수 있는 것이 아니라, 신하도 임금을 선택할 수 있습니다."

이 말은 '상호 선택'을 의미하며, 곽가가 "지혜로운 사람은 세심하게 주인을 선택한다"고 한 말과도 같습니다. 곽가와 주유 등이 주군을 선택하려고 했듯, 제갈량 역시 주군을 선택하려고 했습니다. 그러나 제갈량은 선

손권 장강의 이점을 충분히 살려 강동에서 굴기한 동오는 삼국정립에서 늘 균형추를 쥐고 있었다. 사진은 손권의 실제 모습을 그린 것으로 전하는 희귀한 '손권진상'이다.

택의 조건이 더욱 까다로웠던 것 같습니다. 바로 자신의 주군이 자신의 정치적인 포부와 인생의 이상을 실현할 수 있도록 최대한 보장해야 하는 것이었습니다.

그렇다면 제갈량의 정치적 포부와 인생의 이상은 무엇이었을까요? 그가 '매양 자신을 관중과 악의에 비유한' 관점과 후일의 융중대를 통해서 볼 때, 그의 포부와 이상은 바로 사해를 평정하고 중국을 통일하여, 이를 통해 불세출의 위업을 세우고 세상을 압도하는 훌륭한 공로를 세우는 것이었습니다. 그가 생각한 위업과 훌륭한 공로는 제 환공이 이룩한 '패업覇業'일 수도 있고, 광무제가 이룩한 '제업帝業'일 수도 있습니다. 그러나 어쨌든 반드시 경천위지經天緯地의 사업을 계획했을 것입니다. '제업'을 이룩해도 좋고, '패업'을 이뤄도 좋습니다. 한 발 물러나 차선책을 생각하자면, 세 나라가 세력 균형을 형성하여 그중 한 곳을 차지하고 할거割據

할 수도 있습니다. 진수의 말을 빌려 말하자면, 그는 "나아가서는 당당한 위풍과 원대한 식견으로 천하를 아우르고자 하였고, 물러나서는 국경 지대를 차지하고 천하를 뒤흔들고자 한 것"입니다. 이 말은 제갈량이 유비가 죽은 후에 한 염원이었지만, 이전부터 생각하지 않았다면 이런 말을 했을 리는 없습니다. 종합하자면, 그는 새로운 정권, 새로운 국가, 새로운 왕조에서 실질적인 개국 원훈元勳이 되려고 했습니다. 그가 선택한 주군은 반드시 자신의 이러한 포부와 이상을 실현할 수 있게 해주어야 했습니다.

이렇게 말하면, 제갈량의 선택 기준은 매우 분명해집니다. 첫째, 그 사람은 반드시 새로운 정권, 새로운 국가, 새로운 왕조를 세울 가능성을 가지고 있어야 합니다. 또 이러한 포부를 갖고 있어야 하며, 이러한 조건도 갖추고 있어야 합니다. 둘째, 그 사람의 이러한 포부와 조건은 아직 분명하게 드러나지 않아서 잠재적인 상태에 놓여 있어야 합니다. 포부는 남들도 잘 모를 뿐 아니라 본인조차도 아직 명확하게 인식하지 않아야 합니다. 조건 또한 아직 무르익지 않고, 부족해야 합니다. 포부가 명확하지 않고 조건이 부족해야, 비로소 제갈량을 필요로 할 것이기 때문입니다. 또한 그래야, 제갈량이 간 이후에 실력을 발휘하여 천하를 장악할 신하가 되는 것을 보장할 수 있기 때문입니다.

손책 '소패왕'이란 별명까지 가진 손랑 손책은 주유와 장소를 수하에 둔 실세였지만 체면을 지나치게 중시하고 살육을 즐기는 결점을 갖고 있었다.

제갈량이 유비를 선택한 이유

이와 같은 조건에 부합하는 사람은 분명 유비뿐입니다.

먼저, 유비는 제왕의 후예입니다. 그는 한 경제景帝의 아들인 중산정왕中山靖王 유승劉勝의 후손입니다. 《삼국연의》의 주장에 따르면, 세세하게 따져 올라가면 당시의 황제는 그를 '숙부'라고 불러야 했습니다. 물론 이러한 세계世系는 매우 의심스럽습니다. 《삼국지》에서는 그가 "육성정후陸城亭侯 유정劉貞의 후예"라고 말하고 있으며, 《전략》에서는 그를 "임읍후臨邑侯의 지파支派"라고 말합니다. 게다가 유승의 아들인 유정 역시 일개 정후亭侯에 불과하였으며 그나마도 후일 작위를 잃었고, 유비 본인도 이미 "어머니와 함께 신발을 팔고 돗자리를 짜는 일을 할 정도"로 몰락하여 황족의 후손이라는 대우도 전혀 받지 못했습니다. 그러나 이러한 '황족'의 신분은 누구나가 알고 있던 것 같습니다. 이 점은 정치적으로 유리한 조건에 해당합니다. 설사 후대의 모든 사람이 분명히 알고 있는 것처럼, 한 황실은 이미 더 이상 유지해나갈 수 없었고, 유비의 '한漢'이 유방·유수의 '한'과 동일하지도 않았지만, 유비가 헌제 유협을 대신(또는 '계승')하는 것이 조조나 손권처럼 황실과 전혀 상관도 없는 사람이 대신하는 것에 비하면 순리에 맞았을 것입니다. 이외에도 7척 5촌(172.5cm)의 신장, 어깨까지 늘어진 양쪽 귀, 무릎까지 닿는 손 등 유비의 외모(《삼국지》에서는 "손이 무릎까지 내려오고 스스로 자신의 귀를 볼 수 있었다"고 말하고 있습니다)도 조조에 비해서 좋았습니다. 이런 점들은 당시에 모두 우월한 조건에 해당합니다.

둘째, 유비에게는 제왕의 의지가 있었습니다. 《삼국지》는 유비가 어렸을 적에 자신이 장차 천자의 수레에 탈 것이라는 말을 했다고 전하고 있습니다. 물론 이 말은 믿을 수 없습니다. 옛날의 역사가들은 개국 황제의 전기를 쓸 때에 이런 종류의 '동화'를 여러 편 쓰지 않을 수가 없었습니다. 이렇게 함으로써 그 사람이 '천명을 받고 즉위한 천자'이며, 어려서부터 '가슴에 큰 뜻을 품었음'을 보여주려는 것입니다. 그러나 유비의 두 아들의 이름이 오히려 그의 포부를 설명할 수 있습니다. 이 두 아들의 이름은 각각 유봉劉封과 유선劉禪입니다. 두 사람의 이름을 합하면 '봉선封禪'이 됩니다. 봉선은 덕이 있는 군왕이 천지에 제사를 올리는 큰 의식입니다(태산에 올라가 제단을 쌓고 하늘에 제사 지내는 것을 '봉'이라고 하고, 산 아래에 터를 잡고 땅에 제사 지내는 것을 '선'이라고 합니다). 유비에게 황제가 되려는 생각이 없었다면, 왜 아이의 이름을 '봉선'이라고 지었을까요?

셋째, 유비에게는 제왕의 재주가 있었습니다. 유비와 유방의 혈통 관계는 의심할 수 있겠지만, 성격과 기풍은 비슷한 곳이 많았습니다. 예를 들어 《삼국지》〈선주전〉에서 유비가 "책 읽기를 그리 즐기지 않았고, 개와 말, 음악, 좋은 의복을 좋아했다"는 점은 유방과 매우 비슷했습니다. 인재를 구슬리고 다른 사람의 환심을 잘 사는 점도 비슷했습니다. 한통속의 사람들을 끌어 모으고 의협심을 발휘하여 의로운 일을 하기를 좋아한 것도 비슷합니다. 진수가 "선주는 포부가 원대했으며 굳은 의지를 가졌고, 성품이 후덕하였으며, 다른 사람의 성품을 잘 알고 사인들을 후대하여, 그야말로 고조高祖의 풍모와 영웅의 도량이 있었다"라고 한 말에는 어느 정도 일리가 있다고 해야 할 것입니다. 그러나 두 사람의 행동 방식이 완전히 같지는 않았습니다. 예를 들어 유방은 남을 욕하기를 좋아했지만 유비는 그렇지 않았습니다. 욕을 하지 않았을 뿐 아니라 "말수도 적었고, 아랫사람을 우대하였으며, 좋고 싫은 감정을 얼굴에 드러내지 않았습니다." 적어도 표면상으로는 유방에 비해 관대했습니다. 유비는 관대하고 의협심이 강했기 때문에 인심을 얻을 수 있었던 것입니다.

《삼국지》〈선주전〉과 배송지 주에서 인용한《위서》에는 유비가 평원상이 되었을 때, 군민郡民 유평劉平이 그를 깔보고 "그의 밑에 있는 것을 치욕으로 생각하여" 자객을 보내 그를 죽이려고 했으나, 자객이 결국 차마 실행에 옮기지 못하고 "그에게 이 사실을 말하고 떠나갔다"는 내용을 모두 싣고 있습니다. 진수는 "그가 인심을 얻은 것이 이와 같았다"라고 평가합니다. 배송지가 인용한 《위서》에서는, 차마 실행에 옮기지 못한 직접적인 원인이 자신에게 온 자객이 누구인지도 모른 채 "극진하게 대접하여" 자객을 감동시켰기 때문이라고 말합니다. 그러나 근본적인 원인은 바로 유비가 "밖으로는 도적들의 침입을 막고 안으로는 (현민들에게) 재정상의 지원을 넉넉히 하였으며, 반드시 가장 말단의 병사들과 같은 자리에 앉았고, 같은 그릇으로 밥을 먹었으며, 까다롭게 가리는 것이 없었기" 때문입니다. 그래서 "많은 사람들이 그를 추종하게 된 것"입니다. 인심은 거대한 무형 자산입니다.

넷째, 유비는 제왕의 복이 있었습니다. 삼국시대의 거두巨頭 세 사람 중에서 그와 손권은 복을 타고난 사람이라고 말해야 할 것입니다. 손권의 복이 가장 많았는데, 그에게는 이미 완성된 기반과 인재들이 있었기 때문입니다. 유비의 복은 결정적인 순간에 늘 뛰어난 사람이 돕고, 위험과 재난의 시기가 평온하게 마무리되는 것으로 표현됩니다. 유비는 막 세상에 나왔을 때 관우와 장비를 얻었습니다. 인재 중에서 충성스러운 사람을 찾기는 쉽고, 능력 있는 사람을 찾기도 쉽지만, 충성스러우면서도 능력 있는 사람을 찾기는 쉽지 않습니다. 관우와 장비가 그야말로 충성스러우면서도 능력 있는 사람이라는 사실은 누구나 알고 있습니다. 이것이 바로 유비가 가진 첫 번째 복이었으며, 이후의 운도 나쁘지 않았습니다. 예를 들어, 한창 근거지가 없어서 고심할 때에 마침 도겸이 죽어, 유비는 조금도 힘들이지 않고 서주를 얻었습니다. 어떻게 해야 조조의 굴레에서 벗어날 수 있을지 걱정할 때에는 공교롭게도 조조가 그를 파견하여 원술을 막게 함으로써, '의대조' 사건이라는 대대적인 숙청을 피했습니다. 서주로 오고 나자, 때마침 원술이 죽었습니다. 다시 서주를 얻었을 때에는, 유비도 거의 성공할 뻔했습니다.

그러나 영제 말년에 무리를 모아 병사를 일으킨 때부터 건안 6년에 유표에게 의탁할 때까지, 유비는 좋은 운수는 가지고 있었지만 좋은 운명은 가지지 못했습니다. 그의 길은 매우 험난했습니다. 서주를 얻은 지 얼마 안 되어 여포에게 뺏겼고, 원소에게 의지한 지 얼마 안 되어서는 또다시 조조에게 패했습니다. 유표에게 의탁한 얼마 후에는, 유표에게 의심을 받았습니다. 《삼국지》〈선주전〉의 배송지 주에서는 《구주춘추》를 인용하여, 한번은 유비가 변소에 갔는데 자신의 허벅지 안쪽에 군살이 붙은 것을 보고는 주르르 눈물을 흘린 적이 있다고 말합니다. 유표가 괴이하게 여기고, 무슨 까닭인지를 묻습니다. 유비는 "세월은 빨리 지나가고 노년이 다 가올 때가 되었는데 이룬 업적이 없으니, 이것이 슬프기 때문입니다"라고 말합니다. 저는 이 말이 실제 있었다고 믿습니다. 그 시대에 40여 세까지 한 가지 일도 성취가 없다면, 확실히 남은 시간은 많지 않고 희망은 막막한 상황입니다. 더군다나 솔직히 말해서 우리가 보든, 유비 자신이 직접 보든, 이때까지 그에게 어떤 희망이 있을 것이라고 보기는 어렵지요. 설령 그가 계속해서 참고 견뎌나간다 하더라도, 오래 견디지는 못할 것 같았습니다.

그러나 하늘은 뜻 있는 사람을 저버리지 않아, 유비는 결국 좋은 시절을 맞이합니다. 건안 12년에 제갈량이 출현하는데, 그의 출현이 갖는 의의는 매우 큽니다. 앞에서 말한 것처럼, 유비에게는 영웅의 의지, 영웅의 기백, 영웅의 혼, 영웅의 의리가 있었습니다. 그런데도 그가 영웅이 되지 못한 것은 그 힘을 발휘할 근거지가 없었기 때문입니다. 방금 말했듯, 유비는 제왕의 후손일 뿐 아니라, 제왕의 의지, 제왕의 재주, 제왕의 복을 갖추고 있었지만 다른 사람의 울타리에 의지할 수밖에 없었는데, 이것은 그가 성공의 길을 찾을 수 없었기 때문입니다. 다시 말해서 유비에게는 두 가지가 부족했습니다. 하나는 든든한 근거지(힘을 발휘할 근거지)이고, 다른 하나는 명확한 정치 노선(성공의 길)이었습니다. 제갈량은 바로 그를 위하여 이 두 가지 문제를 해결할 수 있는 사람이었습니다.

분명, 건안 12년의 유비와 제갈량은 쌍방이 모두 상대방을 필요로 했으며, 또한 쌍방이 모두 상대방을 찾고 있었습니다. 예를 들자면 유비의 집단은 매우 전도가 유망한 민영 기업이라고 할 수 있겠습니다. 그러나 안타깝게도 능력 있는 최고 경영자CEO가 없어서, 자신의 주력 상품과 경영 노선을 확보하지 못하여 장사를 해도 평범한 수준에서 전혀 호전될 기미가 보이지 않았던 것입니다. 제갈량은 초일류의 전문 경영인에 비유할 수 있겠습니다. 그는 기업의 손실을 보완하여 이익을 증대시킴으로서 기사회생하게 할 수는 있지만 자신이 회사를 소유하고 있지는 않으며, 사주社主가 될 생각도 없습니다. 그들이 의기투합하는 것은 당연한 일입니다.

남은 문제는 한 가지뿐입니다. 그렇다면 그들 둘 중에 도대체 누가 누구를 먼저 찾은 것일까요? 《삼국지》와 《삼국연의》는 유비가 삼고초려三顧草廬했다고 하고, 《위략》과 《구주춘추》는 제갈량이 주도적으로 세상에 나왔다고 합니다. 그렇다면 진실은 무엇일까요? 이 두 가지 다른 이야기에 숨은 내막과 의미는 또 무엇일까요?

삼고초려

제갈량이 세상에 나온 것에 대해,《삼국지》에는 매우 짧은 한 행으로 표현되어 있다. "선주가 결국 (제갈)량을 찾았는데, 대체로 세 번 가서야 만나게 되었다." 이 한 줄의 문자는 나관중의 윤색을 거쳐 대단히 다채로운 이야기로 거듭나게 된다. 그러나《위략》과《구주춘추》에서는 제갈량이 주동적으로 유비를 만나러 갔다고 말한다. 그렇다면 사건의 진상은 도대체 무엇일까? 삼고초려의 이야기는 왜 여러 차례 인구에 회자되었던 것일까?

잘못된 길에서 방황하던 유비는 제갈량과 만난 뒤, 새로운 전기轉機가 마련되어 나날이 발전했습니다. 그러나 문제는 그들 두 사람 중 도대체 누가 먼저 상대방을 찾았느냐 하는 것입니다. 유비가 예禮로써 어진 사인들을 우대했을까요, 아니면 제갈량이 자신의 포부를 드러낸 것일까요? 이 문제에 대해서는 역사적으로 다른 견해가 있습니다.《위략》과《구주춘추》의 말에 따르면, 유비는 형주에 온 이후 번성에 군대를 주둔시켰습니다. 건안 12년, 조조가 북방을 평정하자, 제갈량은 다음 공격 목표가 반드시 형주일 것이라고 단정했습니다. 그러나 유표가 "성격이 느긋하고 군사軍事를 알지 못하자" 제갈량은 이에 "북쪽으로 가서 유비를 본 것"입니다. 유비는 제갈량을 전혀 알지 못했으므로, 이 젊은 친구를 안중에 두지 않았고, 그저 보통의 사인으로만 대우했습니다. 그런데 좌담을 마친 후 모든 사람이 흩어졌는데, 제갈량만이 남아 있었습니다. 유비 또한 그가 무엇을 말하려고 하는지 묻지 않은 채, 겸사겸사 들소 꼬리를 붙잡고 공예품을 만들고 있었습니다. 제갈량은 그걸 보고 말합니다.

"장군의 웅장한 이상과 포부가 겨우 들소 꼬리를 엮는 것입니까?"

유비는 제갈량이 보통 사람들과는 같지 않음을 알았으므로, "무슨 말이오! 이는 잠시 근심을 잊기 위한 것일 뿐이오"라고 말했습니다. 제갈량이 "형주목荊州牧 유표를 조공과 비교하면 어떤지요?"라고 물었습니다. 유비는 비교할 수 없다고 말합니다. 제갈량이 다시 묻습니다.

"장군 자신은요?"

유비는 자신도 비교할 수 없다고 말합니다. 제갈량은 두 사람 모두 조조에 비교가 안 된다면서 앉아서 남이 침략하고 착취하기만을 기다릴 것이냐고 말합니다. 유비는 자신도 걱정이 되는데, 그렇다면 어쩌면 좋겠느냐고 묻습니다. 제갈량은 그에게 계책 하나를 내놓는데, 유표에게 건의하여 유랑민들에게 스스로 살아갈 수 있도록 해주고, 아울러 주민명부에 등재시키게 하라고 합니다. 그렇게 하면 형주의 실력을 증가시킬 수 있다는 것이죠.

이런 내용은 분명 제갈량의 〈출사표〉와는 다르기 때문에 배송지는 이것이 사실이 아니라고 생각합니다. 그러나 그는 동시에 이해할 수 없는 점도 언급했습니다. 배송지는 "비록 보고 들은 말 중에 다른 주장들이 많아 각각 이설이 생긴다고 하지만, 괴리가 이 정도에 이르렀으니 또한 참으로 기이하다고 할 만하다"라고 말했습니다. 그러나 이 일은 결코 괴이할 일이 아니니, 그 근거는 곧 말하겠습니다. 《위략》과 《구주춘추》의 견해가 주류는 아니지만 이 설을 지지하는 사람이 없는 것은 아닙니다. 삼국시대의 역사를 전문적으로 연구한 류샤오劉嘯 선생은 〈'삼고초려' 질의三顧茅廬質疑〉에서 이 설에 찬성하고 있습니다. 류선생은 많은 사람들이 유비가 애타게 인재를 찾는 일면만을 보고, 제갈량도 사실은 유비를 필요로 했다는 점을 간과했다고 생각합니다. 첫째, 제갈량은 반드시 세상으로 나

제갈량 소설 《삼국연의》에서 제갈량은 실질적인 주인공이나 마찬가지다. 그는 모든 면에서 완벽한 인간을 대변한다. 그러나 실제 모습은 소설과는 적지 않게 달랐다는 것이 역사학자들의 평이다.

와야 했으며, 유비는 그가 가장 선택하고 싶은 주군이었습니다. 만약 유비가 삼고초려하기를 기다린 후에야 세상에 나오려고 했다면 "유비 당신이 나를 세 번 찾아와서 청하지 않는다면 나는 평생 남양에서 밭 갈고 살면 그뿐이다"라고 말하는 것과 무엇이 다르겠습니까? 이것은 말이 되지 않습니다. 둘째, 유비가 비록 인재를 급하게 필요로 하긴 했지만, 제갈량을 만나기 전까지 그가 필요로 한 것은 일군의 사람, 즉 일군의 '현명한 신하들'이지 반드시 누가 아니면 안 된다는 식은 결코 아니었습니다. 그러나 제갈량이 필요로 한 것은 한 사람, 즉 한 명의 '현명한 군주'였으니, 그가 바로 유비였습니다. 제갈량의 선택 범위는 더욱 좁았으며, 다른 선택의 여지가 없기도 했습니다. 셋째, 제갈량의 날카로운 감각으로 볼 때, 당연히 그가 유비를 발견한 것이 유비가 그를 발견한 것보다 빨랐을 것입니다. 기왕에 그에게 주어진 기회가 한 번뿐이라면, 어떻게 '세 차례 찾아올 때까지' 융중에 앉아서 기다릴 수 있었겠습니까? 더군다나 당시는 몹시 급박한 상황이었는데, 융중에서 거드름을 피울 시간이 있었겠습니까? 그래서 류샤오 선생은 삼고초려의 논리가 "실제로는 받아들이기 어렵다"고 결론짓습니다.

류샤오 선생의 의견에 전혀 근거가 없는 것은 아니지만, 〈출사표〉의 견해도 부정할 수는 없습니다. 〈출사표〉(통상적으로 〈전前출사표〉를 말합니다)가 제갈량이 지었다는 것은 확실합니다. 여기에서 제갈량은 분명하게 말합니다.

신은 본래 포의로서, 남양에서 몸소 밭을 갈며 난세에 그럭저럭 목숨을 부지하였으며, 제후들에게 명성이 알려져 등용되기를 바라지 않았습니다. 그런데 선제께서는 신을 비천하다 여기지 않으시고, 외람되이 스스로 몸을 낮추시어 초가집으로 신을 세 번이나 찾아오셔서 신에게 세상의 일을 물으셨습니다. 이로 말미암아 신은 감격하여 마침내 선제께 힘써 일할 것을 약속했습니다.

이 이상 더 분명할 수는 없습니다. 첫째, 유비는 확실히 직접 융중에 가서 제갈량을 만났으며, 그것도 여러 차례 갔습니다. 둘째, 유비가 융중에 가서 제갈량을 찾았을 때 논의한 것은 '당시 세상의 일'이었습니다. 셋째, 제갈량이 세상으로 나와 유비를 보좌하기로 마음을 정하게 된 직접적인 원인은 유비의 삼고초려 때문이었습니다. '이로 말미암아'와 '마침내 약속했다'는 말의 의미는 분명합니다. 물론 옛사람들이 직접 한 얘기를 완전히 믿을 수는 없겠지만, 제갈량이 터무니없이 '삼고초려'의 이야기를 날조했다고 말하기에는, 제갈량의 사람됨이든 당시의 상황이든 불가능할 것 같습니다. 그가 세상을 나온 때부터 표表를 올린 때까지는 21년 사이에 불과하고, 당사자들이 아직 건재한 상황에서 그들과 맞대면하여 그런 거짓말을 할 수 있었겠습니까?

　따라서 진수는 제갈량에 대한 열전을 저술할 적에, '자천自薦'설을 선택하지 않고, '삼고초려'설을 채택했습니다. 또 〈상제갈량집표〉에서도 이에 대해 분명하게 적었습니다. 진수는 "좌장군 유비는 제갈량이 비범한 도량을 갖추고 있다고 생각하여 초가집으로 세 차례나 제갈량을 방문하였다. 제갈량도 유비의 늠름한 자태와 걸출함에 깊이 감동하여, 마침내 흉허물 없이 지내며 성의를 다하고 유비와 깊은 교류를 맺었다"고 말했습니다. 원인과 결과가 명확한 설명입니다.

　그러나 문제는 이러한 논조가 비약이 너무 심해서, 사람들은 이와 같은 사정을 그야말로 '전설적'이라고 느끼고, '천 년에나 한 번 있을 드문 일'로 생각한다는 점입니다. 한번 생각해봅시다. 제갈량은 정말로 유비가 '삼고초려'할 것이라고 정확히 예측했을까요? 만일 유비가 찾아오지 않았거나 그저 한 번만 방문했다면 어떻게 됐을까요? 제갈량이 과연 융중에서 늙어 죽었을까요? 게다가 '매번 자신을 관중과 악의에 비유하던' 사람이 융중에 머물면서 뭘 하겠습니까? 새로운 농촌 유토피아라도 건설한단 말입니까?

　제가 보기에, 《위략》과 《구주춘추》의 견해를 경솔하게 부정할 수는 없습니다. 그리고 만약 《위략》과 《구주춘추》의 주장을 받아들이는 동시에 〈출사표〉와 《삼국지》의 내용을 부정하지 않는다면, 한 가지 가능성만 남습니다. 즉 두 가지 견해가 모두 사실이라는 것인데, 그렇다면 직접 찾아가서 스스로를 추천한 것이 시간적으로 먼저이고, 삼고초려는 나중의 일이 됩니다. 다시 말해서 제갈량이 먼저 유비를 찾아가고 유비도 그의 건의는 받아들이지만, 흡족할 만한 중시를 얻지 못하자 제갈량이 떠나가 버리는 것이지요. 유비가 제갈량의 가치를 인식했을 때에는 할 수 없이 직접 길을 나서 삼고초려함으로써, 다시 제갈량을 모셔오게 되는 것입니다.

앞에 그러한 우여곡절이 있어야만 직접 길을 나설 필요성도 생기고, 또 '한 번의 방문'이 아닌 '세 차례 찾아가야' 할 필요가 생깁니다. 이는 일찍이 없었던 견해입니다만, 이와 같은 추측이 그리 무모해 보이지는 않지 않습니까?

유비가 제갈량을 뒤늦게 찾은 이유

여기에는 여전히 한 가지 문제가 있습니다. 그것은 건안 6년(201)부터 건안 12년(207)까지 유비는 형주에 6~7년간이나 머물렀는데, 왜 줄곧 그와 제갈량 사이에 대면이 없었느냐 하는 점입니다. 그들이 서로 알지 못했다고 말한다면 그래도 사실일 수도 있습니다. 그러나 그들이 서로의 이름을 알지 못했다면 맞지 않습니다. 적어도 유비는 '천하의 효웅'이라는 명성이 있었으니, 제갈량은 당연히 그를 알았을 것입니다. 만약 류샤오 선생의 관점이 성립한다면, 제갈량은 왜 좀 더 일찍 유비를 찾아가지 않고 다급한 상황에 닥쳐서야 세상에 나왔을까요?

그 반대 경우도 마찬가지입니다. 제갈량은 설사 감정을 억제하고 있다손 치더라도, 유비 역시 6년이 지난 후에야 제갈량 같은 고급 인재를 발견해서는 안 되지 않겠습니까? 또 어떤 사람들은 유비가 일찍부터 제갈량을 알아서 전에도 두 차례 제갈량을 찾아갔지만 만나지 못하고, 건안 12년에 세 번째 찾아갔을 때에야 비로소 그의 얼굴을 볼 수 있었다고 말합니다. 그러나 이 역시 합당하지는 않습니다. 일 년 사이에 세 차례 갔다면 그것은 그럴 법도 합니다. 그러나 6년 동안 세 차례 갔다는 것이 가능하겠습니까? 진취적인 유비가 긴박한 상황에서 이렇게 유유자적하고 몇 년씩 시간을 끌면서, 쓸데없이 몇 번씩 왔다 갔다 했겠습니까?

제갈량이 은밀히 숨어버려서 찾기 어려웠다고 말하는 것은 더욱 말이 되지 않습니다. 유비가 어떤 사람입니까? 그의 곁에 있는 많은 부하들이 단단히 마음먹고 한 사람을 찾고자 한다면 찾지 못할 사람이 어디에 있겠습니까? 게다가 제갈량은 이름을 숨기고 원수를 피해 숨어 있는 신비한 인물이 아니라, 형주의 관리 사회, 형주의 선비 집단 및 상류 사회와 왕래가 있던 사람인데, 어떻게 찾지 못할 수 있겠습니까?

이에 대한 삼국시대 연구자 인원궁尹韻公 선생의 해석은 다음과 같습니다.

"삼고초려 이전에 유비는 제갈량에 대해서 들은 적은 있었지만, 사람들의 평가가 일치하지 않았다. 비록 사마휘와 방덕공 같은 사람들이 그를 '와룡臥龍'이라고 일컫고, 제갈량 본인도 '매번 자신을 관중과 악의에 비유' 하였지만, 그것은 그의 주변에 있는 집단의 사람들만이 '그렇다고 생각' 한 것이고 대다수의 사람들은 그렇게 생각하지 않아, 유비는 아직 확신이 없었다. 서서가 제갈량을 추천하였을 때야 유비는 '그대와 함께 오시오'라고 말했으니 그가 아직 제갈량을 신처럼 떠받들지 않았음을 알 수 있다. 이것은 그리 기이한 일이 아니다. 제갈량의 '이모부'인 유표조차도 그에게 일을 맡기지 않았는데, 유비야 어떠했겠는가?"

제갈량의 마음속에도 한 가지 걸리는 것이 있었는데, 바로 유비·관우·장비의 관계가 너무 친밀했다는 사실입니다. 《삼국지》〈관우전〉에 따르면 그들 세 사람은 "잠잘 때도 같은 침상을 쓰고 형제처럼 우애가 깊었다"고 하여, 관계가 더 이상 굳셀 수 없을 정도로 단단했기 때문에 근본적으로 다른 사람이 끼어들 틈새가 없었습니다. 즉 이 유비의 집단은 소규모 집단으로서 배타성이 매우 강하여, 뒤늦게 합류한 그 누구도 상층부를 차지하기는 힘들었습니다. 그러나 제갈량의 이상은 '수석 집행관'이 되는 것이었습니다. 천리마千里馬인 그가 나귀나 노새처럼 맷돌이나 끌러

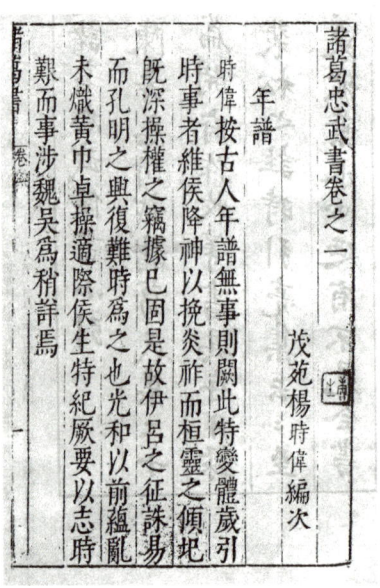

제갈량 문집

갈 수는 없었습니다. 그는 충분한 파악이 없이는 결코 세상으로 나오지 않았을 것입니다. 따라서 유비와 제갈량은 모두 서로를 관찰하고 이해하고 탐색하는 과정이 필요했습니다.

인원궁 선생의 이 해석에도 일리가 있습니다. 그러나 저는 한 가지 문제를 더 주의해야 한다고 보는데, 그것은 바로 나이입니다. 아시다시피 유비는 제갈량보다 20세가 많았으며, 제갈량이 세상에 나올 때의 나이는 겨우 26세였습니다. 46세의 사람이 26세의 사람을 충심으로 따르기란 쉬운 일이 아닙니다. 여러분이라면 그가 사십대 초반일 때에 어떻게 이십대 초반의 사람을 찾아가라고 할 수 있겠습니까? 따라서 두 사람은 이 6년의 시간을 기다리지 않으면 안 되었음을 알 수 있습니다. 만약 6년이 지나 유비가 고난을 겪어 낙심할 지경이 아니었고, 또 조조가 한창 남하를 준비하지 않았다면, 그들은 다시 몇 년을 더 기다려서야 만났을지도 모릅니다.

　종합하자면 제갈량은 이미 26세가 되었고 유비 역시 46세였으므로, 양측 모두 시간이 자신을 기다려주지 않는다는 것을 감지한 상황에서 모종의 기회와 인연으로 만나게 됩니다. 틀림없이 사마휘와 서서의 추천도 매우 중요했을 것입니다. 유비가 일찍이 사마휘에게 정세에 대해 가르침을 청하자, 사마휘는 대업을 이루려면 책상물림을 등용해서는 안 된다고 말합니다. 책상물림이 현 정세에 대해 얼마나 이해하고 있겠습니까? 당면한 정세를 아는 사람은 준걸들이며, 여기서 말하는 준걸은 와룡과 봉추鳳雛입니다. 유비가 그들이 누구인지를 묻자, 사마휘는 그들이 제갈량과 방통龐統이라고 말합니다.

　서서의 추천은 더욱 직접적이었습니다. 서서는 유비에게 제갈공명은 그야말로 누워 있는 용臥龍이라고 할 수 있는데, 장군은 어째서 그를 한번 보려고 하지 않느냐고 말합니다. 서서는 유비가 매우 신임하던 사람이니, 그의 말은 당연히 믿을 만했습니다. 유비는 그렇다면 그대가 그와 함께 와보라고 말합니다. 그러자 서서는 이 사람은 함부로 부를 수 있는 사람이 아니니, 장군이 직접 몸을 낮추어서 방문하라고 말합니다.

　여기에 대해서는 약간의 설명이 필요합니다. 저는 사마휘와 서서의 추천을 단순한 개인 행위로 볼 수는 없다고 생각합니다. 형주는 인재가 넘치던 곳이었습니다. 형주에는 본토의 인재 외에도 중원에서 피난해온 인사들이 많았습니다. 이들은 국가의 대사에 관심이 많았고, 형주의 안위에도 주목하고 있었습니다. 그들이 유표가 의탁할 만한 인물이 아님을 알았을 때, 상황은 '천하의 효웅'이라 불리던 유비에게 희망을 걸게 만들었습니다. 이에 유비에게 충성을 다하려고 했던 일부 인사들(예를 들면 서서 같은 인물)이 그의 주위에 모이기 시작했고,《삼국지》〈선주전〉에서 말한 "형주의 호걸들 중에 선주에게 몰려든 사람이 날로 늘어난" 국면이 형성되었습니다. 그리고 세상에 나올 뜻이 없었던 몇몇 인사들(예를 들면 사마휘 같은 인물)은 유비가 인재를 찾는 것을 도왔습니다. 따라서 이 추천은 마땅히 형주 선비 집단의 집단적인 추천으로 보아야 합니다.

또한 유비는 운이 트이자 생각도 영민해졌습니다. 그가 어떤 원인에서 그런 결론을 내렸든 상관없습니다. 애타게 인재를 찾은 것이어도 좋고, 서서를 신뢰한 것이어도 좋고, 지푸라기라도 잡는 심정으로 행동한 것이어도 좋습니다. 종합하자면 어쨌든 유비는 정확한 결정을 내렸습니다. 그는 황족이자 연장자라는 허세를 벗어던지고, 자신보다 스무 살이나 어리고 어떠한 직무나 관작도 없는 이 청년을 직접 찾아갔습니다. 유비의 방문 전에 제갈량이 유비를 찾았었는지는 알 방법이 없습니다. 저의 '가설'이 성립하기 전까지는, 삼고초려는 인정할 수 있지만 방문하여 자천했다는 설은 의문으로 남겨둔다고 말할 수밖에 없습니다. 이제 문제는 유비의 삼고초려가 정말로 세 차례인지 아니면 딱 한 번인지의 여부입니다.

어떤 학자(예를 들면 인원궁 선생)는 세 차례를 찾아가서 세 차례 이야기를 나눴다고 생각합니다. 이 주장은 성립이 가능합니다. 제갈량의 〈출사표〉와 진수의 〈상제갈량집표〉에서는 각각 "초가집으로 신을 세 번이나 찾아오셨다", "이에 초가집으로 제갈량을 세 번 찾아갔다"라고 했으니, 모두 이런 의미입니다. 〈제갈량전〉에서 "모두 세 차례 가서 이에 만났다 凡三往, 乃見"고 한 것도 세 차례 가고 나서야 비로소 만났다는 뜻이 아닙니다. 여기에서의 '내乃' 자는 '이에 초가집으로 제갈량을 세 번 찾아갔다'의 '이에'와 마찬가지로, '이에', '그래서'의 뜻입니다. 따라서 '凡三往, 乃見'은 다음과 같이 번역되어야 합니다.

"모두 세 차례 갔고, 그래서 (세 차례 모두) 만나게 되었다."

만약 이렇게 말하는 것이 명확하지 않다면, 당대唐代 사람들의 이해가 참고가 될 수도 있을 듯합니다. 시인 두보杜甫는 그의 시 〈촉상蜀相〉에서

"삼고빈번천하계三顧頻煩天下計"라고 말했는데, 문학 연구가 저우루창周汝昌 선생은 '빈번頻煩'을 '여러 번, 누차'라는 부사의 의미로 해석했으며, '성가시게 굴다'라는 동사의 의미가 아님을 특기特記했습니다. 당연히 아닙니다. '삼고三顧'의 '고顧'는 '초빙하다'는 의미가 아니라 '자문을 청하다', '물어보다' 등으로 이해해야 하기 때문입니다. 심지어 '세 번 자문을 청했다'는 것도 실제 숫자를 가리켜서 딱 세 번 갔다는 뜻이 아니라 여러 차례, 즉 '재삼', '빈번히'의 뜻으로 이해할 수 있습니다. 다시 말해서, 유비가 여러 차례 융중을 방문하여 제갈량에게 '당시의 세상 상황'에 대한 가르침을 청하였고, 얘기를 하면 할수록 의견이 일치하고 의기투합하게 되어, 마침내 제갈량은 세상으로 나와 유비를 보좌하기로 결정한 것입니다. 맞습니다. 이 두 사람의 협력이 얼마나 중요한데, 어떻게 겨우 한 번 이야기하고 결정을 내릴 수 있겠습니까?

나관중이 각색한 삼고초려

그러므로 《삼국연의》에서 말하는 '유현덕의 삼고초려'는 그야말로 소설입니다. 이른바 "모두 세 차례 가서 이에 만났다"는 표현을 세 차례 찾아가서 비로소 만난 것이라고 보더라도, 나관중이 엮어낸 이야기는 소설에 불과합니다. 그러나 이 부분은 근사하고 재미도 있습니다. 유비가 처음 찾아갔을 때, 나관중은 그로 하여금 먼저 노래를 듣게 하고 다음에 산을 보게 하며, 그 다음에는 만나지 못하고 퇴짜를 맞게 하고, 다시 경치를 바라보게 하고, 결국엔 최주평崔州平을 만나게 했습니다. 산은 '이상할 정도로 청정하고,' 경치는 '끝없이 바라보게' 하였으며, 사람은 '용모가 당당'했습니다. 다른 상황들도 심상치는 않았습니다. 동자童子는 물정을 몰랐고, 농민은 노래를 부를 줄 알았으며, 친구는 경륜이 가득했습니다. 그때 유비는 아연실색했고 시야가 크게 넓어져 찬탄을 그치지 않았고, 융중이라는 곳이 그야말로 예측할 수 없을 만큼 신비한 곳이며, 저 와룡강臥龍崗에 숨어 있는 사람은 틀림없이 뛰어난 사람이라고 느끼게 되었습니다.

두 번째 갔을 때에는 더 이상 경치를 볼 필요가 없었으므로, 사람만 보았습니다. 먼저 그의 친구를 보았고, 그 다음엔 그의 동생을 보았으며, 마지막으로 그의 장인을 보았습니다. 지난번에는 유비의 시야를 넓게 했다고 한다면, 이번에는 유비의 감정을 억누를 수 없게 만들었습니다. 생각해보십시오. 제갈량의 친구, 동생, 장인도 이처럼 비범하고 속되지 않은데, 제갈량 본인은 얼마나 대단한 사람이겠습니까?

따라서 세 번째 갈 때에 유비는 길일을 택하여 목욕재계를 하고 옷까지 갈아입습니다. 또 초려에서 반 리 정도 떨어진 곳에 이르자 말에서 내려 걸었습니다. 초당草堂 밖에 도착해서는 계단 아래에서 공손하게 서 있으려고 했습니다. 제갈량이 잠이 들어 일어나지 않자, 그가 깨어날 때까지 계속해서 기다렸습니다. 그런 마음 자세는 어진 이를 예의와 겸손으로 초빙하려는 사람이라기보다는, 오히려 여자의 집을 방문하여 구혼을 할 정도로 치정癡情에 빠진 사람의 모습 같습니다.

유비는 처음 융중에 와서 막 노래를 듣고 산을 바라봤을 때, 이미 존경의 마음으로 옷깃을 여밀 정도였습니다. 그래서 그가 '친히 사립문을 두드리며' 동자와 대화할 때는 원나라 때의 희곡《서상기西廂記》에서 장생張生이 홍랑紅娘을 봤을 때의 느낌이 약간 있습니다. 장생이 홍랑을 보았을 때 이렇게 말했습니다.

"소생의 성은 장이고, 이름은 공珙이며, 자는 군서君瑞, 본관은 서락西洛입니다. 나이는 23세이고, 정월 17일 자시子時에 태어났으며, 아직 결혼한 적이 없습니다."

그 결과 홍랑에게 "누가 물어봤어요?"라는 타박을 받습니다. 유비는 어떻게 말합니까?

"한 좌장군 의성정후宜城亭侯 영예주목領豫州牧 황숙 유비가 특별히 와서 선생을 배알하고자 합니다."

그 결과 역시 난관에 부딪치게 됩니다.

"저는 그렇게 많은 이름들을 기억할 수 없습니다."

두 장면이 어쩌면 이렇게 비슷할까요?

서로 비슷한 것은 당연합니다. 희곡 속의 최앵앵崔鶯鶯이 '규방에서 약혼을 기다렸다'고 한다면 소설 속의 제갈량은 '융중에서 몸값이 오르기를 기다'렸습니다. 그들은 모두 기개가 높았으며, 결코 함부로 '몸을 남에게 맡기려' 하지 않았습니다. 따라서 그들은 마음껏 거드름을 피웠고, 골똘히 생각했으며, 상대방의 구미를 끌었습니다. 그렇게 함으로써 그들은 상대방이 성의를 보여 자신의 시험을 이겨낼 수 있는지를 가늠했습니다.

다른 하나의 정황은 조금 다릅니다. 장생은 최앵앵에게 첫눈에 반했습니다. 그렇다면 유현덕은 제갈량에게 어땠을까요? 나관중의 말에 따르면, 그들 역시 일찍 만나지 못한 것을 한탄했습니다. 유비는 왜 그렇게 제갈량을 보고 싶어 했을까요? 유비가 꾸물거리면서 성공할 수 없었던 원인이 후방에서 전략을 짜고 전체 판세를 조감할 수 있는 브레인 역할을 할 수 있는 사람, 즉 당대의 강태공과 장량이 부족했기 때문이라는 점을, 수경선생 사마휘가 이미 유비에게 깨닫게 해주었기 때문입니다. 가까스로 서서라는 인물을 얻었지만 그는 떠나버렸습니다.

사실 서서가 유비를 떠난 것은 제갈량이 이미 세상에 나온 이후입니다. 이 점은 《삼국지》에 분명하게 기록되어 있습니다. 제갈량이 세상으로 나온 이후, 조조가 남정南征을 단행하자 유종은 조조에게 투항합니다. 유비가 "무리들을 이끌고 남쪽으로 가자 제갈량과 서서가 함께 수행을 하였는데, 조공이 공격하여 서서의 모친을 생포"했습니다. 《삼국연의》에서는 이를 "원직이 떠나며 제갈량을 추천했다"고 고쳐놓았습니다. 이 부분을 고치다 보니 문제가 바뀌어버렸습니다. 서서가 제갈량이 뛰어난 정치 천재임을 알고 있었다면, 왜 일찌감치 그를 추천하지 않고 자기가 떠날 때에야 비로소 말해야 했을까요? 제갈량이 자신의 지위와 위세를 빼앗을까 두려워했다고 말하는 것과 무엇이 다릅니까? 나관중도 분명 이 점을 생각해서 서서가 제갈량을 추천한 후에 특별히 제갈량에게 가서 설득 작업을 했지만, 결과적으로 제갈량에게 호된 질책을 받았다는 내용을 집어넣었습니다. 서서가 제갈량을 일찌감치 추천하지 않은 이유는 제갈량이 세상에 나오지 않을 것임을 알았기 때문이라는 것이지요. 그러나 이렇게 되면 제갈량의 도덕과 품성에 문제가 생깁니다. '매번 자신을 관중과 악의에 비교하던' 사람이 서서의 추천을 두고 굳이 자신을 희생양으로 삼는다고 말하고, 벌컥 화를 내며 안색까지 바꾸었다면, 너무 속이 뻔해 보이지 않습니까? 나관중은 제갈량의 값을 올리려고 했던 것인데 결과적으로는 그의 얼굴에 먹칠을 해버렸습니다. 그의 행동은 루쉰 선생의 "제갈량의 모습은 재주가 많은 것 같지만 사실은 요사스러운 편에 가깝다"는 말과 마찬가지로, 재주를 부리려다가 일을 망쳐 역효과를 냈습니다.

앞에서 말한 저 이야기도 그렇습니다. 나관중의 말이야 천의무봉天衣無縫이라고 할 만큼 흠 잡을 데 없이 좋지만, 실제로는 곳곳에서 빈틈이 보입니다. 우리는 유비가 융중에서 겪은 여러 가지 우연적이고 기묘한 만남들이 사실은 모두 제갈량이 고심해서 만들어낸 것임을 한눈에 알 수 있습니다. 노래를 부르던 농민, 철이 없는 동자, 경륜이 가득한 친구, 도덕군자처럼 보이는 장인은 모두 제갈량을 위한 '야바위꾼' 들입니다. 그 목적은 구매자 시장을 판매자 시장으로 변화시켜 유비가 높은 가격으로 자신을 구매하도록 하려는 데 있었습니다.

나관중판 삼고초려에 열광한 지식인

따라서 《삼국연의》에 보이는 삼고초려는 그야말로 삼국판三國版 경영학 교재라고 볼 수 있습니다. 이 이야기 속에서 유비는 투자자 측에 비유할 수 있겠습니다. 그는 제갈량이라는 상품을 전부 구매하려고 하지만, 상품이 어떠한지는 알지 못합니다. 이런 의심은 상인의 정상적인 심리이지만, 유비는 특히 심했습니다. 그 이유는 《삼국연의》 속에서 유비라는 회사의 자본이 '황숙'이라는 간판으로 속여서 얻은 것이기 때문입니다. 그리고 '황숙'이라는 그의 신분은 '위조품'은 아니라 할지라도 금으로 따지자면 함량이 높지 않은 데다, 약간 '물 먹인 소고기'라는 느낌마저도 있습니다. 따라서 유비는 이렇게 생각합니다.

"황숙이라는 내 신분은 물 먹인 소고기처럼 부실한 것인데, 관중이네 악의네 하는 제갈량의 말은 정말 사실일까? 나 유비가 천하를 속일 수 있었는데, 제갈량이라고 나를 속이지 못할까? 이 점은 허실을 살펴보아야 한다."

그래서 그는 서서의 추천을 들은 후에도 조상인 유방처럼 그렇게 충동적으로 행동하지 않습니다. 유방은 소하의 추천을 들은 후, 곧바로 한신을 대장군으로 임명했지만, 유비는 오히려 먼저 살펴본 다음에 다시 생각하기로 합니다(당연히 그의 수중에 있던 관직도 많지 않았습니다). 그의 삼고초려는 표면적으로는 어진 이를 예의와 겸손으로 대한 것이지만, 실제로는 현지 조사였습니다. 이와 같은 유비의 조심스런 행보를 제갈량처럼 총명한 사람이 어찌 간파하지 못했겠습니까? 그 때문에 그를 사로잡기 위해 일부러 좁은 길을 뚫고 와서 아름다운 풍경을 보게 한 것입니다. 이것이 바로 '나관중판 삼고초려'에 대한 저의 이해입니다.

이는 물론 '소인배의 마음으로 군자의 뱃속을 살펴본 것'이라는 비난

융중대 제갈량이 웅지를 틀고 있었던 와룡강 융중은 천하기재의 대명사가 되었다.ⓒ瑛

을 면키 어렵습니다. 위의 이야기는 저의 '개인적 의견'일 뿐입니다. '시대적 의견'이라고 할 수도 없고, '역사적 의견'은 더더욱 아니며, 나관중의 의견도 아닙니다. 그렇다면 나관중은 왜 이렇게 썼을까요? 저는 원인 가운데 하나가 재미있게 보이기 위해서라고 생각합니다. 《삼국연의》를 본 사람은 그 내용을 믿든 안 믿든 간에, 모두 이 이야기가 매우 멋들어지다는 점을 인정합니다. 다른 한 가지의 원인은 그것이 나관중 자신의 인생 이상이기 때문일 수도 있습니다. 나관중은 원나라 말 명나라 초의 사람으로서, 일찍이 의병장이었던 장사성張士誠의 막료를 지낸 적이 있다고 합니다. 명대 왕기王圻는 《패사회편稗史匯編》에서 나관중이 "왕업王業을 도모하려는 뜻을 품었지만," 원대한 포부를 실행하지 못했다고 말하고 있습니다. 따라서 그는 《삼국연의》를 썼을 때, 옛사람들이 마시던 한잔 술을 빌려 자기 마음속의 분노를 삭이고, 자신의 이상과 포부를 과거 인물에 투영했을지도 모릅니다. 사실 그를 비롯한 고대의 지식인들은 거의가

'제갈량 콤플렉스'를 가졌습니다. 그들은 제갈량의 재능과 지혜에 감복했고, 그의 인품을 경모敬慕했으며, 그가 '몸소 나라를 위해 온 힘을 다하다가 죽은 것'에 감동하였고, 그가 '군사를 일으켜 나아갔다가 이기지 못하고 먼저 죽게 된 것'에 탄식했습니다. 그들과 제갈량 사이에는 거의 모든 면에서 공명共鳴이 있었습니다.

문제는 역사에 제갈량과 마찬가지로 우수한 소질을 갖춘 사람이 적지 않았고, 지식인들의 정신적 우상이 된 사람도 몇몇 있었는데, 왜 제갈량이 가장 숭배를 받았는가 하는 점입니다. 저는 그 원인 중의 하나가 삼고초려에 있다고 생각합니다. 중국 고대의 지식인들에게는 일종의 모순된 심리가 있습니다. 한편으로 그들은 출장입상出將入相하여 공을 세우기를 희망했고, 적어도 말단 관직이라도 얻어서 조상을 빛내야만 했습니다. 다른 한편으로 그들은 매우 고고하고 소심하여, 거절당하는 것을 받아들이지 못하고 냉대를 참지 못했습니다. '남아男兒는 본래 자신을 중히 여기고 거리낌 없이 행동하는 법男兒本自重橫行'이지만, 또한 '천자가 특별히 면목을 세워줘야天子非常賜顏色'(중국 당나라의 시인 고적高適의 시를 인용한 것임—옮긴이) 하지 않겠습니까? 가장 좋기는 그런 기회, 그런 직무, 그런 관직을 자기가 직접 가서 요구하고 응시할 필요 없이, 임금이 알아서 공경한 태도로 팔인교(八人轎, 고관들이 타는 가마—옮긴이)를 보내 자기들이 세상으로 나오도록 요청하는 것입니다. 제갈량은 바로 그런 대우를 누렸습니다. 유비는 그에게 세상에 나오라고 '요청'했고, 더군다나 세 차례나 요청하여 그야말로 그의 체면을 세워주었습니다.

이것은 남들의 부러움과 동경을 받는 일이었으므로, 반드시 대서특필해야 했습니다. 지식인들은 어떠한 권력도 없었고, 그들이 가질 수 있는 것이라고는 '말할 수 있는 권리' 뿐이었습니다. 그러니 왜 문장으로 지어대지 않았겠습니까? '나관중판 삼고초려'는 이렇게 탄생한 것입니다. 그러나 애석한 것은 이 제갈량은 나관중의 제갈량이지, 진정한 제갈량이라고 할 수는 없다는 점입니다.

유비와 제갈량이 군신 관계로 만난 것이 유비의 삼고초려 때문인지, 아니면 제갈량이 직접 찾아와서 스스로를 추천한 때문인지, 또 유비가 세 번을 갔는지, 세 번을 만났는지, 세 차례 대화를 나누었는지는 모두 중요하지 않습니다. 중요한 것은 그들이 무슨 말을 나누었느냐입니다. 물론 그들이 정말로 여러 차례 이야기를 나눴다면, 우리가 지금 완전하고 정확하게 그 내용을 알기란 불가능합니다. 우리가 알 수 있는 것은 결론적인 의견인데, 그것이 바로 그 유명한 '융중대' 입니다. 제갈량이 천재 정치가라는 사실은 여기에 아낌없이 표현되어 있습니다. 두 사람 간의 대화는 긴장감이 넘칠 뿐 아니라, 그 극적인 면에서도 결코 나관중의 '유현덕 삼고초려' 에 밀리지 않습니다.

더욱 재미있는 것은 일찍이 건안 5년(200), 즉 유비와 제갈량이 만나기 겨우 7년 전에도 누군가가 손권을 위해서 유사한 계획을 만들었다는 점입니다. 이는 '손권판' 내지 '동오판 융중대' 라고 일컬을 만합니다. 이 사람도 제갈량과 마찬가지로 '천하 삼분' 이라는 결과를 예견했습니다. 어쩌면 '삼분천하三分天下' 의 전략적 목표를 세웠다고도 말할 수 있습니다. 그렇다면 이 사람은 누구일까요? '손권판' 내지 '동오판 융중대' 는 제갈량의 '융중대' 와 어떤 점에서 합치될까요?

17강
隆中對策

융중대책

유현덕은 삼고초려를 통해, 제갈량과 함께 천하의 형세와 앞으로의 행방을 깊이 있게 토론했다. 이 역사적인 만남 속에서 제갈량은 유비를 위하여 원대한 계획을 세웠으니, 이것이 바로 그 유명한 '융중대'이다. 사실 이 이전에 이미 손권을 위해 유사한 계획, 즉 '동오판 융중대'를 만든 사람이 있었다. 그렇다면 이 두 가지 계획의 의의는 어디에 있으며, 두 계획의 차이는 또 어디에 있을까?

'융중대'는 두 사람 사이의 비밀 회담으로서, 유비와 제갈량의 일문일답으로 구성되어 있습니다. 이 대담에 관한 정황은 《삼국지》〈제갈량전〉에서 "주변 사람을 물리치고 말했다"라고 분명하게 말하고 있으므로, 다른 사람은 그 자리에 없었다는 말입니다. 따라서 밀담의 내용이 어떻게 전해지게 되었는지도 하나의 수수께끼지만, 우선 논외로 하겠습니다.

유비가 먼저 질문합니다.

"한 황실이 붕괴하여 간신들이 정권을 잡자 주상께서 몽진을 떠났습니다. 저는 제 덕행과 능력을 살피지도 못한 채, 천하에 대의大義를 펼치고자 했으나, 지혜와 권술權術이 편협하고 얕아서 결국 지금에 이르렀습니다. 그러나 의지는 아직도 없어지지 않았으니, 선생이 생각하기에, 장차 어떤 계책을 내야 한다고 보십니까?"

이 대화의 글자 수는 많지 않지만, 말하는 내용과 조리는 상당히 풍부하고 정연합니다. 첫머리의 한 부분만 봐도 굉장합니다. 첫머리의 '한 황실이 붕괴하여 간신들이 정권을 잡자 주상께서 몽진을 떠났습니다' 라는 표현은 표면적으로는 틀에 박힌 상투어로 보이지만 사실은 그렇지 않습니다. 유비는 반드시 이 말을 해야 하며, 의의도 갖고 있습니다.

유비는 이른바 '제실帝室의 후손'이기 때문에, 먼저 자신이 마음으로 천하를 근심하고 있다는 태도와 황실이 마음에 걸린다는 입장을 표명하지 않을 수 없습니다. 이와 같은 '정치적 정통성'의 전제를 가지고 있어야만, 자기가 큰 사업을 맡았을 때 떳떳하고 도리에 합당하다고 말할 수 있으며, 자기가 곤란을 당하여 도움을 필요로 할 경우에도 충분히 동정을 얻을 수 있습니다. 더구나 유비는 제갈량에게 커다란 기대를 걸고 있는 사람입니다. 그가 융중으로 와서 찾았던 것은 구체적인 문제를 처리할 기술적인 인재가 아니라 자신을 위해서 정치적인 노선과 총체적인 전략을 수립할 수 있는 사람이었으므로, 그는 당연히 천하의 대세부터 말해야 했습니다.

그다음에 한 말도 의미가 있습니다. 그 의미란 바로 상황을 설명하고, 결심을 보여주며, 성의를 나타내고, 문제를 제기했다는 점입니다. 유비는 사실대로 말합니다.

"나는 현재 상황이 좋지 못하며(결국 넘어지게 되어 지금에 이르렀다), 또한 그 해결 방법도 없지만(지혜와 권술이 편협하고 얕아서), 나의 마음이 아직 죽지 않았으니(의지는 아직도 없어지지 않았으니), 그렇다면 어떻게 해야 하는가(선생이 생각하기에, 장차 어떤 계책을 내야 한다고 보십니까)?"

이에 대해 제갈량은 분명하게 답합니다. 그는 유비의 심정을 이해하였고, 그의 성의를 알았습니다. 또 '장차 어떤 계책을 내야 한다고 보십니까?'라는 말이 황제가 몽진하였으니 '앞으로 어떤 계책을 내야 하는가?'를 물으려는 것이 아니라, 유비 자신이 아직까지 아무런 방법도 생각하지 못했는데 '앞으로 어떤 계책을 내야 하는가?'라고 물은 것임을 알았습니다. 이에 제갈량은 유비를 위하여 형세를 분석합니다. 어떤 형세일까요? 그는 바로 "동탁 이래 호걸들이 우르르 일어나 주나 군에 할거하고 있는 사람이 이루 셀 수 없을 정도로 많다"라고 말합니다. 이 말의 의미는 분명합니다. 지금 가장 큰 문제는 '황실이 붕괴하여 간신들이 정권을 잡자 주상께서 몽진을 떠난 것'이 아니라, 모두가 근거지를 다투고 있다는 것입니다. 지금 한나라는 이미 황제의 생사를 따지지 않고 앞을 다투어 근거지를 차지하려 하고 있습니다. 이 시기에 '한의 황실과 도적은 양립할 수 없다'는 식의 쓸데없는 말은 아무런 의미도 없으며, 당장 급한 일은 자기 자신을 위해 땅을 한 부분이라도 차지하는 것입니다. 땅이 가장 확실한 것입니다. 당신이 '천하에 대의를 펼치려고' 하든 하지 않든 간에, 또 '한 황실을 부흥시키려는 것'이 사실이든 아니든 간에, 근거지가 없으면 모두 쓸데없는 말이라는 뜻입니다.

그렇다면 수중에 아무것도 없고, 뭘 하려고 해도 할 수가 없는 유비가 기반을 잡을 수 있을까요? 제갈량은 이렇게 말합니다.

"조조는 원소에 비해 명망이 미약했고 병사의 수도 적었습니다. 그러나 조조는 결국 원소를 이길 수 있었으니, 약점을 강점으로 승화시킨 것은 천시天時뿐 아니라 사람의 계책 때문이기도 합니다."

이 의미 또한 분명합니다. 바로 강점과 약점은 변화할 수 있다는 것입니다. 강자도 약자가 될 수 있고, 약자도 강자가 될 수 있습니다.

"그때 조조와 원소를 비교해보면, 현재의 장군처럼 조조 역시 명망이 없었고 병사의 수도 적었습니다. 조조가 원소를 이길 수 있었다면 장군이라고 어찌 조조를 이길 수 없겠습니까? 관건은 첫째는 시기를 장악하는 것天時이고, 둘째는 계획을 잘 꾸미는 것人謀에 달려 있습니다."

이에 제갈량은 유비를 도와 계책을 세웁니다.

"조조는 '백만 대군을 거느리고 천자를 끼고 제후를 호령하니', 그와 싸울 수는 없습니다. 손권은 '강동을 차지한 지 이미 3대가 지났고, 땅의 지세가 험하고 백성이 복종하고 있으며, 재능 있는 신하들이 그에게 등용되었으므로' 이쪽 또한 연합을 해야지 도모해서는 안 됩니다. 손을 댈 수 있는 두 지역은 형주와 익주益州입니다. 형주는 남양·남군·강하江夏·영릉零陵·계양桂陽·장사·무릉武陵을 포함합니다. 형주의 북쪽은 한수와 면수沔水, 남쪽은 광둥廣東과 광시廣西, 동쪽은 장쑤江蘇와 저장浙江, 서쪽은 충칭重慶과 쓰촨四川으로 통하니, 이는 그야말로 '재능을 발휘할 수 있는 지역'입니다. 이와 같은 지역을 차지한다면 전반적인 대세도 살아날 것입니다. 그렇다면 과연 이런 지역을 차지할 수는 있을까요? 있습니다. 그 지역의 주인이 지역을 지켜낼 수 없기 때문입니다. 이는 그야말로 하늘이 장군에게 내려준 것이니, 장군에게 뜻이 있는지 없는지를 보아야 합니다."

이 질문은 알면서 물어본 것이기도 하고, 사실을 곧이곧대로 말한 것이기도 합니다. 이 당시의 유비는 지붕 위에 기와 한 장 없고 아래에는 송곳을 세울 정도의 조그마한 땅도 없어, 되는 대로 한 뙈기의 땅을 주어도 좋은 상황인데, 형주를 준다니 마다할 이유가 어디에 있겠습니까? 그러나 제갈량은 이렇게 물어야만 합니다. 형주는 유표의 근거지이고, 유표와 유비는 모두 유씨 종친인데 어떻게 한집 사람들끼리 서로의 것을 빼앗을 수가 있겠습니까? 따라서 이는 '하늘이 장군을 돕는 것'이고, '그 주인이 지킬 수 없기' 때문이라는 점을 분명하게 말해야 합니다. 또 "장군에게 뜻이 있는지 없는지를 보아야 합니다"라는 말을 해야 합니다. 유비가 원하지 않는다면 다른 사람이 원할 수도 있기 때문입니다. 그러나 대답은 말하지 않아도 아는 사실이므로, 명확하게 대답할 필요는 없었습니다.

익주의 상황도 비슷합니다. 익주는 한중漢中·광한廣漢·파군巴郡·촉군

蜀郡 등을 포함합니다. 이 지역은 밖으로는 천험의 요새지이고, 안으로는 편안한 땅입니다. 한중 평원과 성도成都 평원은 "비옥한 들이 천 리에 달하는 물자가 풍부한 땅"이며, 고조 유방이 이곳(구체적으로는 한중)에서 제왕의 업적을 이룩한 바 있습니다. 그러나 성도의 유장劉璋이든 한중의 장로張魯이든, 모두 "백성은 넉넉하고 국가는 풍부하지만 백성을 구휼할 줄을 모르기" 때문에 "지략이 있는 인사들은 현명한 군주를 얻기를 바랍니다." 다시 말해서 이 지방 역시 '하늘이 장군에게 내려준 곳'이므로, 아마도 차지해버리면 그뿐일 것입니다.

형주와 익주를 차지하면 어떻게 될까요? 제갈량은 유비의 신분(황실의 후손)과 명망(사해에 드러난 신의)에다가 "영웅들을 널리 모으고 애타게 어진 이를 갈구하는" 호소력을 더하였으니, 일단 형주와 익주를 차지하면 하나의 근거지를 세울 수 있을 것이라고 말합니다.

"이와 같은 근거지를 가지고 서쪽으로는 여러 융적戎狄들과 화친하고, 남쪽으로 이월夷越을 어루만지며, 밖으로는 손권과 화친을 맺고 안으로 내정을 수습하는 정책을 실천하기만 하면 사업은 발전할 것이고 역량도 증가할 것입니다. 앞으로 형세에 변화가 발생하면 대장 한 사람을 파견하여 형주에서 출발하여 완성을 거쳐 낙양으로 나아가게 하십시오. 그리고 장군은 직접 익주에서 북상하여 진천秦川을 거쳐 장안으로 가십시오. 그러면 그때 백성과 군중들은 술과 밥을 들고 와서 길 양쪽에 도열하여 환영하지 않겠습니까?"

그런 다음 제갈량은 마지막으로 이렇게 말합니다.

"정말로 이와 같이 한다면 패업을 이룰 수 있고, 한의 황실도 흥성할 것입니다."

제갈량의 융중대는 어느 정도 구체적인 복안이었는가

이 말을 하자 유비는 마음이 후련해지면서 막 꿈에서 깨어난 것처럼 눈앞이 환해졌습니다. 이른바 '패업'이나 '제업'이란 원래 이렇게 실현되는 것입니다. 그러나 이러한 최종적인 목표의 실현에는 한 가지 전제가 있는데, 바로 '천하에 변고가 있을 경우'입니다. 그렇다면 천하에 변화가 없으면 어떨까요? 제갈량은 말하지 않았고, 유비도 묻지 않았는데, 이는 그럴 필요가 없었기 때문입니다. 제갈량은 와룡이고 유비는 잠룡이라 모두 총명한 사람이었으니, 그렇게 꼬치꼬치 모든 것을 말할 필요는 없었을 것입니다. 천하에 변고가 없으면 그냥 형주와 익주에 머무르면 됩니다. 이렇게 큰 기반을 갖고 있으면 하루 일곱 끼든 여덟 끼든 먹고사는 것은 문제가 없을 것입니다. 다시 말해서 제갈량의 계획에 따르면, 유비는 나아가서는 중원을 통일할 수 있고 물러나서는 천하를 삼분할 수 있으니, '제업'은 이루지 못해도 '패업'은 이룰 수 있고, '패업'은 이루지 못해도 '사업事業'은 이룩할 수 있습니다. 유비가 "나에게 공명이 있는 것은 물고기가 물을 만난 것과도 같다"고 말한 것도 이상할 것이 없습니다. 유비라는 잉어가 용문龍門으로 뛰어오르려면, 제갈량이 그에게 물이 어디에 있는지를 알려주기를 기대해야 합니다.

제갈량은 유비가 '물'을 구하는 것을 도울 수 있으니, 이는 그가 실무에 힘쓰는 사람이기 때문입니다. 그는 유비에게 나라와 백성을 걱정하는 모습을 표현하거나 도덕적인 탁상공론을 부르짖지 않았으며, 확실하게 그를 위하여 완전히 실행 가능한 방안만을 제안했습니다. 이후에 진행된 형세의 발전 과정 또한 완전히 제갈량이 예측한 범위 안에 있었음은 사실이 증명합니다. 그래서 역사가들은 제갈량이 "융중에 나오기 전부터 이미 삼분의 정책을 알고 있었다"고 평하며, 심지어 어떤 사람은 "융중을 나오기 전에 이미 삼분의 정책을 확정했다"고 주장합니다. 결국 '한 황실의 부흥'이라는 목표는 실현하지 못했지만, 만약 실현되었다면 유비는 낙양 또는 장안으로 가서 황제가 되었을 것이고 중국 역사에는 '후후한後後漢'이 출현했을지도 모릅니다.

유비는 삼고초려하여 제갈량을 세상에 나오도록 청한 이후부터, 아무것도 없는 상황에서 천하를 삼분하는 상황에 이르게 할 수 있는 총설계사를 얻게 되었습니다. 그러나 제갈량이 막 융중에서 나왔을 당시, 그는 유비의 개인 고문에 불과했으며, 구체적인 직무가 없었고, 다만 유비와의 '감정이 좋아지고 날로 친밀해지기만' 했습니다. 이것은 결코 이상한 일이 아닙니다. 첫째, 유비 자신이 이때까지 부하 하나 없는 말뿐인 장군이었는데, 설령 제갈량에게 '상교단부(上交團副, 상교는 우리의 대령 정도에 해당하며, 상교단부는 소령 정도의 직급을 말함—옮긴이)'급의 직함을 하나 봉해준다 한들 그것이 무슨 의의가 있겠습니까? 둘째, 이때의 제갈량은 단지 '탁상공론'만을 했을 뿐, 결코 정치적 사무를 처리하는 실제적인 능력을 표현하지 않았는데, 유비가 어떻게 그에게 직무를 맡겼겠습니까? 셋째, 제갈량의 '삼분 천하'는 그때까지 종이 위의 청사진에 불과했으며, 그 청사진을 실현할 방안은 없었습니다. 예를 들어 유표를 대신한다는 것도, 어떻게 유표의 자리를 차지하고 어떻게 대신할 것인지 전혀 구체적인 방법이 없었습니다. 어쩌면 제갈량도 방법을 생각해내지 못해, 기회를 엿보아야 했는지도 모릅니다. 어쨌든 유표는 유비와 같은 종씨이고, 유비는 유표의 식객 아닙니까? 유비가 설사 유표의 자리를 강제로 차지하고자 하더라도 노골적으로 빼앗을 수는 없을 것 아니겠습니까? 게다가 유비 역시 이러한 능력은 없었을 것입니다.

마찬가지로 제갈량 쪽에도 걸리는 점이 있었습니다. 유표는 제갈량의 처에게는 이모부가 되어 제갈량은 유표 부인에게 조카사위가 됩니다. 그가 아무리 유비를 위해 계책을 낸다 해도 유비에게 유표를 죽이라고 교사할 수는 없었을 것입니다. 따라서 유비는 형주를 슬그머니 가로챌 수 있을지는 몰라도 대놓고 힘으로 탈취할 수는 없었습니다. 제갈량도 유비에게 혼란한 기회를 틈타 차지하라고 했지, 이러한 혼란을 직접 조장하라고 하지는 않았습니다. 제갈량이 융중에서 한 말을 봐도 이 점은 분명합니다.

"이곳은 재능을 발휘할 수 있는 지역이며, 그 주인이 지켜낼 수 없으니, 이는 그야말로 하늘이 장군에게 내려준 것인데, 장군께서는 뜻이 있습니까?"

이 말이 '내가 당신에게 다른 사람의 기반을 빼앗아야 한다는 것이 아니라 그 사람이 그곳을 지켜낼 수 없고, 또한 하늘이 당신에게 그곳을 주고자 하는데 싫다고 해봐야 손해이니, 우선 당신에게 의지가 있는지 없는지를 생각해보아라'라는 의미임은 매우 분명합니다.

그러나 원한다고 얻을 수 있는 곳은 아니며, 반드시 '그 주인이 지킬 수 없어' 그가 집 앞에 가져다줄 때까지 기다려야 합니다. 그렇다면 가져다주지 않는 경우는요? 제갈량은 말하지 않았지만, 기다릴 수밖에 없었습니다. 이 얼마나 초조한 일입니까? 이 점에 대해서는 나관중도 생각했을 것입니다. 그래서 그는 사마휘로 하여금 유비에게 이렇게 말하게 합니다.

"제가 점을 쳐보았고, 민간에서 돌고 있는 노래도 암시하듯이 유표는 세상에 있을 날이 오

노숙 '천하삼분'의 대계는 제갈량의 전유물이 아니었다. 동오의 책사 노숙 역시 동오판 융중대의 주창자였다.

래지 않으니, 천명은 결국 장군에게 올 것입니다."

이것은 물론 거짓말이지만, 유표가 결국 형주를 잃게 된 것도 어쨌든 사실입니다. 이 점은 제갈량이 지켜보았고, 다른 사람도 역시 보았습니다. 사실 일찍이 건안 5년(200), 유비와 제갈량이 만나기 7년 전에도 어떤 사람이 손권에게 비슷한 전략 계획을 제시했는데, 그 관점이 제갈량의 '융중대'와도 매우 비슷했습니다. 그렇다면 이 사람은 과연 누구일까요?

노숙, '동오판' 융중대의 주창자

노숙입니다.

노숙을 언급할 때마다, 우리는 《삼국연의》의 영향을 받아서 그 사람이 성실하고 온순하지만 시대에 뒤떨어져 쓸모없는 사람이라고 느끼게 됩니다. 그러나 그렇지 않습니다. 역사상의 노숙은 호탕하고 의협심이 강하며 사람들의 깊은 신망을 얻은 사람이었습니다. 《삼국지》〈노숙전〉의 배송지 주에서는 《오서》를 인용하여, 그가 "체격이 컸고 어려서부터 장렬한 절조가 있었으며 특이한 계책을 잘 냈다"고 했으며, 〈노숙전〉 본문에서는 그가 "베풀기를 좋아했다"고 말했습니다. 그의 집안은 대체로 부유한 편이었지만, 노숙은 국난을 이용해 돈을 벌려고 하지 않았으며, "크게 재물을 흩어" 가난한 사람들을 구제하고 영웅을 도왔습니다. 주유가 거소(居巢, 지금의 안후이성 차오후시巢湖市 쥐차오구居巢區)의 현장縣長이었을 때 일찍이 노숙에게 군량미를 빌린 적이 있었습니다. 당시 노숙의 집 곡식창고 두 곳에는 곡식이 각각 3천 섬씩 있었는데, 노숙은 마음 내키는 대로 한 곳의 창고 곡식을 모두 주유에게 보냈습니다. 이것이 바로 그 유명한 '지균상증'(指囷相贈, 균囷은 원형의 곡식창고 내지 곡식창고 속의 곡식을 말하며, 지균상증은 분연히 돈을 출자하여 친구를 돕는 것을 말함—옮긴이)의 고사입니다. 이때부터 주유와 노숙은 좋은 친구가 되었습니다. 주유의 건의와 추천으로 노숙은 손권에게 의탁하였고, 장소·주유와 함께 손권이 가장 신임하는 사람이 되었습니다. 그러나 실제 영향력은 장소보다 컸습니다.

노숙 또한 정치적인 두뇌가 있는 사람이었습니다. 노숙이 손권에게 의탁하자, 손권은 곧바로 그를 접견하고 그와 함께 술을 마시며 밀담을 나눴습니다. 이 밀담은 '노숙판' 내지 '동오판 융중대'라고 할 수 있습니다. 손권은 노숙에게 이렇게 묻습니다.

"지금 한의 황실은 기울고 위태로우며 사방은 소란하고, 손孫 아무개는 기왕에 부형父兄의 일을 계승했는데 제 환공·진 문공이 이룩한 패업을 세울 수 있겠소? 선생은 이미 손 아무개를 존중해주셨으니 어떤 방법으로 나를 가르쳐줄지 모르겠구려."

이 말을 물은 것은 유비와 마찬가지입니다. 그러나 노숙은 앉은 자리에서 이런 기대에 찬물을 끼얹으며 이렇게 말합니다.

"장군께서는 제 환공이나 진 문공이 될 수 없을 것입니다. 고황제(유방)는 의제義帝를 받들어 패업을 이루려고 했지만 결국 항우의 방해로 실현하지 못했습니다. 오늘날의 조조가 바로 당시의 항우입니다. 조조가 있는데, 장군께서 어찌 제 환공, 진 문공이 될 수 있겠습니까?"

그러나 이것은 어떤 일도 할 수 없다는 뜻은 결코 아닙니다. 제 환공이나 진 문공이 될 수 없다면 무엇이 되어야 합니까? 황제입니다. 그래서 노숙은 곧이어 대단히 중요한 말을 합니다.

"한 황실은 다시 부흥할 수 없고, 조조는 결국 제거할 수 없습니다."

한나라에는 어떠한 희망도 없습니다. 조조는요? 한순간도 무너지지 않을 듯합니다. 따라서 손권을 위한 계책으로는 그저 "강동을 차지하고 천하의 분열을 관망하는 것"뿐입니다. 그렇다면 천하는 파탄破綻이 날까요? "북방에는 참으로 일이 많기" 때문에 파탄이 날 수밖에 없습니다. '일이 많다'는 말은 파탄이 곳곳에서 터진다는 의미입니다.

"북방에서 많은 일이 발생할 때까지 기다려, 서쪽으로 진군하여 황조黃祖를 없애고 유표를 정벌하면 장강 유역 전역을 모두 차지할 수 있습니다. 그때 장군께서는 제왕으로 등극하여 천하를 도모할 수 있습니다. 이는 고황제의 업적을 이루는 것이 아니겠습니까?"

이것은 물론 거창한 청사진입니다. 그러나 건안 5년(200) 당시, 노숙은 아마도 말해볼 수밖에 없었을 것입니다. 손권도 마찬가지로 들을 수밖에 없었을 테고요. 그때 손권은 겨우 18세로, 남자가 20세에 관례(冠禮, 성년의 예식)를 시행한다는 규정에 따르자면 아직도 미성년자였습니다. 그는 막 형인 손책의 업무를 계승하여 아직 편하게 엉덩이도 제대로 붙이지 못한 상황이었습니다.《삼국지》〈오주전吳主傳〉에서는, "깊고 험한 지역은 아직도 완전히 복종하지 않았으며, 천하의 영웅과 호걸이 각 주와 군에 흩어져 있었고, 빈객으로 와서 의지하던 사인들은 개인의 안위와 거취에만 신경을 써서 아직 군신 간의 굳은 믿음이 확립되지 않았다"고 했습니다. 손권의 사촌형 두 명은 모두 아랫자리에서 술수를 부렸습니다. 손보孫輔는 몰래 조조와 내통했고 손호孫暠는 정권의 탈취를 도모하여, 손권은 하마터면 자기 내부조차도 수습하지 못할 뻔했으니, 어떻게 형주를 쳐서 황제가 될 꿈을 꿀 수 있었겠습니까? 설령 그가 이처럼 '나쁜 마음'을 품었더라도, '나쁜 담력'과 '나쁜 힘'은 없었을 것입니다. 그래서 손권은 그저 담담하게 "지금은 한쪽에서 최선을 다하면서 한을 보필하기만을 바랄 뿐이니, 이 말은 언급할 바가 아니오"라고 말합니다. 물론 이것은 빈말에 불과하지만 그는 이렇게 할 수밖에 없었습니다. 손권은 나이는 비록 어렸지만 정치적으로는 이미 매우 성숙했습니다.

감녕, 동오판 융중대의 구체적인 방안을 제시하다

그러나 건안 13년(208)에 이르자 상황이 또 바뀌었습니다. 이때 손권은 '나쁜 마음' 뿐 아니라 '나쁜 담력'과 '나쁜 힘'까지도 가지고 있었습니다. 노숙이 일찍이 세웠던 그 계획은 다른 사람에 의해 다시 제기되었고, 그 주장은 곧바로 실행됩니다. 그 사람은 바로 감녕甘寧입니다.

감녕의 자는 흥패興霸이고, 파군巴郡 임강臨江 사람입니다. 《삼국지》〈감녕전甘寧傳〉에서는 그가 "어려서부터 기력이 넘쳤고 건들거리기를 좋아했으며," 항상 한 패거리의 "경박한 젊은이들"을 불러 모아 자신이 리더가 되었고, 끼리끼리 뭉쳐 다니면서 사람들 앞에서 뽐냈다고 말합니다. 감녕은 누군가를 만났을 때 상대방의 태도가 좋으면 친구 관계를 맺었고, 태도가 좋지 않으면 그의 물건을 빼앗았습니다. 《오서》에서는 그가 "자기 목숨을 가벼이 여기고 의를 중시하여, 남을 도와 사람을 죽이고 망명한 사람들을 숨겨줘 군 내에서 소문이 났다"고 하였고, 또 그가 문을 나서는 경우, "도보로 갈 때에는 전차와 기병을 늘어 세웠고, 수로로 갈 때에는 날렵한 배들을 연결시켰으며, 따르는 시종들은 비단옷을 두르고 있어 가는 곳마다 길이 번쩍거렸다"고 말했습니다. 또 정지해 있을 때에는 새끼줄 대신 비단을 사용해서 배를 묶어두었다가, 떠날 때에는 그것을 잘라서 버리니, 마치 패도를 자행하고 돈을 물 쓰듯 쓰는 것처럼 보였고, 혹

사마광 조조에게 유리하거나 유비에게 불리한 기록을 삭제한 《자치통감》의 편찬자 사마광

자는 그가 화려한 것을 좋아하고 놀기 좋아하는 암흑가의 보스라고 말했습니다.

후일 감녕은 갑자기 개과천선하게 됩니다. 그는 더 이상 사람들을 괴롭히거나 약탈하지 않고 책을 읽기 시작했는데, "제자백가를 꽤 읽었"습니다. 이때 감녕은 어렸을 때처럼 제멋대로 못된 짓을 하지 말고 올바른 일을 해야겠다고 느껴서 유표에게 의탁했습니다. 그러나 유표가 그에게 일을 맡기지 않자, 황조에게 의탁했습니다. 황조도 그에게 일을 맡기지 않자, 다시 손권에게 의탁했습니다. 감녕이 손권에게 언제 의탁했는지에 대해, 사마광司馬光은 《자치통감고이資治通鑑考異》에서 "지금은 연대를 추정할 방법이 없다"고 했으므로 우리는 더더욱 알 수 없습니다. 그러나 우리는 그가 손권을 만난 것이 주유와 여몽의 공동 추천이라는 사실을 알고 있습니다. 손권은 그를 예우했을 뿐 아니라 기존의 신하와 동등하게 대우했습니다.

이에 감녕은 건안 13년(208) 봄에 손권에게 방책을 올립니다. 《삼국지》 〈감녕전〉에 따르면 감녕은 손권에게 이렇게 말합니다.

"현재 대한大漢 왕조의 국운은 나날이 쇠락하고 있고, 조조는 날이 갈수록 난폭해져가니 결국은 국적國賊이 될 것입니다. 형주 지역은 산세가 편리하고 강물이 원활히 흘러 동오의 서쪽을 지켜주는 보호벽입니다. 저는 유표의 곁에서 일한 사람입니다. 제가 보기에 유표는 심모원려深謀遠慮라고는 전혀 없고 후계자도 수준이 많이 떨어져, 근본적으로 그 지역을 지킬 수 없습니다. 장군께서는 반드시 선수를 쳐야 하며, 조조보다 뒤쳐져서는 안 됩니다. 구체적인 순서를 따지자면, 우선 황조를 없애야 합니다. 황조가 사라지면 관문을 열어 승세를 타고 서진할 수 있습니다. 그러면 우리의 세상은 넓어질 테니, 파군과 촉군까지 점령하고 익주를 차지하는 데에도 별다른 어려움이 없을 것입니다."

감녕의 이 말은 사고의 맥락이 노숙과 같습니다. 다만 더욱 구체성을 갖추었으므로, '노숙판 융중대'의 실시 방안이라고 보아도 무방합니다.

이제 우리는 네 가지 '융중대'를 알았습니다. 첫 번째는 '원소판'으로, 저수가 말했듯 '천자를 끼고 제후들을 호령하며, 전사와 군마를 길러 입조하지 않는 자들을 토벌하는 것'입니다. 두 번째는 '조조판'으로, 모개가 말한 것처럼 '천자를 받들어 신하의 도리를 지키지 않는 자들을 호령하고, 농사를 진흥시켜 군자금을 마련하는 것'입니다. 이 두 가지는 '융중대'라고는 하지만, 사실 모두 패업을 실현하는 전략적 계획에 불과합니다. 이러한 점에서 보면, 넓은 의미에서 '융중대'라고 불러도 무방하기는 합니다만, 제갈량의 '융중대'와는 큰 차이가 있습니다. 진정으로 '융중대'라고 병칭할 수 있는 것은 역시 노숙의 계획입니다.

노숙의 이와 같은 계획과 제갈량이 유비를 위해 준비한 계획은 견해는 대략 같으며, 방식은 다르지만 효과에는 같은 의미가 있다고 할 수 있습니다. 이 두 가지 방안은 모두 조조가 가장 강한 적이므로 절대 맞서지 않는 것이 좋다고 봅니다. 또 노숙과 제갈량은 자기 측의 능력이 아직 약소하다는 점과 통일이라는 대업은 하루아침에 이루어지는 것이 아니라는 점을 분명히 인식하였습니다. 따라서 그들은 모두 먼저 천하를 삼분한 이후에 통일을 이룩할 것을 주장합니다. 이 두 가지 방안에서 보이는 가장 중요한 공통점은 손권 집단과 유비 집단의 정책이 기본적으로 그들 두 사람의 계획에 따라 실시되고 있다는 점입니다. 후일 이 두 집단의 인물들 중에서도 노숙과 제갈량의 관계가 가장 좋은데, 그렇게 된 가장 중요한 원인은 바로 그들의 관점이 같고 주장이 일치하기 때문입니다. 영웅은 영웅을 알아본다고 할 수 있겠죠.

이 두 가지 방안에는 다른 점도 매우 많습니다. 첫째, 노숙의 삼분에서 주체는 손권·유표·조조입니다. 그러나 제갈량의 삼분에서 주체는 유비·손권·조조입니다. 이것은 전혀 이상한 일이 아닙니다. 제갈량은 유비를 위해 계획을 짰고, 그를 위해 형주를 차지할 계획이었기 때문에, 당연히 유표에게 한 자리를 내줄 수 없었겠지요. 반면 노숙이 손권을 위해 계획을 세웠을 때에는 유비가 아직 남의 울타리에 있었으므로 자연히 그를 포함시켜 천하를 삼분하겠다고 생각할 수는 없었던 것입니다. 그러나 유표가 죽은 이후, 노숙은 곧바로 전략을 유비와 연합하여 조조에 대항하는 것으로 변환합니다.

둘째, 제갈량이 설정한 목표는 '한 황실의 부흥'이지만, 노숙은 '한 황실은 부흥할 수 없다'고 직설적으로 말합니다. 이것은 입장의 차이에서 기인합니다. 그들은 마음속으로 매우 분명하게, 유수 또는 유협이 세운 '한'을 일으켜 세울 수 없다는 사실을 알고 있었습니다. 다만 노숙은 손권의 사람이기 때문에 공개적으로 이 말을 밝힐 수 있었고, 또 손권에게 '제왕으로 등극하여 천하를 도모'하도록 부추겼습니다. 반면 제갈량은 그렇게 하지 못하고, 그저 '한실을 부흥'시키겠다는 기치를 높이 들면서, 장래에 조건이 허락할 때 다시 이야기하겠다고 기다린 것입니다. 그러나 이는 순욱이 조조를 치켜세웠던 것과 마찬가지로 제갈량에게는 무거운 정치적 부담이 되었습니다. 이 점에 대해서는 이후에 다시 이야기하겠습니다.

셋째, 노숙의 실시 방안은 먼저 형주를 탈취하고 익주를 점거하여, 삼분을 양립兩立으로 바꿔 '삼국'을 '남북조'로 변환시킨다는 것입니다. 제갈량의 실시 방안은 손권과 연합하고 형주와 익주를 점령한 다음, 조조와 손권이 함께 싸워 지쳤을 때 다시 동진하고 북상한다는 것이니, 역시 '삼국'을 '동서한東西漢'으로 변환시키기는 것입니다. 노숙의 '삼분'은 현재 상황이고 제갈량의 '삼분'은 미래 상황입니다. 그러나 모두 형주를 주목했습니다. 감녕의 건의는 바로 그 첫걸음을 내딛자는 것입니다.

그러나 손권의 수석 모신謀臣인 장소는 도리어 반대를 표명합니다. 장소는 이렇게 말합니다.

"우리의 상황은 결코 낙관할 수 없으니, 신중하고 조심해야 합니다. 일단 대군이 출발하면 반드시 재난이 다가올 것입니다."

감녕도 곧 이에 맞서 이렇게 이야기합니다.

"국가는 각하를 소하로 생각하는데, 어떻게 이렇게 아무것도 못하고 벌벌 떠십니까?"

그렇다면 장소와 감녕은 왜 이렇게 말했을까요? 손권은 어떤 태도를 보였을까요? 사건의 결과는 또 어땠을까요?

강동의 기업

제갈량은 융중대에서 손오孫吳의 집단을 "원군으로 삼을지언정 도모하려고 해서는 안 된다"고 말했다. 노숙판 융중대에서는 더 나아가 그들이 "제왕으로 등극하여 천하를 도모할" 수 있다고 생각했다. 사실상 손권을 영수로 하는 강동 집단도 삼국이 정립鼎立하는 데에 없어서는 안 될 한 축이었다. 그렇다면 이들은 어떤 형태의 정권이었을까?

　　제갈량은 융중에서 유비를 위해 전략 계획을 만들었습니다. 그 계획은 형주를 손에 넣고 익주를 점령한 다음 손권과 연합하고 조조에 대항하는 방식으로, 먼저 천하를 삼분한 후에 통일을 하는 것이었습니다. 그러나 7년 전에 노숙도 손권을 위해 이와 같은 전략 계획을 만들었습니다. 노숙의 계획은 먼저 형주를 차지한 다음 익주를 점령하고, 삼분을 양립으로 바꿔 조조와 장강을 사이에 두고 대치한 이후 다시 통일을 추구하는 것입니다. 강동은 분명 건너뛸 수 없는 주제이므로, 강동에 도사리고 있던 집단이 도대체 어떠한 이익 집단인지 알아보아야 합니다.

　　이에 대해 제갈량은 융중대에서 정확한 판단과 묘사를 하고 있습니다.

　　"손권은 강동을 차지한 지 이미 3대가 지났고, 땅의 지세가 험하고 백성이 복종하고 있으며, 재능 있는 신하들이 그에게 등용되었으므로 이는 원군으로 삼을지언정 도모하려고 해서는 안 됩니다."

　　강동은 대략 장쑤, 저장, 안후이의 3성을 지나는 장강 이남 일대입니다. 장강은 우후蕪湖와 난징南京 사이에서 북쪽으로 비스듬히 흘러, 옛날 사람들은 강의 양쪽을 각각 강동과 강서라고 불렀으며, 현재의 후난 지역을 강남이라고 했습니다(삼국시대의 강남은 후난 지역이지만, 명·청대부터 현재 중국에서 말하는 강남은 장쑤와 저장, 그리고 안후이 일부 지역을 가리킨다—옮긴이). 이른바 '강동 집단'이란 두 왕조의 3대를 거치며 건립되어 온, 지방에서 할거한 정권입니다. 정권의 창시자는 손견이며, 기틀을 다진 사람은 손책, 진정한 영수는 손권입니다.

손견의 자는 문대文臺이며, 오군吳郡 부춘(富春, 지금의 저장성 푸양富陽) 사람입니다. 《삼국지》에서는 그가 손무孫武의 후손이라고 말하고 있지만, 믿을 수는 없습니다. 다만 《오서》에서 그들의 가족이 대대로 오에서 벼슬했다고 말한 점은 진실인 것 같습니다. 손견은 어려서부터 담력과 식견이 뛰어났습니다. 17세 때 그는 부친과 함께 배를 타고 전당錢唐에 갔다가, 길에서 해적들이 강기슭에서 약탈한 장물을 나누고 있어 배들이 감히 나아가지 못하는 것을 보았습니다. 손견은 이런 좀도둑들은 무찌를 수 있다고 말하고는, 칼을 잡고 강기슭에 올라가 손가락으로 이곳저곳을 가리켰는데, 그 모습이 마치 인마人馬를 지휘하는 것처럼 보였습니다. 강도들은 그 모습을 보자 관병이 온 줄 알고 소리를 지르면서 뿔뿔이 흩어졌습니다. 손견은 끝까지 쫓아가 그중 한 사람을 잡아다가 그 목을 베고 돌아왔습니다. 이리하여 손견의 명성은 크게 떨쳐졌고, 관부에서는 그를 임시 현위로 임명했으며, 후에는 현승(縣丞, 부현장)으로 승진시켰습니다.

그러나 사람들이 진정으로 손견이 괄목상대했다고 느낀 것은 동탁을 토벌하는 전투에서였습니다. 앞에서 말한 것처럼, 당시 관동의 의사義士들은 비록 원소를 수장으로 하는 연합군을 구성했지만 '날마다 잔치를 열었으며 진격할 뜻이 없었고', 진정으로 국가와 백성을 근심하여 군대를 일으킨 사람은 분무장군을 대리했던 조조와 장사태수長沙太守였던 손견뿐이었습니다. 조조는 동탁에게 패했지만, 손견은 위풍당당하고 투지가 드높았습니다. 그는 그의 앞길을 막고 발목을 잡으면, 상대가 누구든 없앴습니다. 그는 형주에서 형주자사荊州刺史 왕예王叡를 죽였는데, 죄명은 '사람을 알아보지 못한다'였습니다. 남양에서도 남양태수南陽太守 장자張咨를 죽였는데, 죄명은 '한 일이 없다'였습니다. 이에 군郡 안의 사람들은 벌벌 떨며 의병들의 요구를 모두 들어주었습니다. 손견은 맹렬하게 돌진하여 줄곧 승리를 거두어, 결국 노양(魯陽, 지금의 허난성 루산현魯山縣) 일대에서 동탁군을 대파하고 동탁의 도독인 화웅을 살해하였습니다.

황개 적벽대전에서 '고육계'를 건의했다.

이때 두 가지 에피소드가 발생하였습니다. 하나는 원술이 모략하는 말을 듣고 손견에게 군량미를 보내지 않은 것입니다. 손견은 곧 밤중에 백 리를 달려와 원술을 보았습니다. 그는 원술에게 말하기를, "나 손견은 동탁과 지금까지 원한이 없었으며, 후세에도 원수질 일이 없을 것이오. 일체를 돌아보지 않고 그를 토벌하려는 까닭은 위로는 국가를 위해 도적을 없애고, 아래로는 장군을 위해 원수를 갚아주려는 것인데(원술의 일가는 동탁에게 살해당했습니다), 장군은 어째서 나를 의심하는 것이오?"라고 했습니다. 원술은 계면쩍어하면서 바로 군량미를 이동시켜주었습니다.

두 번째 사건은 동탁이 손견의 용맹을 알고, 사람을 보내 화친을 청한 것입니다. 그러자 손견은 "동탁의 죄악은 너무나도 커서 백 번 죽어 마땅하다. 손 아무개가 장차 그의 삼족을 멸하고 그의 잘린 목을 들어 세상에 보이지 못한다면 죽어도 눈을 감지 못할 것인데, 무슨 화친을 말한단

18강 강동의 기업

말인가!"라고 말합니다. 그런 다음 손견은 내친김에 낙양에서 90리밖에 떨어지지 않은 대곡大谷까지 진군합니다. 놀란 동탁은 황제와 백관들 및 백성들을 데리고 낙양을 불태운 뒤 장안을 향해 달아납니다. 야사의 기록에 따르면, 손견은 낙양에 진입한 후 궁중의 우물 안에서 한나라의 전국옥새傳國玉璽를 얻었습니다. 이 옥새는 후일 원술에게 빼앗겨, 원술이 스스로 황제라고 칭하는 근거가 되기도 합니다. 손견은 '난세의 영웅'이라고 칭하기에 모자람이 없는 인물이었습니다.

애석하게도 영웅에게는 영웅의 병이 있으니, 바로 교만입니다. 손견은 적을 가볍게 보고, 유표의 부장인 황조와의 전투 중에 단기필마單騎匹馬로 적진에 나아갔다가 피살되니, 그때 나이 37세였습니다. 그 사업을 계승한 사람은 그의 맏아들이자 당시 18세였던 손책입니다.

소패왕 손책의 활약

손책의 자는 백부伯符이며, 부친과 마찬가지로 영민하고 용맹스러웠고, 뛰어난 인재였습니다. 그는 영락없는 젊은 영웅이었으며, 고을 사람들은 그를 '손랑孫郎'이라고 불렀습니다. 오군태수吳郡太守 허공許貢이 조정에 글을 올렸을 때에는, 그를 서초패왕西楚霸王 항우와 비견했으므로, 사람들은 그를 '소패왕小霸王'이라고 불렀습니다. 이는 다시 말해서 '어린 항우'라는 의미였습니다.

제가 볼 때, 손책은 항우보다 사랑스럽습니다. 《삼국지》〈손책전孫策傳〉에서는 그가 잘생기고 멋있었을 뿐 아니라, 재밌는 말을 잘하고 성격이 쾌활했으며, 자기와 다른 의견도 잘 받아들였고, "용인술이 뛰어나" "선비와 백성들 중에서 그를 본 사람은 모두가 진심으로 따르고 기꺼이 목숨을 바쳤다"고 말합니다. 이러한 것들은 모두 항우에게는 없는 장점입니다. 우리는 항우가 용인술에 뛰어나지 못했다는 점을 알고 있습니다. 유방은 자기가 성공한 비결을 정리하면서 이런 말을 했습니다.

"항우는 범증范增이라는 인물 하나도 활용하지 못했으니, 이것이 바로 그가 나에게 사로잡힌 까닭이다."

손책의 주변에는 인재가 넘쳐났습니다. 정보程普와 황개黃蓋는 손견의 신하였지만, 주유와 장소는 손책의 사람이었습니다. 장소의 자는 자포子布이며, 팽성(彭城, 지금의 장쑤성 쉬저우시徐州市) 사람으로, 총명하고 학문을 좋아하여 많은 책을 읽었으며, 글씨를 잘 썼습니다. 《삼국지》〈장소전張昭傳〉에서는 손책이 창업의 초기에 그를 장사(長史, 비서장) 겸 무군중랑장(撫軍中郎將, 녹봉 이천 석, 장군의 다음 자리)에 봉했다고 말합니다. 정무와 군에 관한 일은 모두 장소의 손에서 처리되었습니다. 장소가 전체를 총괄했고 명성도 비교적 컸기 때문에, 북방의 사대부들이 그에게 서신을 보내니 결국 모든 공로는 장소에게로 돌아가게 되었습니다. 이에 장소는 불안하여 어떻게 해야 할지를 몰랐습니다. 손책에게 말하자니 자기를 과시하는 것 같고, 말하지 않자니 두 마음을 품은 듯 보였기 때문입니다.

그러나 손책은 그 사실을 안 이후 도리어 매우 기뻐했습니다. 그는 한 가지 옛이야기를 해주었습니다. 제 환공이 관중을 아버지처럼 모시며 그를 '중부'(仲父, 숙부)라고 부른 이야기였습니다. 국가의 대사는 모두 관중에게 넘겨졌습니다. 신하들에게 일이 생겨 물어볼 때, 환공은 중부에게 가서 물어보라고 말했습니다. 다시 물으면, 또 중부에게 가서 말하라고 했습니다. 주변에 어떤 사람이 "처음 물어도 중부에게 말하라, 두 번째 물어도 중부에게 말하라고 하시니, 국군國君 노릇하기 참 쉽군요"라고 하자, 환공은 이렇게 말했습니다.

"국군에게는 노고도 있고 편한 점도 있다. 노고는 현자를 구하는 일이고, 편한 점은 사람을 얻은 경우이다. 중부가 없을 때, 나는 매우 힘들었다. 중부가 있고 나서는, 내가 국군 노릇하기가 참 쉬워졌다."

그래서 손책은 웃으며 말합니다.

"바로 환공이 '첫째도 중부, 둘째도 중부'라고 했기 때문에, 그가 패업을 이룰 수 있었다. 자포가 나라를 다스리는 대현인이로다! 내가 그를 등용할 수 있었으니, 이것이 바로 나의 공로와 명성이 아니고 무엇이겠는가?"

이 사람이야말로 진정한 영웅입니다. 대범할 뿐 아니라 총명하기까지 했습니다. 신하들이 가장 두려워해야 할 점은 공이 임금보다 높은 것입니다. 어떤 사람들은 신하들이 가장 두려워해야 할 점이 공이 임금보다 높다는 인식을 받게 되는 것이라고 합니다. 역사적으로 부하를 의심하고 능력 있는 사람을 질투한 지도자가 적지 않습니다. 예를 들자면 원소도 그런 인물이었습니다. 이런 사람들은 자기보다 처지는 사람을 만나면 한때 목표를 이룰 수 있을지도 모릅니다. 그러나 조조와 손책 같은 사람을 만난다면 실패할 수밖에 없습니다. 손책이 그 짧은 몇 년 사이에 기반을 마련할 수 있었던 것은 이와 같은 그의 대범함과 총명함 때문이라고 보지 않을 수 없습니다.

손책의 대범함과 총명함은 그에게 영기를 넘쳐흐르게 했고, 인격적 매력을 충만케 했으며, 유요劉繇의 부장이었던 태사자와 같은 다른 영웅들과도 교류하게 했습니다. 한번은 손책과 태사자가 좁은 길에서 만나 두 사람이 격렬하게 육박전을 치른 적이 있었습니다. 육박전 중에 손책은 태사자가 등에 찬 단검을 뽑았고, 태사자도 손책의 투구를 빼앗아 결국 승부를 가리지 못했습니다. 후일 또 한 차례의 전투에서 태사자는 포로가 되었습니다. 손책은 직접 그를 풀어주고 그의 손을 끌며, "내가 그대에게 포로가 되었다면 어떻게 할 것인가?"라고 묻자, 태사자는 확실히 모르겠다고 대답합니다. 손책은 크게 웃고, 앞으로 함께 대사를 풀어가자고 말합니다. 이에 손책은 태사자를 절충중랑장折冲中郎將으로 임명하고 그를 돌려보내 유요의 옛 부하들을 위로하고 모집하게 했습니다. 그때 주변의 사람들은 모두 태사자가 이번에 가면 절대 돌아오지 않을 것이라고 말했지만, 손책은 오히려 믿음이 충만하여, "자의(子義, 태사자의 자)가 나를 버린다면 누가 나를 따르겠는가?"라고 했습니다. 과연 60일 후 태사자는 약속대로 돌아왔고, 이때부터 그는 손책 주변의 용맹한 장수가 되었는데, 조조마저도 그를 얻고 싶어 했습니다. 조조는 일찍이 태사자에게 당귀當歸라는 약재가 든 선물을 보낸 적이 있었습니다(당귀當歸의 축자적 의미는 '마땅히 돌아와야 한다'는 의미로, 태사자가 조조에게로 와야 한다는 것을 뜻하는 말임—옮긴이). 그러나 태사자는 평생 손씨 형제의 부하로 있었으니, 이는 손책의 인격적 매력 때문이라고 하겠습니다.

태사자와 손책 사이의 이 이야기는 《삼국지》〈태사자전〉에 실려 있고, 《삼국연의》 15회〈태사자, 소패왕과 맹렬히 싸우다〉편에도 묘사되어 있습니다. 다만 손책의 "자의가 나를 버린다면 누가 나를 따르겠는가?"라는 말이 "자의는 신의信義가 있는 선비이니, 결코 나를 배반하지 않을 것이다"라고 고쳐져 있는데, 그 차이는 큽니다. 실제로 《삼국지》는 손책의 자신감을 표현합니다. 그리고 이런 자신감에 영웅의 매력이 깃들어 있습니다. 자신감이 있는 사람은 매력이 있고, 매력이 있는 사람은 흡인력이 있습니다. 더군다나 손책처럼 성실하게 다른 사람을 대하는 사람이야 말해 무엇 하겠습니까?

손책은 사람을 상대함이 항우보다 좋았고, 그가 거느린 군대의 군기도 항우의 군대보다 좋았습니다. 그의 군대는 항우처럼 가는 곳마다 궁전을 불사르고 항복한 병졸들을 묻는 등 마을을 도살하고 무고한 사람들을 죽이지 않았습니다. 《삼국지》〈손책전〉의 배송지 주에서는 《강표전》을 인용하여, 처음에 사람들은 그를 잘 알지 못해도 일단 '소패왕'이라는 말만 들으면 모두 혼비백산했다고 말합니다. 손책의 군대가 도착하면, "군사들이 명령을 받들어 감히 노략질을 하지 않았고, 닭·개·채소 같은 것을 하나도 건드리지 않았기 때문에", 모두가 그들을 지지하며 앞 다투어 달려 나와 군사들을 위로했습니다. 그와 같은 난세에 실로 드문 일이었습니다.

그러나 더욱 희귀한 것은 손책의 정치 중시였습니다. 두 가지의 일이 이 점을 증명해줄 수 있습니다. 첫째, 원술은 황제라고 칭하며 손책을 끌어들였지만, 손책은 단호하게 거절합니다. 우리는 손견의 세력이 원래 원술에게 속하는 것임을 알고 있습니다. 손견은 원술의 명령으로 유표를 공격했습니다. 손견이 전사한 후, 손책이 투항하여 의지한 사람도 원술이었습니다. 따라서 관계를 논하자면 손책은 원술의 부하였고, 연배를 논하자면 원술은 손책의 아버지뻘이었습니다. 더군다나 원술 역시 손책을 매우 마음에 들어해, "나에게 손랑 같은 아들이 있다면 죽어도 여한이 없겠다"라는 말을 한 적이 있었습니다. 조조가 손권을 칭찬하면서, "자식을 낳으려면 손중모(孫仲謀, 손권을 말함—옮긴이) 정도는 되어야 한다"고 말한 것보다 15년 전의 일입니다. 그러나 원술이 공개적으로 '대역무도大逆無道'를 행하자, 손책은 대의를 위해 사사로운 정을 돌보지 않고 곧바로 백부伯父 원술과의 관계 단절을 선포했습니다. 물론 손책도 원술에게 원한이 있었습니다(원술은 여러 차례 그에게 관직에 봉해줄 것을 약속했지만 계속 말을 바꿨습니다). 그는 원술의 황제 참칭을 반대했는데, 이것이 꼭 한나라 황실에 충성했기 때문이라고 할 수는 없습니다. 그렇다고 결코 아무렇게나 원술을 따라다닌 것은 아니었으니, 이 점은 그에게 정치적 두뇌가 있었음을 설명합니다.

두 번째 일은 바로 조조가 '천자를 받들어 불충하는 신하들을 호령'할 때, 손책이 같은 생각을 한 점입니다. 조조와 원소가 관도에서 전투를 벌일 때, 손책은 군대를 이동시켜 몰래 허도를 습격하고 한의 황제를 맞이하려 했습니다만, 자신이 자객에게 피살될 염려가 있어 실행에 옮기지는 못했습니다. 그때 곽가는 이미 이 점을 예상했다고 합니다. 곽가는 이렇게 말했습니다.

"손책은 교만하고 적을 무시하며 대비가 없어서, 비록 백만 군대를 거느렸더라도 혼자 중원을 다니는 것과도 같다. 자객 한 사람만 보내면 잘 처리할 수 있을 것이니, 그는 반드시 필부의 손에 죽을 것이다."

과연 손책은 미처 장강을 건너기도 전에, 칼을 맞아 부상이 도져 죽게 됩니다. 이 일은 야사에 전해지는 것이 아닙니다. 바로《삼국지》〈곽가전〉의 본문에 보입니다.

손책은 늦지도 빠르지도 않게, 관도대전이 벌어진 중요한 순간에 죽게 됩니다. 그야말로 공교로운 일이 아닐 수 없습니다. 그래서 배송지가 주를 달면서, 곽가가 "참으로 사정에 밝다"고 말했겠지만, 그처럼 미래를 잘 내다보는 사람이라도 "손책이 언제 죽을지는 알 방법이 없었"습니다. 따라서 조조가 이 재난을 피한 것은 사실 운이 좋아서이지, 결코 곽가의 예측이 귀신같아서가 아니었습니다.

물론 학술계에는 서로 다른 주장이 있습니다. 예를 들어 뤼쓰몐 선생은《삼국지》에서 손책이 허현을 기습하려 했다는 기록을 "터무니없는 소리"로 보았습니다. 강동에서 허현까지의 거리는 허베이보다도 훨씬 멀어 손책이 도달할 수 있을지의 여부도 문제가 되는데, 어떻게 황제를 납치할 수가 있겠습니까? 그래서 그는 손책이 북상한 이유는 진등을 공격하기 위한 것이라는《강표전》의 견해가 더욱 믿을 만하다고 생각했습니다. 이 일에 대해서는 더 이상 말하지 않겠습니다. 다만 손책이 정말로 황제를 가로채 손에 넣었다면, '천자를 끼고 제후들을 호령' 한 사람이 누가 됐을지는 알 수 없으며 역사도 다시 씌어야 했을 것입니다. 적어도 손책은 더 이상 '소패왕'이 아니라 '대패왕大霸王'이 되었을 것이니, 정치적으로 그가 확실히 항우보다 강했기 때문입니다.

손책의 결점

그러나 손책에게도 항우와 같은 결점이 있었습니다. 그는 감정적으로 일을 처리했고 사람 죽이기를 좋아했으며, 죽이려고 마음먹으면 반드시 죽이고야 말았습니다. 예를 들어 엄여嚴輿는 엄백호嚴白虎의 동생으로서, 엄백호를 대신하여 강화를 청하러 왔고, 손책은 그를 맞이했습니다. 그러나 손책은 회담을 할 때 그를 죽여버렸습니다. 《삼국지》〈손책전〉 배송지 주에서는 다음과 같이 《오록吳錄》을 인용합니다.

> 그때 손책이 갑자기 칼을 뽑아들고는 좌석을 내리쳤다. 엄여가 흠칫하며 몸을 움직이자, 손책은 "그대가 경공법(輕功法, 몸을 가볍게 하여 공중으로 뜨게 하는 공중 부양법을 말함—옮긴이)을 하여 앉은 채로 튀어 오를 수 있다고 해서 장난을 쳐본 것뿐이오"라고 말했다. 엄여가 "저는 칼날을 보면 그렇게 합니다"라고 하자, 손책은 바로 단검을 던져 엄여를 죽였다.

손책이 엄여를 죽인 것이 얼마나 합당한 근거가 있었는지 따져봅시다. 예를 들어 적을 위협하기 위해서였다고(엄여가 죽은 후, 그의 도당들은 간담이 서늘해져 패망했습니다) 생각해봅시다. 그렇다면 그가 고대高岱를 죽인 것은 완전히 체면을 위해서입니다. 《오록》에 따르면, 그때 고대는 여요餘姚에 은거하고 있었는데, 손책이 그에게 《좌전左傳》을 토론하자고 청하며 자기도 충분한 준비를 했다고 합니다. 이때 어떤 사람이 중간에서 험담을 합니다. 이 사람은 손책에게 이렇게 말합니다.

"고대는 장군을 무시할 것입니다. 장군께는 무공만 있을 뿐이지 교양은 없다고 생각하기 때문입니다. 장군께서 그와 학술 문제를 토론하면 그는 분명 응대하려고 하지도 않고 자기는 모르겠다고 말할 것입니다."

또 고대에게는 이렇게 말합니다.

"손책은 남들이 자기보다 뛰어난 것을 가장 싫어하오. 그가 그대에게 무언가를 물어보면, 모르겠다고 말하는 것이 제일 좋소. 만약 그와 논쟁을 한다면 위험해질 것이오."

고대는 이 말을 믿고 그대로 말했고, 그 결과 손책은 과연 고대가 자신을 무시했다고 생각하여 바로 고대를 포박하게 했습니다. 이때 많은 사람들이 와서 고대를 풀어달라고 간청했습니다. 손책은 누각에 올라가서 사람들이 빽빽이 모인 것을 보자 더욱 고대를 싫어하게 되어 그를 죽여버렸습니다. 이외에도 손책은 우길干吉을 죽였습니다. 그를 따르는 자가 너무 많고, 제장諸將들이 군신의 예를 돌아보지 않게 하여 자신의 자존심을 손상시켰기 때문이었습니다. 따라서 우리는 실제로 손책이 '천자를 끼고 제후를 호령'할 수 없었던 것을 다행으로 생각해야 합니다. 그렇지 않았다면 그가 죽인 사람은 조조보다 더 많았을 수도 있습니다.

사람 죽이기를 좋아하는 점과 한사코 체면을 차리려는 점은 손책의 치명적인 약점이었으니, 그는 결국 이 두 가지 약점 때문에 죽었습니다. 손책의 죽음에 대해 《삼국지》〈손책전〉에서는 "전직 오군태수였던 허공의 식객에게 피살되었다"고 전하고 있습니다. 그런데 《강표전》과 《오력吳歷》의 견해는 더욱 극적입니다. 앞에서 말한 것처럼 당시 오군태수 허공은 조정에 상소를 올려, "손책은 용맹스러운 영웅으로 항적項籍과 비슷하다"는 말을 한 적이 있습니다. 사실 그 뒷부분에는 허공의 다른 주장이 있었습니다. 그는 손책을 수도로 불러 엄격히 단속함으로써, 그가 외부에서 반란을 일으키지 못하게 하자고 건의했습니다. 손책은 허공의 표문表文을 보고는 허공을 죽여버렸고, 이에 허공의 하인과 문객門客들은 허공의 원수를 갚으려고 손책을 찔렀습니다. 본래 자객은 손책의 얼굴에 상처를 입혔을 뿐이므로 손책의 부상은 완치가 가능했지만, 반드시 백 일간 정양靜養해야 했습니다. 그러나 손책은 거울을 본 뒤 주변 사람에게 "나의 얼굴이 이런 모양으로 변했는데도 공을 세울 수 있겠는가?"라고 했습니다. 그러고는 책상을 밀어젖히고 크게 소리를 지르자, 상처가 터지면서 피가 그치지 않았습니다. 결국 밤이 되어 사망하니, 당시 나이 26세였습니다. 그야말로 "한사코 체면을 차리려는 사람"의 전형입니다.

이렇게 볼 때, 손책은 진실로 '어린 항우'였지만, 항우보다는 장점이 많았습니다. 천얼둥 선생은 자신의 책《한화삼분》에서, "손책은 자신의 모친에게는 효자였고, 부인에게는 좋은 배필이었으며, 동생에게는 좋은 형이었다"고 했습니다. 타당한 말입니다. 《삼국지》〈오부인전吳夫人傳〉의 배송지 주에서는《회계전략會稽典略》을 인용하여 이렇게 말합니다.

> 어느날 체면 문제 때문에 손책이 위등魏騰이라는 사람을 죽이려 했지만 모두들 그를 도울 방법이 없었다. 손책의 모친이 우물가에 서 있다가 말했다. '네가 또다시 그렇게 의견을 제시한 사람을 마음대로 죽인다면 나는 우물 안으로 뛰어들어 네가 멸망을 자초하는 상황을 보지 않겠다.' 손책은 크게 놀라 위등을 풀어주었다.

이를 보면 그가 효자였다고 할 수 있습니다.

《삼국지》〈주유전〉및 배송지 주에서는《강표전》을 인용하여, 손책이 자신과 주유를 위하여 강동의 미녀인 대교大橋와 소교小橋를 각각 아내로 삼았다고 했습니다. 그때 손책과 주유는 모두 24세에 불과했으며, 둘 다 성공한 인사였습니다. 그래서 손책은 주유에게 이렇게 말합니다.

"교공橋公의 두 딸들이 비록 영락하여 유랑하긴 하지만 우리 두 사람이 그들의 남편이 될 수 있으니, 이 또한 유쾌한 일이로세."

이를 보면 그가 좋은 배우자였다고 할 수 있겠습니다.

마지막 한 가지가 있습니다. 손견이 전사하였을 때에 손책은 18세, 손권이 11세였고, 나머지 두 동생들의 나이는 더욱 어렸습니다. 손책은 노모와 어린 동생을 친구에게 맡기고, 손권을 자기 신변에 데리고 다니면서 그가 군사와 정치에 익숙하게 하였으며, 임종 전에는 권력을 그에게 넘겼고, 그에게 사업의 기반과 많은 신하들을 남겨주었으니 좋은 형이었다고 할 수 있습니다. 그러나 천얼둥 선생은 "백발이 성성한 노모에게 젊은 아들을 먼저 떠나보내게 하였으니 좋은 아들이라고 할 수 없고, 대교가 젊은 나이부터 과부로 수절하게 하였으니 좋은 남편이라고 할 수 없다"고 말합니다. 이 요절한 멋쟁이 손책은 그저 좋은 형이었을 뿐입니다.

천얼둥 선생의 말은 매우 유머러스하지만 저는 여기에 한 가지를 더 보충할 수 있다고 생각합니다. 손책은 강동 집단에서 좋은 지도자라고 할 수 있었습니다. 이유는 두 가지입니다. 첫째, 그는 기반을 탄탄하게 다졌습니다. 둘째, 그는 후계자를 잘 뽑았습니다. 아시다시피 손견이 여기저기 옮겨 다니며 전쟁한 이유는 주로 위세와 명망을 세우기 위해서였고, 손책이 여기저기 옮겨 다니며 싸운 이유는 기반을 마련하기 위해서였습니다. 강동의 6군郡은 기본적으로 손책이 평정한 것입니다. 그래서 진수가 "강동을 차지한 것은 손책이 이룩한 기초였다"고 말한 것입니다. 손책은 18세부터 군사를 통솔하여 26세에 죽을 때까지 그 짧은 7~8년간의 기간에 남들은 반평생, 어쩌면 평생 걸려야 할 수 있는 일을 했으니, 참으로 훌륭하다고 할 수 있습니다.

물론 그는 그가 마련한 이 기업을 경솔하게 남에게 줄 수는 없었습니다.《삼국지》〈손익전孫翊傳〉의 배송지 주에서는《전략》을 인용하여, 장소 등의 사람들은 모두 손책이 권력을 셋째인 손엄孫儼에게 넘기리라 생각했다고 말합니다. 손엄이 바로 손익孫翊인데, 그가 "용맹하고 과감하며 강직하여 형인 손책의 풍모가 있었기" 때문입니다. 그러나 손책은 오히려 손권을 선택했습니다. 결과는 손책의 선택이 옳았다는 것을 증명합니다. 삼국시대의 거두 세 사람 중에서 손권의 수명이 71세로 가장 길었고(다음은 66세였던 조조, 그다음이 58세였던 유비입니다), 삼국시대의 세 정권 중에서도 손오의 국운이 51년으로 가장 길었습니다(다음은 46년간의 조위曹魏, 그다음이 42년간의 유촉劉蜀입니다). 동오의 상대적인 안정은 손책이 후계자를 잘 선택한 것과 큰 관계가 있습니다.

손책이 손권을 후계자로 삼은 이유

그렇다면 손책은 왜 손권을 선택했을까요?

답은 손책의 유언 속에 있습니다.《삼국지》〈손책전〉에서는 손책이 임종하기 전에 먼저 장소 등의 사람들을 불러 이렇게 말했다고 전합니다.

"중원이 크게 어지럽소. 우리는 오吳·월越의 백성들과 삼강三江의 견고함을 기반으로, 충분히 성패를 바라보며 기회를 엿볼 수 있을 것이오. 그대들이 나의 동생을 잘 도와주시오."

그런 다음 다시 손권을 불러 인수(印綬, 관리들이 차는 관인과 그 끈을 말함—옮긴이)를 그의 허리에 차게 하고는 이렇게 말했습니다.

"강동의 백성들을 이끌고 양쪽 진영의 사이에서 기회를 잘 택하여 천하와 기량을 겨루는 일은 네가 나만 못할 것이다. 그러나 현명하고 능력 있는 사람들을 발탁하여 그들이 자신의 마음을 다하여 강동을 보위保衛하게 하는 일은 내가 너보다 못할 것이다."

손책의 말은 매우 분명합니다. 손책은 무력에 의지하여 강산을 정벌하는 것은 자신의 역사적 사명이고, 이 사명은 이미 기본적으로 완성되었다는 사실을 잘 알고 있었습니다.

강동 집단의 정치적 자원과 군사적 역량으로 '천하'는 잠깐 사이에 이렇게 커졌습니다. 다음 단계에는 강동을 보위하고 성패를 바라보아야 합니다. 이렇게 되니 자신의 후계자가 될 사람에게 필요한 것은 군사적 재능이 아니라 정치적 재능이며, 용감하게 잘 싸우는 능력이 아니라 노련하게 국익을 위해 애쓰는 것이었습니다. 그래서 그는 성격과 기풍이 자기와 비슷한 손익을 선택하지 않고, 자기와는 다른 손권을 택했습니다. 우리는 군주제 시대의 후계자는 항상 '황제 자신과 많이 닮았느냐'의 여부를 조건으로 한다는 사실을 알고 있습니다. 손책은 뜻밖에도 '불초'(不肖, 자기와 닮지 않은 사람)를 선택했는데, 이것이 바로 그의 뛰어난 점입니다. 이것 역시 손책이 정치적 안목과 두뇌가 있었음을 또 한 번 증명하는 것입니다.

그러나 이는 강동 집단으로 하여금 이후의 정치적 노선을 한 가지로 정하게 했습니다. 바로 '수성守成'을 '기본 국책'으로 하고, 수성의 전제 아래에서 진취를 도모하는 것입니다. 이러한 방법은 두말할 것 없이 정확합니다. 당시는 관도대전이 한창이라 조조와 원술이 승부를 결정짓지 못해, 곳곳의 제후들이 야심을 품고 호시탐탐 기회를 엿보고 있었습니다. 형주에는 유표가, 익주에는 유장이, 한중에는 장로가, 관중에는 마등이 있어, 그야말로 중원은 혼란하고 천하는 어지러운 상황이었습니다. 이때 이미 어느 정도의 규모를 갖춘 강동 집단은 혜성처럼 나타난 후발 주자입니다. 그들로서는 잠깐 동안에 모든 것을 '소화'할 수 있을 정도로 큰 '밥통'을 차지하지 못할 바에야 그저 강동을 보위하고 성패를 지켜보면서, 우선 이미 얻은 성과를 공고히 하고 시기와 방향을 엿보며 야망을 이룩하는 편이 낫습니다.

　그러나 지키는 데에도 여러 가지 방법이 있습니다. 기존의 것을 붙잡고만 있는 것도 한 가지 방법이고, 공격함으로써 수비를 하는 것도 하나의 방법입니다. 손권의 시대에 강동 집단은 내부적으로 줄곧 두 가지의 다른 의견이 존재하여, 두 가지의 다른 노선을 대표했습니다. 장소를 대표로 한 사람들은 보수를 주장하였으니, 이들은 '비둘기파'라고 할 수 있겠습니다. 주유와 노숙을 대표로 한 사람들은 공격을 주장하였으니, '매파'라고 할 수 있습니다. 손권은 양쪽 파벌의 사이에서 균형을 유지했습니다만, 마음속으로는 '매파'였습니다. 따라서 감녕이 황조를 토벌해야 한다는 의견을 제출했을 때, 손권은 그 자리에서 입장을 밝혔습니다. 손권은 술잔을 들어, "흥패(興霸, 감녕의 자―옮긴이)! 이 일은 이 술잔처럼 그대에게 맡길 것이오!"라고 했습니다.

　손씨 형제는 줄곧 황조를 토벌하는 과정에 있었습니다. 건안 5년(200)과 건안 8년(203)에는 손책과 손권이 모두 출병한 바 있고, 이번은 세 번째 출격이었습니다. 이는 물론 황조가 부친을 죽인 원수이기 때문이기도 하지만, 더욱 중요한 이유는 아마도 강동 집단의 이익 때문일 것입니다. 유비와 유표는 아무런 원한이 없었음에도, 유비는 형주를 차지하려고 하지 않았습니까? 형주를 탐낸 것은 손권 집단과 유비 집단만이 아니었습니다. 조조도 호시탐탐 기회를 노렸습니다. 애초에 곽가가 조조를 위해 짠 계획에도 되도록 빨리 형주를 차지하는 것이 포함되어 있었습니다. 형주는 호랑이와 늑대들의 눈에 들어온 양이었습니다.

　그렇다면 형주의 상황은 어떻게 되었을까요?

반드시 얻어야 할 땅

19강 必爭之地

곽가와 노숙, 제갈량이 각자의 군주를 위하여 생각해낸 계획 속에서, 형주는 그들이 모두 반드시 탈취하기로 마음먹은 땅이었다. 또한 제갈량과 감녕은 모두 유표가 형주를 지켜낼 수 없을 것이라고 단정했다. 형주 쟁탈전은 당시 중국의 상태를 변화시켰고, 쟁탈전의 결과는 삼국을 정립시키는 전조가 되었다. 형주는 도대체 어떤 곳이었으며, 형주의 주목州牧이었던 유표는 어떤 사람이었을까?

앞의 몇 강의에서 저는 제갈량은 물론이고 곽가와 노숙 역시 자신의 주군을 위한 전략 계획 속에 반드시 차지해야 할 땅으로 형주를 포함시켰다고 말했습니다. 또 제갈량과 감녕은 모두 유표가 형주를 지켜내지 못할 것이라고 단정했습니다. 노숙도 명확하게 말하지는 않았지만, 역시 비슷한 생각을 했던 것 같습니다. 그렇다면 형주는 도대체 어떤 곳이었으며, 유표는 왜 형주를 지켜낼 수 없을까요?

먼저 유표에 대해 말해보겠습니다.

만약 조조가 '사랑스러운 간웅'이라면, 유표는 '잘생긴 바보'라고 할 수 있습니다. 유표의 자는 경승景升이고, 유비와 마찬가지로 '황실의 후손'이었으며, 당시의 명사이기도 했습니다. 《후한서》에 따르면, 그는 노魯 공왕恭王의 후예였고, "키가 8척 남짓에, 모습이 온화하고 훤칠했으며", 장검張儉 등의 사람들과 함께 '팔고'(八顧, 덕행이 있어 남들을 선도하는 여덟 명의 사람)라고 불렸다고 합니다. 《삼국지》에서는 그가 "어려서부터 명성이 있었고, 여덟 명의 명사 중 한 명으로 불렸으며, 키가 8척 남짓에 모습이 매우 훤칠했다"고 말합니다. 유표가 황실의 후손이라는 점은 대체로 사실인 것 같습니다. 유비의 황족 신분이 조작되었을 가능성과는 다릅니다. 그가 명사였다는 점도 사실이며, 명사 순위에도 올라 있었습니다. 또한 그는 멋쟁이였고, 키는 제갈량보다 약간 컸으며, 얼굴도 잘생겼습니다. 이외에도 그는 명성도 높았고, 동한 말년에 '당고黨錮의 화(동한 말 관료와 환관이 충돌하여, 환관 세력이 관료를 금고禁錮에 처한 탄압 사건―옮긴이)를 입었던 사람'(박해를 받았던 정통파 사인)이었습니다. 일찍이 환관 집단의 추적을 받았지만 신속히 도망한 덕분에 재난을 면할 수 있었습니다. 이것이 그가 당시에 나름의 사업을 성취한 밑천입니다.

유표에게도 능력이 있었습니다. 이 점에 대해서는 《삼국지》와 《후한서》 모두에 기록이 있습니다. 두 책의 기록에 따르면(아래에서 주를 통해 명기하지 않은 것은 모두 두 책으로부터 인용한 것입니다), 헌제 초평 원년(190), 손권의 부친이자 장사태수였던 손견이 형주자사 왕예를 죽이자, 조정에서는 유표에게 이 직무를 맡겼습니다. 당시 형주 지역은 매우 혼란하여, "종적宗賊이 크게 성행하였고", "원술이 군대로 막고 있어" 유표는 부임조차 할 수 없었으므로 할 수 없이 "단기單騎로 의성(宜城, 지금의 후베이성 이청宜城)에 들어"갔습니다.

이때 유표는 매우 정확한 계책을 썼는데, 바로 해당 지역의 호족을 이용하여 형주를 평정한 것입니다. 유표는 두 사람을 찾았는데, 한 사람은 남군 출신의 괴월이었고, 다른 한 사람은 양양 출신의 채모였습니다. 채모는 돈이 많아 위세를 많이 부렸으며, 비첩婢妾이 수백 명이었고, 별장을 사오십여 채나 소유했습니다. 이 사람은 후일 유표와는 동서 사이가, 제갈량의 처에게는 이모부가 됩니다. 괴월은 지혜가 풍부하고 계략이 많아 조조가 가장 좋아한 형주의 사인이었습니다. 《후한서》〈유표전劉表傳〉의 이현李賢 주注에서 인용한 《부자》에는 이렇게 기록되어 있습니다.

건안 13년, 유종이 투항하자 조조는 형주를 차지했는데, 이때 그는 순욱에게 편지를 써서 '형주를 얻은 것이 기쁜 게 아니라 이도(異度, 괴월의 자)를 얻은 것이 기쁠 뿐'이라고 했다.

이는 물론 조조가 얼마나 인재를 애타게 찾는가를 보여주는 것이기도 하지만, 괴월이 보통 인재가 아니라는 점을 설명하기도 합니다. 유표가 이 두 사람을 찾았으니, 일이 반은 성공한 것입니다.

괴월이 유표에게 일러준 대책은 강경책과 온건책의 동시 실시였습니다. 괴월은 유표에게, 형주를 괴롭히고 있는 첫째는 원술이고 둘째는 종적들이라고 말합니다. '종적'이란 문벌 명문가를 중심으로, 종족宗族 관계에 따라 조직된 지방의 비정부 무장 세력입니다. 유표는 황제의 명을 받았지만 부임할 수 없었는데, 이는 바로 그들 무장 세력들의 방해 때문이었습니다. 그렇다면 어떻게 해야 될까요? 괴월은 이렇게 말합니다.

"평화로운 상황을 다스리는 사람은 인의를 우선하고 혼란한 상황을 다스리는 사람은 권모를 우선합니다. 군사軍事는 그 숫자의 많음이 중요한 것이 아니라 적재적소의 인물을 얻는 것이 중요합니다. 다시 말해서 형주를 다스리는 데에는 반드시 도덕적인 감화와 무력적인 위협이 필요합니다. 공의 적은 원술과 종적들 아닙니까? 원술의 특징은 무엇입니까? 교만하고 지모가 없는 것입니다. 종적의 특징은 무엇입니까? 대체로 탐욕스럽고 포악하다는 것입니다. 따라서 반드시 먼저 종적을 멸한 후에 원술을 막아야 합니다. 구체적인 방법은 무도한 자들을 주살하고 그 인재들에게는 등용의 길을 베풀어주는 것입니다. 공이 위엄과 덕행을 행하면 모든 사람들이 귀순할 것입니다. 그런 다음 남으로는 강릉江陵에 근거하고 북으로는 양양을 지킨다면, 형주의 8군郡은 격문만 돌려도 평정할 수 있습니다. 그러면 원술이 공격해온다고 해도 무슨 상관이겠습니까?"

유표는 괴월의 계책을 받아들여 괴월로 하여금 종적 두목 15명을 불러들인 다음, 그들을 "모두 참수하고 그들의 군대를 습격"했습니다. 이렇게 해나간 결과 "강남은 모두 평정되었고"(여기에서의 '강남'은 오늘날의 장강 이남의 후난성과 후베이성 일대에 해당합니다), 유표도 양양에 주둔할 수 있게 되었습니다. 후일 원술과 손견이 연합하고 원술이 손견을 파견하여 유표를 습격하자, 유표의 부장 황조가 먼저 달려와서 유표를 구원했고 손견은 화살에 맞아 죽었습니다. 이때부터 원술의 세력은 형주에 접근할 방법이 없었습니다. 이에 조정에서는 유표를 진남장군鎭南將軍 겸 형주목에 임명하고, 성무후成武侯로 봉했으며, 가절(假節, 한 말 지방 군정을 맡은 관리에게 황제가 주는 특별한 권리. 이 권리에는 중급 이하의 관리에 대한 처벌권 등이 포함되었다—옮긴이)을 주었으니, 유표는 성공한 것입니다.

한대의 지방 행정 제도

여기에서 한대의 지방 행정 제도에 대하여 잠깐 이야기해봅시다. 서한 초기에 한나라는 군국제郡國制, 즉 군현郡縣과 봉국封國이 병존하는 일조양제(一朝兩制, 하나의 왕조와 두 가지의 제도)였습니다. 한 경제가 조조晁錯의 건의대로 번왕藩王의 봉지를 삭탈한 때부터 무제 때에 이르기까지, 봉국은 헛된 이름에 불과했고, 실제로는 군현제, 즉 중앙과 군, 현의 3등급으로 관리했습니다. 현은 군에 속했고, 군은 중앙에 속하여, 전국은 1백여 개의 군과 1천여 개의 현으로 이루어졌습니다. 현의 장관長官은 현령縣令

또는 현장縣長이라고 불렸고, 군의 장관은 초기에는 군수郡守, 후대에는 태수太守라고 불렸습니다. 앞에서 언급했던 자사태수 손견, 강하태수 황조는 모두 군의 장관이었습니다.

그러나 동한의 태수와 서한의 태수는 달랐습니다. 서한의 태수에게는 그보다 더 높은 지방 행정 장관이 없었지만 동한에는 있었습니다. 그들은 자사 또는 주목이라고 불렸습니다. 이 일에 대해서는 서한에서부터 말을 시작해야 합니다. 서한 원봉元封 5년(기원전 106), 무제는 천하를 13개의 주와 부部, 즉 12개의 주와 1개의 부(사례부司隸部)로 나누고, 주마다 한 명의 자사를 파견했습니다. 자사는 중앙에서 지방으로 파견하여 불법적인 행위를 감찰하는 특파원이었습니다. 자사의 등급은 6백 석石이었고, 직책은 순시감찰이었습니다. 고정된 치소治所가 없었고, 상주하는 곳도 없었으며, 지방 행정에 관여할 수도 없었습니다.

동한에 이르자 상황은 변했습니다. 천하는 여전히 사례司隸, 예주豫州, 기주, 연주, 서주, 청주, 형주, 양주揚州, 익주, 양주凉州, 병주, 유주, 교주 등 13개의 주였지만, 이 13주는 최상급의 지방 행정 구역으로 바뀌었습니다. 군이 현을 관리하던 2단계의 관할 제도는 주가 군을 관리하고 군이 현을 관리하는 3단계의 관할제로 변했습니다. 주의 장관은 어떤 때에는 자사라고 불리고, 어떤 때에는 주목이라고 불리며, 또 어떤 때에는 자사가 있는데도 주목이 있었습니다. 비교하자면 자사의 권위는 가벼웠고 주목의 권세는 무거웠습니다. 영제 때에는 이미 주목의 임무가 무거웠고 지위도 높았으며 권력도 컸습니다. 특히 헌제 때의 주목들은 대부분 천하의 효웅이자 한 지역의 제후였습니다. 기주목 원소, 연주목 조조가 그 예입니다. 유표는 자사에서 주목이 되었으니, 이는 그가 성공했음을 보여주는 지표입니다.

유표가 형주목을 맡은 이후 그 기개는 보통이 아니었습니다. 건안 원년

(196), 조조가 천자를 맞이하던 바로 그해에, 장수의 숙부인 표기장군驃騎將軍 장제는 관할하는 지역에 양식이 없자 형주 남양군의 양성(穰城, 지금의 허난성 덩펑)에 침입했다가 화살에 맞아 죽었습니다. 형주의 관원들이 모두 와서 유표에게 축하를 표하자 유표는 오히려 이렇게 말합니다.

"장제는 갈 곳이 없어서 형주로 온 것이오. 그런데 우리는 주인으로서 무례하게도 전쟁을 일으켰소. 이것은 우리의 초심初心이 아니오. 따라서 나는 애도의 뜻은 받아들이겠지만 축하는 받을 수 없소."

이에 장수는 병사들을 완성(지금의 허난성 난양시南陽市)에 주둔시키며 유표와 연맹을 맺었습니다.

말할 것도 없이 유표는 이 행동으로 큰 인심을 얻었습니다.《삼국지》에서는 장제의 무리들이 "결국 복종하였다"고 하였고,《후한서》에서는 "모두 복종하였다"고 썼습니다. 건안 3년(198), 유표는 실제로 형주의 7군(남양, 남군, 강하, 영릉, 계양, 장사, 무릉)을 차지했고, 영역을 크게 넓혀 "남쪽으로는 오령五嶺에 접하고 북쪽으로는 한천漢川에 웅거했으며, 땅이 사방 수천 리에 달하고 병사 10만을 거느렸으며", 영토 내에는 "만 리가 숙청되었고 모든 사람들이 기뻐하며 복종하였으니" 그야말로 엄연한 독립 왕국이었습니다. 중원의 선비들은 이를 보고 다투어 형주로 피난을 왔고, 유표에게 의탁한 학사學士들이 모두 1천여 명에 달했으며, 유표도 "그들을 위로하고 재물로 도와, 모두가 구제될 수 있었"습니다. 동시에 그는 학교를 세우고 유학을 진흥시켰으며, 형주를 난세 속의 '왕도 정치가 시행되는 지상 낙원王道樂土'이라 불리는 곳으로 만들었습니다. 유표는 훌륭한 주목이었다고 할 수 있습니다.

유표에 대한 평가가 낮은 이유

유표가 이런 능력이 있는데, 그렇다면 왜 그를 '바보'라고 하는 것일까요? 여기에는 몇 가지 원인이 있습니다.

첫째, 유표는 마음속에 큰 뜻이 없었습니다. 그는 출중한 재능과 지략을 가진 사람이 아니었으며, 긴박감이라든가 진취성 같은 것이 없었습니다. 곽가는 일찍이 몹시 무시하는 투로 "유표는 앉아서 빈말이나 해대는 자에 불과합니다"(《삼국지》〈곽가전〉)라고 말했고, 조조도 "내가 여포를 공격할 때 유표는 걱정할 필요가 없었으니, 그는 관도대전에서도 원소를 구원하지 않았다. 그는 그저 자신만을 지키는 놈이다."(《위서》)라고 했으니, 두 사람은 모두 유표의 성격을 간파했습니다. 사실 유표의 바람은 조그마한 땅 한 뙈기 지키며, 부인과 아이들, 그리고 집 한 채 정도를 가지는 것이었습니다. 따라서 누군가가 서로 이견이 생기든 전쟁을 벌이든, 그는 군사 행동을 취하지 않고 강 건너 불 보듯 수수방관했으며, 그저 '장강과 한수 사이에서 자리를 지키면서 천하의 변화를 관찰하기만을 꾀' 했습니다. 관도대전에서 원소는 사람을 보내 유표에게 원조를 요청했는데, 유표는 원소의 청을 허락했음에도 출병하지 않았으며, 그렇다고 조조를 돕지도 않았습니다. 후일 조조가 오환을 정벌할 때에 유비가 그에게 허현을 습격하자고 권유했지만, 그는 역시 움직이지 않아서 결과적으로 좋은 기회를 앉아서 놓치게 되었습니다. 조조와 곽가가 그를 업신여긴 것도 무리는 아닙니다.

둘째, 유표는 도량도 없었습니다. 관도대전에서 유표는 산에 앉아 호랑이들끼리 싸우는 것을 지켜만 보는 꼴이었습니다. 그의 부하 한숭韓嵩과 유선劉先이 그에게 말했습니다.

"호걸들이 함께 다투어 두 영웅이 서로 대치하고 있으니, 천하의 무게 중심은 장군에게 있습니다. 장군이 만약 성과를 내시고자 한다면 그들의 지친 틈이 좋을 것입니다. 만약 그렇게 하지 않으시려면 그중 한쪽을 선택하십시오. 현재 장군께서는 십만의 군사를 거느리고 편안히 앉아서 관망하고 계십니다. 지지해야 할 사람을 보고서도 돕지 않고, 강화를 권하지도 않는다면, 결국 양쪽의 원한이 모두 장군에게로 집중될 것입니다. 그때는 장군이 중립을 지키려고 해도 그렇게 할 수 없을 것입니다."

유표의 대장 괴월도 이런 요지로 그에게 권했습니다. 이에 유표는 한숭을 조조의 진영으로 보내 허실을 정탐하게 했습니다. 한숭은 돌아온 후 조조의 위엄과 덕을 자세하게 말하지만 유표는 한숭이 자신을 배반했다고 의심하여 그를 죽이려고 했습니다. 조사하러 왔다 갔다만 하다가 결국 아무것도 조사하지 못하고 끝난 것입니다.

유표의 이런 일 처리는 이치에 벗어납니다. 《후한서》에 따르면, 한숭은 떠나기 전에 미리 유표에게 다짐해둔 바가 있기 때문입니다. 한숭은 유표에게 이렇게 말했습니다.

"저의 어리석은 견해에 따르면 조공의 영명함으로 볼 때 앞으로 반드시 천하에서 뜻을 이룰 것입니다. 장군이 만약 조조에게 의탁할 생각이시라면 저를 중원으로 파견하여 사신으로 가게 하는 것도 괜찮습니다. 그러나 만약 마음속에 주저하는 바가 있다면 적합하지 않습니다. 폐하는 제가 일단 경사京師로 들어갔기 때문에 아마도 저에게 말단 관직이라도 내릴 것입니다. 제가 사양하고 사양하지 않고는 상관없을 것입니다. 만약 제가 사양하지 못하게 된다면 이때부터 저는 천자의 신하가 되어 장군에게는 옛 관리가 됩니다. 천자에게 있을 때에는 천자를 위하게 될 것이며, 더 이상 장군을 위해서는 죽을 수 없을 테니, 청컨대 장군께서는 심사숙고하십시오."

한숭은 성실하게 이 말을 했지만 유표는 듣지 않고 한숭의 북행北行을 고집합니다. 과연 헌제는 한숭을 시중 겸 영릉태수零陵太守에 임명했고, 한숭도 조정과 조조의 입장에서 말하게 되었습니다. 유표는 대로하여 한숭을 죽이려고 했으나 한숭은 태연자약하며 조금도 동요하지 않고, 떠나기 전에 했던 말을 다시 했습니다. 유표의 부인도 와서 달랬지만 유표는 노기를 가시지 못했습니다. 결국 한숭의 문제를 조사도 하지 않은 채 그를 감옥에 가두었고, 그는 조조가 형주를 차지한 다음에야 풀려났습니다. 이에 대한 진수의 평가는 이렇습니다.

"유표의 외모는 온화하고 품위 있어 보이지만 속마음은 시기심이 많아 (일 처리가) 대체로 이런 식이었다."

웅대한 뜻이 없고 도량도 없는 것 외에도, 유표의 세 번째 문제점은 사람을 쓸 줄 모른다는 것입니다. 유비는 천하의 효웅이고, 제갈량도 그야말로 군계일학이었지만, 두 사람 모두 그의 주변과 눈앞에 있었음에도 예상 외로 그는 이들에 대해 전혀 관심이 없었습니다. 중원의 사인들 중에서 형주로 남하해온 천여 명의 사람들은 그에게서 안전을 보장받았지만 중용되지는 못했습니다. 유비가 처음에 형주에 왔을 때에 유표는 그를 매우 후하게 예우했습니다. 《삼국지》〈선주전〉에 따르면, 유표는 직접 교외에까지 나와 유비를 영접하여 "상빈上賓의 예로써 대접했고", 군대를 나누어 유비에게 주었습니다. 그러나 "형주의 호걸 중에서 선주에게 의탁하는 사람이 날로 많아지자" 유표는 "유비의 마음을 의심하여" "몰래 그를 경계"했습니다. 배송지 주에서 인용한 《세어世語》에서는 심지어 유표가 '홍문연'을 열었고, 괴월과 채모도 연회 석상에서 유비를 죽이려고 준비하였지만, 유비가 이를 간파하고 변소에 간다는 평계를 대고 도망했다고 말합니다. 유비는 도망하여 단계檀溪에 이르렀을 때 적로的盧라는 말이 단숨에 3장이나 뛰어올라 비로소 목숨을 구할 수 있었습니다. 《세어》의 주장은 이렇습니다.

"유비가 번성에 머물렀을 때에, 유표는 그를 예우하였지만 그의 사람됨을 두려워하여 깊이 믿지는 않았다. 한번은 유비를 청하여 연회를 베풀었는데, 괴월과 채모가 연회를 이용하여 유비를 없애려고 하자, 유비가 눈치를 채고 거짓으로 변소에 가는 것처럼 위장하여 몰래 빠져나와 도망쳤다. 유비가 타고 다니던 말의 이름은 적로였는데, 적로를 타고 달아나다가 양양성襄陽城 서쪽의 단계에 빠져 헤어 나오지 못했다. 유비가 다급하게 '적로야, 오늘 재난을 만났으니, 노력해보거라'라고 말했다. 그러자 적로는 한 번에 3장이나 뛰어올라 결국 냇물을 건널 수 있었다."

후에 나관중은 이 글에 근거하여 '유황숙이 말을 질주하여 단계를 건너다'라는 부분을 썼는데, 당연히 이 이야기가 훨씬 복잡하고 재밌습니다.

그러나 이것은 믿을 수 없는 이야기로, 손성은 불가능한 일이라고 생각했습니다. 당시에 유비는 유표에게 의탁하고 있어서 쌍방 간에 큰 차이가 났기 때문입니다. 만약 유표에게 유비를 죽이려는 생각이 있었다면, 유비가 어떻게 형주에서 별고 없이 6년간이나 머물 수 있었겠습니까? 그래서 손성은 "이 이야기는 모두 세상 사람들이 멋대로 만든 말이지 사실이 아니다"라고 말했습니다. 배송지는 《삼국지》에 주석을 달 때 《세어》의 주장을 인용하고 나서 다시 손성의 비평도 인용했는데, 이런 점에서 볼 때 그 역시 손성의 의견에 찬성하고 있는 것 같습니다.

'유황숙이 말을 질주하여 단계를 건너갔다'는 이야기는 세상 사람들이 멋대로 만든 말입니다. 그러나 '유비가 번성에 머물렀을 때에, 유표는 그를 예우하였지만 그의 사람됨을 두려워하여 깊이 믿지는 않았다'는 것은 정확한 사실입니다. 더구나 유표가 유비를 경계한 데에도 일리가 없지는 않습니다. 유비는 확실히 제후들에게 골칫거리였습니다. 한편으로 그가 누구에게 의탁하든 그를 맡은 사람은 재수 없는 일을 당하였고, 어디로 도망가든 그곳에서는 일대 지진이 일어났습니다. 다른 한편으로는 원술을 제외한 모든 사람들에게 대단한 인물이자 영웅이라고 인정받았으므로, 원소와 조조를 포함하여 모두가 그를 예우했습니다. 이 '올빼미' 형의 인물(올빼미는 중국에서 흉조에 속하며, 소리 없이 다가와 먹이를 사냥하는 것으로 알려져 있다. 따라서 이 말은 유비가 의탁하는 사람마다 재수 없는 일을 당했다는 의미임—옮긴이)은 보기 좋게 말해서 '천하의 효웅'이라고 말할 수 있습니다. 이와 같은 인물이 유표에게로 왔으니, 유표는 사실 방법이 없었습니다. 곽가는 일찍이 정곡을 찔러 이렇게 말했습니다.

"유표는 앉아서 빈말이나 해대는 자에 불과합니다. 자신도 유비를 막기에 재주가 부족함을 알기 때문에, 유비에게 중임을 맡기면 통제할 수 없을까 염려할 것이고, 또 가벼운 임무를 맡기면 유비가 그를 위해 일하지 않을 것입니다."

그가 할 수 있는 일은 정중하게 유비를 높은 누각에 앉혀놓고 수시로 조심하며 대비를 하는 것입니다.

형주 집단의 분열

유표의 네 번째 문제는 바로 후사가 없었다는 점입니다. '후사가 없었다'는 말은 유표에게 후계자가 없었다는 뜻이 아니라, 그의 후계자가 쓸모가 없었고 후계자 선정도 적절하지 않았다는 뜻입니다. 유표에게는 두 아들이 있었는데, 큰아들의 이름은 유기劉琦, 둘째아들의 이름은 유종이었습니다. 유기와 유종은 모두 유표의 전처 소생이지만 유표의 후처인 채부인蔡夫人은 친정 쪽의 조카딸을 유종에게 시집보냈기 때문에 유종이 후계자가 되기를 바랐습니다. 채모와 같은 사람도 유종을 돕는 말을 했으므로, 실제로 채씨의 일족은 이미 유표를 통제하고 있었습니다. 이러한 상황을 유기가 모를 리가 없었습니다. 그는 여러 차례 제갈량에게 가르침을 구했습니다.

제갈량은 신분을 논하자면 유표의 부하입니다. 나이를 봐도 유표의 후배뻘입니다. 관계를 논하자면 채부인의 친정 쪽 조카사위입니다. 친소 관계를 따지자면 유기나 유종이나 모두 마찬가지입니다. 따라서 그는 자연히 유기를 돕기가 어려웠고, 이에 자못 웃긴 이야기도 발생하게 됩니다. 《삼국지》〈제갈량전〉에 따르면, 유기는 제갈량에게 자신을 편안하게 할 방책에 대해 여러 차례 가르침을 청하지만 "제갈량은 거절하고 그와 함께 계책을 숙의하지 않았"습니다. 유기는 할 수 없이 정원에서 놀던 때에 제갈량을 누각에 오르게 하고는 사람을 시켜 사다리를 치우게 한 다음 이렇게 말합니다.

"지금 위로는 하늘에 이르지 않고 아래로는 땅에 닿지 않아 그대의 입에서 나온 말은 나의 귀로 들어갈 것이니 말할 수 있지 않겠습니까?"

제갈량이 그제야 이렇게 말합니다.

"그대는 신생申生이 나라 안에 있다가 위험에 처하고 중이重耳가 나라 밖에 있어서 안전했던 일을 알지 못합니까?"

신생과 중이는 모두 춘추春秋시대 진晉 헌공獻公의 아들입니다. 진 헌공은 후처 여희驪姬를 총애하여 여희의 아들 해제奚齊를 후계자로 세우려고 했습니다. 결과적으로 국내에 남아 있던 태자 신생은 피살되었고, 나라 밖으로 도망갔던 공자 중이는 후일 돌아와 임금이 되었으니 그가 바로 진 문공文公입니다. 제갈량이 이렇게 말하자, 유기는 크게 깨닫고 강하태수의 직무를 얻어 성가신 곳으로부터 벗어납니다. 경천위지의 재주를 가진 제갈량도 자신이 초려를 나온 이후 처음 낸 계책이 남의 집안 일이 되리라고는 전혀 생각지도 못했을 것입니다. 그러나 그가 자기와는 상관없는 이 하찮은 일에 관여함으로써 오히려 유비를 위해 큰 공로 하나를 세웁니다. 유기가 거느린 1만 명은 후일 적벽대전에서 유비가 가진 밑천의 절반에 해당하기 때문입니다.

유표의 이런 안배는 형주의 분열을 위한 복선이 됩니다. 유기가 떠난 후 형주 집단은 두 파로 분열되었습니다. 한 파벌은 명의상 유종을 대표로 했는데, 배후에는 채모와 괴월 등이 있었습니다. 이들은 조조에게 기울어져 있었으며, 채모는 조조와도 면식이 있었던 것 같습니다.《양양기구전襄陽耆舊傳》에서는 그가 "어려서 위 무제와 친했다"고 말했고, 유종이 투항한 후에는 조조가 그의 안방에까지 들어와 그의 아내를 보기까지 했습니다. 후일 유종을 선동하여 조조에게 투항하도록 한 사람도 채모입니다. 이 파벌은 '항조파'(降曹派, 조조에게 투항하자는 파―옮긴이)라고 부를 수 있습니다.

다른 한 파는 유기를 명의상의 대표로 했는데, 배후에는 유비와 제갈량 등이 있었습니다. 유비는 조조에게 대항하기로 마음을 굳힌 사람이었고, 제갈량은 오와 연합하여 조조에게 대항하자고 주장하는 사람이므로 이 일파는 '항조파'(抗曹派, 조조에게 대항하자는 파―옮긴이)입니다. 유표 자신은 아마 조조에게 항복하려는 생각도 없었고, 오와 연맹하려는 뜻도 없어서, 중립을 지키면서 상황의 변화를 지켜보는 편이 가장 좋았을 것입니다. 그러나 자신이 살아 있을 때는 이런 일들을 통제할 수 있겠지만 자기 사후에는 통제할 방법이 없습니다. 그의 두 아들 중 그 누구도 그의 성과를 이어갈 수 없었습니다. 더구나 형주를 쟁탈하려는 적벽대전이 아직 시작되기도 전에 그 자신의 집안 내에서 다툼이 일어날 판이었습니다. 이렇게 후일을 대비하지 못하니 어찌 '바보'가 아니겠습니까?

이 때문에 유표는 역사상 높지 않은 평가를 받았는데, 진수는 그와 원소를 같은 부류로까지 생각했습니다. 진수는 유표와 원소가 모두 풍채와 풍격, 명성과 성취는 있었지만, 모두 "겉으로는 관대하면서 마음속은 아주 좁았고, 계획을 꾸미기는 잘해도 결단력이 없었으며, 인재가 있어도 그들을 등용하지 못했고, 좋은 계책이 있어도 채용하지 못했으며, 적자를 폐위하고 서자를 세웠으며, 예법을 버리고 개인적인 애정에 치중했다'고 보았습니다. '잘생긴 바보'라고 한 것도 바로 이 때문이니, 그들의 실패는 당연한 일이었습니다.

유표에 대한 공정한 평가

이러한 평가는 합당하다고 할 수 있습니다. 유표와 원소는 확실히 비슷한 측면이 많습니다. 그래서 《후한서》에서는 원소와 유표를 묶어 하나의 열전으로 구성했고, 유언劉焉·원술·여포를 합하여 하나의 열전으로 만들었습니다(《삼국지》에서는 동탁·원소·원술·유표를 묶어 하나의 열전으로 만들었습니다). 그러나 유표를 위해 공평한 말을 한마디 해야겠습니다. 첫째, 원소와 유표는 모두 실패했지만 원소는 스스로 멸망을 자초한 것이고 유표는 난을 피할 수 없었던 것이니, 그 자신은 결코 누구를 건드린 적이 없었습니다. 둘째, 유표의 실력과 능력으로는 '그저 지키기만 하는 녀석'이 되는 것 외에는 다른 선택의 여지가 없었습니다. 그의 실수는 한 가지 원리를 파악하지 못한 것뿐입니다. 그는 단순히 지키기만 해서는 지킬 수 없고, 어떤 때에는 공격이 최상의 수비가 된다는 사실을 몰랐습니다. 셋째, 바로 유표가 '백성을 사랑하고 사인을 양성하며 조용히 스스로를 보호하는' 정책과 책략을 실행했기 때문에, 형주 지역은 10여 년간의 안정과 평화를 유지하였고, 북방에서 남하해온 많은 난민들도 경제적인 도움과 안전을 얻었으니, 이것은 유표가 잘한 일이라고 하지 않을 수 없습니다.

따라서 '잘생긴 바보'라는 이 평가가 원소의 신상에 놓이는 것은 대체로 정확합니다. 물론 원소도 나름의 능력은 있는 사람이었으므로 완전히 '바보'라고 할 수만은 없습니다. 그는 자신보다 강한 적수를 만났을 뿐이며, '바보'처럼 보였을 뿐입니다. 그러나 어찌되었든, 원소는 확실히 독선적이고 과시하기를 좋아했으며, 자신의 팽창과 그것을 애써 연출했다는 혐의가 있습니다. 그는 '잘생긴 것'을 '능력'보다도 중시했습니다. 그래서 그를 '잘생긴 바보'라고 한 것이니, 너무 억울하다고만 할 수는 없습니다.

유표는 몇 가지 억울한 점이 있습니다. 그는 스스로가 훌륭하다고 생각한 적도 없었으며, 자기의 깜냥을 정확히 알고 있었습니다. 그렇기에 그는 '백성을 사랑하고 사인을 양성하며 조용히 스스로를 지키는' 정책과 책략을 실행하여, '난세에 형주를 그럭저럭 유지'할 수 있기를 희망했습니다. 따라서 그에 대한 비교적 정확한 평가는 역사학자 허츠취안何玆全 선생의 말입니다. 허선생은 그의 《삼국사三國史》에서 만약 조조가 "치세의 능신이요 난세의 간웅"이라고 한다면, 유표는 "치세의 현신賢臣이요 난세의 용인(庸人, 용렬한 사람―옮긴이)"이라고 말했습니다. 우리가 보기에도 유표의 가장 큰 불행은 그가 시대를 잘못 타고났다는 사실입니다. 그는 이처럼 약육강식의 난세에 태어나지 말았어야 합니다. 이것은 그의 잘못이라기보다 그의 불운입니다.

물론 유표에게 전혀 행운이 없었던 것은 아닙니다. 그가 형주로 파견된 것은 그의 행운이었습니다. 형주는 동한 시기에 가장 면적이 넓었던 두 주 중의 한 곳입니다. 이 두 주는 형주와 익주로서, 모두 1백 개 이상의 현을 거느리고 있었습니다. 다음은 유주로, 관할하고 있는 현이 80여 개였습니다. 그러나 형주와 익주는 면적은 컸지만 중요성은 그리 크지 않았습니다. 당시 중국 정치의 중심은 북방이었고, 정권 쟁탈의 전장戰場도 주로 북방에 있었습니다. 형주와 익주는 잠깐 동안도 호랑이의 입속에 들어간 적이 없었으므로, 유표 같은 약자가 생존하거나 유비처럼 작은 집단이 기반을 일으키기에 적합한 곳이었습니다. 이런 점에서 우리는 유표의 운이 매우 나빴다고 할 수는 없으며, 또한 제갈량이 융중에서 유비를 위해 세운 계책이 얼마나 심모원려했는지도 알 수 있습니다.

애석한 점은 하늘과 다른 사람들이 모두 유표가 평안무사하게 놔두지 않았다는 것입니다. 제갈량은 유비를 위해 그곳을 대신 차지할 계책을 만들었고, 북방의 조조와 동쪽의 손권도 호시탐탐 그곳을 노렸습니다. 유표 같은 사람은 천하가 정해지지 않았을 때에는 되는대로 살아가면서 한쪽 구석에서 편안히 지낼 수 있습니다. 그러나 일단 천하가 정해지려고 하면 그의 좋은 날들은 끝납니다. 이 모든 것은 그가 형주목이었기 때문입니다. 성공도 형주, 실패도 형주, 그를 살린 것도 형주, 그를 죽인 것도 형주였다고 할 수 있습니다.

이러한 점에서 볼 때, 유표는 '불행한 행운아' 입니다.

건안 13년(208), 손권과 조조는 일을 벌이기 시작했고, 유표와 그의 형주는 중대한 재난과 맞닥뜨리게 됩니다. 그는 잠시 그에게 의탁했던 유비와 함께 거의 치명적인 재난을 맞이하게 됩니다. 그렇다면 건안 13년이라는 이 심상치 않은 시기에 형주에서는 도대체 어떤 일이 벌어졌을까요?

성 앞까지 쳐들어오다

건안 12년, 조조는 북방을 평정하였고, 손권은 앉아서 강산을 안정시켰으며, 유비는 제갈량을 얻었다. 원래 양양에서 무기를 갈며 상황의 변화를 지켜보던 유표의 호시절은 다 지나갔다. 건안 13년, 손권과 조조는 모두 형주를 향해 손을 쓰기 시작했고, 유표와 그의 형주, 그리고 유표에게 의탁하고 있던 유비는 위기를 맞았다. 그렇다면 그들의 운명은 어떻게 될 것인가?

　마음속에 큰 뜻이 없고 출중한 재능과 지략도 없던 유표는 원래 군웅이 할거하고 약육강식하던 시대에 그럭저럭 목숨을 부지하며 구석에서 편히 지내기를 바랐습니다. 그러나 나무는 조용히 있으려고 해도 바람이 그치지 않는다고, 형주는 각지에서 쟁탈의 대상이 될 운명이었습니다. 결국 손권이 먼저 시작합니다. 건안 13년(208) 봄, 손권은 노숙과 감녕의 전략 계획을 실시했습니다. 조조가 오환으로부터 업성으로 돌아왔을 때 서쪽으로 출병하여 유표의 대장이자 강하태수였던 황조를 일거에 섬멸시켰습니다. 손권의 황조 정벌은 이번이 세 번째입니다. 첫 번째는 건안 8년 (203)으로, 손권은 그들의 수군을 격파했습니다. 두 번째인 건안 12년 (207)에는 그 백성들을 포로로 생포했습니다. 이번 공격이 가장 격렬해서 그 성을 도륙하고 도륙한 사람들을 효수했습니다. 황조는 철저히 멸망했습니다(그 성을 도륙했다는 말은 그 성을 무너뜨리고 그 백성을 죽인 것이 마치 가축을 도살한 것과 같다는 뜻으로, 역사상 있었던 지극히 야만스러운 행동이었습니다).

손권이 황조를 멸망시킨 데에는 이유가 있었습니다. 표면적인 이유는 아버지의 죽음에 대한 복수입니다(손견은 황조와의 싸움 중에 화살에 맞아 죽었습니다). 그러나 실제 이유는 형주 차지였습니다. 형주 지역은 오의 상류에 있었습니다. 손권은 자신의 안전을 위해 형주를 차지하려고 했습니다. 그리고 황조는 강하태수였고 강하는 강동과 가장 가까웠으므로 당연히 그를 먼저 손봐야 했습니다. 손권이 강하를 격파하고 황조를 멸망시킨 후, 오의 세력은 이미 서쪽으로 확장되고 있어, 강릉을 엿보고 양양을 노리며 형주를 병탄할 수 있었습니다.

손권의 승리로 조조는 시간이 없음을 깨닫습니다. 조조는 일단 손권이 형주를 차지하면 전체 형세에 거대한 변화가 발생하리라는 점을 잘 알고 있었습니다. 앞서 말했다시피, 조조는 일찍부터 형주를 차지할 생각을 했고, 그에 대한 준비를 했습니다. 건안 13년 정월, 조조는 업성에 현무지玄武池를 조성하여 수군을 훈련시켰습니다. 이는 군사상의 준비였습니다. 6월, 조조는 삼공제三公制를 폐지하고 새롭게 승상과 어사대부라는 직무를 신설하면서 자신이 승상의 자리에 올라 대권을 독점했습니다. 이는 정치적인 준비였습니다. 이외에 조조는 장료를 파견하여 장사(長社, 지금의 허난성 창거長葛)에, 우금은 영음(潁陰, 지금의 허난성 쉬창許昌)에, 악진은 양적(陽翟, 지금의 허난성 위저우禹州)에 주둔하게 함으로써, 허도를 보위하여 비상사태에 대비하게 했습니다. 또 마등을 달래기 위해 그를 위위衛尉에 임명하도록 추천하였고, 아울러 그의 가솔들은 업성에 머무르게 하여 사실상의 인질로 삼음으로써, 후일에 생길 수 있는 걱정을 차단했습니다. 이와 같은 일들을 처리한 후 조조는 7월에 병사를 이끌고 남하하여 유표를 공격했습니다.

이 무렵 병에 걸린 유표는 증세가 악화되어 결국 8월에 세상을 떠납니다.《삼국지》〈선주전〉 배송지 주에서는《위서》를 인용하여, 유표가 임종 직전에 유비에게 형주를 부탁했지만 유비가 완곡하게 거절했다고 말합니다. 유표는 말합니다.

"나의 아들이 재주가 없고 장수들도 모두 쇠락하였소. 내가 죽은 후 그대가 형주를 섭정해주시오."(《영웅기》에서는 형주자사를 대리해달라고 합니다)

그러자 유비는 이렇게 대답합니다.

"자식들이 현명하니 군께서는 병환만 걱정하십시오."

어떤 사람이 유비에게 제안을 받아들이라고 권하자, 유비는 "이 사람이 나를 후대하였는데 지금 내가 그의 말을 따른다면 사람들은 나를 야박한 사람이라고 할 것이니, 차마 받을 수 없소"라고 말합니다.

이 일을 배송지는 사실이 아니라고 생각했습니다. 저도 믿을 수 없다고 봅니다. 앞에서 저는 유비에 대한 유표의 태도에 대해 말했습니다. 예를 들어,《삼국지》〈선주전〉에서는 "그의 마음을 의심하여 몰래 그를 대비하였다"고 말했는데, 어떻게 형주를 순순히 넘겨줬겠습니까? 더욱이 유표와 그의 부인은 일찍이 후계자를 선정했습니다. 후계자는 물론 유종입니다. 배송지는 이렇게 말했습니다.

"유표 부부는 본래 유종을 총애하여 적자를 폐하고 서자를 세우려고 했으니, 그들의 속마음은 오래전에 정해져 있었다. 임종시에 와서 형주를 모두 유비에게 줄 이유가 없다."

이 말은 일리가 있습니다.《후한서》〈유표전〉에서는, 유표의 병이 위중하자 장자 유기가 하구夏口에서 양양으로 와 병문안을 하려 했지만 결국 거절당해 만날 수가 없었다고 말합니다. 유기마저도 볼 수 없었던 사람을, 유비는 어떻게 볼 수 있었을까요? 유비와 제갈량은 은근히 유기를 지지했고, 채모 일당이 이 점을 전혀 모를 수는 없었을 것입니다. 그런데 그들이 어떻게 유비와 유표를 만나게 할 수 있으며, 유표가 유비에게 나라를 맡기게 하겠습니까? 더구나 그들이 유비와 유기의 관계를 몰랐다고 해도, 유비는 흔쾌히 남의 아래에 있지 않을 효웅이라는 것은 모두 알고 있었습니다. 어떻게 이처럼 중요한 때에 유비가 유표를 찾아가 볼 수 있게 했겠습니까? 《후한서》에서 말한 정황으로 볼 때, 병이 위중한 유표는 사실상 이미 이 일당들에게 통제되고 있어서 번성에 주둔하고 있던 유비에게는 소식도 전해지지 않았을 것입니다(예를 들면 후일 유종이 조조에게 투항한 것도 유비는 전혀 몰랐습니다). 유비와 유표는 서로 볼 수 없었다고 해야 할 것입니다.

가능하지도 않은 일을 사람들은 어떻게 진짜라고 믿을 수 있었을까요? 원래 이 일은 유비 자신이 한 말입니다. 《삼국지》〈선주전〉 배송지 주에서 인용한 공연孔衍의 《한위춘추漢魏春秋》에 따르면, 유비는 일찍이 사람들에게 "유경승이 임종 시에 나에게 남은 자식들을 부탁했다"고 말했습니다. 이 말을 사마광은 사실로 믿었고, 그의 《자치통감》에도 그대로 썼습니다. 물론 '자식들을 맡긴 것'과 '국가를 맡긴 것'은 차이가 있습니다. 그러나 유기와 유종을 유비에게 맡긴다는 것은 형주를 넘겨주는 것이나 마찬가지입니다. 더구나 자식들을 맡기든 나라를 맡기든 간에 어쨌든 맡기려면 두 유씨가 서로 만났어야 합니다. 유비와 유표가 서로 볼 수도 없었는데, 어떻게 자식들을 맡기는 일이 가능했겠습니까?

여기에도 두 가지 가능성이 있습니다.

첫째, 유비가 거짓말을 했을 가능성입니다. 이건 뭐 아무것도 아닙니다. 당시 조조는 파죽지세로 진격하여 성 밑에까지 쳐들어왔고, 큰 재난이 닥치자 형주의 인심은 동요했습니다. 여러 사람들은 형주가 조조의 수중에 들어가는 것을 원치 않았고, 유기나 유종 모두 조조의 맹렬한 공세를 당해낼 수 없음을 분명히 알고 있었기 때문에 유비에게 희망을 걸었습니다. 유비 자신도 형주를 잃을 생각은 없었고, 최소한 형주의 인심은 잃지 않으려고 했습니다. 그에게 형주는 적극적인 의미에서는 패업을 성취할 근거지이며, 소극적인 의미에서는 생명을 보전할 보금자리였습니다. 다시 말해서 유비는 형주가 필요했고 형주도 유비를 필요로 했습니다. 유비의 말은 인심을 안정시킬 책략으로 봐도 무방합니다.

두 번째 가능성은 유표가 정말로 유비에게 '나라를 맡기겠다'고 말했지만, 그 말을 유비에 대한 시험이라고 보는 것입니다. 아시다시피 유비는 형주에 온 이후 사람들의 마음을 휘어잡고 인재를 끌어 모아, 유표의 경계심을 불러일으켰습니다. 《삼국지》〈선주전〉에서는 "형주의 호걸 중에서 선주에게 귀의한 사람이 날로 많아지자 유표는 그의 마음을 의심하여 몰래 이를 대비했다"고 분명하게 말했습니다. 유표가 평소에 이미 그를 의심하는 마음이 자못 깊었는데, 임종 직전에 어떻게 마음을 놓을 수 있었겠습니까? 이것은 분명 유비에 대한 시험이며, 더 나아가 그에 대한 위협입니다. 저는 심지어 유표가 "내가 죽은 후 경이 형주를 섭정해주시오"라고 말했을 당시에, 건물 안에는 채모 일당이 도부수刀斧手들을 매복시켜놓았을 것이라고까지 의심하고 있습니다. 유비는 천하의 효웅이고 정치적인 경험도 풍부한데, 어찌 그 속의 이해관계를 파악하지 않았겠습니까? 그래서 그는 이렇게 아름다운 말을 한 것입니다.

"자제분들이 모두 현명하니, 군께서는 병만을 걱정하십시오."

사실 유표의 두 아들이 현명하고 현명하지 않고는 두 사람의 마음속에 이미 평가가 있으니, 이 말은 연기에 불과합니다. 이 역시 이상한 일이 아닙니다. 서로 속고 속이며 약육강식이 벌어지던 난세에는 어떤 일도 발생할 수 있습니다.

따라서 유표가 '땅을 맡긴 것'과 유비의 '겸양'을 '인격이 높고 절개가 굳다'라고 보는 견해는 엉터리에 불과합니다. 이 문제에는 '역사적 의견'

을 필요로 합니다. 그 시대에는 강한 자가 번성하고 약한 자가 도태되며 강자가 왕이 되는 것이 불변의 진리였습니다. 유비가 형주를 인수하여 관할하는 것이 형주를 보전하는 가장 좋은 방안인데, 양보하고 말 것이 무엇이 있겠습니까? 제갈량은 일찌감치 "(형주는) 하늘이 장군에게 내려준 것인데, 장군께서는 뜻이 있으신지요?"라고 말하지 않았습니까? 도덕적으로 전혀 문제가 되지 않음을 알 수 있습니다. 사실 유비는 이때 기꺼이 대신 자리를 차지하라는 부탁을 따를 수가 없었으며, 결코 '차마 못한 것'이 아니라 '할 수 없었던 것'입니다. "내가 차마 못하겠다" 운운도 연기에 불과합니다. 마찬가지로 제갈량이 유기에게 강하태수로 나가라고 건의한 것도 유기를 돕는 동시에 유비를 위해 여지를 남기기 위해서입니다.

유종, 조조에게 투항하다

유기가 떠난 지 얼마 안 되어 유표는 황천길로 떠났고, 후계자는 자연스레 유종이 되었습니다. 이때 조조의 군대는 이미 곧 성 밑까지 쳐들어올 상황이었습니다. 《삼국지》〈유표전〉에서는 괴월·한숭·부손傅巽 등의 사람들이 모두 유종에게 항복을 권했다고 전합니다. 유종이 "내가 여러분들과 함께 선군先君께서 남겨주신 기업을 지키면서 천하의 변화를 관망할 수는 없겠소?"라고 하자, 부손은 불가능하다며 이렇게 말합니다.

"역逆과 순順에는 일정한 규칙이 있으며, 강과 약에도 정해진 힘이 있습니다. 신하로서 임금에게 대항하는 것은 역으로 순에 대항하는 것이고, 지방이 중앙에 대항하는 것은 약으로 강과 싸우는 것이며, 유비의 힘으로 조조에 대항하려는 것은 계란으로 바위치기입니다. 우리는 세 가지 방면에서 모두 가능하지 않은데, 왕사(王師, 왕의 군대. 명분상 왕명을 받들고 공격해오는 조조의 군대를 말함―옮긴이)에 대항하는 것은 죽음을 자초하는 일입니다." 그러나 가장 설득력이 있는 것은 이어진 부손의 말입니다. 부손은 유종에게 본인이 유비와 비교할 만하다고 생각하느냐고 묻습니다. 유종이 비교할 수준이 못 된다고 답하자, 부손은 이렇게 말합니다.

"만약 유비도 조공을 이길 수 없다면 장군께서 이 초(楚, 형주는 과거 전국戰國시대의 초 지역임―옮긴이) 지역을 보존하려고 하더라도 스스로 보존할 수 없을 것입니다. 만약 유비가 조공을 막을 수 있다고 한다면 그는 장군의 부하가 되지 않을 것입니다."

즉, 유비가 조조를 이기지 못한다면 장군은 스스로를 보호할 방법이 없는 것이고, 유비가 조조를 이긴다면 그가 더 이상 장군의 부하가 되려고 하지 않을 것이라는 말이지요. 유종은 이 말을 듣자마자, 조조에 대항하는 것은 이기든 지든 자기에게는 좋은 결과가 아니므로 차라리 투항하는 것이 낫다고 느낍니다.

유종은 투항하면서 감히 유비에게 알리지 못했으므로, 유비도 알지 못했습니다. 조조의 대군이 남양군의 완성에 도착해서야, 유종은 송충宋忠을 파견하여 유비에게 상황을 설명합니다. 《삼국연의》에서는 송충을, 유종이 조조에게 항복 문서를 전달하도록 완성에 파견한 사람으로서, 돌아오는 길에 관우에게 붙잡혔다고 하는데 사실이 아닙니다. 《삼국지》〈선주전〉 배송지 주에서 인용한 《한위춘추》에 따르면, 유종이 송충을 유비에게 파견하여 "뜻을 전달하자" 유비가 "대경실색"하여 너희들은 어떻게 일을 이 지경으로 만들고 발등에 불이 떨어져서야 자기에게 와서 말하느냐고, 너무 지나치지 않느냐고 합니다. 그리고 칼을 뽑아 송충에게 말하기를, "내가 지금 너를 죽여도 분이 풀리지 않겠지만, 내 칼을 더럽히고 싶지도 않고, 또 내 체면을 잃고 싶지도 않다"라고 합니다.

그러나 이 상황에서는 무엇을 말해도 쓸모가 없었고, 유비의 유일한 선택은 달아나는 것이었으므로 제갈량과 서서 등을 데리고 남하합니다. 《삼국연의》에서는 유비가 떠나기 전에 제갈량이 신야新野에 불을 놓았다고 말하는데, 사료상의 근거는 없습니다. 이보다 앞서 '불을 박망博望에 놓았다'는 기록은 있지만, 그 불은 유비가 놓은 것입니다. 제갈량은 어떤 일도 하지 않았습니다.

사건은 남쪽으로 철군하는 과정에서 있었지만, 이 사건도 없었던 것이나 마찬가지였습니다. 《삼국지》〈선주전〉에서는 당시 유비가 번성에 주둔하여 한수漢水 북쪽에 있었고, 유종이 있던 양양은 강남 지역이었으므로 제갈량이 유비에게 유종을 공격하라고 권했다고 말합니다. 제갈량의 의견에 따르자면, 유종은 도무지 공격을 감당할 수준이 못되므로 양양을 차지하기만 하면 형주는 자기들 것이 된다는 것입니다. 그러나 유비는 "나는 차마 할 수 없다"고 말하며, 제갈량의 건의를 거절했습니다. 뤼쓰몐 선생은 이 일이 틀림없는 사실은 아닐 것이라고 생각했습니다. 뤼선생은 이렇게 말했습니다.

"당시의 양양은 인심이 안정되지 않았으므로 공격하기는 응당 쉬웠을 것이다. (그러나) 순식간에 조조의 대군이 이르렀는데, 어떻게 지킬 수 있겠는가? 제갈량은 평생 신중한 사람이었으니, 이런 제안을 하지는 않았을 것이다."

물론 이 일은 확실하지는 않습니다. 어쨌든 유비는 양양을 공격하지 않았고, 다만 양양을 지나는 길에 유종에게 한마디 말을 외치고는 계속 남하하여 달아납니다.

유비의 도망

유비는 빠르게 도망갔지만, 조조도 빠르게 추격했습니다. 《삼국지》〈순욱전〉에 따르면, 출정하기 전에 조조는 순욱에게 계책을 물었습니다. 순욱은 현재 "화하(華夏, 중원을 가리킴―옮긴이)가 이미 평정됐으므로 남토(南土, 형주를 가리킴―옮긴이)에서도 곤란이 닥칠 것을 알"리라 생각하여, 지금이 형주를 탈취할 수 있는 가장 좋은 시기이지만 반드시 속전속결해야 한다고 말합니다. 그래서 그는 조조에게 "겉으로는 완宛·섭葉으로 출진하는 척하면서 몰래 지름길로 날쌔게 전진하면 그들이 생각지 못한 의표를 찌를 수 있습니다"라고 건의합니다. 즉 요란하게 소문을 내면서 완성과 섭현(葉縣, 지금의 허난성 예현葉縣 남쪽)으로 진군하는 동시에, 날랜 기병을 거느리고 지름길을 질러가서 양양과 강릉으로 돌진하라는 말입니다.

조조는 곧바로 그 말의 속뜻을 알아차립니다. 양양은 유표의 오랜 근거지이고 강릉은 대량의 군수 물자를 모아놓은 곳이며, 수전을 하는 데 필요한 함선을 보유하고 있었습니다. 이곳은 절대 유비의 손에 넘겨서는 안 되는 곳입니다. 순욱의 건의를 받아들여 조조는 위풍당당하게 완성과 섭현을 지나 형주를 향해 돌진했고, 중간쯤 와서 군수 물자를 놔두고 직접 날랜 기병들을 이끌고 양양으로 진격합니다. 《삼국지》〈선주전〉에는 "조공이 강릉에 군량미가 있었기 때문에 선주가 그것을 차지할까 걱정하여 군수 물자를 놔두고 날랜 기병으로 양양에 도달했다"라고 했습니다. 조조는 양양에 도달한 후, 유비가 이미 강릉으로 도망했다는 것을 알고는 다시 친히 5천의 정예 기병을 이끌고 하루 밤낮에 3백 리씩 추적하여 눈엣가시로 여기던 유비를 일거에 섬멸하려고 했습니다.

조조의 속도가 빨랐던 반면, 유비는 도망은 서둘렀지만 이동은 느렸습니다. "도망은 서둘렀다"는 말은 그가 도망가려는 결심은 빨리 내렸지만 실제로 움직이는 것은 매우 느렸다는 뜻입니다. 느리게 움직인 원인은 그가 양양을 지나갈 때, 그 지역의 많은 사인과 백성들, 유종의 부하들마저도 모두 그를 따라 남하하였으므로, 수행하는 인원이 십수 만이었고 군수물자를 실은 수레가 수천 대에 달했기 때문입니다. 이들의 대오는 끼리끼리 뭉쳐 노약자를 부축하며 하루에 십여 리 정도를 갈 뿐이었습니다. 〈선주전〉에 의하면, 당시에 어떤 사람이 유비에게 더 이상 이 사람들을 상관하지 말고 날랜 군사들로 강릉을 지킬 것을 권했다고 합니다. 그러나 유비는 이에 찬성하지 않습니다. 그는 관우에게 수군을 거느리고 수로로 강릉에 가라고 하고 그곳에서 만나기로 합니다. 그리고 자신은 무리들과 함께 가는 길을 선택합니다. 이에 대해 유비는 이렇게 설명합니다.

"대체로 큰일을 성취하려면 반드시 '이인위본以人爲本'해야 한다. 지금 사람들이 나에게 의지하는데, 내가 어떻게 그들을 버리겠는가!"

역사학자 주웨이정朱維錚 선생은 아마도 '이인위본'이란 말이 여기에서 제일 먼저 쓰였을 것이라고 말합니다. 그러나 반드시 지적해야 할 점은 유비의 '이인위본'이 우리가 현재 말하는 '이인위본'과 다르다는 점입니다. 우리가 오늘날 말하는 '이인위본'은 사람을 '근본'으로 삼아야 한다는 뜻입니다. 그러나 유비가 말한 '이인위본'에서 '본'은 아마도 사람을 '자본'으로 삼아야 한다고 해야 더 맞는 말일 것 같습니다. 우리는 동한 말년의 정치판에서 유비의 자본 또는 밑천이 가장 적다는 것을 알고 있습니다. 그러나 그는 이르는 곳마다 모두에게 존경과 환영을 받았습니다. 그 원인은 바로 정욱이 말한 것처럼 유비가 "영웅의 자질이 있어 사람들의 마음을 얻었기" 때문입니다. 사람들의 신망, 사람들과의 인연, 그리고 인심은 유비의 밑천이자 자본이며, 그의 근본이자 기본이었습니다. 그것들을 잃는다면 그에게는 남는 것이 없었습니다. 더구나 인심을 얻은 사람은 천하를 얻고 인심을 잃은 사람은 천하를 잃지 않습니까? 유비가 기왕에 천하를 얻으려는 마음을 가졌다면, 반드시 먼저 천하의 마음을 얻어야 하니, 이것이 바로 '큰일을 성취하려면 반드시 이인위본 해야 한다'는 말의 함의입니다. 따라서 추격하는 군대가 뒤에 있고 위험이 앞에 있다고 해도, 그는 이 '본'을 잃을 수 없었습니다. 바로 뤼쓰몐 선생의 말처럼 "사업을 하려면 수중에 반드시 사람이 있어야" 하며, 이는 도덕과 부도덕, 인자함과 인자하지 않음과는 전혀 상관없습니다.

마찬가지로 양양 지역에서 많은 사람들이 유비를 따른 이유가 반드시 그들 눈에 유비는 좋은 사람이고 조조는 나쁜 사람으로 비쳐서만은 아닐 것이고, 또 반드시 유비와 함께 천하를 다툼으로써 조조가 목적을 달성할 수 없게 만들려는 의도만도 아니었을 것입니다. 뤼쓰몐 선생은 이를 "일반 백성들은 배불리 먹고 따뜻한 옷을 입으며, 편안하게 생활하고 생업을 즐길 수만 있다면 남들이 천하를 다투든 말든 상관하지 않는다"라고 적절하게 표현했습니다.

혹자는 양양의 사인들과 백성들이 유비를 따른 이유는 조조가 성안의 사람들을 도륙할까 걱정했기 때문이라고 말했는데, 이는 정확하지 않습니다. 물론 조조가 성안 사람을 도륙한 적은 있었습니다. 홍평 원년(194), 조조가 서주를 정벌했을 때에는 '지나는 곳마다 학살을 감행' 했습니다. 이 일의 악영향은 매우 컸고, 순욱은 이 일로 조조를 비판했으며, 조조도 후일 교훈으로 받아들였습니다. 이 일에 대해서는 다음에 얘기하겠습니다. 어쨌든 서주에서의 일이 있은 후, 조조는 이미 성안 사람들을 도살하는 야만적인 행위가 천하를 통일하려는 자신의 과업에 결코 도움이 되지 않는다는 점을 분명하게 인식했습니다. 더군다나 유종이 이미 싸우지도 않고 항복했는데, 무슨 까닭으로 무고한 사람들을 함부로 죽이겠습니까? 조조는 이렇게까지 어리석지는 않았습니다.

종합하자면 무슨 원인 때문인지는 모르겠으나, 꽤 많은 사람들이 유비를 따라 떠났습니다. 이 당시에는 고대의 유풍이 남아 있어, 사인과 관원들은 이주할 때에 반드시 전 가족과 움직였으므로 사람의 수가 매우 많았습니다. 그래서 쌍방의 형세는 비교가 되지 않았습니다. 조조는 하루에 삼백 리를 갔고, 유비는 하루에 십수 리를 갔으므로 조조는 금방 유비를 따라잡았습니다. 양군兩軍은 당양當陽의 장판(長坂, 지금의 후베이성 당양 동북쪽)에서 만났고, 승패는 말하지 않아도 알 수 있을 정도였습니다. 〈선주전〉의 기록은 한 줄 정도에 불과하지만 유비가 당시에 겪었던 낭패는 지면상에 다음과 같이 생생하게 나타나 있습니다.

선주는 처자를 버리고, 제갈량·장비·조운 등 수십 명의 기병을 이끌고 달아났다. 조공은 그들의 군사와 군수 물자를 대량으로 획득했다.

가련한 유비는 이때 더 이상 '이인위본'을 말할 수 없었음은 물론, 부인과 아이들조차도 돌아볼 겨를이 없었습니다.

이 전투는 비록 유비의 참패였지만, 유비를 옹호하는 문학가와 예술가들은 글들을 지어냈습니다. '조자룡이 단기로 주군을 구하다'라든지 '장익덕이 장판파에서 크게 위세를 떨치다'든지 하는 것은 모두 여러분들도 익히 알고 있는 이야기입니다. 이 일들은 모두 근거가 있습니다. 《삼국지》〈조운전趙雲傳〉에서는 이렇게 말했습니다.

선주가 당양 장판에서 조공에게 추격을 당하여 처자식을 버리고 남쪽으로 달아날 때, 조운은 선주의 어린 아들을 껴안고 있었는데 그가 바로 후주後主였고, 또한 감부인甘夫人을 보호하였는데 그가 바로 후주의 생모였다. (이들은 모두 조운의 노력으로) 재앙을 면할 수 있었다.

〈장비전〉에서는 이렇게 말했습니다.

선주는 조공이 갑자기 추격해온다는 말을 듣고 처자를 버리고 달아나면서 장비에게 기병 20여 명을 거느리고 가서 후방을 막게 했다. 장비가 강물을 이용하여 다리를 끊고는 눈을 부릅뜨며 창을 꼬나 잡고 말했다. '이 몸은 장익덕張益德이다. 오려거든 모두 죽음을 각오하라!' 적들은 모두 감히 접근하지 못했다. 그리하여 결국 (유비가) 재앙을 피할 수 있었다.

조운이 아두를 구한 것은 사실이지만 유비는 결코 아이를 던진 적이 없었습니다. 또 장비가 '장판파長坂坡에서 한 차례 호통을 친 것' 역시 사실이지만 '호통 소리로 교량을 끊어 물이 거꾸로 흘렀던 일'은 없었습니다. 그 다리는 장비가 무너뜨려버린 것입니다.

유비는 장비 덕택에 생명을 보전했고, 조운 덕분에 처자식을 찾았지만 도망갈 길이 없었습니다. 강릉으로 가는 길은 이미 조조가 차단했으므로, 그에게는 동쪽으로 가서 관우·유기와 합치는 길뿐이었습니다. 그러나 유기에게는 1만 명의 인마가 있을 뿐이었고, 관우에게는 1만 명의 수군이 있을 뿐이었습니다. 이 2만 명의 군사로 어떻게 조조의 태산 같은 압력에 저항할 수 있겠습니까?

노숙의 등장

유비가 속수무책인 상황에서 노숙이 등장했습니다.

노숙은 밤낮으로 쉬지 않고 길을 재촉하여 달려왔습니다. 유표가 병으로 죽은 후 정치적으로 매우 민감한 노숙은 이 일이 강동에 미치는 중요성을 바로 감지했습니다. 《삼국지》〈노숙전〉에 따르면, 노숙은 손권에게 형주 지역이 지극히 전략적인 의의를 갖고 있으므로 대수롭지 않게 넘겨서는 안 된다고 말합니다. 노숙은 형주가 "오나라와 인접해 있고 물길이 북쪽으로 흘러, 밖으로는 장강 및 한수와 연결되고 안으로는 산으로 막혀 있으므로, 금으로 만든 성처럼 견고하고, 비옥한 땅이 천 리나 이어져 사인과 백성들이 넉넉하고 부유하니" 만약 "차지할 수 있다면" 이곳은 "제왕이 되는 바탕"일 것이라고 말합니다. 그는 이렇게 말합니다.

"현재 유표가 죽었고, 두 아들이 일찍부터 사이가 좋지 않으며, 군중의 장수들도 두 파로 갈라져 있는 상황인 데다 유비라는 천하의 효웅이 그 사이에 끼어 있어 앞으로의 형세가 어떻게 될지 분명하지 않습니다. 유비는 유표의 진영에서 전혀 뜻을 이루지 못하고 있고, 조조와도 사이가 좋지 않습니다. 만약 현재 그가 유기·유종과 힘을 합쳐 한마음 한뜻이 된다면 우리도 그들과 연맹을 맺어야 합니다. 만약 그들이 동상이몽을 하고 서로 협력하지 않는다면 우리는 다른 대책을 강구해봐야 할 것입니다. 따라서 장군께서 애도의 명분으로 저를 형주로 보내신다면, 그곳에 가서 허실을 염탐하고 연합의 의지를 관철시키겠습니다."

노숙의 생각은 분명합니다. 유표가 세상을 떠난 이번 기회를 이용하여 그가 주창한 '동오판' 내지 '손권판 융중대'를 실시하려는 것입니다. 그 전략 목표는 형주를 소유함으로써 손권이 '제왕이 되는 바탕'으로 삼는 것입니다. 그 전술 방안은 유비와 연합하여 조조에 대항하는 것입니다. 게다가 노숙은 유비가 "반드시 기뻐하며 그 명령을 따를 것"이라고 단정했습니다. 이렇게 하면 "천하를 평정할 수 있습니다." 그래서 그는 손권에게 일찌감치 결단을 내리라고 촉구했습니다. 일찍 가지 않으면 조조가 선수를 칠까 걱정스러웠기 때문입니다.

이러한 결단을 내리는 것은 쉬운 일이 아닙니다. 손권과 유표는, 아니

강동 집단과 형주 집단은 대대로 원수지간이라고 할 수 있기 때문입니다. 손권의 부친은 황조에게 피살되었고, 황조도 얼마 전 손권에 의해 살해됐습니다. 그러나 손권은 정치가였고, 정치가는 감정과 기분대로 일을 처리할 수 없습니다. 그는 바로 노숙의 계획을 비준했고 노숙도 곧바로 길을 떠났습니다. 그러나 조조는 더욱 신속했습니다. 노숙이 시상(柴桑, 지금의 장시성 주장시九江市)을 출발해서 하구(夏口, 지금의 우한시武漢市 한커우漢口)에 도착했을 때 조조의 군대는 이미 형주를 향하고 있었습니다. 강릉에 도착했을 때에는 유종이 이미 투항해버렸습니다. 어찌할 바를 모르던 유비는 번성을 떠나 남하하여 장강을 건널 채비를 하고 있었습니다. 노숙은 소식을 듣고 곧바로 북상하여 유비와 당양 장판에서 만났습니다.

산이 무너지듯 패퇴하여 이미 곤경에 처해 있던 유비의 입장에서 보자면, 노숙은 그야말로 하늘에서 내려온 신선이었습니다. 《삼국지》〈선주전〉 배송지 주에서 인용한 《강표전》에 따르면, 노숙과 유비는 이런 대화를 했다고 합니다. 노숙이 유비에게 "유장군께서는 이제 어디로 가려고 하십니까?"라고 묻자, 유비는 "창오태수蒼梧太守 오거吳巨에게 의탁하려고 합니다"라고 답합니다. 노숙은 말합니다.

"오거는 필부에 불과하고 대단히 먼 곳에 있어 자기 한 몸도 보전키 어려운데 어떻게 장군을 보호해줄 수 있겠습니까? 노숙의 어리석은 견해로는 손장군과 연합하여 함께 대업을 도모하는 것이 좋겠습니다. 손장군은 총명하고 인자하며, 예로서 사인들에게 자신을 낮추었고, 병사는 많고 장수는 용감하여 많은 사람들이 의지하고 싶어 합니다. 또 회계會稽・단양丹陽・오군吳郡・예장豫章・여릉廬陵・여강廬江의 6군郡을 거느리고 있습니다. 만약 유장군과 우리가 연합한다면 대사를 성취할 수 있습니다."

〈노숙전〉에 따르면, 이 일을 성사시키기 위해 노숙은 제갈량에게 친한 척하며 "나는 당신의 형님인 제갈근 선생의 친한 친구입니다"라고까지 말합니다.

이 말은 해도 그만 안 해도 그만입니다. 이 방안은 유비의 마음에도 꼭 들었고, 제갈량이 융중에서 정한 계획 및 방안과도 부합했기 때문입니다. 〈노숙전〉에 의하면, 이 말을 하고 나서 두 사람은 "곧바로 친구 관계를 맺습니다." 그리하여 유비와 제갈량은 노숙과 동행하여, 먼저 와서 그들을 맞이한 관우·유기와 함께 병사를 거느리고 동쪽으로 향하여, 당양에서 하구로 이동합니다(후에 다시 번구樊口로 이동). 이때 조조는 더 이상 유비를 추적해 죽이려 하지 않고, 곧바로 강릉으로 돌진합니다. 유비는 겨우 숨을 돌릴 수 있었습니다.

그러나 조조는 유비에게 쉴 틈을 주지 않았습니다. 그는 강릉의 군수물자를 확보한 이후 바로 강을 따라 동쪽으로 내려가기로 결정했습니다. 조조의 창끝은 자연히 유비를 가리키고 있었으므로, 어쨌든 유비가 맨 먼저 공격을 받을 것입니다. 그런데 손권의 태도와 입장은 여전히 분명하지 않았습니다. 《삼국지》〈제갈량전〉의 논조로는 "당시 손권은 군대를 시상에 주둔시키고 성패를 관망하고 있었다"고 합니다. 이것은 대단히 위험했습니다. 그래서 제갈량은 유비에게 자신을 즉시 동오로 파견시켜달라고 청합니다. 조조에 대항하기 위해 손권과 연맹을 맺자는 제안을 설득하기 위해서였습니다. 제갈량은 주장은 이렇습니다.

"일이 급합니다. 명을 받들어 손장군에게 구원을 청하러 가겠습니다."

이 말은 참 청아하고 힘이 있으며 아름답습니다. 그러나 《삼국연의》 속에서는 다음과 같이 한 가지 부끄러운 장면이 나옵니다.

"노숙이 공명과 함께 갈 것을 계속 요청했지만 현덕은 거짓으로 허락하지 않으려는 척했다."

이 이야기는 소설가들이 지어낸 말이며, 사실은 제갈량이 선뜻 나서면 유비가 그 자리에서 결단을 내려야 마땅합니다. 원래 그렇게 허장성세를 부릴 상황이 아니었습니다. 생사가 달려 있는데 어떻게 어린애 장난 같은 짓을 하겠습니까? 후일 제갈량은 〈출사표〉에서 "그 후에 나라가 기울어져 무너지려는 위기를 만나, 패전의 상황에서 임무를 맡고 위난의 와중에서 명을 받들었습니다"라고 회상했으니, 바로 이 사건을 말합니다. 우리는 그의 말을 통해서 그때의 분위기를 쉽사리 짐작할 수 있습니다.

분명 이것은 유비 집단의 생사존망과 관련된 일이었습니다. 그러나 이 일의 성공 여부는 결코 유비 측의 일방적인 바람으로 결정되는 것이 아니었으며, 또 완전히 제갈량의 외교적 재능에 달려 있지도 않았습니다. 그 근본은 역시 강동 집단의 정치적 이익에 달려 있었습니다. 그렇다면 손권 집단의 태도는 어떠했을까요? 제갈량은 그의 임무를 달성할 수 있었을까요?

21강
臨危受命

위기의 순간에 명을 받들어

조조가 남하하여 형주를 정벌하는 기세는 파죽지세였다. 유비는 당양에서 패주하여 강동에 구원을 청했다. 이 요청은 원래 형주를 차지하여 조조와 강을 경계로 대치하려는 계획을 세웠던 강동 집단으로 하여금 이러지도 저러지도 못하게 하였다. 유비를 돕지 않자니 순망치한脣亡齒寒의 형세이고, 유비를 돕자니 호랑이를 키워서 후환을 남기는 꼴이었다. 이처럼 어려운 문제 앞에서 손권이 결정을 내리는 데에 도움을 준 사람은 도대체 누구인가?

노숙은 시상을 출발하여 당양으로 가서 유비에게 손권과 연합할 것을 설득하고 그와 함께 하구로 왔습니다. 이때 조조는 이미 강릉을 점령하여 대량의 군수 물자를 획득했고, 곧 강동으로 내려올 예정이었습니다. 사태의 긴박함을 느낀 제갈량은 위기의 순간에 명을 받들어 강동으로 가서 '손장군'에게 구원을 청했습니다. 노숙과 제갈량은 모두 갑자기 닥쳐온 변고에 대응하고, 자신의 계획을 실천에 옮기기 시작했습니다. 그러나 그들의 성공 여부는 전적으로 손권이 어떻게 정책을 결정하는지에 달려 있었습니다.

손권의 결정은 결코 쉽지 않았습니다. 이것은 조조와 유비 사이에서 누구를 선택해야 하는가를 의미했기 때문입니다. 친소를 논하자면 손권과 조조는 사돈지간이었습니다. 조조의 조카딸은 손권의 동생인 손광孫匡에게 시집갔고, 조조의 아들인 조창曹彰은 손권의 조카딸을 아내로 맞이했습니다. 촌수 관계를 따지자면 약간 복잡했지만 어쨌든 인척 관계를 맺었습니다. 친척이나 친구도 아닌, 그야말로 아무 상관도 없는 유비와는 달랐습니다. 강약을 논하자면, 《삼국지》〈유엽전劉曄傳〉의 견해대로 조조는 형주를 정벌할 때에 이미 "구주백군九州百郡 중에서 8할을 차지했고, 위엄이 천하에 떨쳤으며, 위세가 사해四海를 위협"했습니다. 그야말로 실력이 충분했다고 할 수 있습니다.

유비는 본래 역량도 없고 또 타격을 받은 상태라서 초라하기가 마치 집 잃은 개와 같았습니다. 감정을 논하자면 손권은 조조에 대해서 원한과 두려움이 있으면서도 공경하는 태도를 지녔고, 유비라는 천하의 효웅에 대해서는 좋다 싫다 말할 것도, 그의 생사를 신경 쓸 필요도 없었습니다. 그러나 조조의 손이 자기의 코앞이자 자신이 노리던 곳에까지 미쳤으므로, 손권은 기쁘지 않았습니다. 더구나 이번에 유비를 없애고 나면, 그다음은 자기 차례가 될 수 있습니다. 최소한 형주를 차지하려는 계획은 물거품이 될 것입니다. 손권에게 이처럼 순망치한의 느낌이 없을 수는 없었고, 이로 말미암아 만들어지는 엄청난 결과는 고려하지 않을 수 없습니다.

그러나 결정은 매우 어렵습니다. 세상에는 공짜가 없는 법이고, 또 괜히 남의 꾐에 넘어가 불 속에서 밤을 줍다가 손을 데이지 말라는 법도 없기 때문입니다. 일단 조조와 유비의 다툼에 끼어들었다가는 그 책임에서 벗어날 수 없습니다. 더구나 유비라는 천하의 효웅이 절대적으로 선량한 사람은 아닐 것이니 그를 돕는 것은 강도를 돕는 것과도 같아, 잘못하면 도적을 집안에 불러들이는 꼴일 수도 있습니다. 문제는 수수방관하면 안전한가 하는 것입니다. 반드시 그렇지만도 않을 것입니다. 생각해보십시오. 유표는 관도대전 당시에 중립적인 태도를 취했다가 조조로 하여금 원소를 없앤 이후 그를 멸하게 했습니다. 종합하자면 유비를 돕자니 제 무덤을 제가 파는 것과 다름이 없고, 유비를 돕지 않자니 악인을 도와 나쁜 짓을 저지르는 꼴입니다. 바꾸어 말해도 마찬가지입니다. 유비를 돕지 않자니 순망치한의 경우가 될까 염려스럽고, 유비를 돕자니 호랑이를 길러 후환이 생길까 걱정입니다. 유비와 연합하는 것도 옳지 않고, 조조에게 항복하는 것도 옳지 않으며, 중립을 지키는 것도 옳지 않습니다. 이는 곧 혹스럽고도 진퇴양난인 상황입니다. 어느 것을 버리고 어느 것을 따를지, 젊은 손권(26세)의 입장에서는 모진 시련이 아닐 수 없습니다.

따라서 사태가 아직 급하지 않고 상황도 불분명한 단계에서 손권은 망설이는 태도를 택했습니다. 《삼국지》〈제갈량전〉에서는 손권이 "시상에서 군대를 거느리고 성패를 관망했다"고 말하는데, 아주 정확한 묘사라고 할 수 있겠습니다. 그러나 손권은 결국 유비와 연합하여 조조에 대항하는 길을 택했습니다. 바로 손권의 이 결정 때문에 조조의 세력은 더 이상 남쪽으로 내려가지 못하게 되었습니다. 역사는 제후들의 혼전 양상에서 삼국의 정립鼎立으로 변하기 시작했습니다. 따라서 손권의 결정은 그야말로 획기적이라고 할 수 있습니다. 그러나 문제는 원래 '성패를 관망하려던' 손권이 결국에는 왜 조조와 유비 간의 다툼에 끼어들었느냐 하는 것입니다. 도대체 누가 그에게 그러한 결정을 내리게 했을까요?

제갈량, 손권을 만나다

일반인들이 볼 때, 천하의 대세를 반전시킨 사람은 당연히 제갈량이었습니다. 이것은 분명 《자치통감》과 《삼국연의》의 영향입니다. 특히 《삼국연의》는 '여러 유생들과의 설전'과 '지혜로 주유를 격분시킨 일'을 삽입시켜, 마치 '주화파主和派'의 투항 논조가 제갈량에게 통렬한 비난을 받았을 뿐 아니라, 주유마저도 제갈량의 '격려'를 필요로 했고, 노숙은 그저 맹하니 애만 태우고 있었던 것처럼 묘사했습니다. 《삼국연의》는 소설이므로 그냥 놔두겠습니다. 하지만 《자치통감》은 정사이므로 토론하지 않을 수가 없군요.

그렇다면 먼저 《자치통감》에서 어떻게 말하고 있는지 보겠습니다. 《자치통감》에서는 이렇게 말합니다.

노숙이 당양으로 가서 유비와 제갈량을 만나자 쌍방이 단번에 합의하였다. 이에 유비는 노숙의 계책을 받아들여 악현鄂縣 번구(지금의 후베이성 어저우시鄂州市)로 나아가 주둔하였고, 제갈량은 노숙과 함께 시상으로 가서 손권을 만났다.

여기에는 한 가지 문제가 있는데, 《삼국지》의 〈선주전〉〈관우전〉〈오주전〉〈주유전〉〈노숙전〉은 모두 하구라고 했지 번구에 주둔했다고 하지 않았습니다. 번구로 갔다는 것은 《강표전》의 주장인데, 그것은 제갈량이 오에 사신으로 파견된 이후입니다. 그러나 이것은 작은 문제이니 그 뒷부분에는 어떻게 말하고 있는지 보도록 하겠습니다.

사마광의 묘사에 의하면, 제갈량은 신속히 손권을 만났습니다. 제갈량은 무대에 나오자마자 뛰어난 정치적 지혜와 외교적 재능을 보여줬습니다. 형주 측의 대표가 된 제갈량은 손권과 처음 만났을 때 응당 첫 발언을 통해서 형세를 분석하고, 정황을 소개하며 자기가 온 뜻을 설명해야 합니다. 만약에 평범한 사람들이 말한다면, 그 말은 십중팔구 뻔한 인사말 아니면 공식적인 말을 꺼냈을 것입니다. 그러나 그곳에 도착한 제갈량은 뛰어난 외교술의 전범이 되었으니, 그야말로 외교학의 절묘한 교재라고 볼 수 있었습니다.

제갈량의 첫 마디는 다음과 같았습니다.

"해내海內가 크게 혼란하여 장군께서는 강동에서 군대를 일으키시고, 유장군께서는 한남漢南에서 무리를 규합하였으니, 조조와 더불어 천하를 다툴 것입니다."

얼마나 멋진 말입니까! 표면상으로 볼 때, 제갈량은 그저 평범하게 정세를 얘기하고 역사를 회고한 것에 불과합니다. 그러나 이 몇 마디의 말에는 복선이 깔려 있으며 현묘한 이치로 충만합니다. 우리는 천하가 크게 혼란하자 군웅들이 할거하여, 중원을 다툰 사람이 비단 조조, 유비, 손권 세 사람만이 아닌 것을 알고 있습니다. 원소·원술·여포 등은 이미 사라져서 셈에 넣지 않았다고 해도, 유장·장로·마초 같은 사람들은 거론해야 하지 않겠습니까? 그러나 제갈량은 한마디도 언급하지 않았습니다. 언급하지 않은 원인은 그들이 언급할 가치가 없기 때문이라고 해석할 수도 있고, 현재 말하는 상황이 그들과는 상관이 없다고 해석할 수도 있겠습니다. 그러나 기왕에 당면한 일만을 말한다고 한다면 당연히 '함께 형주를 다툴 것'이라고 말해야지 '함께 천하를 다툴 것'이라고 할 필요가 없습니다. '함께 천하를 다툴 것'이라는 말은 천하를 삼분할 사람이 바로 우리들이라든지, 천하를 다툴 수 있는 사람은 바로 이 세 사람이라고 말하는 것과도 같습니다. 결국 융중대의 관념과 사상을 은연중에 손권에게 전달한 것입니다.

이와 동시에 제갈량은 감정을 드러내지 않고 침착하게 두 번째 정보를 전달합니다. 바로 이 세 사람 중에서 조조를 제외한 두 사람은 같은 편이라는 것입니다. 두 사람이 '조조와 함께 천하를 다투는 것'은 조조가 두 사람 공동의 적이기 때문입니다. 누가 친구이고 누가 적인지를 분명히 하는 것은 정치 투쟁의 가장 중요한 문제입니다. 이 문제는 말하지 않을 수는 없지만, 그렇다고 모두 말할 수는 없습니다. 까놓고 말한다면 의심을 불러일으키거나 반감을 일으킬 것입니다. 특히 유비의 대표라면 더더욱 그렇게 말할 수 없습니다. 실력을 가지고 말한다면, 유비와 조조, 손권은 같은 수준에서 말할 수 없습니다. 조조는 중국의 반을 차지했고 수십만의 대군을 거느리고 있으며, 손권도 어쨌든 강동의 6군과 십만의 정예병을 보유하고 있습니다. 그렇다면 유비는요? 죄송합니다만 겨우 1개 군에 2만 명의 인마뿐이며, 그나마도 유기의 지분까지 포함한 수치입니다. 만약 제갈량이 공개적으로 같은 편이라는 의도를 드러냈다면 아마도 손권은 속으로 '아무것도 할 수 없는 유비를 나와 같은 급으로 말하려 한단 말인가?'라고 비웃었을 것입니다. 그러나 현재 제갈량은 그저 역사와 정황만을 이야기할 뿐이므로, 손권은 어떤 말도 할 수가 없었습니다. 손권이 말하지 않았다는 것은 묵인과도 같은 의미였습니다.

이에 제갈량은 "장군께서는 강동에서 군대를 일으키시고, 유장군께서는 한남에서 무리를 규합하였다"는 경쾌한 한마디 말로 유비가 손권과 동등한 위치를 얻게 했고, 또 자신이 동오 측과 대등하게 담판을 할 수 있는 지위를 얻게 했으며, 침착하게 손권을 끌어들여 그를 조조와 적대적인 자리에 놓이게 했습니다. 그야말로 일석삼조였습니다. 자, 기왕에 양측이 같은 편이 되었고 조조가 양측에게 공동의 적수라면, 손권은 얼른 출병하여 유비를 도와야 하지 않겠습니까? 이것이 바로 제갈량이 동오에 사신으로 온 진정한 목적입니다. 이 한마디의 은유적 언사는 이처럼 드러나지 않은 채 앞부분에 숨어 있었으니, 제갈량의 외교 능력은 감탄스럽지 않을 수 없습니다.

'장군께서는 강동에서 군대를 일으키시고, 유장군께서는 한남에서 무리를 규합하였다'는 말의 의의는 여기에서 그치지 않습니다. 손권 집단은 확실히 강동에서 집안을 일으켰으므로, '장군께서 강동에서 군대를 일으켰다'는 표현은 문제가 없습니다. 그러나 유비는 결코 한남에서 군대를 일으키지 않았습니다. 그가 병사를 일으킨 곳은 탁군涿郡 탁현涿縣이며, 이곳은 지금의 허베이 쥐저우시涿州市에 해당합니다. 그런데 왜 '한남에서 무리를 규합했다'고 했을까요? 저는 제갈량의 속셈이 매우 깊다고 생각합니다. 유비는 영제 말년에 군대를 일으킨 때부터 유표에게 의지하기까지 줄곧 다른 사람의 울타리 안에 있었으므로, 자신의 독립적인 지위가 없었습니다. 독립적인 지위가 없는 집단이 사실상의 독립 왕국 국왕인 손권과 이처럼 대화할 자격은 없습니다. 그러나 현재 유표는 죽었고 제갈량이 왔으며, 유비도 독립했습니다. '한남에서 무리를 규합했다'는 말은 독립의 상징입니다. 따라서 제갈량은 역사를 회고했든 현상을 묘사했든 간에, '탁군에서 군대를 일으켰다'고 말할 수는 없었으므로, 그저 '한남에서 무리를 규합했다'라고만 말했던 것입니다. 이 말은 '우리 유장군도 너희 손장군과 마찬가지로 독립 왕국의 군주이며, 우리도 앞으로 삼분한 천하에서 하나를 차지할 것'임을 손권에게 말하는 것과 같습니다. 이제는 서둘러 '조조와 함께 천하를 다툴' 국면에 접어든 것입니다.

이러한 것들이 바로 제갈량이 "해내가 크게 혼란하여 장군께서는 강동에서 군대를 일으키시고, 유장군께서는 한남에서 무리를 규합하였으니, 조조와 더불어 천하를 다툴 것입니다"라고 한 말의 속에 담겨 있는 뜻입니다. 이 짧은 구절 속에 이렇게 많은 언외의 의미가 숨겨져 있다니, 공명은 담판의 고수로서 손색이 없습니다.

그러나 동오 측도 건성으로 대처하지는 않았을 것입니다. 이렇게 말했겠죠.

"좋다. 그럼 너희 유장군이 우리 손장군과 마찬가지로 한 곳의 패주霸主이고, 심지어 조승상에게도 도전하여 필적할 정도라면 어째서 계속 형주에 머물지 않는가? 또 왜 우리에게 달려와 구원병을 청하는가?"

이것은 반드시 설명을 해야 합니다. 그러나 이 문제는 깊이 따질 수 없으며, 적당히 얼버무릴 수밖에 없습니다. 그래서 제갈량은 이에 대한 대답을 자세히 하지 않고 간략하게 언급하고 지나갑니다.

"현재 조조가 이미 중원을 평정하고 형주를 공략하여 그 위세를 사해에 떨쳤습니다. 우리 유장군께서는 영웅이면서도 뜻을 펼칠 기반이 없어 여기까지 이르게 되었습니다. 장군께서는 자신의 역량을 헤아려, 앞으로 어떻게 해야 할 것인지 결단을 내리십시오"

이 얼마나 대단한 고수입니까! 제갈량은 '영웅이면서도 뜻을 펼칠 기반이 없었다'는 구절과 '역량을 헤아려 결단을 내리라'는 말로 공을 손권에게 떠넘겼습니다. 제갈량의 이와 같은 표현에 의하자면, 유비는 마치 아직 싸움에 패하거나 낭패를 당하지도 않았던 것 같습니다. 골치가 아픈 쪽은 오히려 손권입니다. 그는 자신의 '역량을 헤아려서 행동'해야 하며, 또 이런 골칫거리를 누가 자신에게 가져다주었는지를 생각해봐야 합니다.

제갈량이 틀렸다고 말할 수는 없습니다. 그의 말 속에는 또 다른 뜻이 들어 있으며, 손권에게 다음과 같은 내막을 말하고 있기 때문입니다. '맞습니다. 우리 유장군은 확실히 뜻을 펼칠 곳이 없었지만 이 덕에 골치 아플 일이 없었습니다. 어차피 죽음의 길밖에 없었기 때문에 목숨을 걸고 결사적으로 싸워왔습니다. 반면 손장군 당신은 뜻을 펼칠 기반이 있어도 적지 않은 근심거리가 있습니다. 왜 그럴까요? 당신들은 관망하고 의심하며 망설이느라 일이 다급한데도 결정을 내리지 못하고 있기 때문입니다.' 그래서 제갈량은 손권에게 이렇게 말합니다.

"만약 강동이 중원과 대항할 수 있다면 일찌감치 조조와 양단간에 결정을 내는 편이 낫습니다. 대항할 수 없다면 응당 대치를 끝내고 머리를 숙여 신하라고 칭하십시오. 장군처럼 그렇게 겉으로는 명령에 복종하는 척하고 실제로는 다른 마음을 품고 있으면서도, 다급한 상황에서 결단을 내리지 못한다면 곧 큰 화가 닥칠까 걱정스럽습니다."

이 말의 의미는 바로 이렇습니다. '우리 유장군은 영웅이면서도 뜻을 펼칠 곳이 없었지만, 손장군 당신은 뜻을 펼칠 공간이 있습니다. 그러나 잘

못 사용하게 된다면 골칫거리가 될 테니, 잘 헤아려가면서 처리하십시오.'

분명히 자신은 달아날 길이 없으므로 어쩔 수 없이 '손장군에게 구원을 청한다면서' 기어이 손권에게도 골칫거리가 있겠다고 말하고, 거기다가 입장을 바꿔 그를 위해 계획을 세워주는 듯한 태도를 취하려고 하니, 이는 그야말로 주객의 전도이고 좀 안다고 잘난 척하는 것입니다. 손권은 당연히 이 일체를 들으려고 하지도 않고 곧바로 그를 비난합니다.

"그렇다면 너희 유장군은 왜 투항하지 않는 것인가?"

이 말은 참 매정합니다. 빈정대고 풍자하는 의도가 겉에 넘쳐흐르고 또 대답하기도 쉽지 않습니다. 제갈량은 정의롭고 늠름하게 대답합니다.

"그 옛날 제나라의 장사壯士인 전횡田橫은 필부에 불과했는데도 기꺼이 투항하지 않았는데, 유장군이 어찌 그럴 수 있겠습니까? 우리 유장군께서는 황실의 후손으로 재능과 지혜가 세상을 덮을 정도라서 많은 사람들이 따르고 있습니다. 우리는 분명히 저항할 것입니다. 만약 저항하다가 실패한다면, 그것은 하늘의 뜻입니다. 투항은 절대 불가능합니다."

이 말은 외교적인 언사로 볼 수 있을 뿐입니다. 맞습니다. 물론 유비는 영웅이지만 내내 다른 사람에게 의탁하지 않은 것은 아니며, 어떨 때에는 다른 사람에게 투항하기도 했습니다. 이전에 그는 끊임없이 다른 세력에 의지하며 도약을 준비했습니다. 조조에게도 의지했었고, 다른 사람에게도 투항한 바 있습니다. 여포가 그를 습격하여 그의 아내와 아이들을 포로로 붙잡았을 때, 그는 여포에게 화친을 청하지 않았습니까? 그렇다면 그때는 유비가 '황실의 후손으로서 재능과 지혜가 세상을 덮을 정도라서 마치 물이 바다를 향해 흘러가듯이 많은 사람들이 우러러보지' 않았다는 말입니까? 그는 얼마간 도겸에게 의탁했고, 얼마간은 여포에게, 또 조조에게, 다시 원소에게 의탁했습니다. 그때 그의 '기개'는 도대체 어디로 갔습니까? 남의 밑에 있을 때에는 머리를 조아리지 않을 수 없는 법입니다. 더군다나 우리의 '유황숙'은 지금까지 늘 굽실거릴 수 있었습니다. 얼마 전에는 거북이를 흉내 내 머리를 움츠려야 할 때에는 머리를 움츠리는 등 그야말로 일관된 태도를 견지했습니다. 《삼국연의》에 실린 시에서는 유비에 대해 이렇게 읊고 있습니다.

힘겹게 호랑이 굴에 잠시 몸을 기대었더니,
영웅론을 설파하여 사람을 놀라 자빠지게 하네.
기막히게 우레 소리 핑계로 놀란 척 가장하니,
임기응변 참으로 귀신같도다.

勉從虎穴暫趨身,
說破英雄驚煞人.
巧借聞雷來掩飾,
隨機應變信如神

이것은 유비의 성격을 정확하게 말하고 있습니다. '의를 지켜 모욕을 당하지 않았다'는 말은 흰소리이고 '임기응변했다'가 정말임을 알 수 있습니다. 물론 이에 대해서 우리가 유비를 비난하거나 경멸할 필요는 없습니다. 다만 그가 정말로 꺾일지언정 굽히지는 않는, 무슨 '불굴의 의지를 가진 사람'이라고 생각하지는 말아야겠지요. 사실 이번에 유비가 기꺼이 투항하려고 하지 않은 것이 어디 기개가 굳세어서 그랬겠습니까? 그저 조조가 절대 그를 놓아주지 않을 것이라고 확신했기 때문입니다. 투항해도 아무 소용이 없는 이상 끝까지 가는 수밖에 없습니다.

물론 제갈량이 이런 말을 할 수는 없으며, 제갈량의 표현도 썩 훌륭했습니다. 유비 집단의 처지는 매우 위험하여 저항 외에는 다른 길이 전혀 없었지만, 손권 측은 여전히 망설이고 있었다는 점을 알아야 합니다. 이러한 상황에서 유비 측의 사절이 된 제갈량은 말할 것도 없이 고상한 도덕성으로 상대방을 자극할 수밖에 없었으며, 절대 다른 사람의 기개를 높이고 자신의 위풍을 꺾을 수는 없었습니다. 적어도 제갈량은 이렇게 말함으로써, 유비 측이 끝까지 저항할 준비를 하고 있다는 소식을 손권에게 전달했습니다. 이 사실은 쌍방의 협력에 매우 중요합니다. 그 밖에도 제갈량은 26세의 손권이 젊은이라서 성미가 팔팔하고 혈기가 왕성하다고 보고 그를 한번 격분시키려고 이렇게 말했던 것 같습니다. 과연 손권은 참지 못하고 갑자기 안색이 변하며 말하기를, "이 손 아무개가 어찌 6군의 땅과 10만의 정예병을 갖고 남에게 제압당한단 말이오?"라고 합니다. 그리고 그 자리에서 "내 결정은 이미 정해졌소. 유장군이 아니면 조조를 감당할 수 없을 것이오!"라고 입장을 표명합니다.

손권, 조조와의 결전을 결심하다

제갈량은 목적을 달성했습니다. 그러나 손권은 여전히 조금 불안했고, 또 '영웅이면서도 뜻을 펼칠 공간이 없다'는 말을 인정할 수 없었으므로 단도직입적으로 묻습니다.

"장군께서는 최근에 패한 이후, 어떻게 이 어려움에 대처하려고 하시오?"

제갈량은 바로 손권에게 전투에서 조조를 이길 가능성과 조조가 실패할 필연성에 대해 진술합니다. 제갈량은 이렇게 말합니다.

"조조는 날랜 기병을 거느리고 천 리 길을 달려 급습해왔으며, 여기까지 쇄도하느라 이미 힘이 다 빠진 상태인데 전투력이 어디에 있겠습니까? 북방 출신들은 수전에 익숙하지 않은데 전투력이 어디에 있겠습니까? 유종의 부대가 조조에게 투항한 것은 원래 압력 때문이지 결코 마음으로 기뻐하며 복종한 것이 아닌데, 또 전투력이 어디에 있겠습니까?"

사실이 증명하듯이, 제갈량의 이러한 판단은 매우 정확했습니다. 더욱 중요한 것은 제갈량이 또 하나의 중요한 정보를 가져다줬다는 점입니다. 그 정보란 유비가 비록 장판에서 패했지만 잔여 부대에 관우의 수군을 합치면 여전히 1만의 군사가 있으며, 유기의 진영에도 1만 명이 있다는 사실입니다. 형주의 수군은 전혀 조조의 수중으로 떨어지지 않았습니다. 실제로 강동 집단이 화친할 것이냐 전쟁을 벌일 것이냐의 여부를 두고 논쟁이 끊이지 않았던 중요한 이유 중의 하나는 바로 유비의 군이 이미 전멸했고 형주 전체가 함락됐다고 생각했기 때문입니다. 유비 측에 아직 이 정도의 역량이 있다고 한다면 그야말로 다행 아닙니까?

이에 손권은 크게 기뻐하며 여러 부하들과 함께 대책을 세웠습니다. 그러나 장사長史 장소 등은 오히려 조조에게 투항할 것을 주장했고, 오직 노숙만이 개인적으로 다른 의견을 표시하며 손권에게 외지에 나가 있는 주유를 부를 것을 권유합니다. 주유는 당연히 주전파입니다. 그들 두 사람의 지지가 있자 손권은 결국 유비가 조조와 대항하는 데 지원하기로 결정하고 전력을 배치합니다. 이것이 바로 《자치통감》에서 말하는 손권이 결정을 내린 전체 과정입니다. 이 순서에 따르면, 제갈량은 손권의 앞에서 설득했고, 노숙은 측면에서 지원했으며, 주유는 뒤에서 선동한 것이 됩니다. 손권과 유비의 연맹은 제갈량의 외교 활동이 이룩한 찬란한 성과였습니다.

《자치통감》의 이 서술에 근거가 있음을 부인할 수는 없습니다. 이 대목은 기본적으로는 《삼국지》의 본문과 배송지 주를 그대로 베꼈고, 각각의 글자에는 차이가 있지만 전체적으로 큰 차이는 없으며, 크게 보태어 과장한 것도 없으므로 믿을 만한 사실이라고 할 수 있습니다. 그러나 여기에 문제가 있습니다. 문제의 관건은 바로 《삼국지》에서는 손권과 제갈량의 이 대화가 언제 이루어진 것인지를 결코 알려주지 않는다는 데 있습니다. 이를 테면 그 시점이 '여러 부하'들과 상의하고 토론하기 전일까요, 후일까요? 《삼국지》에서는 이 문제를 언급하고 있지 않습니다. 여기에는 복잡하고도 미묘한 사정이 있습니다. 따라서 우리는 손권이 어떠한 사람과도 상의를 거치지 않았을 가능성이 있는지, 제갈량의 일장연설만을 듣고 결정하여 입장을 밝혔는지의 여부를 살펴봐야 합니다.

저는 불가능하다고 생각합니다.

첫째, 조조가 일으킨 이 전쟁은 원래 손권을 염두에 두고 일으킨 전쟁이 아니었습니다. 《삼국지》〈무제기〉에서는 "조공이 강릉을 출발하여 유비를 정벌했다", "조공이 적벽에 이르러 유비와 결전을 벌였다"라고 분명하게 말하고 있습니다. 다시 말해서 후에 벌어진 적벽대전을 포함한 이 전쟁은 원래 조조와 유비 간의 전쟁이고, 손권은 여기에 끌려 들어간 것입니다. 기왕에 조조의 공격 대상이 유비이고 빼앗고자 한 땅은 형주라서 손권과는 전혀 관계없는 일이었다면, 손권이 어떻게 제갈량의 일장연설만을 듣고 이런 실랑이에 말려들었겠습니까? 어떤 사람은 제갈량이 손권을 자극하여 분발시키는 방법을 썼기 때문이라고 말합니다. 그러나 이것은 상당히 '유치한' 관점이며, 역사를 문학화시키고 정치를 어린애 장난같이 보는 것에 불과합니다. 정치가의 정책 결정은 감정에 따르지 않으며, 손권 역시 예외는 아님을 알아야 합니다. 물론 손권은 당시 나이가 어렸지만 어른스러웠습니다. 어떻게 《서유기》의 손오공처럼, 누가 화나게 한다고 바로 격분해서 파르르하겠습니까?

둘째, 손권 집단 내부에서는 이 일에 대해서 줄곧 서로 다른 의견이 있었습니다. 적잖은 사람들이 조조에게 기울어 있었고, 심지어 조조에게 투항하자고 주장하는 사람도 있었습니다. 이 일파를 우리는 '주화파' 내지 '항조파' 또는 '비둘기파'라고 불러도 무방하겠습니다. 노숙과 주유 등은 유비와 연합하여 조조에게 대항하자고 주장했습니다. 이 일파는 '주전파' 내지 '연유파聯劉派' 또는 '매파'라고 불러도 무방합니다. 이 두 파의 의견 불일치는 매우 컸고, 논쟁도 매우 격렬하여, 문관들은 항복하자고 하고 무관들은 싸우자고 하는 등 의견이 분분하여 정해지지 않았습니다. 당연히 이 말은 희곡 속에서 말하는 것이라 사료로 볼 수는 없습니다. 문신과 무신에 근거하여 두 개의 파로 구분하면 아무래도 너무 간단합니다. 그러나 '의견이 분분하여 정해지지 않았다'는 것은 긍정할 수 있으니, 《삼국지》〈오주전〉·〈주유전〉과 〈노숙전〉의 기록이 그 증거입니다. 〈오주전〉에서는 "이때 조공이 새로이 유표의 인마人馬를 얻게 되어 형세가 매우 번성하였다. 의논에 참여한 여러 사람들은 모두 조공의 기세를 보고 두려워하며 대부분 손권에게 그들을 맞이할 것을 권했지만, 오직 주유와 노숙만이 대항하자는 주장을 고집했다"라고 했고, 〈주유전〉에서는 손권이 "여러 부하들을 불러들여 계책을 물었더니" 대부분이 투항할 것을 주장했는데 주유가 반대했다고 말하고 있으며, 〈노숙전〉에서는 "손권은 조공이 동진한다는 소식을 듣고 여러 장수들과 의논했는데, 모두가 손권에게 조공을 환영하라고 권했지만 유독 노숙만이 아무 말도 하지 않았다"라고 했으니, 확실히 의견이 분분하여 정해지지 않았다고 할 수 있습니다.

문제는 이처럼 '의견이 분분하여 정해지지 않은' 상황이, 사마광이 말하는 것처럼 손권과 제갈량이 대담을 나누고 입장을 표명한 후에 있었던 일인가에 있습니다. 저는 불가능하다고 생각합니다. 강동 집단은 줄곧 형주에 관심을 가지고 있었으므로, 그들은 일찌감치 그에 대한 생각이 있었을 것입니다. 다시 말해서 '매파'와 '비둘기파'는 일찍이 형성되어 있었고, 손권도 마음속으로 계산이 있었을 것입니다. 손권은 '현명하고 능력 있는 사람을 발탁하여 그들이 각자 자기의 최선을 다하게 하는 것'에 능했다고 합니다. 그런 그가 내부에서도 아직 충분히 통일된 의견을 토론하지 못한 상황에서 잠재적인 경쟁 상대가 될 수 있는 외부 사람에게 경솔하게 입장을 표명할 수 있겠습니까?

나관중조차도 이 문제를 생각했습니다. 그래서 《삼국연의》에는 제갈량이 손권을 만나기 전에 '여러 유생들이 설전을 벌이는' 장면이 마련되어 있습니다. 아쉽지만 이 장면은 사료상의 근거가 없어서 인정할 수 없습니다. 더구나 사실이라고 하더라도 그것은 '형주 매파'와 '강동 비둘기파'의 논쟁이었지 손권 집단 내부의 토론이 아니었습니다. 당연히 토론은 있었을 것입니다. 손권 집단의 내부 회의는 《삼국연의》에서 손권과 제갈량의 대화 이전으로 설정해놓았기 때문입니다. 다만 아쉽게도 결론이 없었습니다. 결론이 있어도 쓸모가 없습니다. 이것은 《자치통감》의 시간 순서가 아니기 때문입니다.

셋째, 제갈량의 이번 외교 활동의 성공 여부는 전적으로 그의 외교적 재능이 아니라 강동 집단의 정치적 이익에 달려 있었습니다. 손권이 최종적으로 출병하여 유비를 돕기로 결정한 이유는 결코 의협심이나 억울한 사람을 위한 행동이 아니라, 자신의 기득권적인 이익을 지키고 나아가 이러한 기득권을 바탕으로 한몫 단단히 잡으려는 데 있었습니다. 사실 이처럼 중대한 정책 결정은 대개 정치적인 이익에 대한 끊임없는 고려와 득실에 대한 반복적인 저울질을 한 후에 결정하기 마련입니다. 그러나 우리가 앞에서 본 내용에서와 같은 결단은 결코 좋지 않습니다. 잘해봤자 죽 쑤어 개 주는 꼴이고, 잘못하면 제 무덤을 파는 꼴입니다. 그런 결정은 사실 노름이자 도박입니다. 손권이 만약 분명하고 정확하게 계산했다면, 제갈량이 와서 설득을 하지 않았더라도 결정을 내렸을 것입니다. 그는 짧은 시간에 결정을 내릴 수 없었기 때문에 머뭇거렸던 것입니다. 따라서 손권이 제갈량에게 보인 태도는 처음부터 그랬던 것도 아니고, 제갈량의 자극 때문도 아닙니다. 그가 유비를 돕기로 수락한 것은 이 이전에 이미 누군가가 그에게 명확한 계산을 해주었기 때문입니다.

이 누군가가 혹시 제갈량일 가능성은 없느냐고 물을 수도 있겠습니다. 저는 그럴 수 없다고 생각합니다. 제갈량은 진정으로 손권이 정치적 이익을 고려하고 성패와 득실에 대해 저울질할 수 있도록 도울 수는 없기 때문입니다. 이 일은 제갈량이 하지 않은 것이 아니라 할 수 없었습니다. 할 수 없었다는 것은 할 수준이 안 됐다는 말이 아니라 입장이 그렇게 만들었다는 말입니다. 유비 집단의 사절로 온 제갈량은 유비의 이익을 대변할 뿐이지, 손권의 이익을 대변할 수 없습니다. 그는 유비를 위해서 손권이 계책을 내는 것을 도울 수도 있고, 또 입장을 바꿔서 생각해줄 수도 있습니다. 그러나 입장을 바꿔서 생각한다고 해도 그의 입장이 변할 수는 없는 것이고, 설득력만 떨어질 수 있습니다. 이 점에 대해서는 뒤에 다시 얘기하도록 하겠습니다.

더욱이 손권은 강동 집단의 이익뿐 아니라 자기 개인의 이익도 고려하고 있었습니다. 따라서 진정으로 손권을 설득하고 의견을 결정할 수 있도록 도와준 사람은 그의 집단 내부의 '자기 사람'이었을 것이며, 특히 손권의 속내를 깊이 이해하여 진심으로 그를 위해 생각해줄 수 있는 사람이 겠지요. 그렇다면 이 사람은 누구일까요?

22강 力挽狂瀾

거센 물결을 막아내다

제갈량이 손권을 설득한 일은 두말할 것 없이 그의 외교 활동 중에서 빛나는 부분이었다. 그러나 손권이 유비와 연합하여 조조에게 대항하기로 한 최종 결정은 근본적으로 이익 문제에서 비롯된 것이다. 유비 집단의 대변인으로서 제갈량은 손권 집단의 이익을 대변할 수 없었다. 그렇다면 누가 이익의 각도에서 손권을 위해 분석하고, 또 그 분석을 통해 손권이 결정을 내리게 했을까?

유비와 연합하여 조조에게 대항하기로 한 결정은 손권의 집단과 개인의 이익에서 나왔습니다. 따라서 그가 결정을 하도록 도운 사람은 그의 집단 내부의 '자기 사람'이지 제갈량일 수 없습니다. 제갈량은 유비 집단의 사절로서 유비의 이익을 대변하고 유비의 입장을 고수했습니다. 그가 어떻게 손권의 마음속 세계에 깊이 들어와 친근하게 손권을 위해 생각을 해줄 수 있겠습니까? 또 그의 마음속에 깊이 들어올 수 없는데, 어떻게 명확한 계산을 해줄 수 있겠습니까?

물론 계산을 해주기는 했습니다. 또 제갈량이 손권을 설득한 주요 방법 역시 계산이었습니다. 그는 손권을 위해 세 가지의 의견을 내놓습니다. 첫째, 제갈량은 핵심은 시간이며 가장 피해야 할 것은 망설임이라고 말합니다. 결정해야 할 때에 결정하지 않으면 반드시 그 결과인 혼란을 감당해야 합니다. 손권처럼 '밖으로는 복종하고 있다는 명분에 기댄 채 안으로는 주저하고 있으면' 결과는 양쪽 다 좋지 않기 때문입니다. 둘째, 제갈량은 강동의 병마兵馬는 강하고 굳세며, 형주에도 아직 남은 힘이 있으므로 양측이 '힘을 합치기만' 한다면 '조조의 군대를 격파하는 것은 확실' 하다고 주장합니다. 셋째, 제갈량은 조조군은 일단 이익을 잃는다면 반드시 북방으로 돌아갈 것이라고 말합니다. 이렇게 되면 형주와 동오의 힘은 강대해질 것이고, 세 발을 가진 솥과 같은 형세가 형성될 것입니다. 따라서 '성패의 갈림길은 바로 지금에 있다' 는 것입니다.

 이 주장은 물론 손권의 마음을 움직일 수는 있었겠지만, 그렇다고 손권의 마음을 완전히 뒤흔들 수는 없었습니다. 제갈량이 내놓은 이 세 가지 의견은 손권의 마음속 깊은 곳에 있는 은밀한 부분까지 파고들지 못했고, 파고들 수도 없었습니다. 더구나 제갈량의 계산에도 문제가 있었습니다. 무슨 문제일까요? 그는 두 가지 측면을 계산하지 않았습니다. 첫째, 그는 단지 손권이 투항하든지 전투하든지 간에 결정을 내려야지, 관망하고 의심하며 결정을 내리지 못해서는 안 된다는 점만을 말했을 뿐, 투항할 경우에 어떻게 되는지에 대해서는 말하지 않았습니다. 이것은 굉장히 중요한 문제입니다. 만약 투항의 결과가 매우 좋다면 왜 투항하지 않겠습니까? 둘째, 그는 조조를 이길 수 있다고만 가정하며, 그 결과로 삼분천하를 할 수 있고, 적어도 형주를 삼분할 수 있다고 말했습니다. 싸움에 졌을 경우에 대해서는 말하지 않았습니다. 그렇다면 싸움에 졌을 경우는 어떻게 될까요? "너희 유장군이 패한다면 자업자득이다. 그러나 손장군은 너희가 끌고 들어간 것이다. 손장군이 패한다면 누가 그의 문제를 해결해줄 것인가?"라는 물음에 대해 제갈량은 대답하지 않았습니다. 이것은 "우리 은행을 털러 갑시다. 성공하면 평생 넉넉하게 돈을 쓸 수 있습니다"라고 말하는 것과 같습니다. 그래놓고 발각되면 감옥에 가고 사형을 당할 수도 있다는 것은 말해주지 않는 것입니다. "경찰이 와서 잡아가도 나는 몰라요"라고 하는 셈입니다. 이렇게 해도 될까요? 제가 손권이라면 이런 꼬임에는 빠지지 않습니다.

　사실 병마가 움직이기 전에 먼저 패한 경우를 가정해보아야 한다는 것을 제갈량이 모를 리 없습니다. 마찬가지로 남을 위해서 계획을 세울 때에는 모든 말을 남김없이 해야 한다는 것도 모를 리 없습니다. 그렇다면 그는 왜 그런 말을 하지 않았을까요? 방법이 없었기 때문입니다. 조조의 군대는 이미 진격 중이었고, 살기등등하게 기회를 엿보고 있었습니다. 만약 손권이 출병하지 않는다면 유비에게는 아마도 죽음의 길밖에 없을 것입니다. 제갈량은 유비와 이미 '서로 깊은 교류를 하고 있어' 생사를 함께하고 환란도 함께하기로 결심한 사람입니다. 더구나 유비가 삼고초려하여 제갈량을 모셔온 이후 제갈량은 탁상공론만 했을 뿐, 조그마한 공조차 세우지 못했다고 할 수 있습니다. 동오로 파견되어 손권을 설득하는 이 임무가 바로 그가 '세상에 나온 이후의 첫 번째 공로'입니다. 도의상으로는 물론이고 책략상으로 말하더라도, 제갈량은 어떤 방법을 써서든 손권을 설득해야지 다른 선택의 여지가 없었습니다. 따라서 우리는 그가 분명하게 말하지 않은 것을 괴이하게 여길 필요가 없습니다. 다만 손권의 심리는 잘 모르겠다고 말할 수 있는데, 꼭 그런 것만은 아닙니다. 그가 캐묻지 않고 시원시원하게 제갈량의 요청에 응한 이유는 이 이전에 이미 누군가가 그를 설득했기 때문입니다. 그렇다면 그 사람은 누구일까요?

노숙의 상황 인식

　저는 노숙이라고 생각합니다.
　왜 노숙일까요? 노숙은 동오 집단의 정치 노선과 정책의 설계자이기 때문입니다. 앞에서 말했다시피, 노숙은 '동오판 융중대'를 제안한 사람입니다. 노숙의 계획에 따르고, 손책의 유언에 근거하여 보더라도, 동오 집단의 정치적 노선은 응당 '강동을 보호하며', '성패를 지켜보아' 먼저 천하를 삼분한 후에 통일을 하는 것입니다. 그 첫걸음은 손책이 창립한 기반을 공고히 하여 발전시키고, 다음으로는 형주와 익주를 차지하여 조조와 강을 경계로 대치한 뒤, 마지막으로 적당한 때에 북벌을 감행하여 중국을 통일하고 새로운 왕조를 건립하는 것입니다.

이것은 괜찮은 계획이라고 할 수 있습니다. 그 계획이 단기短期·중기中期·장기長期의 3단계 순서와 고·중·저의 3단계 목표를 포함하고 있기 때문입니다. 가장 높은 강령과 장기적인 목표는 천하의 통일이고, 가장 낮은 강령과 단기적인 목표는 강동의 보호이며, 중간 단계는 상황을 보아 유연하게 형주와 익주를 차지하는 것입니다. 물론 형주와 익주는 손권과 노숙이 원한다고 해서 차지할 수 있는 곳은 아닙니다. 그러나 역류하는 물에 배를 띄운 상황에서는 나아가지 않으면 물러나게 됩니다. 이처럼 공격을 최상의 수비로 삼는 책략은 아무리 잘못되어도 남방의 한쪽을 차지하고 왕이라고 칭할 수 있다는 것이니, 이는 더 이상 좋을 수 없는 책략이라고 할 수 있습니다. 그러나 이 책략에는 중요한 전제가 한 가지 있는데, 그것은 형주가 유표의 손에 있다는 점입니다. 유표처럼 반응이 느리고, 연약하고 무능하며, 진취적인 생각 없이 공론만을 일삼아 나라를 망친다면 형주를 차지하는 것이 불가능한 계획만도 아닙니다.

따라서 조조의 남정과 유표의 죽음은 손권과 노숙의 꿈을 무너뜨렸습니다. 노숙은 곧 사태의 심각성을 깨닫고 손권에게 형주로 갈 것을 청하였으며, 손권도 곧바로 그의 행동을 비준했습니다. 안타깝게도 손권과 노숙이든 유비와 제갈량이든 간에, 모두 조조의 행동이 그렇게 빠를 줄은 생각지도 못했고, 결과적으로 노숙이 도착하기도 전에 조조가 먼저 형주의 경계에 도착했습니다. 이에 노숙은 그 자리에서 주저 없이 결단을 내렸습니다. 그는 유비에게 쌍방이 연합하여 함께 세상을 구제하자고 건의했습니다. 사실 이 건의는 유비를 방패막이로 삼아 형주가 조조의 손에 떨어지지 않도록 하기 위한 책략이었습니다. 따라서 손권이 유비와 연합하여 조조에게 대항하자는 계획에 동의할지에 대해, 제갈량뿐 아니라 노숙 역시 조급하기는 마찬가지였습니다.

조조, 손권에게 편지를 보내다

이때 조조가 그들을 도왔습니다. 현재 우리로서는 확실하게 알 수 없는 원인 때문에, 조조는 손권에게 알 수 없는 편지를 한 통 보냈습니다. 편지의 내용은 다음과 같습니다.

"최근에 본인은 조정의 명을 받들어 죄를 지은 자들을 정벌하고 있소. 군대의 깃발이 남쪽으로 향하자 유종은 바로 손을 들어 투항했소. 이제 본인은 다시 80만 명의 수군을 준비하여 그대와 함께 그대가 머무는 오 땅에서 사냥이나 할까 하오."

참으로 대단한 입심이 아닐 수 없습니다. 손권이 이 편지를 부하들에게 보여주었을 때, 부하들은 '소스라치게 놀라며 얼굴색이 변하지 않은 사람이 없을 정도'였습니다.

조조의 이 편지는 이 사건의 핵심 중의 하나였습니다. 이 편지는 조조가 오에 보낸 선전 포고이자, 형세를 갑자기 변하게 만든 전환점이었습니다. 이 편지 이전까지 이 전쟁은 조조와 유비 간의 전쟁이었습니다. 즉 조조가 유표를 정벌하고, 유종을 항복시키며, 유비를 정벌하는 전쟁이었습니다. 이때 손권은 강 건너 불 보듯 할 수 있었습니다. 그러나 이 편지가 전달된 후, 조조와 유비 간의 전쟁은 조조와 손권 간의 전쟁으로 바뀌었고, 유비의 사정이 손권 자신의 사정으로 변하여, 손권은 더 이상 방관할 수 없었습니다. 지켜보는 것과 참여하는 것은 정말 그 차이가 큽니다. 따라서 우리는 조조가 이런 편지를 썼는지의 여부를 살펴봐야 합니다. 조조는 왜 이런 편지를 썼을까요? 조조의 이 편지는 언제 손권에게 도착했을까요?

이 편지의 원문은 《삼국지》의 본문에는 보이지 않고, 〈오주전〉의 배송지 주에서 인용한 《강표전》에 보입니다. 본문에는 "조공이 새로이 유표의 인마人馬를 얻게 되어 형세가 매우 번성하였다. 의논에 참여한 여러 사람들은 모두 조공의 기세를 보고 두려워하며 대부분 손권에게 그들을 맞이할 것을 권했다"라고 기록되어 있습니다. 〈주유전〉에도 조조가 형주를 차지한 이후, 강동 일대의 "장군과 병사들이 그 소식을 듣고 모두 두려워했다"고 했는데, 무슨 편지를 받았다는 언급은 없습니다. 《강표전》은 진대晉代의 우보虞溥가 쓴 작품으로, 후일 그의 아들인 우발虞勃이 진晉 원제元帝에게 바친 것입니다. 이는 동진東晉 시기의 일로서, 당연히 진수가 볼 수가 없는 자료입니다. 그러나 조조가 손권에게 편지를 보낸 일은 당시에도 엄청난 일이었을 텐데, 진수가 어떻게 모를 수 있겠습니까? 왜 《삼국지》에서는 이 편지를 수록하지 않고, "(조조의) 위세를 보고 두려워했다"거나 "(조조가 형주를 차지했다는) 소식을 듣고 모두 두려워했다"는 투의 표현만 선택해야 했을까요? 그러므로 조조가 이런 편지를 보냈는지의 사실 여부는 의심스럽습니다.

조조가 이런 편지를 썼다는 것도 이상합니다. 앞에서 말한 것처럼, 조조가 이 전쟁을 일으킨 애초의 목적은 유표를 정벌하고, 유비를 없애며, 형주를 차지하려는 것이므로, 손권과는 전혀 상관없는 일이었습니다. 《삼국지》〈정욱전〉에 따르면, 유비가 하구로 달아났을 때 정욱을 제외한 조조의 많은 모사들은 모두 손권이 틀림없이 유비를 죽일 것이라고 예상했습니다. 이 예상은 조조 집단의 생각을 잘 대변하고 있습니다. 분명 이 때에 조조가 가장 바란 것은 손권이 자신을 도와 유비를 죽이는 것이며, 그렇지 않을 경우에는 최소한 중립을 지키는 것이었습니다. 그런 그가 어떻게 손권을 자극하는 편지를 쓸 수가 있었겠습니까?

어떤 학자(예를 들어 인원궁 선생)는 조조의 편지가 협박장이라고 보고 있습니다. 이것도 일리가 있습니다. 조조의 모든 병력을 다 합쳐도 80만 명이 안 되는데, 어디에 80만의 수군이 있었겠습니까? 분명 허장성세입니다. 그렇다면 조조는 왜 허장성세를 부렸을까요? 손권에게 다음과 같은 경고를 하기 위해서였습니다.

"너 이 녀석, 쓸데없이 간섭할 생각 말아라! 유비를 도울 생각도 말고 형주를 탐할 생각은 더더욱 말아라. 멋대로 끼어들었다가는 내가 보통내기가 아님을 보여주겠다!"

협박은 당연히 전쟁 중에 항상 쓰던 수단입니다. 더군다나 조조는 '간웅' 아닙니까? 원래 '전쟁에서는 적을 속이는 전술도 마다하지 않는 법'입니다. 그러나 여기에도 문제가 있습니다. 이런 방법을 쓰다가 역효과를 내면 어쩝니까? 조조의 모사 정욱의 예측처럼, 손권은 유비와 연합을 할 수도 있습니다. 정욱은 이렇게 말했습니다.

"조공께서는 원래 천하무적이셨고 최근에는 형주를 차지하셨으니, 이미 위엄이 강표(江表, 장강 이남의 지역을 말함―옮긴이)에 높습니다. 손권은 비록 용맹과 지략이 있다고 하나, 나이 어리고 경력이 얕으며 재위 기간도 짧아, 혼자서는 분명 (우리를 감당하기) 역부족일 것입니다. 유비라는 자는 본디부터 명망이 뛰어나고, 관우와 장비도 모두 만 인을 감당할 수 있으니 손권은 틀림없이 그들을 이용하여 조공에게 대처하려 할 것입니다. 만약 그들이 손을 잡는다면 그들을 떼어놓기 어려워져 유비를 죽이기는 더욱 힘들어질 것입니다."

정욱의 이와 같은 예측은 매우 타당합니다. 손권은 위협을 받았으니, 그에게 원군援軍을 찾지 못하게 하는 것은 불가능합니다. 유비는 전투에 패했으니 그에게 동오 쪽으로 달아나지 못하게 하는 것은 불가능합니다. 조조의 입장에서 보자면, 제일 좋은 결과는 손권이 원소나 유표처럼 유비를 보호는 해주면서도 등용하지도 않고 돕지도 않는 것입니다. 이런 정황 아래에서 조조가 손권을 위협하는데 어떻게 그들이 동맹을 맺지 않겠습니까? 이런 이치는 조조도 알고 있을 것입니다. 바로 1년 전에 조조에게 공격을 받은 원상과 원희가 요동으로 달아났을 때, 조조는 그들 둘을 추격하지도 않았고 그들을 수용한 공손강도 토벌하지 않았습니다. 조조는 '급하게 몰아치면 그들이 힘을 합하겠지만 느슨하게 놔두면 각자가 서로를 공격하려 할 것'이라며 그들이 서로 싸울 때까지 기다리는 편이 좋겠다고 말했습니다. 그보다 조금 전 원담과 원상을 정벌할 때에 나온 곽가의 건의도 이와 같았습니다. 조조는 분명 사리를 압니다. 그렇다면 이번에는 조조가 왜 그들이 서로를 공격하게 기다리지 않고 한사코 급하게 몰아치려 하는 것일까요?

조조가 순탄하게 형주를 점령한 후, 동오까지 단숨에 해치워 멸망시키고 싶은 생각이 들었을 가능성도 배제할 수는 없습니다. 어쨌든 그의 수중에는 5천 명의 날랜 기병만이 아니라 후방의 십수 만 대군이 있었습니다. 이 역시 가능합니다. 《삼국지》〈가후전〉에서는 "태조가 형주를 격파하고 강동으로 내려가려고 하자" 가후가 반대했다고 말하고 있습니다. 가후는 조조가 "전번에는 원씨를 격파했고, 이번에는 한남을 함락시켰으므로" 이미 "위세와 명성이 멀리까지 드러났다"고 생각했습니다. 그가 보기에 이제는 당연히 회유 정책을 실시하여 형주의 사인과 백성들을 위로하고, 그들이 평안히 살면서 즐겁게 일하며 평화롭고 안정된 세월을 보내게 해야 합니다. 그렇게 하면 "크게 백성들을 위무하지 않아도 강동 사람들이 머리를 숙이고 복종할 것"입니다. 이 글에서 보면 당시 조조가 '강동으로 내려가' 공격하려 한 것은 손권이었습니다.

따라서 이 일에는 세 가지 가능성이 있습니다. 첫째, 조조는 손권에게 선전 포고를 하기 위해 그 편지를 썼습니다. 둘째, 조조는 손권을 겁주기 위해 그 편지를 썼습니다. 셋째, 조조는 그 편지를 쓰지 않았습니다. 저는 그 편지가 작성되었을 수도 있고 그렇지 않았을 수도 있다고 봅니다. 만약 작성되었다면 그것은 손권에 대한 선전 포고입니다. 그 편지가 언제 강동에 전달됐는지는 이후에 다시 얘기하도록 하겠습니다.

노숙, 손권에게 조조와의 대결을 주장하다

조조가 이 편지를 쓰지 않았다고 해도 동오 측은 매우 긴장한 상태였습니다. 형주를 맹렬하고 신속하게 공격한 기세만으로도, 이미 그들을 '위세를 보고 두려워' 하도록 만들었기 때문입니다. 게다가 어찌됐든 간에 '강동으로 내려가'는 조조의 예봉이 가리킨 것은 손권이 아니라고 해도 손권일 수밖에 없습니다. 다시 말해서 조조가 편지를 썼든 쓰지 않았든 강동의 제신諸臣들은 모두 발등에 불이 떨어졌다고 느꼈습니다. 그래서 조조에게 투항하자는 주장이 있었던 것입니다. 만약 조조가 유비만 없애려고 했다면 그들이 투항하고 말고 할 것이 뭐 있습니까?

고난을 맞이해 진실한 사람을 알 수 있는 때가 왔습니다.

당시 손권은 틀림없이 긴급 회의를 소집했을 것입니다. 조조가 자신을 공격하려고 한다는 소식을 들었기 때문입니다. 소식을 들은 경로에 대해서 《자치통감》과 《삼국연의》는 모두 조조의 편지를 받은 후라고 말하고 있고, 《삼국지》〈노숙전〉에는 "조공이 동진한다는 소식을 듣고"라고 말합니다. 그 당시 각 진영의 정보 수집 작업은 매우 활발했습니다. 종합하자면, 손권은 조조가 자신을 죽이러 온다는 것을 분명히 알았으므로 부하들과 어떻게 해야 좋을지를 상의한 것입니다. 결과는 상하의 신하 모두가 항복하자는 논조를 폈으며, 대소 관원들은 "모두 손권에게 조조를 맞이할 것을 권장"했고, 오직 노숙만이 한마디도 하지 않았습니다. 손권은 어쩔 수 없이 몸을 일으켜 변소로 갔고, 노숙도 그를 따라 변소의 처마 밑에 이르렀습니다. 총명한 손권은 곧바로 노숙이 자기에게 할 말이 있으며, 그것도 매우 중요한 말임을 알아채고, 그의 손을 끌어당기며 자신에게 무슨 할 말이 있느냐고 물었습니다.

 노숙은 분명 할 말이 있었고, 이때가 손권을 설득시킬 가장 좋은 기회이지만 이런 말들을 사람들 앞에서는 할 수 없다고 느꼈습니다. 왜 그럴까요? 아시다시피 노숙이 당양에 가서 유비에게 손권과의 연합을 권유한 것은 손권의 사전 승인을 얻었기 때문입니다. 노숙이 손권에게 요청할 때 분명히 말했듯이, 그가 이런 행동을 한 목적은 '유비를 설득하여 유표의 부하들을 무마시켜 한마음 한뜻으로 함께 조조를 공격하는 것'에 있었습니다. 기왕에 이렇게 된 마당에 손권은 왜 또 머뭇거렸을까요? 한 가지 머릿속 계산이 끝나지 않았기 때문입니다. 유비를 돕지 않으면 형주는 조조의 것이 되지만, 유비를 도우면 형주는 유비의 것이 됩니다. 두 사람을 모두 돕지 않고 수수방관해도 형주를 자기의 것으로 만들 수 없고, 자칫 잘못하다간 전쟁의 불길이 코앞에까지 닥칠 수도 있었습니다. 이는 참으로 좋지 않은 결정입니다. 그러나 이제 상황이 변하여, 더 이상 유비를 돕고 돕지 않고의 문제가 아니었습니다. 조조에게 투항해야 하느냐 마느냐의 문제가 된 것입니다. 이에 대한 셈은 심사숙고해야 합니다. 이 계산이 분명해지면 모든 것이 명확해집니다.

 이에 노숙은 손권에게 이렇게 말합니다.

"방금 전에 한 논의는 모두 장군을 오도誤導하고 있습니다. 조조에게 투항하는 것이 불가능하지는 않습니다. 그러나 투항하는 주체가 누구냐에 따라 이야기는 달라집니다. 저 같은 경우는 괜찮습니다. 하지만 장군께서는 불가합니다. 왜 그렇겠습니까? 제가 조조에게 투항하면 조조는 저를 고향으로 보내 고향 사람들의 평가를 받게 할 것이고, 그렇게 된다면 품행과 재능이 있다는 평을 받겠지요. 그런 다음에는 저는 말단의 작은 관직을 얻어 우거牛車를 타고 다니며 수하를 거느릴 것이고, 사대부들과 교류하면서 한 계단 한 계단 올라가 군수나 주목州牧이 되는 것도 문제가 되지 않을 것입니다. 그러나 장군께서 조조에게 투항하신다면 어디로 가시겠습니까?"

귓속말에 불과한 이 말은 손권의 마음속에 와닿습니다. 손권은 탄식하며 말합니다.

"금방 말한 그들의 의견은 나를 매우 실망시켰소. 그대의 이 말만이 심모원려이며 내 생각과 딱 들어맞으니, 이는 하늘이 그대를 나에게 내려주신 것이오!"

노숙이 이렇게 말한 것은 그가 손권의 마음속을 꿰뚫고 있었기 때문입니다. 그는 손권의 마음을 간파할 수 있었고, 또 손권과 같은 생각을 갖고 있었습니다. 앞에서 말했던 것처럼, 노숙이 '동오판 융중대'에서 내세운 계획은 결국 '제왕으로 등극하여 천하를 도모' 하는 것입니다. 이에 대해 손권이 당시에 보인 반응은 냉담한 것 같았습니다. 그는 자신이 지금 한쪽 지역에 진력하는 것은 한 황실을 보좌하려는 것에 불과하며, 노숙이 말한 바에는 '도달할 수 없다' 고 말했습니다. 그때 중국의 형세와 동오의 역량으로 볼 때, 손권은 이렇게 말할 수밖에 없었겠지만, 마음속으로는 틀림없이 기뻐했을 것이고 또 그의 의견에 찬성했을 것입니다.《삼국지》〈노숙전〉에 따르면, 22년 후 손권이 황제를 칭하며 제위에 등극할 적에 특별히 과거를 회상하며 사람들에게 말하기를, "애초에 노자경魯子敬은 오늘을 예견했으니 참으로 사세事勢에 밝았다고 할 수 있겠소"라고 했습니다. '도달할 수 없다'고 한 것은 진심에서 우러난 말이 아니고, '사세에 밝았다'가 마음속의 말임을 알 수 있습니다. 손권이 이미 황제라고 일컬은 마당에 어찌 북쪽을 향해 신하라고 일컬을 수 있겠습니까? 이에 대한 계산을, 그는 그야말로 분명하게 한 것입니다.

조조에게 투항하지 않는다면 유비와 연합할 수밖에 없습니다. 이런 것을 두고 선택의 여지가 없다고들 합니다. 싸워서 졌을 경우에 어떻게 할 것인가에 대해서는 노숙이 말하지 않았고 손권도 묻지 않았습니다. 싸움의 패배가 투항과 별 차이는 없지만, 훨씬 명예롭기 때문입니다. 그러나 이 말은 자기 사람과 얘기해야 하고, 그래야 손권도 귀담아들을 수 있습니다. 마찬가지로 손권과 노숙 사이만이 서로 말하지 않아도 이해하는 밀약을 가질 수 있었습니다. 더욱이 손권은 이미 투항과 패전이 자기 입장에서 같은 결과라는 것을 분명히 안 이상, 다시 제갈량에게 이 문제를 물어볼 필요가 없었습니다. 노숙과 손권의 대화는 분명히 제갈량을 만나기 전에 있었고, 그래서 제갈량의 말 한마디에 결정할 수 있었을 것입니다.

사마광이 왜곡한 부분

이 문제에 대해서는 《자치통감》을 무턱대고 맹신할 수 없습니다. 《자치통감》은 사실 편향성이 농후한 책입니다. 역사학자로서 사마광은 이야기를 날조해서는 안 됩니다만, 그는 이야기를 선택할 수 있고 또 고치는 것도 가능합니다. 그는 조조에게 유리하거나 유비에게 불리한 몇몇 사료를 빼버렸습니다. 손권이 노숙에게 "이는 하늘이 그대를 나에게 내려준 것이오"라고 한 말도 빼버렸습니다. 조조와 여포가 벌인 '승씨乘氏 전투'의 기간을, 그는 이틀에서 하루로 고쳐버렸습니다. 《자치통감》의 '조작'이 이렇게 많은데, 어떻게 이런 의심을 하지 않을 수 있겠습니까?

사마광은 사료의 취사 선택에서만 장난을 친 것이 아니라 시간의 순서에 대해서도 기교를 부렸습니다. 진수의 《삼국지》는 기전체紀傳體 역사서입니다. 기전체의 특징은 같은 시기에 발생한 사건의 단편적인 내용이 각 개인의 열전에 흩어져 나오는 수가 있다는 점입니다. 만약 정확한 시간을 표시하지 않는다면 도무지 그 선후를 알 수가 없습니다. 노숙과 제갈량이 한 말도 이와 같습니다. 그러나 《자치통감》은 편년체編年體 사서이므로 선후의 문제가 있었습니다.

손권의 결정 과정이 바로 이런 문제를 가지고 있습니다. 《삼국지》〈노숙전〉의 기록에 따르면, 유비와 노숙이 "함께 교류를 맺은" 후 유비는 "드디어 하구에 도착하여 제갈량을 손권에게 사신으로 파견하였고, 노숙 역시 돌아와 (손권에게) 복명했다"고 합니다. 따라서 《자치통감》에서 제갈량과 노숙이 시상에 돌아와 "모두 손권을 알현했다"고 한 것은 문제가 되지 않습니다. 문제는 '모두 손권을 알현했다'는 말에서 두 사람이 함께 알현한 것인가 아니면 따로따로 알현한 것인가 하는 데 있습니다. 대부분은 따로 봤을 것이라고 말합니다. 그렇다면 누가 먼저 보고 누가 나중에 봤을까요? 사마광은 제갈량이 먼저 만났고, 제갈량이 손권을 설득시킨 이후 손권이 비로소 노숙을 포함한 여러 신하들을 함께 봤다고 말합니다. 사마광의 표현에 따르면 "손권이 크게 기뻐하고, 여러 부하들과 함께 대책을 의논했다"고 합니다. 이렇게 본다면 제갈량이 "먼저 강한 인상을 심어준 것"이니, 손권을 설득한 최대 공로는 응당 그의 것입니다.

그러나 "손권이 크게 기뻐하고, 여러 부하들과 함께 대책을 논의했다"고 한 이 구절은 사마광이 한 말이고, 《삼국지》〈제갈량전〉에는 "손권이 크게 기뻐하고, 곧 주유·정보·노숙 등과 수군 3만 명을 파견하여 제갈량을 따라 선주에게 가서 힘을 합쳐 조공에게 대항하게 했다"라고 되어 있습니다. 이 문장의 앞뒤 문맥을 따져보면, 손권은 결국 노숙·주유와 대화를 하지 않았거나 제갈량과의 대화를 제일 마지막에 한 셈이 됩니다. 이것은 물론 맞지 않습니다. 따라서 사건의 진상은 다음과 같이 되어야 합니다. 노숙과 제갈량이 시상으로 돌아갔을 때, 마침 조조의 편지가 도착한 것입니다. 이 점은 사마광도 인정하는 것이라 그는 '이때是時'라는 말을 사용했습니다. 이때 손권은 당연히 곧바로 제갈량을 볼 수 없었는데, 먼저 내부의 의견을 통일해야 했기 때문입니다. 이에 곧 그가 소집한 긴급 회의가 있었고, 아울러 노숙과의 개인적인 대화도 있었습니다.《삼국연의》의 시간표는 이렇게 되어 있습니다. 바로 이 대화는 손권으로 하여금 조조에게 투항해도 별 소용이 없다는 것을 느끼게 했습니다. 유비와 연합하여 조조에게 대항해야만 지금은 군주로 군림하면서 장래에 제업을 이룰 수 있습니다. 노숙은 그야말로 말 한마디로 나라를 일으켰다고 할 수 있습니다.

이 점은 손권에게도 매우 분명했습니다.《삼국지》〈노숙전〉에 따르면, 적벽대전에서 조조를 패주시킨 후에 노숙이 먼저 돌아오자, 손권은 많은 유력 인사들을 보내 그를 영접하게 했습니다. 노숙이 궁전 앞에 이르러 막 궁문으로 들어가 인사를 하려고 하자, 오히려 손권이 일어나 그의 자를 부르며 "자경! 내가 말고삐를 잡고 말에서 내리는 그대를 맞이하면 그대의 체면이 서겠소?"라고 말합니다. 노숙은 잰걸음으로 앞으로 나오며 "충분치 못합니다"라고 했습니다. 모두들 이 말을 듣고 경악을 금치 못했습니다. 자리를 잡고 앉은 후에 노숙은 비로소 천천히 채찍을 들고 이렇게 말합니다.

"저의 소망은 장군께서 지존의 자리에 올라 위엄을 사해에 펼치고 천하를 통일하여 제업을 완성하는 것입니다. 그런 다음에 편안한 수레를 보내 저를 맞이해주셔야 저의 체면이 설 것입니다."

손권은 이 말을 듣고는 박장대소했습니다. 이 말이 자신의 마음에 꼭 들었기 때문입니다.

우리는 또 한 가지 증거를 들 수 있습니다. 《강표전》에 의하면, 손권이 등극했을 당시 여러 신하들이 와서 축하를 했는데, 장소 역시 홀(笏, 관리가 군왕을 만날 때 손에 쥐는 물건—옮긴이)을 들고 와서 손권의 공덕을 찬양할 준비를 했습니다. 손권은 그의 말을 막으며 말했습니다.

"그때 짐이 그대의 말을 들었다면 오늘날 빌어먹고 다녔을 것이오!"

그러자 장소는 땅에 엎드려 땀을 비 오듯 흘리며 부끄러워했습니다. 손권이 그때의 논쟁을 줄곧 염두에 두고 있었음을 알 수 있습니다. 이것으로 보아 당시 진정으로 그의 마음을 움직인 것은 틀림없이 노숙의 다음과 같은 말이었을 것입니다.

"장군께서 조조를 맞아들이면 장차 어디로 가시겠습니까?"

이 문제에 대해서는 사마광 이전의 역사가였던 진수와 배송지가 훨씬 더 객관적이고 공정한 태도를 가졌습니다. 배송지는 〈노숙전〉과 〈주유전〉의 주석에서 "유비가 손권과 힘을 합쳐 함께 중원에 대항한 것은 모두 노숙의 원래 계획"이었고, "계책을 올려 조공에게 대항한 것은 사실 노숙에게서 시작되었다"라고 분명히 말했습니다. 다시 말해서 유비에게 손권과 연합하라고 권유한 사람은 노숙이었고, 손권에게 유비와 연합할 것을 설득한 사람도 노숙이었습니다. 노숙은 손권과 유비 연맹의 창시자였고, 손권과 유비 연맹의 최고 공로자였습니다.

그러나 노숙은 손권이 정치적인 결정을 하는 데에만 도움을 줄 수 있었습니다. 즉 전쟁을 할지 하지 말지의 결정 문제를 해결해줄 수 있었습니다. 그는 손권이 군사적인 결정을 내리는 것은 전혀 돕지 못했습니다. 즉 전쟁에서 이길 수 있을지 없을지의 문제는 해결해줄 수 없었습니다. 이 문제를 해결하지 못하면 싸워서 이길 수가 없습니다. 그렇다면 싸워서 이길 수 있을지 없을지의 문제는 누가 해결했을까요?

23강 中流砥柱

세찬 물결 속에 우뚝 서서

노숙과 제갈량의 권고를 통해 손권은 상황을 면밀히 살피고 여러 차례의 심사숙고를 거쳐, 유비와 연합하여 조조에게 대항하기로 결정했다. 그러나 이처럼 위험성이 큰 전쟁을 벌이기 위해서는 군사적인 가능성을 따져보지 않을 수 없다. 그렇다면 누가 손권에게 가능성을 분석해주었으며, 손권은 결국 어떻게 정책을 결정하고 전력을 배치했는가?

노숙은 손권에게 이해득실을 솔직히 말하고 정곡을 찔러, "장군께서 조조를 맞이하시면 어디로 가시겠습니까?"라고 하여, 손권이 조조에 대항할 결심을 하도록 했습니다. 그러나 노숙은 손권을 위해 정치적인 계산만 해주었지, 손권이 군사적인 계산을 하는 데에는 전혀 도움을 주지 못했습니다. 하지만 이 문제도 마찬가지로 중요했습니다. 노숙 역시 이 점을 알았기 때문에, 그는 손권에게 곧바로 당시 파양(鄱陽, 지금의 장시성 포양시 鄱陽市)에 가는 중이었던 주유를 부르도록 건의했습니다. 주유는 명령을 받은 후 곧바로 시상으로 돌아왔습니다.

이 일은 《삼국지》〈노숙전〉에 명확한 기록이 있습니다. 원문에는 "당시 주유가 임무를 받고 파양으로 갔는데, 노숙이 손권에게 권유하여 주유를 불러 돌아오게 했다"라고 되어 있습니다. 그러나 〈주유전〉에는 이런 말이 없고, 손권이 긴급 회의를 소집하자 다들 투항할 것을 주장했지만 주유의 통렬한 비난을 받았다고 말합니다. 이 때문에 배송지는 〈주유전〉에 주를 달 때에 노숙의 편을 많이 들었습니다. 배송지는 먼저 조조에게 저항해야 한다고 말한 사람은 사실 노숙이라는 점을 제시했고, 주유의 관점이 마침 노숙과 딱 들어맞아, "함께 큰 공훈을 이룩"했다고 말했습니다. 그러나 〈주유전〉 본문에서는 노숙이 앞서 세웠던 계획에 대해서는 일언반구도 언급하지 않아, 마치 주유가 홀로 대항할 계책을 말한 것처럼 보이게 하니, 어쩌면 고의로 노숙의 공로를 말살하려 한 것 같다고 말했습니다.

배송지의 이 말은 조금 지나치다고 할 수 있습니다. 진수가 이렇게 쓴 것은 굳이 노숙의 공로를 없애려 했다기보다 지면을 아끼고 중복하여 기록하지 않으려고 했을 뿐이라고 봅니다. 그렇지 않다면 〈노숙전〉 안에 몇 구절의 말이 있을 리가 없습니다. 마찬가지로 주유의 관점도 노숙과 명확하게 같았을 것입니다. 그렇지 않다면 노숙이 손권에게 주유를 소환하라고 건의할 수 없었을 것입니다. 만약 주유가 장소 일파와 마찬가지로 투항파였다면, 노숙이 그를 소환하라고 요청한 것은 공연히 긁어 부스럼 만든 꼴이 아니겠습니까? 노숙은 그렇게 멍청하지 않았습니다.

나관중이 창작해낸 당시의 상황

이렇게 볼 때, 《삼국연의》에서 '지혜로 주유를 격분시킨' 장면은 익살스럽고 황당무계한 일이 아닐 수 없습니다. 《삼국연의》의 표현에 따르면, 첫째, 주유를 소환하라고 건의한 사람은 노숙이 아니라 오국태吳國太입니다. 둘째, 주유도 손권이 불러서 돌아온 것이 아니라 자발적으로 옵니다. 주유는 조조군이 동진한다는 소식을 듣고 서둘러 온 것입니다. 그 결과 "사자를 아직 파견하지도 않았는데 주유가 먼저 도착해버립"니다. 셋째, 주유는 시상으로 돌아온 후 곧바로 손권을 만나지 않습니다. 먼저 동오의 문신과 무장들을 만나고 그다음에 제갈량을 만나며, 다음 날 이른 아침에 비로소 손권을 만납니다. 넷째, 주유는 몇몇 사람들과 만났을 때 태도가 매우 애매하여, 이 사람을 보고는 이렇게 말하고 저 사람을 보고는 다르게 말합니다. 그러고는 많은 사람들이 인사를 하고 나가자 오히려 "냉소를 그치지 않았습니다." 다섯째, 주유는 제갈량과 만나서는 항복하겠다는 논조를 주장하여 노숙을 당황하게 만들고, 제갈량이 "동남쪽에서 이교를 품에 안고 攬二喬於東南兮" 어쩌고 하는 내용의 이른바 〈동작대부銅雀臺賦〉를 읊는 상황에 이르게 합니다. 주유는 그제야 펄쩍 뛰며 본 모습을 드러내고, 그러고 나서야 다음 날 회의석상에서 저항을 주장하며 격앙된 어조로 자기의 의견을 말합니다. 여기까지가 이른바 '공명이 지혜를 써서 주유를 격분시키고, 손권이 조조를 격파하기로 결정하다'입니다.

여기에는 분명히 수많은 허구와 우스갯소리가 있습니다. 예를 들자면 '오국태'는 꾸며낸 인물입니다. '오국태'는 오부인의 여동생으로, 오부인과 함께 손견에게 시집을 왔습니다. 이 일은 사료상 전혀 근거가 없으며, 그다지 가능하지도 않은 것 같습니다. 《삼국지》〈오부인전吳夫人傳〉에 따르면, 당시 손견은 오부인(이때는 물론 아가씨였겠지요)이 재색을 겸비한 것을 보고, 그녀에게 청혼하려고 했습니다. 그런데 여자 측 집안에서 "손견을 경망스럽고 교활하다고 싫어하여" 거절할 준비를 함으로써, 손견을 수치스럽게 만들고 원한을 품게 합니다. 오부인이 "어찌 딸아이 하나 때문에 화근을 불러일으키십니까? 만약 망나니에게 시집을 가게 되더라도 그것은 운명 아니겠습니까?"라고 하자, 오씨 집안에서는 그제야 그녀를 손견에게 시집보냈습니다. 여러분 생각해보십시오. 오부인 본인에 대해서도 오씨 집안에서는 원래 시집을 보내지 않으려고 했습니다. 그런데 어떻게 오부인의 여동생까지 시집을 보냈겠습니까?

그렇다면 왜 터무니없이 '오국태'라는 말이 튀어나왔을까요? 원래《삼국연의》에서는 손권의 결정 과정에 대하여 다른 견해가 있었습니다. 《삼국연의》 43회와 44회에서는, 노숙이 제갈량과 함께 시상으로 돌아온 후에 제갈량을 영빈관에서 쉬게 하고는 자기가 먼저 손권을 만나러 갑니다. 바로 그때 손권은 여러 사람들과 조조가 보내온 서신에 대해 토론하는데, 대부분이 모두 투항을 주장하고, 노숙만이 반대의견을 견지합니다. 다시 말해서 노숙과 손권이 대화를 한 것은 손권이 제갈량과 이야기를 나누기 전입니다. 이러한 순서는 《자치통감》과는 다르지만, 분명히 더 합리적입니다.

문제는 《삼국연의》가 제갈량을 띄우려고 했다는 사실입니다. 제갈량을 띄우기 위해서는 노숙을 낮게 평가해야 하고, 반드시 노숙이 말한 의의를 희석시켜야 했으며, 특히 노숙이 바로 성공을 거두게 해서는 안 되었습니다. 따라서 손권은 노숙의 의견에 찬성을 했음에도 불구하고 여전히 의심을 품어야 했습니다. 그래서 노숙은 손권에게 제갈량과 대화를 나눌 것을 건의했고, 이로 인해 제갈량이 '여러 유생들과 설전을 벌인 장면'이 있었던 것이며, 제갈량과 손권의 대화도 벌어진 것입니다. 대화를 마친 이후, 손권은 제갈량에게 이렇게 말합니다.

"선생의 말씀은 막혔던 제 마음을 확 트이게 하셨으니, 제 의견은 이미 결정되었습니다. 더 이상 다른 의문점이 없습니다. 지금 바로 군사를 일으키는 일에 대해 상의하여 함께 조조를 없애도록 합시다."

이렇게 해서 손권을 설득한 공로가 제갈량에게로 돌아갑니다.

그러나 주유가 아직도 등장하지 않았습니다. 주유의 역할은 간과할 수도 홀시할 수도 없습니다. 그래서 《삼국연의》에서는 다음과 같은 이야기를 집어넣었습니다. 손권이 태도를 밝혔다는 소식이 전해지자 장소 등의 사람들은 모두 공명이 동오를 구렁텅이로 빠뜨리려고 간계를 부린다고 말하고, 또 손권을 찾아가 그를 설득하여 손권을 다시 머뭇거리게 만듭니다. 이번에는 노숙이 뭐라고 말을 해도 아무 소용이 없었습니다. 노숙은 이때 이미 '외국과 내통했다'는 혐의를 받고 있어, 그에게는 아무런 공신력이 없었기 때문입니다. 더구나 제갈량을 높이기 위해 노숙은 나관중의 붓끝에서 이미 성실하지만 무능력한 사람으로 격하되어 있었으므로 어떤 방도도 생각해낼 수 없었습니다. 이 일에 대해서는 별도로 다른 사람을 물색해서 얘기를 풀어나가야 했고, 다른 방법이 있어야 했습니다. "내정內政을 결정하지 못할 경우에는 장소에게 묻고, 외정外政을 결정하지 못할 경우에는 주유에게 물으라"고 한 손책의 유언이 가장 좋은 방법이었습니다. 이 말은 《삼국연의》 29회의 말에 따르면, 손책이 오부인에게 한 말로서 손권도 이 말을 알고 있었습니다. 문제는 이때 손권 자신은 생각해내지 못했고, 장소가 말하기에는 적합하지 않았으며, 오부인은 이미 건안 7년 내지 건안 12년에 세상을 떠났으므로(역사에서는 그녀의 죽음에 대한 두 가지 견해가 있습니다), 할 수 없이 오부인의 여동생인 오국태라는 인물을 만들어낸 것입니다. 물론 이 오국태도 한 가지 역할을 했습니다. 그것은 바로 '오국태가 불사佛寺에서 신랑을 보는 장면'(54회, 여기에서 신랑은 유비를 말하며, 유비가 손권의 여동생과 혼인하기 위해 오국태가 유비를 먼저 만나본 것을 말한다—옮긴이)인데, 손권이 여동생을 시집보낼 때 신부 측의 가장이 바로 오국태였습니다.

오국태만이 아니라 손책의 유언도 거짓말입니다. 그러나 이렇게 하지 않았다면 제갈량이 적벽대전에서 세운 공로를 어떻게 첨가했겠습니까? 이 모든 것은 다 제갈량을 등장시키기 위해서이고, 그가 '지혜로 주유를 격분시켰다'라는 볼거리를 표현하기 위해서입니다. 이 이야기는 모두가 잘 알고 있으니 언급하지 않겠습니다. 제가 볼 때 이것은 한 편의 코미디이고 세 사람의 모습도 좋아 보이지 않습니다. 노숙은 말할 것도 없이, 고리타분하고 둔해서 우스꽝스러울 정도입니다. 주유와 제갈량은 허장성세를 부리면서도 괴상야릇했습니다. 세 사람이 막 이야기를 시작했을 때, 주유는 투항파인 척 가장하며 거침없이 투항하자는 주장을 했습니다. 결과적으로 노숙은 '경악'했고, 제갈량은 '냉소'했습니다. '경악'에는 일리가 있습니다. 노숙이 볼 때, 주유는 당연히 주전파여야 하기 때문입니다. 더구나 사전에 이미 주유는 "자경은 근심하지 마시오. 나에게 이미 생각이 있소"라고 노숙을 안심시키는 말을 했습니다. 그런데 어떻게 별안간 투항파로 변할 수 있습니까? 당연히 머리를 굴려보았어야 하는 일입니다. 경악한 후에는 생각을 해봤어야 한다는 것이지요. 그런데 노숙은 그렇지 않았고, 이 말을 진실로 받아들이며 주유에게 화를 냅니다. 이런 사람이 과연 '동오판 융중대'를 창안했던 정치가처럼 보이기나 합니까?

제갈량의 '냉소'는 더욱 웃깁니다. 그처럼 총명한 예지와 빈틈없는 관찰력을 가진 사람이 주유가 투항파인 척하고 있다는 것을 모른단 말입니까? 뜻밖에도 곧이어 요란을 떨며 말하는 것도 그의 격조와 품위에 전혀 어울리지 않습니다. 그는 노숙에게 이렇게 말합니다.

"자경! 그대는 어떻게 우리 유장군처럼 그리 당면 정세를 모르십니까? 그대가 볼 때 유장군이 지금 어떤 상황입니까? 공근公瑾의 생각이 얼마나 좋습니까? 부귀영화도 누릴 수 있고, 처자식도 보호할 수 있으니, 국가가 흥하든 망하든 무슨 상관이란 말입니까?"

이렇게 말하는 것이 제갈량답습니까?

주유도 웃기기는 마찬가지입니다. 분명히 "백부(伯符, 손책의 자—옮긴이)의 부탁을 받아 몸을 굽혀 조조에게 항복할 수가 없었고", "스스로 파양호를 떠난 것은 북벌할 생각이 있기 때문"이면서도, 굳이 제갈량이 〈동작대부〉를 끌어댈 때까지 버티다가 버럭 화를 내며, "나는 늙은 도적과는 절대 공존할 수 없다"고 말합니다. 도대체 이것이 천하를 다투는 전쟁입니까, 아니면 질투 때문에 다투는 전쟁입니까? 이것이 적벽대전입니까,

23강 세찬 물결 속에 우뚝 서서 | 435

아니면 트로이전쟁(Trojan War, 트로이의 왕자 파리스에게 아내를 빼앗긴 스파르타의 왕 메넬라우스가 트로이 원정을 하면서 시작된 전쟁—옮긴이)입니까?

강경 매파 주유, 손권에게 일전을 권유하다

물론 《삼국연의》에서 이렇게 쓴 데에 전혀 일리가 없는 것은 아닙니다. 무슨 일리가 있을까요? 주유는 후일 이렇게 말합니다.

"방금 한 말은 시험일 뿐이오."

원래 주유는 제갈량을 시험해본 것이었습니다. 주유는 왜 제갈량을 시험하려 했을까요? 《삼국연의》의 캐릭터 설정에 따르면, 주유는 포용력이 적고 속이 좁은 사람이었습니다. 속이 좁았으므로 쉽사리 다른 사람을 의심했고, 그래서 다른 사람을 시험하려 한 것입니다. 하지만 근거도 없이 성격만 가지고 이 상황을 설명할 수는 없습니다.

본래 잘 모르던 두 사람이 처음으로 합작을 할 때에는 각자에게 이익이 되는 집단을 대변하기 마련입니다. 일반적으로 말하자면, 모두가 한번 시험해보려고 할 것입니다. 더군다나 강동 집단과 형주 집단은 원래 관계가 좋지 못했습니다. 그러나 첫째 이러한 시험은 쌍방향적이어야 할 텐데, 왜 제갈량은 손권을 시험하려 하지 않았고, 주유를 시험하지 않았을까요? 둘째, 시험하려면 내용이 있어야 하며, 시험을 위한 시험을 해선 안 됩니다. 그렇다면 주유는 도대체 뭘 시험하려고 했을까요? 입장? 태도? 성의? 모두 시험할 필요도 없던 것들이었습니다. 사정이 이미 분명했기 때문입니다. 유비 집단이 조조에게 투항할 수 있었다면 동오까지 와서 무엇 때문에 그러고 있었겠습니까? 이것이 바로 제갈량이 손권과 주유를 시험해보지 않았던 원인입니다. 유비는 이미 막다른 골목이었으므로 '손장군에게 구원을 청할 수밖에' 없었습니다. 이때 설령 손권이 투항할 심산이었다 하더라도, 제갈량은 그의 생각을 돌려서 끌고 가야 할 판인데 그가 누구를 시험하려고 했겠습니까? 그가 이미 선택의 여지 없이 마음을 정했는데, 주유는 또 무엇을 시험한단 말입니까?

'지혜로 주유를 격분시켰다'는 말은 더욱 어이가 없습니다. 제갈량은 '융중을 나오기 전부터 이미 천하삼분지계를 알고 있던' 사람입니다. 평소부터 시국에 매우 관심이 많았으니, 동오 측의 정황에 대해서도 상당히 익숙했을 것이며, 주유의 일관적인 태도와 입장을 모를 리가 없었습니다. 설사 이전까지는 잘 몰랐다고 해도, 하구에서 시상으로 오는 여정 중에는 노숙에게서 분명히 들어서 알았어야 합니다. 제갈량은 어떤 일을 해도 성실한 사람입니다. 그가 맡은 일이 얼마나 중요한 임무인데, 미리 모든 정황을 파악하지 않을 수 있었겠습니까? 더구나 주유처럼 중요한 인물을 어떻게 파악하지 않았겠습니까? 이때 노숙과 제갈량은 이미 친구가 되었고, 또 공동의 주장이 있었습니다. 제갈량이 묻지 않았다고 해도 노숙이 적극적으로 주유를 소개했을 것입니다. 따라서 제갈량은 분명 주유가 어떤 사람인지를 알고 있었어야 하며, 근본적으로 주유를 '격분시킬' 필요가 없다는 점을 알았어야 합니다.

그렇다면 주유는 어떤 사람입니까? 한마디로 '강경 매파'였습니다. 노숙이 손권에게 주유를 소환하라고 건의한 까닭은 주유가 군사를 잘 알고 상황에 익숙하기 때문이기도 했지만, 주유가 '강경한 매파'였기 때문입니다. 아마도 이것이 더욱 중요한 이유였을 것입니다. 건안 7년(202), 원소가 병사하고 조조가 기염을 토하고 있을 때, 조조는 손권에게 자제를 인질로 보내라고 명령합니다. 그때 장소 등은 '머뭇거리며 결정하지 못하고' 있었는데, 주유는 당당하고 엄준한 어조로 손권을 설득하여 조조의 협박을 거절하게 합니다. 바로 그때 손권의 모친인 오부인은 명확한 태도를 드러내며, 자신의 아들에게 손책보다 딱 한 달 어린 주유를 형으로 대접하게 합니다. 이런 주유를 '지혜로 격분시켰다'고 운운하는 것이 어찌 쓸데없는 말이 아니겠습니까?

혹자는 이렇게 물을지 모르겠습니다.

"주유가 과거의 태도가 강경하다고 해서 이번에는 연약한 태도를 취할 수 없단 말인가? 과거에는 '매파'였지만 이번에는 '비둘기파'로 변신할 수도 있지 않은가?"

그럴 수 없습니다. 주유의 이런 태도는 결코 무모하고 충동적인 순간에 폭발한 것이 아니라, 세월이 흐르면서 쌓이고 심사숙고하여 나온 결과이기 때문입니다. 《삼국지》〈주유전〉이 우리에게 알려주듯이, 주유는 손책에게 '의리의 친구'였고, 어려서부터 손책과 함께 자라면서 "유독 서로 친했으며", "후당後堂에 들어가서 손책의 모친에게 문안을 드리고 생활용품마저도 함께 공유할" 정도였습니다. 후일 손책이 원술의 진영에서 뜻을 이루지 못하자 부하들을 이끌고 원술을 떠나 역양(歷陽, 지금의 안후이성 허현和縣)에 왔을 때 수하에는 5~6천 명 정도뿐이었는데, 주유는 "병사들을 거느리고 손책을 맞이하여" 손책이 강동을 소탕하여 평정하는 것을 보좌했습니다.

손책이 세상을 떠난 후에도 주유는 솔선하여 손권을 지지하고, 장소와 함께 손권의 왼팔과 오른팔이 되었습니다. 《삼국지》〈노숙전〉에 따르면, 주유는 노숙에게 지금이 "뜻이 있는 선비들이 용이나 봉황 같은 명철한 군주를 만나서 공을 세우려고 분주히 돌아다닐 시기"이며, 손권은 틀림없이 제업을 성취할 수 있을 것이라고 말했고, 노숙은 이 말을 듣고 손권에게 의탁했다고 합니다. 주유와 손권의 관계가 제갈량과 유비의 관계처럼 절대 변할 수 없는 것임을 알 수 있습니다. 손권과 조조에 대한 그의 태도에는 감성적인 부분도 있고 이성적인 부분도 있었습니다. 따라서 그를 완전히 믿을 수 있었으므로 시험할 필요도 없고 지혜로 격분시킬 필요도 없었습니다.

실제로 주유의 이번 태도는 매우 호쾌했습니다. 손권이 개최한 회의 석상에서 주유는 세찬 물결 속에 우뚝 선 영웅의 본모습을 충분히 드러내어, 하는 말마다 아름답고 청아했습니다.《삼국지》〈주유전〉에 따르면, 주유는 회의 석상에서 조조가 "명분상으로는 한의 재상이라고 하지만 사실은 한의 도적"이라고 말합니다.

"장군은 신명神明한 위무와 웅대한 재주를 갖추고 아울러 부친과 형의 업적에 의거하고 계시니, 해야 할 일은 응당 천하를 두루 다니며 한나라를 위하여 모든 잔재를 일소하고 더러운 것을 씻어내는 것입니다. 더군다나 조조가 직접 죽으러 온다는데 우리가 어찌 투항할 이유가 있겠습니까?"

이 말은 정의롭고 늠름했으며, 반드시 해야 할 말이기도 했습니다. 전쟁은 정치 투쟁의 연장이기 때문입니다. 정치적으로 정당해야 자기가 '정의의 군사'가 되고, 그렇게 해야만 병사들의 사기를 북돋울 수 있습니다. 문제는 정치적 정당성이 결코 군사상의 가능성과 일치하지는 않는다는 것에 있으며, '비둘기파'의 의견도 전혀 일리가 없는 것은 아니었습니다. 그들이 볼 때, 조조는 이리나 호랑이 같은 맹수와 다를 바 없었고, '천자를 끼고 사방을 정벌하며 걸핏하면 조정의 명령임을 내세우니' 본래부터 만만한 사람이 아니었습니다. 만약 다시 공개적으로 그와 사이가 틀어진다면 일은 더욱 처리하기 곤란해집니다. 강동 측은 장강長江을 믿었습니다. 그러나 현재 조조는 이미 형주를 점거하여 강릉의 함선과 유표의 수군을 획득했기 때문에 장강이라는 천해의 요새는 그들도 이미 공유하게 되었습니다. 게다가 조조는 원래 병사가 많고 세력이 커서, 전선과 병마가 함께 이동하며 수륙 양면으로 동시에 진격하니 어떻게 감당해낼 수 있겠습니까? 중요한 것은 '잔재를 일소하고 더러운 것을 씻어내야' 하느냐의 여부가 아니라, '천하를 두루 누빌' 수 있느냐의 여부였습니다. '조조가 직접 죽으러 온다'는 표현은 어쨌든 전혀 근거가 없었습니다.

물론 주유가 이러한 점을 생각하지 못했을 리 없습니다. '비둘기파'의 노파심을 겨냥하여 그는 조조의 이번 출정에 보이는 4대 폐단을 지적했습니다. 본토가 불안하고 후환이 없어지지 않았는데 무턱대고 남하하는 것이 그 첫 번째 폐단입니다. 기병을 버리고 함선을 사용하여 장점을 버리고 단점을 취했으니, 이것이 그 두 번째 폐단입니다. 겨울이 다가오는 10월이라 말에게 먹일 꼴이 없고 병사들의 보급 물자도 넉넉지 못하니, 이것이 세 번째 폐단입니다. 대군을 동원하여 원정을 감행하니, 기후와 풍토가 맞지 않아 반드시 질병이 발생할 것입니다. 이것이 네 번째 폐단입니다. 주유는 이렇게 말합니다.

"이 네 가지는 모두 병법가들이 절대 기피하는 것인데, 조조는 한 가지도 빠지지 않고 모두 저질렀습니다. 제가 볼 때, 이 도적을 사로잡을 수 있는 기회는 바로 지금입니다! 장군께서 저에게 3만 명의 정예병을 주신다면, 제가 장군을 위해 조조를 대파할 것을 보장합니다."

이것은 제갈량의 판단과도 일치하니, 그야말로 '영웅의 생각은 대체로 같다'고 할 수 있습니다. 제갈량의 판단은 지지난 강의에서 말한 바 있습니다. 그는 조조가 이 전투에서 가지고 있는 세 가지 문제가 대군을 이끌고 원정한 점, 장점을 버리고 단점을 취한 점, 인심이 복종하지 않는 점이라고 지적했습니다. 특히 조조는 먼 길을 고생스럽게 왔기 때문에 병사들이 매우 피로한 상태입니다. 게다가 그는 이기려는 마음이 간절하여 날랜 기병들을 '하루 밤낮 동안 3백여 리를 이동'하게 하여, 결과적으로 자신을 '쏜 화살로 노호(魯縞, 고대 노나라에서 만든 얇은 천—옮긴이)도 뚫을 수 없을 정도'로 '피로한 상황'으로 만들어버렸습니다. 조조는 병법가들이 절대 금기시하는 것을 범했습니다. 제갈량은 이렇게 말했습니다.

"병법에 따르면 이처럼 엄청난 금기를 어긴 경우에는 '반드시 장수가 쓰러진다'고 합니다."

제갈량의 이 말은 손권이 "유장군은 최근에 패배한 이후에 어떻게 이 어려움에 대처할 수 있소?"라고 물은 것에 대한 대답입니다. 그렇다면 손권과 제갈량의 이 대화는 언제 있었을까요? 저는 이 대화가 손권과 노숙이 대화한 이후이자, 아직 손권과 주유가 대화하기 전이어야 한다고 생각합니다. 구체적인 시간은 노숙이 손권에게 주유를 소환하자고 건의하여 주유가 한창 돌아오고 있을, 바로 그 순간의 틈입니다. 따라서 제갈량과 주유는 모두 조조를 상대해서는 이길 수 없다는 신화를 분쇄했다고 할 수 있습니다.

종합하자면, 노숙은 손권을 도와 정치적인 득실을 계산해주었고, 제갈량은 손권을 위해 연맹의 득실을 계산해주었으며, 또 주유와 함께 군사적인 득실을 셈해주었습니다. 노숙은 전쟁을 해야 할지 말아야 할지의 문제를 해결해주었고, 제갈량과 주유는 이길 수 있느냐 없느냐의 문제를 해결했습니다. 이제 손권의 마음에는 계산이 섰고, 이에 비장의 카드를 꺼냅니다.

"늙은 도적이 한 황실을 폐하고 자립하려고 한 지 이미 오래되었소. 다만 원소와 원술, 여포와 유표, 그리고 나만을 두려워했을 뿐이오. 지금 여러 영웅들은 모두 사라지고 오직 나만이 여전히 건재하오. 나는 늙은 도적과 절대 공존할 수 없소. 그대가 응당 공격해야 한다고 말하니, 나의 생각과 딱 들어맞소. 이는 하늘이 그대를 내게 내려주신 것이오."

조조가 이 시점에서는 더 이상 '조공'이 아닌 '늙은 도적'이 되었음을 주의해서 보십시오. 이것은 분명 결정을 내린 이후여야 합니다.《삼국지》〈주유전〉의 배송지 주에서 인용한《강표전》에 따르면, 손권은 이런 결심을 표시하기 위해 칼을 뽑아 책상을 두 동강 내고는 얼굴빛을 바꾸고 큰 소리로 말하기를, "다시 감히 조조에게 투항할 것을 주장하는 자가 있다면 그의 최후는 이 책상과 같이 될 것"이라고 합니다.

대략 이날 저녁 즈음에 주유와 손권은 1차 단독 회담을 합니다. 《강표전》에 따르면, 주유는 이렇게 말합니다.

"존경하는 우리 동료들은 조조가 보낸 서신만 보고, 80만 대군이라고 괜히 긴장합니다. 심지어 그들은 확인도 안 해보고 투항하자는 의견을 내세우니 참으로 어이가 없습니다. 이제 제가 주공을 위해 명확한 득실을 따져드리겠습니다. 늙은 도적이 거느린 북방의 군대는 그 숫자가 15~6만에 불과하며, 그것도 매우 지쳐 있습니다. 새로 편입된 유표의 옛 부하들 역시 7~8만 명에 불과하며, 역시 의심의 눈초리로 사태를 관망하고 있는 상태입니다. 피로에 지친 병사들과 의심의 눈초리로 관망하는 병사들을 거느렸다면, 숫자는 많아도 두려워할 것이 뭐가 있겠습니까? 저에게 정병 5만 명만 주신다면 전투 능력도 상실한 이들 20만 명쯤이야 충분히 상대할 수 있습니다. 장군께서는 망설일 필요가 없습니다."

손권은 이 말을 듣고는 주유의 등을 쓰다듬으며 말합니다.

"공근! 그대의 말이 내 가슴에 제일 와닿는구려. 자포(子布, 장소) 일파는 자기 일족만 생각하고 얄팍한 이해타산을 하여 나를 매우 실망시켰는데, 공근과 자경만이 내 생각과 같소. 이것은 하늘이 그대들 두 사람을 보내 나를 도우려는 것 같소. 5만의 인마를 단시간 내에 결집시키기는 매우 어렵소. 내 이미 3만의 병사를 뽑아놓았고, 군량, 마초, 무기도 다 준비해 놓았소. 공근과 자경, 그리고 정공(程公, 정보程普)이 먼저 출발하면, 내가 후방에서 병사를 계속 선발하고, 군량미도 많이 실어 그대들의 후원군이 될 것이오. 공근이 조조를 상대할 수 있다면 물론 좋겠소만, 만약 여의치 않아 돌아온다면 내가 마땅히 맹덕과 승패를 결판낼 것이오."

여기에서 주의할 만한 말은 다음 세 구절입니다. '오직 그대와 자경만이 나와 같은 생각', '이미 3만 명의 병사를 뽑아놓았고, 군량, 마초, 무기도 다 준비해놓았소.', '만약 불리하여 돌아온다면 내가 직접 조맹덕과 결사의 일전을 벌일 것이오.' 이 말들이 다시 증명해주고 있듯이, 이 이전에 손권은 이미 전쟁에 참여할 계획이었고, 인마와 함선, 군량과 마초, 무기까지도 모두 준비를 해놓았습니다. 이번 대화는 손권의 확신을 굳혀주었습니다. 이에 주유와 정보를 좌·우독(左·右督, 총·부지휘관에 해당)에, 노숙을 참군교위(參軍校尉, 참모장)로 임명하여 군대를 거느리고 서쪽으로 가서 유비와 합류하게 했습니다.

유비, 주유의 능력을 의심하다

《삼국지》〈선주전〉의 배송지 주에 인용된 《강표전》에 따르면, 이때 유비는 이미 노숙의 배려에 따라 하구에서 번구로 이동했습니다. 당시 "제갈량이 오에 갔다가 아직 돌아오지 않았는데" 조조군은 날마다 압박을 가하여 유비의 마음은 타들어가는 것처럼 조급했습니다. 그는 날마다 사람을 보내 부둣가를 지키게 했고, 마침내 주유의 구원병이 오는 것을 보았습니다. 유비가 사람을 보내 군대를 위무하자, 주유는 이렇게 말합니다.

"군무를 맡고 있어 감히 마음대로 직무를 떠날 수 없습니다. 만약 장군께서 몸을 낮춰 직접 오신다면, 그것은 이 주유가 매우 바라는 바입니다."

유비는 관우와 장비에게 "우리는 주도적으로 동오 측과 연합을 맺었다. 만약 우리가 가지 않으면 성의가 없어 보일 것 같구나"라고 했습니다. 이에 곧 "작은 배를 타고 가서 주유를 만났습니다." 유비는 혼자서 작은 보트를 타고 주유를 보러 간 것입니다. 우리는 《삼국연의》에서 관우가 '혼자서 칼 한 자루만 들고 노숙의 초대연에 간' 이야기를 알고 있습니다만, 유비가 실제로 '작은 배 한 척을 타고 주유에게 간 이야기'는 모르고 있습니다. 이것을 보아도 유비는 틀림없는 영웅임을 알 수 있습니다.

유비는 주유를 만났고, 틀림없이 한 차례의 위문을 했을 것입니다. 그러나 그의 최대 관심사는 분명 군사 상황이었습니다. 유비는 물었습니다.

"지금 조공에 대항하기 위해서는 계책이 매우 합당해야 할 것이오. 병졸은 얼마나 있소?"

주유는 3만이라고 말했습니다. 이 숫자는 분명 유비를 만족시키지 못했고, 또 그를 안심시킬 수도 없었습니다. 내친김에 좀 더 나아가 《강표전》에서는 심지어 유비가 근본적으로 주유의 승리를 믿지 못했고, 여전히 마음속으로 의심하여 일부러 "유별나게 후방에 있으면서" 직접 2천 명의 군사를 거느리고 관우·장비와 함께했고, 주유와 연합하지 않았다고까지 말합니다. 손성은 이 일이 사실이 아니며, '오나라 사람들이 자기들의 공로를 자랑하기 위해 만들어낸 말'이라고 보았습니다. 이것이 사실이든 아니든 간에, 유비가 마음을 놓지 못하고 병력이 너무나 적다고 말할 수는 있습니다. 그러나 주유는 오히려 의기양양하고 자신감 넘치게 "3만 명이면 충분합니다. 유장군께서는 마음 푹 놓으시고 제가 적들을 격파하는 것을 보십시오"라고 말합니다.

주유의 태도는 물론 영웅의 기개가 넘치고, 유비의 걱정도 일리가 없지는 않습니다. 주유의 3만 인마에 관우의 1만과 유기의 1만을 합친다고 해봐야 도합 5만에 불과합니다. 주유의 계산에 따르면, 조조 측은 아무리 적게 잡아도 20만 명입니다. 5만이 20만 명과 싸워서 이길 수 있겠습니까?

답은 이미 정해져 있습니다. 주유가 지휘하는 손권과 유비의 연합군이 적벽에서 조조군을 대파했습니다. 조조는 엄청난 곤경에 빠질 정도로 전쟁에 패하여 허겁지겁 꽁무니를 뺐고, 주유와 유비의 협공을 받아 정신없

적벽대전의 조조군 백만대군이 적벽에 진을 치고 있다.

이 도망했으며, 장료·허저許褚 등의 도움으로 겨우 위험을 벗어났습니다. 주유와 유비의 부대는 수륙 양면으로 동시에 공격을 감행했고, 조조를 추격하여 남군성南郡城 아래까지 도착했습니다. 조조는 정남장군征南將軍 조인과 횡야장군橫野將軍 서황을 머물러 강릉을 지키게 하고, 절충장군折沖將軍 악진에게 양양을 지키게 했으며, 자신은 패잔병을 이끌고 북방으로 돌아가 더 이상 내려오지 못했습니다.

이것이 바로 적벽대전입니다. 적벽대전은 중국 역사상 적고 약한 인원으로 많고 강한 적을 물리친 유명한 전쟁이며, 역대로 매우 높은 중시와 평가를 받았습니다. 그러나 어떤 학자들은 당시 조조의 군사가 사실 5천 명 정도였고, 적벽대전은 보통의 조우전遭遇戰에 불과했으며, 전쟁의 규모는 역사가들에 의해 과장되었다고 생각합니다. 물론 이것은 하나의 의견에 불과합니다. 그러나 이 전쟁을 두고 의견이 분분했던 것은 어쨌든 사실입니다.

전쟁의 목적·규모·시간·지점과 승패의 원인에 대해서도 역사학자들은 모두 다른 의견을 가지고 있습니다. 예를 들어 어떤 학자들은 조조가 실패한 주요한 원인이 병사들이 '사스SARS' 내지 '조류 독감'에 걸렸기 때문이고, 그래서 어쩔 수 없이 자신이 배를 불태우고 철수했다고 말합니다. 이 주장은 조조의 말을 증거로 듭니다. 《삼국지》〈주유전〉 배송지 주에서 인용한 《강표전》에 따르면, 적벽대전 후 조조는 손권에게 편지를 보내 "적벽에서의 전투는 전염병이 생겨 내가 배를 불태우고 스스로 물러난 것인데, 뜻하지 않게 주유가 이런 명예를 얻게 했다"고 말합니다.

그렇다면 한 가지 물어보겠습니다.

"이것이 사실입니까?"

《삼국연의》에는 이 전쟁에 대해 매우 다채롭게 묘사하였으며, 그중 많은 고사가 인구에 회자되고 있습니다. 예를 들면 '여러 유생들과 설전을 벌이다'라든가, '지혜로 주유를 격분시킨다'라든가, '칼을 빌려 사람을 죽인다'라든가, '풀배로 화살을 빌린다'라든가, '감택이 거짓 항복 문서를 바치다'라든가, '방통이 계책을 바치다'라든가, '고육계苦肉計'라든가, '동풍을 빌리다'라든가 하는 것들은 모두 우리가 익히 들어 자세히 알고 있는 얘기들입니다. 따라서 우리는 다시 한 번 물어봐야 합니다.

"진짜 이런 일이 있었습니까?"

적벽의 의심스런 구름

자기 집단의 노숙과 주유, 유비 집단의 사자인 제갈량의 권유를 받아들인 손권은 시세를 잘 살피고 심사숙고하여, 유비와 조조에 대항하기로 결정했다. 그리고 이에 따라 적벽대전이 발발했다. 그러나 역사상 이 전쟁에 대한 기록과 묘사는 오히려 의심스러운 구름이 가득하고, 역사학자들의 견해도 의견이 분분하다. 어떤 사람은 이 전쟁이 보통의 조우전에 불과하다고 생각한다. 그렇다면 적벽대전의 진상은 도대체 어떤 것인가?

적벽대전은 삼국시대의 가장 유명한 전쟁입니다. 삼국을 이야기할 때 적벽대전을 모르는 사람은 극히 적습니다. 이것은 사실 나관중 덕택이라고 할 수 있습니다. 《삼국연의》에서 허구적인 부분이 가장 많은 곳이 바로 이 부분이고, 또 가장 다채롭게 묘사된 부분도 이 부분입니다. 실제로 이 전쟁은 정사에 나타난 기록도 많지 않고, 남아 있는 문제도 적지 않아서, 역사학계의 '신新 적벽대전'이 여러 차례 폭발했을 정도입니다. 관련된 문제는 다음과 같습니다. 첫째, 누구의 전쟁이었는가? 둘째, 전쟁의 규모는 어떠했는가? 셋째, 시간과 지점은 어떠한가? 넷째, 승패의 원인은 무엇인가? 이런 문제에 대해 역사학자들은 각각 자신의 의견을 주장하고 있으며, 그 의견들은 첨예하게 대립하기도 합니다. 예를 들어 조조 측이 투입한 병력을 두고도, 실제는 50만이라는 주장과 실제는 5천 명이라는 주장(이외에도 40만, 30만, 20여 만 등 세 가지의 주장이 있습니다)에 이르기까지 그 차이가 대단히 큽니다. 이 강의는 학술 강의가 아니므로, 여기에서는 저의 '개인적 의견' 한 가지만을 이야기할까 합니다.

먼저 첫 번째 문제부터 말해야 하겠습니다. 첫 번째 문제란 바로 이 전쟁을 도대체 누가 일으켰느냐는 것입니다. 주지하다시피, 조조의 이번 남하는 유표를 정벌하고 형주를 빼앗기 위해서였습니다. 이 목적은 유종의 투항, 유비의 패배, 강릉의 함락 이후에는 이미 실현되었다고 할 수 있습니다. 가후는 조조에게 여기에서 수습하라고 권유했는데 이 일은 우리가 〈하늘이 내린 기재〉 편에서 이미 말한 바 있습니다. 물론 유비는 비록 '궁핍한 도적'이지만 사람도 아직 건재하고 마음도 죽지 않았으니 당연히 그를 추격해야 합니다. 그러나 저는 다른 한 가지 가능성도 배제해서는 안 된다고 생각하는데, 바로 조조가 유비를 없앤 다음 내친김에 동오까지도 멸망시키려고 했다는 것입니다.

《삼국지》〈가후전〉에서는 "태조가 형주를 격파하고, 장강을 따라 동쪽으로 내려가려고 했다"고 말합니다. 여기에서 '장강을 따라 동쪽으로 내려가는 것'이 단순히 유비를 없애기 위한 걸까요? 주유가 출정하기 전에, 손권이 그와 무슨 말을 했습니까? 손권은 이렇게 말했습니다.

"그대가 해결할 수 있는 것이면 부디 승부를 결정지어주시오. 만약 여의치 않아 돌아온다면 내가 마땅히 맹덕과 승패를 결판낼 것이오."

만약 이번에 조조가 정말로 공격하려는 대상이 유비뿐이었다면 손권은 이렇게 말했어야 합니다.

"주유 형! 먼저 가서 한번 싸워보시오. 싸워서 이길 것 같으면 우리 한 몫 잡읍시다. 싸워봐서 이기지 못할 것 같으면 '유황숙'이 살든 죽든 신경 쓰지 맙시다."

사정이 이랬다면 뒤의 문제도 해결하기 쉽습니다. 그 결론은 분명 다음과 같을 것입니다.

"이것은 규모가 비교적 큰 전쟁이었고, 시간은 건안 13년 12월이었으며,

지점은 지금의 후베이성 츠비시赤壁市, 즉 원래의 포기현蒲圻縣이었다."

왜 이렇게 될까요? 적벽전이 소규모 전투라고 주장하는 학자들은 이 전쟁을 다음과 같이 묘사하기 때문입니다.

건안 13년 7월에 조조가 출병하였고, 8월에 유표가 병사했으며, 9월에 유종이 투항하였다. 조조는 강릉의 군수 물자를 유비가 차지할까 걱정했다. 조조는 결국 직접 정예 기병 5천을 이끌고 하루 밤낮에 3백 리를 가는 속도로 유비를 추격하여 당양에서 만났다. 유비는 패하여 하구로 달아났고, 조조군은 강릉으로 진격했다. 대량의 군수 물자를 얻은 후 조조는 곧바로 강을 타고 내려가다 강물을 거슬러 올라오던 손권-유비 연합군과 우연히 만났고, 창졸간에 '조우전'을 벌였다. 조조는 우연히 적을 만났고 갑자기 전투에 임한 데다 기타의 몇몇 원인까지 겹쳐 패배했다.

이 주장에 찬성한다면 전쟁이 발생한 시간은 10월임을 인정해야 합니다. 12월에는 조조의 후속 부대도 도착했을 테니 병력도 겨우 5천에 지나지는 않았을 것입니다. 그렇다면 조조의 이 5천 정예병은 왜 10월에 적벽까지 쫓아갔을까요? 당연히 유비를 공격하려는 것이었습니다. 손권을 공격하려는 것이 아니었습니다. 《삼국지》〈정욱전〉에 따르면, 당시 "유비가 오로 달아나자" 조조의 많은 모사들은 모두 손권이 유비를 죽일 것이라고 단정했습니다만, 오직 정욱만은 그렇게 생각하지 않았습니다. 조조는 어떨까요? 알 수 없습니다. 따라서 당시 조조는 손권과 유비가 연맹을 맺을 수 없으리라고 판단했을 수 있습니다. 그런데 뜻밖에도 그들은 연맹을 맺었고, 5만의 병력을 집결시켰습니다. 5천의 군대로 5만 명을 상대하니 당연히 적수가 되지 못했고, 그러므로 그 전투는 당연히 '소규모 전투'라고 보아야 합니다.

이런 주장에도 타당성과 근거는 있습니다. 그 근거는 《삼국지》〈제갈량전〉에 있습니다. 〈제갈량전〉에 따르면, 당시 제갈량은 손권에게 이렇게 말합니다.

"조조의 무리는 먼 곳에서 왔기 때문에 피로하고, 듣기로는 유장군을 추격하려고 날랜 기병이 매일 밤낮으로 3백여 리를 행군한다고 하니, 이는 이른바 '힘이 다 빠져 쏜 화살로 노호도 뚫을 수 없을 정도'라고 할 상황입니다."

이런 주장에 따르면, 조조의 병력은 겨우 5천뿐이며, 5천이라는 것도 양양에서 강릉까지의 길을 급하게 행군하며 쫓아온 그 기병을 말합니다. 그러나 여기에는 한 가지 문제가 있습니다. 만약에 조조가 정말로 5천 명을 거느리고 동쪽으로 내려왔다면, 주유가 3만 인마를 거느리고 구원하러왔을 때 유비는 왜 '병력이 적은 것이 유감스럽다'고 말했을까요? 이 부분을 보면 조조의 병력이 적어도 10만은 된다는 것을 알 수 있습니다. 혹자는 제갈량이 이 말을 했을 때는 5천뿐이었지만, 후일에는 5천에 그치지 않았다고 말합니다. 그러려면 시간이 필요하므로, 전쟁은 12월에 발생했어야 합니다. 교전 지점에 대해서 후베이성의 역사학자들은 이미 '문무적벽文武赤壁'이라는 견해를 가지고 있으므로(즉 포기현에 있는 적벽은 적벽대전을 벌였던 곳이므로 '무적벽武赤壁'이라고 하고, 황저우黃州에 있는 적벽은 소동파가 사부詞賦를 지었던 곳이므로 '문적벽文赤壁'이라고 합니다), 거론하지 않겠습니다.

사실 조조가 창끝을 손권에게 겨눴다면, 혹은 유비를 공격하는 김에 손권까지 노렸거나 손권을 공격하는 김에 유비를 노렸다면, 그는 이처럼 적을 무시해서는 안 되었습니다. 당양에서의 일전으로 유비는 이미 패군지장이니, 5천의 정예병이면 그를 상대할 수 있었을지도 모릅니다. 그러나 손권은 다릅니다. 제갈량의 표현대로 하자면, "손권은 강동에 웅거한 지 이미 3대가 지났고, 땅의 지세는 험하고 백성들은 따르며 현명하고 재주 있는 사람들이 손권을 위해 일하는" 상황입니다. 이러한 상황을 조조가 몰랐을 리 없습니다. 따라서 그가 손권을 공격하려고 했다면 5천 명으로는 불가능했습니다. 실제로 《삼국지》〈주유전〉에서는 "조공이 형주로 진입하자, 유종은 모든 무리들을 이끌고 항복했다. 조공은 그 수군을 얻게 되어, 수군과 보병의 수가 도합 수십만이었다"라고 분명히 말하고 있는데, 어떻게 겨우 5천밖에 안 될 수가 있습니까? 우리는 정확하게 몇십만이었는지를 알 수 없을 뿐입니다. 조조 자신의 주장으로는 80만 명이나, 이것은 물론 과장입니다. 그러나 절반만 된다고 해도 40만 명입니다. 여기에서 또 반으로 줄인다고 해도 20만 명입니다. 주유가 계산한 병력이 바로 이 숫자입니다. 어떤 학자들은 주유가 계산한 것이 조조의 전체 병력이지, 적벽전에 참전한 병력의 숫자는 아니라고 생각합니다. 그렇다면 여기에서 다시 반으로 줄여도 10만 명입니다. 게다가 유비를 추격한 그 5천 명은 기병인데, '꼬리에 꼬리를 물고 이어진' 함선들은 다 어디서 온 것이며, 그 함선들이 적벽에서 불에 타버린 것은 또 어떻게 설명하겠습니까? 따라서 적벽대전이 조우전이라는 말은 일부의 주장일 뿐이라고 할 수 있을 것 같습니다.

조조의 배에 불을 놓은 사람은 누구인가

전쟁의 목적과 규모가 확인되었으니, 남은 것은 과정과 결과입니다.

규모가 비교적 큰 전쟁이었던 적벽대전은 계획, 준비, 교전, 완성의 4단계로 구성되었습니다. 이 과정은 《삼국연의》에 매우 훌륭하게 씌어 있어, 중국 고대 문학에 소중한 유산을 남겨주었습니다. 그러나 매우 유감스럽게도 문학은 역사가 아닙니다. 《삼국연의》에서 8회나 되는 분량을 들여 매우 다채롭게 묘사하고 있는 전쟁의 과정, 특히 인구에 회자되는 고사들은 대부분 지어낸 이야기일 뿐입니다.

여기에도 두 가지 경우가 있습니다. 한 가지는 역사상 전혀 근거가 없는 경우입니다. '여러 유생들과 설전을 벌이다', '지혜로 주유를 격분시키다', '감택이 거짓 항복 문서를 바치다', '방통이 계책을 바치다', '동풍을 빌리다' 등이 그런 사례입니다. 다른 하나는 약간의 근거는 있지만, 교묘하게 내용을 바꿨거나 심하게 과장한 경우입니다. 예를 들어 '장간蔣幹이 계책에 빠지다'는 전혀 터무니없는 것이 아닙니다. 적어도 장간이라는 사람은 있었고, 그는 주유의 진영에 왔었습니다. 그러나 안타깝게도 그가 온 것은 적벽대전이 끝난 후입니다. 《자치통감》에 건안 14년(209)이라고 기록되어 있으니, 당연히 계책에 속아서 조작된 편지를 훔쳐 읽었다거나 하는 일을 할 수 없었습니다. 이 이야기는 이후에 다시 말하겠습니다.

또 한 가지 약간의 가능성 있는 이야기는 '풀배로 화살을 빌린 것'인데 이 사건의 발생은 더욱 늦어 건안 18년(213)입니다. 더구나 사건도 손권에게 벌어졌고, 또 화살을 구하기 위한 것도 아니었습니다. 이 일에 대해서는 나중에 다시 이야기하겠습니다. 사실상 '풀배로 화살을 빌리는 것'은 기술적으로 절대 불가능합니다. 누군가가 이미 이에 대한 득실을 계산했으므로, 여기에서는 논하지 않겠습니다.

《삼국연의》 속에 소개된 수많은 멋진 전투는 모두 역사적으로 벌어지지 않았던 듯합니다.

이 전쟁에 대한 정사의 기록은 매우 간략합니다. 그리고 진수 자신의 주장도 매우 모순적입니다. 예를 들어, 적벽에서 일어난 큰불은 도대체 누가 놓았을까요? 두 가지 견해가 있습니다. 〈선주전〉과 〈주유전〉에서는 배에 불을 놓은 것이 손권과 유비의 연합군이라고 말하고, 〈곽가전〉과 〈오주전〉에서는 조조 자신이라고 말합니다. 독자들의 읽는 데에 영향을 끼치지 않기 위해, 저는 이 두 가지 주장을 모두 아래에 나열하겠습니다. 혹시 흥미를 느끼지 못하는 독자들은 이 부분을 건너뛰고 그 아랫부분을 읽으시기 바랍니다.

배를 불태운 일에 관한 두 가지 견해는 다음과 같습니다.

〈선주전〉에서는 이렇게 말합니다.

손권이 주유와 정보를 파견하여, 수군 수만 명을 거느리고 가서 선주와 힘을 합하게 하니, 조공을 적벽에서 싸워 크게 격파하고 그들의 함선을 불태웠다. 선주가 오군과 수륙으로 진격하여 남군까지 추격하였다. 당시 역병이 창궐하여 북군(北軍, 조조군을 말함―옮긴이)이 대부분 죽게 되자, 조공이 병사들을 이끌고 퇴각했다.

〈곽가전〉에서는 이렇게 말합니다.

태조가 형주를 정벌하고 돌아오다가 파구巴丘에서 역병을 만나자 함선을 불태웠다.

〈오주전〉에서는 이렇게 말합니다.

주유와 정보가 좌·우독이 되어 각각 1만 명을 거느리고 유비와 함께 진격하였는데, 적벽에서 조조군을 만나 그들을 크게 격파하였다. 조공이 남은 함선을 불태우고 병사를 이끌고 퇴각했다. 사졸들은 굶주리고 역병에 걸려 죽은 사람이 태반이었고, 유비와 주유가 다시 그들을 추격하여 남군까지 이르니, 조공은 결국 북쪽으로 돌아갔다.

〈주유전〉 배송지 주에서 인용한《강표전》에서는 심지어 이 이후에 조조가 손권에게 편지를 보내어, "적벽에서의 전투는 전염병이 생겨 내가 배를 불태우고 스스로 물러난 것인데, 뜻하지 않게 주유가 이런 명예를 얻게 만들었다"라고 했다는 것까지 수록하고 있습니다. 이러한 주장에 따르면, 조조군의 전함은 조조 자신이 불태운 것이고, 주유는 어떤 일도 하지 않았으며 제갈량은 더욱이 어떤 일도 하지 않았습니다.

물론 조조의 이 편지를 믿을 수는 없지만, 근거가 전혀 없는 것은 아닙니다. 제가 비교적 믿을 수 있다고 생각하는 것은 〈주유전〉의 기록입니다.

당시 조공의 군대에는 이미 질병에 걸린 사람이 많아, 처음 교전을 벌이자 조공의 군대는 패하여 물러나 강의 북쪽에 주둔하였다. 주유의 군대는 남안南岸에 머물렀다.

다시 말해서 조조군은 강릉에서 강을 타고 내려왔고, 손권-유비 연합군은 번구에서 물을 거슬러 올라가다가 적벽에서 만나게 되었습니다. 그 결과, 조조군은 패배하여 어쩔 수 없이 '강의 북쪽에 주둔하고' 전함을 강기슭에 위치한 오림(烏林, 지금의 후베이성 훙후시洪湖市)에 정박하게 된 것입니다.

왜 양군이 처음 교전을 벌이자마자, 조조가 패했을까요? 장쬐야오 선생은《조조평전》에서 네 가지의 '직접적인 원인'을 제시하고 있습니다. 첫째, 조조의 군중에 온역이 유행하여 병자가 늘면서 전투력이 감소되었다는 것입니다. 여기에는 방증도 있습니다.《삼국지》〈무제기〉에서는 "조공은 적벽에 이르러 유비와 싸울 때 불리하였다. 이때 큰 전염병이 돌아

관리와 병사들 중에 죽은 사람이 많아, 할 수 없이 군대를 거느리고 돌아갔다"라고 했고, 〈장제전〉에서도 "대군이 형주를 정벌하였는데, 질병을 만났다"라고 말했습니다. 둘째, 조조군은 수전에 익숙지 않아 배 위에 가만히 서 있기도 힘이 든데, 어떻게 싸울 수가 있었겠느냐는 것입니다. 셋째, 조조가 적의 상황을 치밀하게 헤아리지 못해, 스스로 등등한 기세를 상대가 막을 수 없을 것이라고만 생각했지, 정면에서 통렬한 공격을 받게 될 줄은 예상하지 못했다는 것입니다. 넷째, 양군이 좁은 길에서 만난 데다 강물 위였으므로, 조조 측의 병사가 많았다고 해도 전혀 유용하지 못했고, 육군의 경우는 더욱 쓸모가 없었다는 것입니다. 따라서 장선생은 이처럼 특별한 상황 아래에 있었으므로 본래 우세에 있었던 조조가 도리어 열세가 되었다고 말합니다.

이 네 가지의 원인은 제갈량과 주유도 거의 예상했을 것입니다. 예를 들어 주유는 병의 발생조차 예상했습니다. 조조군이 수전에 익숙하지 않다는 점은 주유와 제갈량이 모두 말했습니다. 이외에도 제갈량이 말했던 두 가지, 즉 군대가 피로하고 인심이 따르지 않는다는 점도 매우 중요했을 것입니다. 또 한 가지 지적해야 할 점은 조조가 벌인 것은 '침략전'이었고, 손권과 유비의 연합군이 벌인 것은 '보위전保衞戰'이라는 사실입니다. 생쥐도 궁하면 고양이를 문다는데, 주유와 유비라고 그렇지 않겠습니까? 사료를 보면, 손권과 유비의 연합군은 매우 투지가 넘쳤다는 것을 알 수 있습니다. 저는 연합군이 적벽에 왔을 적에 장수와 병사들이 단단히 벼르면서 싸우고 싶어서 안달했으리라 믿습니다. 조조 측은 어떠했을까요? 조조 측에는 이런 기록이 없는 듯합니다. 양군이 서로 싸울 때에는 용감한 자가 이기는 법입니다. 손권과 유비의 연합군이 초전에 승리를 거둔 것은 전혀 이상한 일이 아닙니다.

첫 전투에서 패배한 후, 조조는 별 수 없이 전진을 멈추고 전선을 장강의 북쪽 강가에 정박시켰습니다. 이때는 이미 한겨울이라 북풍이 거세게 불었고, 선체는 요동을 쳤으며, 조조군에는 병자들이 넘쳐났습니다. 이런 문제들을 해결하기 위해 조조는 명령을 내려 전선을 한데 묶어놓게 했고, 육군은 강기슭에 올라가 막사를 치고 진지를 구축하게 했습니다. 이런 방법이 조조 자신의 결정인지, 아니면 어떤 모사의 건의인지는 알 수 없지만, 방통이 연관된 일은 아니었을 것입니다. 《삼국지》〈방통전〉의 기록에 매우 분명하게 보이듯이, 그는 이 전쟁에 참여한 적이 없습니다.

이러한 정황은 손권과 유비의 연합군도 즉각 알았습니다. 《삼국지》〈주유전〉에 따르면, 이때 주유의 부장 황개가 주유에게 이렇게 말합니다.

"지금 적들은 많고 아군은 적어 지구전을 벌이기 어렵습니다. 그런데 조조군의 전함들이 앞뒤가 서로 연결되어 있으니, 불에 태워 달아나게 하는 것이 좋겠습니다."

이를 통해서 우리는 이 전쟁에서 조조 측의 병력이 손권-유비 연합군의 병력보다 많았음을 알 수 있는데, 그 근거는 '적들은 많고 아군은 적다'라는 표현입니다. 그러나 이때 조조군은 이미 어떤 심각한 전염병에 감염되어 전투력을 상실했고, 또 한 차례 전투에 패배한 데다 전함을 서로 연결시켜 놓는 실수를 범하여, 황개가 화공을 쓰자는 건의를 제출하게끔 만들었습니다.

주유는 그 계책을 따랐고, 이에 황개는 거짓으로 항복하여 불을 놓았으며, 조조군은 대패했습니다. 그날 황개는 전함 수십 척을 준비하여 섶나무를 가득 싣고 거기에 기름을 끼얹은 다음 방수포를 씌워놓았고, 깃발을 꽂은 채 위풍당당하게 북쪽 강기슭으로 향했다고 합니다. 조조의 부대는 모두 달려나와 목을 빼고 그 장면을 바라보았습니다. 그들은 황개의 전함을 가리키면서 황개가 투항해왔다고 말했습니다만, 황개의 배가 넘어온 이후에 결국 일제히 불길이 일어날 것은 생각지도 못했습니다. 당시에는 동남풍이 거세게 불어 불길이 강기슭까지 쫙 번졌습니다. 조조의 모든 전함과 군영에는 불이 났고, 짧은 시간에 불길이 하늘에까지 치솟았습니다. 조조군은 불타 죽거나 물에 빠져 죽었습니다. 전쟁에 패하여 아수라장이 되자 조조는 할 수 없이 후퇴했습니다. 후퇴하기 전에 남아 있는 배들을 모두 소각했는데, 이것이 바로 〈오주전〉에서 표현한 '조공이 그 나머지 배들을 불태우고 퇴각했다' 입니다. 이렇게 말하면 모든 것이 통합니다.

조조가 패배한 이유

조조의 이번 패배는 대단히 참담했습니다. 《삼국지》〈무제기〉 배송지 주에서 인용한 《산양공재기山陽公載記》에는 조조가 함선이 불탄 이후(이 책에서는 유비가 불태웠다고 말하고 있습니다), 잔여 부대를 이끌고 "화용도華容道에서 걸어서 돌아갔다"고 되어 있습니다." 도로는 질퍽거려 걸을 수가 없었고, 거센 바람까지 불어 조조는 '이병贏兵'에게 명령하여 풀을 지고 다니면서 길을 메우게 했습니다. '이병'은 부대원 중에서 전투력이 비교적 약한 병사들이며, 심한 경우 부상병일 수도 있습니다. 이런 약자들이 길을 수리하여 가까스로 다닐 수 있게 하면, 기병들이 돌진해 지나가는데 이병들의 생사는 전혀 안중에도 없었습니다. 그 결과 이병들은 돌진하는 인마에 짓밟혀 진흙구덩이에 빠졌고 결국 비명에 죽었습니다. 저는 이 이병들이 조조 자신이 북방에서 데리고 내려왔던 병사들인지, 아니면 투항했던 유종의 부대였는지는 잘 모르겠습니다. 또 그들이 원래 체력이 약했거나 부상을 당한 병사들인지, 아니면 이번 전쟁 과정에서 질병에 감염된 병사들인지도 모르겠습니다. 그러나 어쨌든 간에 그들은 모두 구조를 받아야 할 대상이었습니다. 인도주의 원칙에 따르면, 조조는 이들 이

적벽대전도

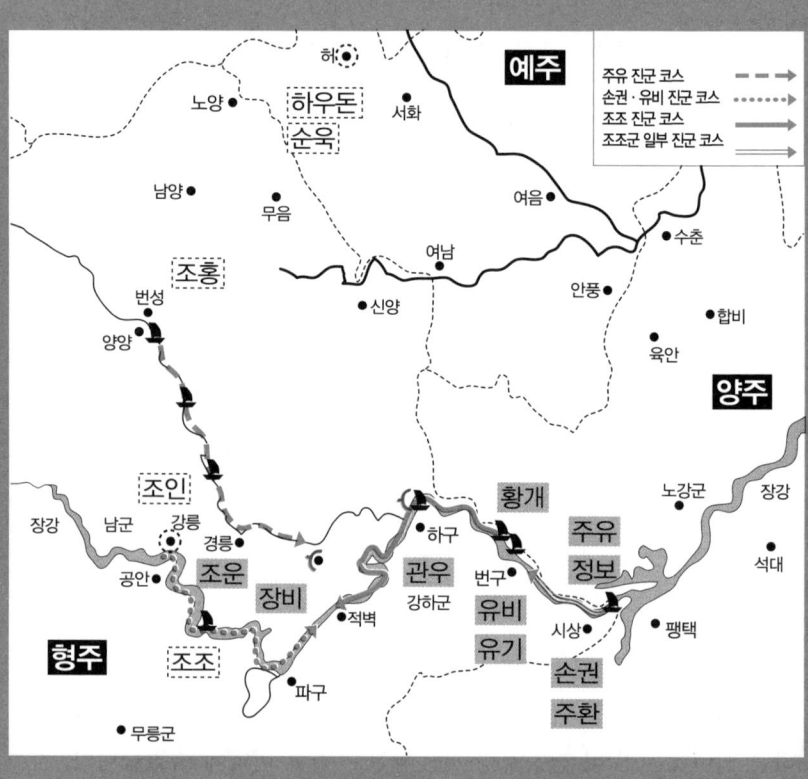

병을 먼저 가게 한 후 자신은 정예병을 이끌고 후방을 엄호했어야 합니다. 그러나 그 시대는 인도주의라는 관념이 없었고, 조조에게는 더더구나 없었습니다.

사마광의 《자치통감》은 바로 이러한 주장을 선택합니다. 여기에서 알 수 있듯이, 적벽전에서 조조가 패배한 원인은 첫 번째가 전염성 질병 때문이고 두 번째가 화공을 당했기 때문입니다. 이런 일을 당한 이후 조조는 철군을 결정했습니다. 이에 따라 배송지는 〈가후전〉의 주석문에서 이렇게 말합니다.

적벽에서의 패배는 운수 탓이었다. 실제로 역병이 크게 유행했기 때문에 맹렬하던 기세가 꺾였고, 따뜻한 바람이 남쪽에서 불어와 불길을 조장했다. 실로 하늘이 그렇게 만든 것이니, 어찌 사람 탓이겠는가?

다시 말해서 먼저 '사스' 내지 '조류 독감'이 번져 전투력이 약화되었습니다. 그다음에 찬 겨울 12월에 갑자기 뜻하지도 않던 동남풍이 불어와 황개가 화공으로 순조롭게 일을 달성했습니다. 조조의 실패는 운이 나빴기 때문입니다.

그러나 사정은 이렇게 간단하지 않았습니다. 조조의 실패에는 객관적인 원인도 있고, 주관적인 원인도 있습니다. 이에 대해 장쭤야오 선생은 《조조평전》에서 매우 훌륭한 결론을 내리고 있습니다. 본래 조조의 우세는 매우 분명해 보였습니다. 첫째, 조조는 천자를 끼고 제후를 호령하여, 제후들이 감히 그와 싸움을 하려고 하지 않았기 때문에 정치적인 우세에 있었습니다. 둘째, 조조는 형주를 빼앗아 사해에 위엄이 진동했고, 이에 많은 사람들이 소문만 듣고도 간담이 서늘해졌으니 심리적인 우세를 가졌습니다. 셋째, 조조는 파죽지세로 남하해 군대의 사기가 고조되었고,

승리에 고취된 병사들을 거느리고 겁을 먹은 적군을 상대하는 것이었으므로, 기세상의 우세가 있었다고 하겠습니다. 넷째, 조조의 병력은 손권-유비 연합군의 몇 배나 되었으므로, 군사상의 우세가 있었습니다. 장선생의 책에서 말한 것은 바로 이 네 가지입니다. 그렇다면 조조는 도대체 왜 패했단 말입니까?

역시 몇 가지 원인이 있습니다. 장선생의 분석에 따르고, 또 다른 학자들의 관점을 참고하자면, 저는 주로 전략상의 착오 때문이라고 생각합니다. 조조는 자신의 전략 목표가 무엇인지, 즉 형주를 빼앗으려는 것인지 아니면 강동을 빼앗으려는 것인지, 유비를 없애려는 것인지 아니면 손권도 함께 해치우려는 것인지를 명확하게 하지 않은 것 같습니다. 지금 보자면 후자인 듯도 하고 어쩌면 둘 다인 것도 같은데, 아무튼 확실하지가 않습니다. 조조는 이렇게 배포가 커서는 안 되었습니다. 그는 자신의 전략 목표를 형주와 유비로 한정해야 했습니다. 그랬다면, 그는 당양에서 유비를 대패시킨 후, 승세를 타고 추격하여 유비가 하구까지 달아나기 전에 그들을 일거에 섬멸했어야 합니다. 그러면 노숙까지 포로로 잡았을지도 모릅니다. 설령 유비를 없애지는 못한다 하더라도 그를 길 중간에서 차단하여 그가 강동과 연계하는 것을 막고, 남하하여 창오蒼梧로 달아나는 것을 막을 수 있었을 것입니다. 그럴 경우, 결과는 크게 달라졌을 것입니다.

그러나 알 수 없는 이유로 조조는 결국 유비를 풀어주었고, 오히려 말머리를 돌려 강릉으로 돌진했습니다. 강릉에 있던 군수 물자는 후속 부대에게 해결하도록 놔두어도 되는 것이었습니다. 유종이 이미 투항했고, 양양도 이미 수중에 있었으니, 강릉은 이미 수중에 있는 것이 아닙니까? 유비를 풀어준 것은 호랑이를 산으로 돌려보낸 격입니다. 그러나 역시 긴장할 필요는 없었습니다. 이때 조조도 잠깐 휴식을 취한 후 곧바로 신속히 동진하여, 유비가 손권과 연맹을 형성하기 전에 재빨리 격파할 수도 있었습니다. 이 일에도 과정이 있다는 점을 알았어야 합니다. 손권과 유비가 연맹을 맺지 않은 상태에서 유비만 없애려 했다면, 조조의 역량은 차고 넘쳤습니다.

그러나 조조는 강릉에서 두 달이나 머물렀습니다. 물론 이때 그에게는 해야 할 많은 일들이 있었습니다. 예를 들면 형주의 관리와 백성을 안정시켜야 했습니다. 그는 유종을 청주자사로, 문빙을 강하태수로 임명했고, 유표에 의해 구금되어 있던 한숭을 석방시켰으며, 괴월 등 15명을 후侯로 봉했습니다. 이런 작업들도 해야 합니다. 그러나 기왕에 그렇게 할 것이라면, 가후의 건의대로 아예 회유 정책을 써서 강동의 신하들을 복종하게 했어야 합니다. 그러나 그는 그렇게 하지 않았습니다. 강릉에서 길지도 않고 짧지도 않은 두 달을 머문 후, 다시 분주하게 동진했습니다. 일은 이 '길지도 않고 짧지도 않은'이라는 데에서 꼬인 것입니다. 만약 머문 시간이 짧았다면, 손권과 유비의 연맹은 아직 형성되지 않아 조조의 적은 유비뿐이었을 것입니다. 머문 시간이 길었다면 전쟁 준비는 더욱 충실해지고 작전의 개시 시간도 더욱 적절했을 것입니다. 예를 들어 다음 해 봄에 다시 적벽으로 진군했다면 후일 그렇게 골치 아프지 않았을 것입니다.

조조에게는 제3의 길도 있었습니다. 바로 자신이 강릉에 남고, 따로 대장을 파견하여 하구를 공격하게 하고, 하구를 함락시키거나 하구를 막게 하는 것입니다. 그때 하구에는 유기가 있고, 그의 수하에는 1만 명이 있었습니다. 강릉에는 관우가 있었고, 역시 그의 수하에도 1만 명이 있었습니다. 유비는 병사들이 당양에서 패한 후 더 이상 강릉으로 갈 수가 없자, 결국 길을 틀어 한진漢津으로 달려가(한진은 나루터로서 지금의 후베이성 징먼荊門의 경내에 있습니다) 먼저 가 있던 관우와 합류했고, 면수沔水를 건너 다시 강하태수 유기를 만나 함께 하구에 도달했습니다. 이때 조조가 만약 그 5천의 기병으로 유비를 공격했다면 위험했을 것입니다. 그러나 대군(보병과 기병)을 양양에서 출발시키거나 강릉에서 출발시켜 공격하게 했다면 가능한 일이었습니다. 적어도 대군이 하구의 경계까지 압박한다면 손권 집단에게는 큰 위협이 되었을 것입니다. 그때는 장소 측은 말할 것도 없고, 손권 자신조차도 태도가 변했을지도 모릅니다.

애초에 조조는 육군을 주력으로 했어야 합니다. 육로를 통해 동쪽으로 전진하며 장강의 양쪽 강기슭을 장악하여 전쟁을 벌일 적합한 장소를 찾았어야 합니다. 조조의 육군은 오랫동안 전쟁터를 누비며 용맹하게 싸워 온 병사들이었지만, 수군은 문제가 많았습니다. 자신이 훈련시킨 수군은 전투 경험이 없었고, 형주에서 투항해온 수군은 단결하려는 마음이 없었습니다. 이런 부대가 어떻게 선발대가 될 수 있으며, 또 어떻게 주력군이 될 수 있겠습니까?

이러한 일들을 모두 하지 않았더라도, 또는 모두 잘못했더라도 조조에게는 또 한 번의 기회가 있었습니다. 그의 부대가 파구(지금의 후난성 웨양시岳陽市)에서 질병이라는 재앙을 만났을 때, 바로 전쟁을 멈추거나 강릉으로 돌아가는 것입니다. 파구에 머물며 손권-유비 연합군을 맞아 싸울 수 있을지 없을지의 여부는 잘 판단하기 어렵습니다. 그러나 강릉으로 물러났더라면 이 전쟁은 틀림없이 면할 수 있었을 것입니다. 이는 조조의 크나큰 실수라고 할 수 있습니다.

그렇다면 백전노장이자 빈틈없이 치밀한 계산의 소유자인 조조가 왜 이처럼 많은 실수를 한 것일까요? 장쭤야오 선생은 《조조평전》에서 "근본 원인은 바로 조조의 교만과 적에 대한 무시에 있다"고 하였으며, 아울러 이것이 역사학자들의 공통된 인식이라고 말했습니다. 일리 있는 말입니다. 어쩌면 이런 원인 때문에 그는 손권과 유비의 연합 가능성에 대해 예측하지 못했고, 손권도 공손강처럼 유비의 목을 가지고 올 줄 알았던 것입니다. 그러나 손권은 공손강이 아니며, 이때와 그때는 사정이 다르다는 점은 깨닫지 못했습니다. 명대 말 청대 초의 대사상가 왕부지王夫之는 《독통감론讀通鑑論》에서, 조조가 북방을 소탕하여 평정할 수 있었던 것은 제후들끼리 서로가 서로를 해쳤기 때문이고, 결국 남은 사람은 손권과 유비 두 사람뿐이었다고 했습니다. 이 두 제후가 단결하지 않는다면, 그들에게는 죽음의 길밖에 없었습니다. 그래서 손권-유비 동맹은 상황이 만들어낸 필연적인 결과였습니다.

위에서 말한 바를 종합하자면, 조조의 패배는 적을 무시했기 때문이고, 손권-유비의 승리는 연합 때문이라고 할 수 있습니다. 이것이 가장 중요한 원인입니다. 황개의 거짓 항복을 조조가 간파하지 못했다든가, 한겨울의 동남풍을 예상하지 못한 것은 모두 작은 문제입니다.

이외에도 조조의 실패에는 또 한 가지의 원인이 있을 수 있는데, 그것은 그가 늙었다는 것입니다. 저명한 역사학자 우한吳晗 선생은 〈적벽전 속의 주유·제갈량·장소를 논함論赤壁之戰裏的周瑜·諸葛亮·張昭〉이라는 논문에 연령표 하나를 실었습니다. 그는 적벽대전이 일어나던 해에 손권이 27세, 제갈량이 27세, 주유가 34세, 노숙이 37세, 조조가 54세였다고 말합니다. 따라서 우한 선생은 이 전쟁이 약자가 강자를 이긴 것이고, 수비 측이 공격 측을 이긴 것이며, 비분강개하던 병사들이 거만한 병사들을 누른 것이자 "청년이 노장을 이긴 것"이라고 말했습니다. 우한 선생은 한 사람을 계산에서 빼놓았는데, 그 사람은 바로 당시 47세였던 유비입니다. 그러나 유비의 나이를 더해도 손권-유비 연합군은 통솔자들의 평균 나이가 겨우 34세, 딱 주유의 나이입니다. 주유는 손권-유비 연합군의 총지휘관입니다. 따라서 적벽전은 주유가 조조를 무찌른 것이고, 34세가 54세를 물리친 것이라고 할 수 있습니다.

그렇다고 해도 조조는 역시 조조입니다. 늙고 전쟁에 패했지만, 강호를 주름잡던 영웅의 본모습은 여전했습니다. 《산양공재기》에 따르면, 조조는 화용도에서 벗어난 이후 기쁨이 얼굴에 나타났다고 합니다. 모두들 왜 그러냐고 묻자, 조조는 유비가 확실히 자신의 좋은 적수이지만 그의 동작이 조금 느린 것은 애석하다고 말합니다. 그는 만약 이곳을 차단하고 불을 놓았다면 자기들은 뼈도 못 추렸을 것이라고 합니다. 그들이 지나간 지 얼마 후, 유비는 정말로 그곳에 와서 불을 놓지만 조조는 이미 달아난 뒤였습니다. 내친김에 한마디 더하자면, 이런 내용을 사마광은 《자치통감》을 편집하면서 삭제했습니다. 다시 한마디만 더하자면, 전체 과정은 모두 관우와 어떠한 관련도 없습니다.

적벽대전은 조조가 벌인 전쟁 중 최대의 좌절이었지만 조조는 또 웃었습니다. 그렇다면 그가 최후까지 웃을 수 있었을까요?

역자 후기

삼국지는 영원하다

〈백가강단百家講壇〉이라는 프로그램이 있다. 중국중앙방송국CCTV에서 2001년부터 방영하기 시작한 이 프로는, 각 분야의 전문가나 학자들이 시청자들에게 학술적인 내용들을 재미있게 해설하는 일종의 '개방형 대학'을 목표로 시작됐다. 학술교양 프로그램이 대부분 그러하듯이 이 프로그램도 초반에는 고전을 면치 못했다. 그런데 이와 같은 대중의 무관심을 열렬한 지지로 바꾸어놓은 것이 바로 이중톈 선생이었다. 그가 대중에게 깊은 인상을 준 것은 2005년에 시작한 '한대풍운인물漢代風雲人物'이라는 주제의 강의였다. 한대의 역사인물들에 대한 맛깔스러운 소개로 시청자들이 주목하기 시작하면서 대중 사이에서 한대 연구 붐을 일으킨 이중톈은 2006년 삼국의 역사를 소개하는 '삼국지 강의'를 통해 일약 전국적인 스타로 발돋움했다.

그의 강의는 2006년 중국 전역에 '삼국지'의 광풍을 일으켰다. 그의 강의 전부가 인터넷 동영상으로 제작되어 유통되었고, 강의를 묶은 이 책은 초판만 55만 부를 발간할 정도로 인기를 끌었다. 현재까지 200만 부 이상이 팔려나간 이 책을 통해서(중국에서 불법적인 해적판이 정판보다 큰 규모로 유통된 점을 감안하면 책의 인기가 어느 정도인지 능히 짐작할 만하다) 그는 부와 명예를 단숨에 거머쥐었다. 2006년에는 한 대표적인 인터넷포털 사이트에서 주관한 올해의 문화인물로 선정되기까지 했다.

이중톈은 처음부터 대중을 상대로 책을 쓴 학자는 아니었다. 1947년 후난성湖南省 창사長沙에서 태어난 그는 우한대학武漢大學을 졸업하고 문학 석사학위를 취득한 후, 현재 샤먼대학廈門大學 인문학원人文學院 교수로 재직하고 있다. 그는 오랫동안 문학, 예술, 미학, 심리학, 인류학, 역사학 등의 분야를 연구했는데, 특히 해당 분야에 대한 학제 간 연계를 통해 폭넓은 저작활동을 벌였다. 《문심조룡미학사상논고文心雕龍美學思想論考》《예술인류학藝術人類學》 등이 그의 대표적인 학술저작이다. 최근 이중톈은 중국인의 심리와 문화를 평이하고 깔끔한 문체에 담아 소개하는 대중화 작업을 벌이고 있는데, 《중국인에 대한 단상閑話中國人》《중국의 남자와 여자中國的男人和女人》《중국도시, 중국사람讀城記》《품인록品人錄》《제국의 슬픔帝國的惆悵》 등이 바로 이런 성과물이다.

국내에도 이미 수많은 《삼국지》 관련서가 출간되었다. 《삼국지》만 해도 400여 종에 달할 정도다. 먼저 이문열, 황석영, 장정일 등 기라성 같은 작가들이 자기의 시각으로 엮은 소설 《삼국지》를 출간한 바 있고, 또 최근에는 《삼국지》를 분석하여 객관적인 연구 성과를 발표한 사람들도 생겨났다. 그렇다면 과연 이 책만의 특징은 무엇이고 우리는 이 책에서 무엇을 얻을 수 있을까? 이중톈의 '삼국지'가 가진 특징을 몇 가지 소개하면 다음과 같다.

첫째, 이중톈은 철저히 1차 사료에 근거하여 삼국시대를 설명한다. 이

책의 가장 큰 특징이 바로 이 점일 것이다. 물론 국내에도 삼국지 전문가를 자처하는 수많은 사람들이 있다. 그러나 대부분《삼국연의》를 근거로 삼국시대를 설명한다. 그러다보니 소설을 역사로 착각하는 독자들도 많다. 어느덧 소설 속의 인물이 역사상의 인물을 삼켜버렸다. 여기 이중톈은 진수가 쓴《삼국지》와 범엽의《후한서》, 사마광의《자치통감》등의 정사자료를 통해 당시의 시대상황을 재구성하고 있다. 일례로 소설에서 크게 왜곡된 조조의 진면목을 재확인할 수 있을 것이다. 물론 국내에도 이와 같은 시도가 여러 차례 있었다. 최근 김원중 교수가 기존에 절판되었던 정사《삼국지》를 수정하여 재간행함으로써 마니아층의 갈증을 얼마간 해소한 바 있다. 또 장정일 등이 쓴《삼국지해제》, 김운회가 쓴《삼국지 바로읽기》등에서는 소설을 통해 삼국시대를 이해함으로써 나타나는 커다란 오류와 문제점들을 적절하게 지적하고 있다. 그러나 국내의 연구서들은《삼국연의》의 오류를 지적하는 것에 치중한 나머지 삼국시대 전체의 모습을 포괄적으로 그리는 점에서는 한계를 보였고, 특히 소설《삼국연의》가 중화주의의 틀에서 벗어나지 못한 점만을 지나치게 부각시킴으로써 수많은 사람들이 재미있게 읽어온 소설의 재미를 제거하는 것에만 집중한 면이 있다. 소설《삼국지》를 읽으면 중화주의에 빠지게 된다는 견해 역시 독자들의 수준을 너무 낮게 본 것이 아닌가싶다.

　이중톈 이전에도 정사를 위주로 삼국시대를 조명한 책이 소개된 적이 있다.《삼국지 고증학》이라는 제목의 이 책은 정사를 위주로 소설인《삼국연의》의 오류를 지적하고 있다. 그러나 군데군데 논리적인 비약이 있고, 오직 진수의《삼국지》만을 근거로 소설의 오류를 통박하고 있다. 이중톈이《후한서》《자치통감》《화양국지華陽國志》등 활용할 수 있는 당시 및 후대의 모든 사료를 활용하여 진수의 책에 수록된 내용과 입체적인 비교를 통해 합리적인 해석을 이끌어내는 것과는 대조적이다. 특히 국내에 소개된 이 책은 중국학자의 책을 일본학자가 번역하고, 그 책을 다시 번역한 중역重譯으로, 책에는 중국인 원저자의 이름에 대한 한문표기도 되어있지 않아 책의 신뢰도가 떨어진다.

둘째, 이중톈의 이 책은 배송지의 주를 주요사료로 활용하고 있다. 남조 송대의 저명한 학자인 배송지는 사마천의 《사기》에 주를 단 그의 아들 배인裵駰과 함께 주석가로서 더욱 유명하다. 진수의 《삼국지》가 정사로서의 역할을 할 수 있는 것도 배송지의 주석을 포함했을 경우를 말하는 것이며, 그 분량도 정사의 양보다 훨씬 많다. 당시의 주석가들이 대부분 음주音注 등의 방식으로 자구의 의미를 밝히는 데 치중했는데도, 배송지가 기존의 주석방식을 거스르며 원문보다 방대한 주석을 시도한 것은 배송지도 진수의 《삼국지》가 분량이나 서술 면에서 지나치게 소략했던 점을 인식하고 이에 대한 불만을 가졌다는 것을 설명해주는 것이다. 이중톈은 이 책 곳곳에서 배송지의 주를 활용하고 있는데, 옮긴이는 이 책을 번역하면서 저자가 진수의 《삼국지》와 배송지의 주를 여러 차례 꼼꼼히 통독했음을 확신하게 되었다.

물론 당대의 유지기劉知機가 배송지 주의 문장이 장황한 것을 지적했고, 원초元初의 마단림馬端臨은 《문헌통고》에서 "진수가 버린 찌꺼기로 주를 달았다"고 혹평한 바 있다. 그러나 그것은 근대 역사학을 접하지 못한 전근대 사대부들의 생각에 불과하다. 정사 《삼국지》를 제외하면 거의 인용할 자료가 없는 현재의 상황에서, 과거의 귀한 자료를 방치하고 무시할 수는 없는 일이다. 배송지는 진수가 보지 못했거나 인용하지 않은 자료를 발굴하고 소개한 공로가 있다. 얼핏 보면 모순되어 보이는 여러 자료들을 중구난방으로 늘어놓은 것 같지만, 배송지는 이를 통해 당시에도 보이는 이설들을 다양하게 소개하고 있다. 설령 모순된 자료의 나열에 불과하다 해도, 그런 자료들을 모두 수용해서 역사의 진면목을 드러내기 위해 애쓰는 것이 학자의 사명이 아닌가 한다.

　더욱이 배송지의 《삼국지주》는 중국의 역대 주석사註釋史에서도 역도원 酈道元의 《수경주水經注》, 유효표劉孝標의 《세설신어주世說新語注》와 함께 가장 빼어난 주석서로 꼽히며, 심지어는 원전의 위대함을 능가하는 최고의 주석이라는 찬사까지 들을 정도이다. 나관중이 《삼국연의》를 다채롭고 재미있게 엮을 수 있었던 것도 배송지의 공임은 부인할 수 없는 사실이다. 나관중이 조조를 비롯한 많은 인물의 성격을 섬세하게 묘사한 것은 작가의 상상력도 있었겠지만, 배송지가 전해주는 다양한 일화 덕분일 것이다. 일찍이 일본에서는 배송지주의 가치를 진작부터 인정하여 이나미 리츠코井波律子, 이마타카 마코토今鷹眞, 고미나미 이치로小南一郎 등이 10년 이상의 공동작업을 통해 배송지주를 포함한 《삼국지주》를 완역한 바 있다(이 책은 1977년부터 1989년 사이에 지쿠마쇼보筑摩書房에서 총 3책으로 간행되었고, 1992~1993년에 걸쳐 《정사삼국지正史三國志》 8책의 문고판으로 개정 출간되었다). 이중톈이 배송지의 주석을 다방면으로 참조하면서도 그중 합리적인 자료는 취하고, 믿기 힘든 이야기들은 명쾌한 논리와 분석으로 배격하고 있음을, 독자들은 이 책을 읽어가면서 어렵지 않게 느낄 수 있을 것이다.

　셋째, 이중톈은 소설 《삼국연의》의 장점도 잘 보여주고 있다. 저자는 문학, 역사, 심리학, 예술, 인류학 등 다양한 방면에 소양이 깊은 팔방미인이지만, 그의 주 전공은 역시 문학이다. 그는 소설에서 보이는 왜곡사례라든가 나관중이 소설에서 보여주는 한계 등을 지적하면서도, 소설에서만 나타나는 탁월한 묘사라든가 소설에서 보이는 정신, 의도 등을 효과적으로 소개하고 있다. 특히 유비가 제갈량을 찾아간 것으로 알려진 삼고초려가 실제 일어났는지의 여부에 대해 객관적으로 설명하면서도, 삼고초려를 빼어나게 묘사한 《삼국연의》의 심미성을 높게 평가한 점은 이 책에서만 볼 수 있는 탁월한 분석이다.

　기존의《삼국지》비평서들은 소설에 나타난 사건의 왜곡사례를 제기하며 대체로《삼국연의》와 나관중을 비난하는 경향이 있다. 고증이라는 점만 보자면 뛰어난 점도 많지만, 당시의 다른 책들은 전혀 도외시한 채 진수의 정사만을 근거로 소설을 허구로 몰아붙인 점은 문제가 있다. 반면 이중톈은 소설 속의 내용이라고 해서 치지도외置之度外하지 않는다. 그는 많은 역사적인 사건과 역사속의 인물들이 모두 세 가지의 얼굴, 즉 세 가지의 이미지를 가지고 있다고 주장한다. 그가 말하는 세 가지의 이미지란 정사에 기록된 역사상의 이미지, 소설에 나타난 문학상의 이미지, 일반 대중의 마음속에 형성된 민간의 이미지이다. 그는 이와 같은 탁월한 분석을 통해, 정사만이 믿을 수 있는 자료는 아니며 문학예술작품이나 대중의 심리 속에 구현된 형상을 통해서도 생각해봄직한 문제들을 많이 제시하고 있다.

　넷째, 이중톈의 이 책에는 역대로 '삼국지'를 연구한 수많은 학자들의 견해가 두루 수용되어 있다. 그는 중국 근대문학의 기수 루쉰魯迅, 20세기 중국의 4대 역사학자인 뤼쓰몐呂思勉과 첸무錢穆, 가장 훌륭한《삼국지》주석서로 평가받고 있는《삼국지선주三國志選注》의 작자 먀오웨繆鉞, 중국의 천재작가이자 학자로 추앙받는 첸중수錢鍾書, 저명한《홍루몽紅樓夢》연구가인 저우루창周汝昌, 삼국사의 권위자인 류샤오劉嘯, 인원궁尹韻公, 빼어난 사상사학인 주웨이정朱維錚 등 근현대 중국의 저명한 학자들의 저서와 논문을 두루 인용하며, 자신의 견해에 대해 일일이 그 근거를 밝혔다. 또한 인용하고 있는 사료에 대해서도 정확한 출처를 표기하여 책의 신뢰도를 높이고 있다.

　반면 국내 비평서는 국내에는 소개되지 않았지만 '삼국지' 분야의 명저라고 꼽을 만한 책들은 거의 인용하고 있지 않다. 오히려 삼국시대의 진면모와는 별 관계가 없는 책들이 많이 인용되어 있다. 국내 삼국지 연구자들도 이 점을 인식하고 중국, 일본 및 구미권의 선행 연구업적을 수용하는 데 인색하지 않으면 좋겠다.

간략하게 이 책의 특징을 정리해보았다. 이 책의 번역출간이 국내의 많은 《삼국지》 애독자들에게 재미있는 읽을거리가 되기를 바란다. 번역은 서문에서 10강까지는 김성배가, 그 이하는 양휘웅이 맡았으며, 번역 과정 중에서 수시로 만나 의견을 교환하였고, 매 장이 끝날 때마다 파일을 교환하여 교정했다. 초벌이 끝난 이후에는 문장의 통일을 위해 서로 만나 함께 교정을 보며 문장을 다듬었다. 번역 과정에서 도움을 준 여러 친구들에게 고마움을 전하며, 편집을 맡은 조성웅 팀장과 꼼꼼하게 교정을 보아준 이경민 씨에게 감사한다. 이 책을 계기로 이제까지 먼지 깊숙이 파묻혀 있던 중국의 양서들이 한국에 속속 소개되기를 바라는 마음 간절하다.

2007년 여름 초입

김성배 · 양휘웅

함께 읽으면 좋은
김영사 책

전방위적 지식경영인 정약용의 치학(治學) 전략
다산선생 지식경영법

2006 조선일보 선정 '올해의 책'
2006 동아일보 선정 '올해의 책'
2006 한겨레신문 선정 '올해의 책'

정민 지음 | 정가 25,000원

**핵심을 장악하라, 생각을 단련하라, 독창성을 추구하라!
우리 역사에서 전무후무한 탁월한 지식편집자,
정약용의 지식경영과 전략!**

18년 유배생활 중 500여 권에 이르는 방대한 양의 저서를 완성한 열정의 지식인. 경전과 고전에 통달한 당대 최고의 학자인 동시에 역사, 문학, 법학, 음악, 교육은 물론 농업, 의학, 물리학, 토목과 기계공학 등에 이르기까지 사상 유례 없이 폭넓은 분야에서 기적 같은 학문적 성취를 일궈낸 한국 지식사의 불가사의. 그는 어떻게 지식의 기초를 닦고 정보를 조직했을까? 어떻게 공부의 효율을 높이고 생각을 발전시켰을까? 그가 탁월한 논리, 과학적인 사고로 21세기에도 유용한 정보경영의 로드맵을 제시한다!

핵심과 흐름을 잡아내는 계통적 지식경영부터 토론하고 논쟁하는 쟁점적 지식경영, 실용성을 갖춘 현장적 지식경영, 독창성을 추구하는 창의적 지식경영, 효율성을 강화하는 집체적 지식경영 등 당신의 공부와 삶을 새롭게 깨워줄 명쾌하고 흥미진진한 다산 치학법 10강 50목 200결!